الفكر الاقتصادي

عند الإمام الغزالي

الفكر الاقتصادي

عند الإمام الغزالي

الدكتور

ياسر عبد الكريم الحوراني

مجدلاوي

عمان - الأردن

الطبعة الأولـى

1423 هـ - 2003 م

رقم الإيداع لدى دائرة المكتبة الوطنية (1925 / 7 / 2002)
رقم الإجازة المتسلسل لدى دائرة المطبوعات والنشر (1821 / 7 / 2002)

922.6
حور الحوراني ، ياسر عبد الكريم
الفكر الاقتصادي عند الإمام الغزالي / ياسر عبد الكريم
الحوراني.- عمان : دار مجدلاوي ، 2002 .
(   ) ص
ر. إ. : 1925 / 7 / 2002
الواصفات : / الفكر الإسلامي // الفقهاء المسلمون / الإسلام //
الفقه الإسلامي // المذاهب الاقتصادية /

* - تم اعداد بيانات الفهرسة الأولية من قبل دائرة المكتبة الوطنية

ISBN 9957 - 02 - 096 - x **(ردمك)**

مجدلاوي

عمان - الرمز البريدي: 11118 - الأردن
ص.ب: 184257 - تلفاكس: 4611606

إهداء

إلى من اقتحم لجة بحر المعرفة وخاض غمرته خوض الجسور ثم أدرك أن لا سبيل للنجاة سوى معرفة الـله

إلى روح الإمام العظيم أبي حامد الغزالي

المحتويــات

بسم الله الرحمن الرحيم

المقدمة

الحمد لله، أحمده حمدا كثيرا، وإن كان يتضاءل دون حق جلاله حمد الحامدين وشكر الشاكرين، العالم بخفايا السرائر ومكنونات الضمائر، الذي لا يفوت علمه لفتة ناظر ولا فلتة خاطر. وأشهد أن سيدنا محمدا عبده ورسوله أرسله للناس كافة هاديا وبشيرا ونذيرا، فصلى الله عليه وعلى آله وصحبه ومن اهتدى بهديه إلى يوم الدين، وبعد:

فقد حمل دعوة الإسلام عبر تجربته الطويلة جهابذة من العلماء والمفكرين المسلمين كرسوا حياتهم لخدمة الدين دعوة ووعظا وتبيانا للخير من الشر وأمرا بالمعروف ونهيا عن المنكر، وقد انبروا في حياتهم للتصدي والدفاع عن حصن الإسلام والذود عن قلعته المنيعة، فكانوا خير دعاة وهداة اختارهم الله تعالى من بين خلقه لتثبيت دعائم هذا الدين ونصرته.

ولما كان الإمام الغزالي بدعوته الصادقة وعقله النير الذي استحق به وصف (حجة الإسلام) من بين هؤلاء العلماء يؤهله لأن يكون علما بارزا فيهم، فإن الوقوف على طروحاته وأفكاره يشكل منطلقا مهما لفهم علوم الدين التي كرس معظم حياته للالتزام بها وإحيائها من جديد، ولعل دراسة الجانب الاقتصادي في فكره الموسوعي يدل على عظمة الإسلام وشموليته، وبخاصة في عالم معاصر لا يحكمه إلا الاقتصاد.

ومما تجدر الإشارة إليه أن الجانب الاقتصادي عند الغزالي لم يمثل المحور الأساس في تفكيره لأن اهتماماته الروحية كانت أوسع بكثير من مجرد الاهتمام بهذا الجانب، وهذه الصورة تعكس بطبيعة الحال جوهر النظام الأخلاقي لدى علماء المسلمين عامة، وعند الغزالي خاصة، وإنما تمحورت كتاباته وأفكاره حول ضرورة إصلاح النفس الإنسانية من أجل الوصول إلى السعادة الحقيقية في الدنيا والآخرة، ولذا فإن تفكيره الاقتصادي يأخذ في مجمله شكلا من أشكال الاستدلال الفلسفي العقائدي وليس ذو مضمون اقتصادي مجرد، قياسا على ما هو قائم فعلا في الدراسات

الاقتصادية المعاصرة، والتي تعتمد على النماذج التحليلية بأبعادها النظرية والتطبيقية.

ومن جانب آخر فإن الغزالي يحدد طروحاته الفكرية للوصول إلى مراده من تحصيل معنى السعادة في إطار مرجعي يقوم على أساس وحدة المعرفة الشاملة انسجاما مع التصور الإسلامي الشمولي، وليس الوقوف على القضايا الاقتصادية بصوتها التجزيئية البحتة، مما يؤكد أن علم الاقتصاد لم يكن مبسوطا وميسرا عند الغزالي على نحو تفصيلي ضمن عناوين وموضوعات اقتصادية مستقلة.

أسباب اختيار الموضوع وأهميته:

يعود اختيار الكتابة في هذا الموضوع لعدة أسباب أهمها:

أولا: عدم وجود أية دراسة علمية متكاملة تناولت الجانب الاقتصادي في فكر الإمام الغزالي مع أن الدراسات والأبحاث في الجوانب الأخرى كثيرة، مثل الجانب الفقهي وتأصيله، والجانب الفلسفي والتربوي، وغير ذلك مما يعني أن تناول هذا الموضوع يأخذ بعدا حيويا هاما من شأنه أن يضيف مادة جديدة للفكر الاقتصادي الإسلامي.

ثانيا: ومما يؤكد هذه الحقيقة أن المنظمة العربية للتربية والثقافة والعلوم (ايسيسكو) قامت بدعوة المراكز العلمية والجامعات العربية والإسلامية لإحياء فكر الإمام الغزالي والكتابة فيه بمناسبة مرور تسعمائة سنة على وفاته الذي صادف عام 1405هـ وقد استجابت بعض الجامعات لهذه الدعوة ومنها جامعة قطر وجامعة محمد الخامس في المغرب وغيرها، إذ قام جماعة من الأساتذة فيها بالبحث في فكر الغزالي وإبراز دوره في إثراء الفكر الإنساني في مختلف الميادين.

إلا أنه لم يوجد من تناول الجانب الاقتصادي فيها مع أنها تطرقت لمجالات كثيرة ومتنوعة حتى قدمت عناوين فريدة، مثل »الشعر في تراث الغزالي«، و »الغزالي في منظومة الفكر اليهودي«، وما شابه ذلك، ولعل الكتابة في هذا الموضوع تسد الخلل الواضح في شمولية الأبحاث المقدمة، علاوة على أنها استجابة لدعوة المنظمة بعد مرور عقد من الزمن لم يوجد فيه من تنبه إلى أهمية الإرث الاقتصادي الذي خلفه الإمام الغزالي.

ثالثا: وجود رغبة لدى بعض العلماء المعاصرين للكتابة في الفكر الاقتصادي عن الإمام الغزالي، ومن هؤلاء الإمام محمد باقر الصدر في كتابه »اقتصادنا« إذ أشار إلى أهمية الكتابة في تاريخ الفكر الاقتصادي الإسلامي عند علماء المسلمين، وذكر منهم الإمام الغزالي الذي لم يأخذ حقه في البحث والدراسة الاقتصادية، ومنهم أيضا الدكتور يوسف القرضاوي في كتابه »الإمام الغزالي بين مادحيه وناقديه« إذ أكد ضرورة البحث الاقتصادي في فكر الغزالي، وبالتحديد على مستوى رسالة الدكتوراه، فقال: »وهناك معارف كثيرة يجدها الدارس في تراث الغزالي، أشير منها الآن إلى الجانب الاقتصادي الذي له فيه نظرات عميقة وسباقة.. وما أجدر أن يكون ذلك الجانب موضوعا لرسالة من رسائل الدكتوراه في الفكر الاقتصادي الإسلامي«[1].

رابعا: تأكيد دور الغزالي ومساهمته الواضحة في إبراز الجانب الاقتصادي كأحد الجوانب المهمة للمعرفة الإسلامية الشاملة وذلك في وقت مبكر من القرن الحادي عشر سابقا بذلك بعض فقهاء المسلمين ممن كتب حول المسائل الاقتصادية، مثل ابن تيمية (1263- 1328م) وتلميذه ابن القيم (1292-1350م) وابن خلدون (1332- 1404م) والمقريزي (1346-1442م) وغيرهم.

ويعني ذلك من الناحية التاريخية أهمية فكر الغزالي الاقتصادي في دعم أصول الاقتصاد الإسلامي، ورفده من بداياته الأولى وبخاصة إذا استثنينا بعض الكتابات الفقهية التي اكتسبت إلى حد ما أهمية اقتصادية، مثل الخراج لأبي يوسف (113-182هـ)، والكسب للشيباني (135-189هـ)، والخراج ليحيى بن آدم (00- 203هـ)، والأموال لأبي عبيد (157-224هـ)، والأحكام السلطانية للماوردي الشافعي (364-450هـ) وغيرها.

خامسا: والأهم من ذلك كله هو تأكيد السبق الإسلامي متمثلا بطروحات الغزالي الاقتصادية على طروحات المفكرين الاقتصاديين الأوروبيين الذين أغفلوا

---

(1) يوسف القرضاوي، الإمام الغزالي بين مادحيه وناقدية، ط1 (المنصورة، دار الوفاء للطباعة والنشر والتوزيع، 1988)، ص17.

إسهامات الغزالي وتأثيراته على فلاسفة اللاهوت المسيحيين في أوروبا، مثل تومـا الإكـويني (1225-1274م) الذي تنسب إليه انطلاقة الفكر الاقتصادي المعاصر دون الإشارة إلى تأثره بكتابات الغزالي.

فقد أشار شومبيتر (1883-1950م) أبرز علماء الاقتصاد المعاصر بعد جون ماينارد كينز في كتابه "تاريخ التحليل الاقتصادي" إلى عدم الاعتراف بوجود أي فكر اقتصادي قبل القرن الثالـث عشر، أي قبل الفترة التي عاشها القديس توما الاكويني ولمدة خمسة قرون[1]، متناسيا ومتجاهلا بذلك معرفة الغزالي الاقتصادية التي لا ينكر أثرها على توما الاكويني نفسه.

وفي هذا الباب يؤكد "غضنفر" في بحثه القيم الموسـوم بـ "علم الاقتصاد بين فلاسفة اللاهوت وفقهاء الإسلام"، بـأن شومبيتر لم يكن منصفا في نزعته البراجماتيـة المتعلقة بتأصيل الفلسفة الاقتصادية، فأوضح عن طريق رسائل كثيرة تلقاها ممن عاصروا شـومبيتر وتعامـلوا معـه عن قرب مثل "مارك برلمان" و "سترسلر" و "كيرت روتشيلد" بأنه لم يكن واقعيا ولا موضوعيا في تقرير الحقائق العلمية[2]، وذلك جريا على عادة من سبقوه ومن لحقوه فيمـا بعد، مثل "ويليـام آشلي" و "ايريك رول" و "هنري شبيجل" و "رتشارد تاوني" و "باري جوردون" وغيرهم[3].

سادسا: تعكس هذه الدراسة أهمية كبيرة غير مسبوقة من خلال ما تؤكده بأن لدى الغـزالي فكرا غنيا وعطاءا ثرا في المجال الاقتصادي، وتفتح في نفس الوقت فرصا كثيرة للأبحاث والدراسـات الاقتصادية المقارنة بين الغزالي وغيره من العلماء الأوروبيين، ولا سيما الفلاسفة منهم الذين ابتدؤوا حياتهم بالفلسفة وانتهوا

---

(1) Joseph Schumpeter , History of Economic Analysis, Oxford University : NewYork, 1954 , P.74.

(2) غضنفر ، "علم الاقتصاد بين فلاسفة اللاهوت وفقهاء الإسلام"، ديوجين ، العدد 154/98، ص150 .

(3) المصدر نفسه ، ص 126 - 128 .

بالاقتصاد، مثل توما الإكويني تحديدا، وآدم سميث (1723-1790م)، وديفيد هيوم (1711-1776م) وغيرهم.

وهذه الحقيقة يؤكدها الشريف في كتابه "تاريخ الفلسفة الإسلامية" بأنه: "توجد أدلة قوية وكثيرة، تبرهن على انتقال أفكار الغزالي إلى الأوروبيين"[1]، إلى جانب ما يؤكده "غضنفر" بأن توما الإكويني الذي يُشار إليه بوضع قواعد الفكر الاقتصادي، ينتهج في كتابه علم اللاهوت (Summa Theologia) نفس المنهج الذي يتبعه الغزالي في الإحياء، فيعالج بنفس الاتجاه المنهجي معظم الموضوعات التي تناولها الغزالي بما فيها موضوعات علم الاقتصاد، ويقرر أن كثيرا من مؤرخي العصور الوسطى يعترفون بتأثر توما الإكويني بالغزالي، وذلك إما عن طريق أستاذ الإكويني البروتوس ماجنوس (1206-1280). أو رايموند مارتين المتوفى عام 1285م، وإما عن طريق العالم اليهودي ابن ميمون (1135-1204م) الذي اقتبس كثيرا من أفكار الغزالي، وإما عن طريق كتب الغزالي مباشرة إذ أصبحت متاحة للمفكرين الأوروبيين وباللغة اللاتينية وغيرها حتى ما قبل سنة 1150م[2]، أي بعد رحيل الغزالي المتوفى عام 1111م، بعدة سنوات.

أهداف الدراسة والغرض منها:

فيمكن بيان أهم الأهداف التي ترمي إليها هذه الدراسة من خلال النقاط التالية:

أولا: استكمال بناء نظرية إسلامية معاصرة في المجال الاقتصادي وإحياء جانب مهم من جوانب تاريخ الفكر الاقتصادي الإسلامي على ضوء مساهمة الإمام الغزالي.

ثانيا: الوقوف الموضوعي على إسهامات الغزالي الاقتصادية تحليلا واستنباطا

---

(1) Sharif , M.M., A History of Muslim philosophy, 2Vol, otto , Harrassiwtz , Wiesbaden , 1966 , P. 1361.

(2) غضنفر ، "علم الاقتصاد بين فلاسفة اللاهوت وفقهاء الإسلام"، ص152-153 .

واستقراءا من خلال الرجوع إلى جميع مصنفاته المنسوبة إليه.

ثالثا: تأكيد الدلالة على إحاطة الإسلام بجميع قضايا الحياة ومنها الاقتصادية.

رابعا: تقديم صورة اقتصادية لدى أحد علماء المسلمين غير مسبوقة في تاريخ الفكر الاقتصادي من بداياته في عهد مدرسة الإكويني وحتى الآن.

خامسا: إثراء المكتبة الإسلامية في جانب دراسات تاريخ الفكر الاقتصادي في الإسلام.

الدراسات السابقة في هذا الموضوع:

تعتبر هذه الدراسة بشموليتها وإحاطتها بأفكار الغزالي غير مسبوقة من ناحيتين:

أولاهما: أنها تعد الرسالة الأولى المطروحة على مستوى الرسائل الجامعية (الدكتوراة)، ولم توجد - في حدود علم الباحث- غير رسالة ماجستير بعنوان "مساهمات الغزالي في الفكر الاقتصادي الإسلامي" نوقشت في كلية الشريعة/ قسم الدين في جامعة بغداد عام 1989م، وقد اعتمدت بشكل كبير على الموضوعات والتحليلات الفقهية مثل أحكام الشركات والبيوع والأوقاف والخراج والأراضي والمعادن وما شابه ذلك مما يدرج في إطار فقه الاقتصاد الإسلامي وأنها اقتصرت على (12) مصنفا من مصنفات الغزالي.

الثانية: أنها تفردت عن سائر الأبحاث الأخرى باستقصاء جميع مصنفات الغزالي والوقوف فيها على أية أفكار ومفاهيم اقتصادية تخدم أغراض البحث.

ومع ذلك فإنه لا يوجد بحوث سابقة متخصصة دون مستوى الرسائل الجامعية باستثناء بحثين هما:

الأول:البحث المقدم من الدكتور شوقي دنيا إلى ندوة الاقتصاد الإسلامي المنعقدة في الجامعة الأردنية من 9-11 شباط، 1983، والتي أقامها معهد البحوث والدراسات العربية، وكان عنوان البحث: "من أعلام الاقتصاد الإسلامي: أبو حامد الغزالي".

وقد اقتصر في دراسته على أربعة مصنفات للغزالي هي: الإحياء، وكتاب

الأربعين في أصول الدين، وشفاء الغليل، والمستصفى.

الثاني: البحث المقدم من كـل مـن غضـنفر وإصـلاحي، والمنشـور في مجلـة تـاريخ الاقتصاد السياسي (History of Political Economy) باللغـة الإنجليزيـة في خريف 1990م، بعنـوان: "الفكر الاقتصادي عند عالم التوحيد العربي: أبي حامد الغزالي)) :Economic thought of an Arab scholastic (Abu Hamid al- Ghazali)

وعلى أنه من الواضح مـدى الجهـد العلمـي المبـذول في هـذا البحـث، إلى جانـب تقديمـه وعرضه بصياغة اقتصادية راقية، إلا أنه ما يؤخذ عليه إيجازه الشديد في طرح المفاهيم، ومعالجـة الأفكار الاقتصادية، ولذا فإنه بمجموع صفحاته التـي لم تتجـاوز العشـرين صفحة، لم يتمكن مـن الإحاطة بجميع الموضوعات الاقتصادية المطروحة، ولم يتوسع فيما طرح مـن موضوعات، ولعلـه بهذا الحجم الصغير يتناسب مع شروط البحث العلمي في الـدوريات المتخصصـة، ولكنـه لم يتسـع لإعطاء الموضوع حقه عرضا وتحليلا لنتاج الفكر الاقتصادي المتنوع والواسع الذي تركه الغزالي.

صعوبات الدراسة:

أولا: عدم وجود المراجع والمصادر والدراسات العلمية المتخصصة في مجال تاريخ الفكر الاقتصادي الإسلامي، وبخاصة الفكر المتعلق بإسهامات الإمام الغزالي.

ثانيا: مشقة الحصول على بعض الأبحاث العلميـة والـدوريات اللازمـة، ومنها البحـث الموسـوم بـ (Economic thought of an Arab scholasic: Abu Hamid al- Ghazali) إذ لم يتمكن الباحـث من الحصول عليه إلا بعد مرور فترة زمنية طويلة لعدم توفره في أية مكتبة دولية باستثناء مستودع المعلومات البريطاني "UMI Infostor" الذي ليس له فروع إلا في بريطانيا وأمريكا.

ثالثا: صعوبة استقصاء جميع كتب الغزالي وجمعها مـن مكـان واحـد (دولة واحـدة)، ممـا اضطر الباحث إلى الاعتماد الكلي على المعارض الدولية المقامة سنويا في أنحـاء متفرقـة مـن العـالم العربي، إلا أن هذا الوضع وبالرغم من صعوبته قد سـاهم إلى جانـب الوقوف عـلى المـادة المطلوبة في إمكان الحصول على أفضل الطبعات المحققة وأحدثها.

رابعا: عدم وجود مستودع معلومات متخصص يضم كل ما كتب من رسائل جامعية وأبحاث وكتب في مجال الاقتصاد الإسلامي، مما نتج عنه ابتداء مشكلة عدم التأكد من وجود أبحاث اقتصادية متكاملة على مستوى الرسائل الجامعية في مجال الفكر الاقتصادي عند الغزالي، ونتج ثانيا مشكلة الوقوف على كل ما يلزم من مصنفات الاقتصاد الإسلامي، مما أدى إلى الاستعانة بمادة الببليوغرافيا التي تنشرها بعض الدوريات المتخصصة، إضافة إلى الدوريات التي تختص بهذا الجانب.

منهجية البحث:

أولا: اعتمد الباحث في منهجية هذه الدراسة على الأسلوب الاستقرائي التحليلي للأفكار والمفاهيم الاقتصادية المطروحة في مصنفات الغزالي مع إبراز مدى الترابط بين الفكر الاقتصادي الفلسفي أو المذهبي وبين المنهج السلوكي أو التحليلي كما يتبناه الغزالي.

ثانيا: الارتكاز في جمع مادة الدراسة على المحاور التالية

أ- الرجوع إلى جميع مصنفات الغزالي وشروحاتها ما أمكن ذلك، مع مراعاة كل ما صدر من طبعات جديدة محققة، وذلك في حدود الكتب المنسوبة إلى الغزالي بشكل قطعي اعتمادا على تحقيق عبدالرحمن بدوي في كتابه "مؤلفات الغزالي".

ب- الرجوع بشكل عام إلى جميع كتب الاقتصاد الإسلامي المتاحة في المكتبات الجامعية والمراكز العلمية في الأردن، للوقوف على أية إشارات أو تعليقات أو إيضاحات ممكنة لعبارات الغزالي في أي موضوع اقتصادي.

جـ- الاعتماد على كل ما أمكن الوصول إليه من الدوريات العلمية المحكمة للإحاطة بالموضوع محل البحث، سواء أكانت باللغة العربية أم الأجنبية.

د- الوقوف على المصادر الفقهية الأصيلة في مناقشة بعض المسائل الاقتصادية، وينسحب ذلك على المعاجم التاريخية، وموسوعات التراجم

وغيرها ، وحتى مصادر الاقتصاد المعاصر الرئيسة التي تعـود لأشـهر الاقتصاديين مثـل آدم سميث وشومبيتر وفريدمان وغيرهم.

ثالثا: مناقشة أفكار الغزالي الاقتصادية، وعدم ترك الموضوعات التي تحتاج إلى المقارنة أو الترجـيح أو الرد إلا بتسليط الضوء عليها وبيانها، وذلك بالقدر الـذي تسـمح بـه أبعـاد السـياق ودلالاته.

رابعا: توثيق الآيات القرآنية، وفهرستها بأرقامها وسورها حسب ورودها في الدراسة، إضافة إلى تخريج الأحاديث النبوية من مظانها اعتمادا على الصحيحين (البخاري ومسلم) إن وجد، وإلا فكتب السـنن مـع بيـان رقـم الحـديث ودرجـة صـحته وفهرسـته حسـب وروده في الدراسة.

خامسا: ترجمة أبرز الأعلام، وشرح أهم المعالم المتعلقة بالأماكن وفهرستها، وبيان الألفـاظ الغامضـة حسب دلالتها السياقية والمعنى الذي وردت فيه.

سادسا: إنهاء الدراسـة بخاتمة وتضمينها لأهـم مـا توصلت إليـه مـن نتـائج وتوصيات.

وصف محتويات خطة الدراسة:

فقد تضمنت الدراسة مقدمة وبابين وخاتمة.

فأما الباب الأول فيتناول تعريفا عاما بشخصية الإمام الغزالي، والمرتكزات العقائدية لفكره الاقتصادي مشتملا على فصلين هما:

الفصل الأول:

فقد أفرد للحديث عن التعريف بالإمام الغزالي من خلال أربعة مباحث هي:

المبحث الأول: تناول نسب الغزالي وأسرته وطبيعة عصره وموقفه منه.

المبحث الثاني: تناول مكانة الغزالي العلمية، وموقفه من بعض القضايا الفكرية، مثل المنهج الصوفي على وجه الخصوص، وسائر الاتجاهات الفكرية السائدة في عصره على وجه العمـوم، ثـم تعرض لانتقادات العلماء للغزالي، ومناقشتها واحد بعد الآخر، لتفنيد كثيرا مـن المـزاعم والطعون الموجهة إليه.

المبحث الثالث: تناول مصنفات الغزالي وآثاره الفكرية بشكل عام، مع الإسهاب في بيان منزلة كتابه "الإحياء" بشكل خاص، وأهميته بالإشارة إلى أهم شروحاته، واختصاراته، وغير ذلك.

المبحث الرابع: تناول أهمية فكر الغزالي الاقتصادي بشقيه التاريخي والتحليلي.

الفصل الثاني:

فقد أفرد للحديث عن المرتكزات العقائدية لفكر الغزالي الاقتصادي من خلال ثلاثة مباحث هي:

المبحث الأول: تناول المرتكزات الذاتية، مثل العامل الإيماني، والمعيار الخلقي.

المبحث الثاني: تناول المرتكزات الموضوعية، مثل الالتزام بتطبيق المنهج الرباني، وتحقيق مبدأ العدالة.

المبحث الثالث: تناول المرتكزات الوظيفية، بتسليط الضوء على البعد الديني لوظيفة المال، وترسيخ مبدأ التعاون بين الناس.

الباب الثاني:

ويتناول الجانب الاقتصادي في فكر الغزالي مشتملا على خمسة فصول هي:

الفصل الأول:

فقد أفرد للحديث عن موقف الغزالي من ظاهرة الملكية من خلال ثلاثة مباحث هي:

المبحث الأول: تناول نظرة الإسلام العامة للملكية مبينا تصور الغزالي في هذا المجال وكيفية حدوث التملك.

المبحث الثاني: تناول مبدأ الكسب كأحد المدخلات الرئيسة للتملك مبينا طرح الغزالي لمفهوم الكسب، ومشروعيته، وموقفه من ترك الكسب، واللجوء إلى أساليب الكداية، وتصوره لضوابط الكسب.

المبحث الثالث: تناول موضوع العمـل، مبينـا أهميتـه، ومجالاتـه، والتفاضـل بينـه والأجـر الحقيقي المترتب على جهد العمل.

الفصل الثاني:

فقد أفرد للحديث عن النقود، وإيرادات بيت المـال، ونفقاتـه، في فكر الغـزالي مـن خـلال ثلاثة مباحث هي:

المبحث الأول: تناول موضوع النقود، مبينا كيفية نشوء الحاجة إليها، ومجالات استخداماتها الوظيفية العادلة والظالمة، وخصائصها الاقتصادية.

المبحث الثاني: تناول بيت المال، بشقيه جانب الإيرادات وجانب النفقات.

المبحث الثالث: تناول موضوع الضرائب، مبينا سماتها العامة وأوجـه المقارنـة بـين طروحـات الغزالي في هذا المجال والطروحات الوضعية.

الفصل الثالث:

فقد أفرد للحديث عن موقف الغزالي من السوق وأحكامه من خلال أربعة مباحث هي:

المبحث الأول: تناول موضوع السوق، وإجراءاته التنظيمية، مبينا مفهومه، ونشـأته، وطبيعـة الإجراءات الأولية والمساعدة في عملية تنظيم السوق.

المبحث الثاني: تنـاول جانب العرض والطلب، وأثره في السـوق، مبينـا مفهـوم المنافسـة، وأبعادها الاقتصادية، وآلية جهاز الأسعار.

المبحث الثالث: تناول موضوع التجارة، والائتمان، مبينا الأداء التنظيمـي، والاتجاه الاكتفـائي للتجارة، وطبيعة الائتمان.

المبحث الرابع: تناول موضوع تدخل الدولة في السوق، مبينا ضمانات الشارع لحق التـدخل، وضوابطه ومجالاته.

الفصل الرابع:

فقد أفرد للحديث عن الدخل الفردي والإنتاج في فكر الغزالي من خلال مبحثين هما:

المبحث الأول: تناول مكونات الدخل الفردي، واستخداماته الاقتصادية، مبينا جانب الإنفاق وجانب الادخار، والسمات العامة لكل منهما.

المبحث الثاني: تناول موضوع الإنتاج، مبينا مفهومه، وأهميته، وعناصره، وقطاعاته، وتقسيماته الفنية في مجال التخصص.

الفصل الخامس:

فقد أفرد للحديث عن الفقر وأبعاده الاقتصادية في فكر الغزالي من خلال ثلاثة مباحث هي:

المبحث الأول: تناول مفهوم الفقر مبينا معناه العام، ومعناه في ضوء تعلقه بالمشكلة الاقتصادية.

المبحث الثاني: تناول موقف الغزالي من الفقر، مبينا نظرته العامة إليه، وآرائه بأفضلية حد الكفاية، وحق الفقراء في الكفاية من أموال الأغنياء.

المبحث الثالث: تناول حد الكفاف وحد الكفاية، مبينا مفهوم ووعاء كل منهما، وتصنيف الحاجات الإنسانية وترتيبها.

وأما الخاتمة: فقد جاءت مجملة لأهم ما توصلت إليه الدراسة من نتائج، وما يمكن الالتزام والعمل به من توصيات.

الباب الأول

التعريف بالإمام الغزالي

و

المرتكزات العقائدية للنشاط الاقتصادي

الفصل الأول
التعريف بالإمام الغزالي

المبحث الأول: اسمه ونشأته وعصره

المطلب الأول: نسب الإمام الغزالي وأسرته

المطلب الثاني: نشأة الإمام الغزالي

المطلب الثالث: عصر الإمام الغزالي وموقفه منه

المبحث الثاني: السيرة العلمية والاتجاهات الفكرية عند الغزالي

المطلب الأول: مكانة الغزالي العلمية

المطلب الثاني: موقف الغزالي من المنهج الصوفي

المطلب الثالث: موقف الغزالي من الاتجاهات الفكرية السائدة

المطلب الرابع: انتقادات العلماء للغزالي

المطلب الخامس: مناقشة الباحث للانتقادات

المبحث الثالث: الآثار والمصنفات

المطلب الأول: مصنفات الغزالي وسماتها العامة

المطلب الثاني: مصنف الإحياء وأهميته

المبحث الرابع: الأهمية الاقتصادية لفكر الغزالي

المطلب الأول: البعد الاقتصادي التاريخي

المطلب الثاني: البعد الاقتصادي التحليلي

المبحث الأول

اسمه ونشأته وعصره

يعد الإمام الغزالي من أبرز الأقطاب والعلماء المسلمين الذين يُشار إليهم بموسوعية المعرفة على شتى أصنافها وفروعها.

وللوقوف الموضوعي على أهم الأبعاد المتصلة بحقيقة هذه الشخصية الإسلامية الفذة، يعرض هذا المبحث بعض الجوانب الذاتية من حياة الإمام الغزالي، وذلك في ثلاثة مطالب، هي:

المطلب الأول: نسب الإمام الغزالي وأسرته

المطلب الثاني: نشأة الإمام الغزالي

المطلب الثالث: عصر الإمام الغزالي وموقفه منه

المطلب الأول

نسب الإمام الغزالي وأسرته

أولا: نسبه

هو حجة الإسلام، أبو حامد محمد بن محمد بن محمد الطوسي، الشافعي، الغزالي[1]. فهو طوسي نسبة إلى المحل الذي ولد فيه، وهي بلدة طوس[2]، إذ ولد فيها

---

(1) شمس الدين محمد بن أحمد الذهبي، سير أعلام النبلاء، تحقيق شعيب الأرنؤوط، ط1 (بيروت، مؤسسة الرسالة، 1984)، 19/322-323.

(2) طوس: هي إحدى مدن خراسان، تبعد عن نيسابور نحو عشرة فراسخ. تشتمل على بلدتين هما الطابران ونوقان، ولها أكثر من ألف قرية. فتحها المسلمون أيام الخليفة عثمان بن عفان رضي الله تعالى عنه. وبها قبر علي بن موسى الرضا وقبر هارون الرشيد، وبها آثار إسلامية جليلة. ولربما تحرج الغزالي من نسبته إلى طوس إذ يوصف أهلها بالتغفيل وهم أئمة العلم، فقيل أنه سأله أبو يوسف القزويني من أين أنت؟ فقال من المدرسة ببغداد، قال الغزالي: لو قلت من طوس لذكر تغفيل أهل طوس من أنهم سألوا المأمون أن يحول الكعبة إليهم لأن قبر أبيه عندهم. انظر: شهاب الدين ياقوت بن عبد الله الحموي، معجم البلدان (بيروت، دار صادر، 1956)، 4/49-50.

عام 450هـ/ 1051م، وقيل بعد ذلك بعام [1].

ويعود سبب تسميته بهذا الاسم – أي الغزالي- إلى جهة المكان الذي كان يقيم فيه عند طفولته ونشأته الأولى، وهي قرية من قرى طوس، تسمى غزالة، فتكون التسمية على هـذا الوجـه بتخفيف "الزاي" أي الغزالي. وفي قول آخر أن هذه التسمية تعود إلى طبيعة المهنة والعمـل الـذي كان يمارسـه والـده في صناعة الغزل، فتكـون التسميـة بتشديـد "الـزاي"، أي الغـزّالي، وليـس بالتخفيف كمـا في القـول الأول [2].

وإن كان هذا الاختلاف في مردّ النسبة وأصل التسمية لا يضيف معنـى جديـدا لشخصية الغزالي ونبوغه، إلا أننا لا ننكر القول بإمكانية الأخذ بالتسمية الثانية - وإن كان الشـائع التسميـة الأولى- وهي تسمية يرد فيها الاسم إلى أصل المهنة والحرفة قياسا على كثير من الأسمـاء المهنيـة أو الحرفية المنسوبة لأفذاذ من العلماء والفقهاء المسلمين.

فقد نُسب العديد من العلماء إلى أشغالهم الحرفية التي يقومـون بهـا، فمنهم "البـزاز" و "الكسائي" و"الجصاص" و "القفال" و "الخصّاف" و "الزّجاج" و "الخلال" و "الخراز" و "الزعفراني" و "الماوردي" إلى غير ذلك من الألقاب وهي كثيرة [3].

وثمة خلاف آخر ثار بين الباحثين حول حقيقة الأصل الذي انحدر منه الغزالي، فمنهم مـن قال أنه من أصل فارسي [4]، يعود إلى طوس، وهي من مدن خراسان

---

(1) شمس الدين أحمد بن محمد بن خلكان، وفيـات الأعيـان وأنبـاء أبنـاء الزمـان، تحقيـق إحسـان عبـاس (بيروت، دار صادر، 1971)، 218/4.

(2) خير الدين الزركلي، الأعلام، ط6 (بيروت، دار العلم للملايين، د.ت)، 22/7.

(3) مصطفى عبد الواحد، المجتمع الإسلامي، ط2 (بيروت، دار الجيل، 1974)، ص 211.

(4) رفيق العجم (محقق)، محك النظر، أبو حامد الغزالي، ط1 (بيروت، دار الفكر اللبناني، 1994) ص15 .

الفارسية[1]، ومنهم من قال بأنه من أصل عربي قياسا إلى اسمه وأسماء آبائه وأجداده، فهو محمد بن محمد بن محمد، وهذه الأسماء الثلاثة عربية صرفة، بل وإسلامية على وجه الخصوص لا يشك فيها[2].

ومن العسير على الباحث أن يصل في تحقيقه لهذه المسألة إلى القول على سبيل القطع بنسب الغزالي إلى أصل عربي أو أصل فارسي، وذلك للأسباب الآتية:

- لم يشر الغزالي في تضاعيف مصنفاته إلى حقيقة هذا الأصل، إدراكا منه بأن الإسلام مذهب يسمو به عن الانتساب إلى قوم بأعيانهم، ولو كان هذا الاعتراف له معنى في فكره لذكره فخرا وتمجيدا في رسائله الكثيرة التي بعث بها إلى الخلفاء والسلاطين والوزراء.
- طريقة الغزالي في الكتابة باللغة العربية والفارسية، حسب ما تقتضيه الضرورة دون تفضيل إحداهما على الأخرى بالاختصاص، مما ينفي تعصبه لأصله، وإن كانت كتبه الفارسية محدودة.
- وإن كان من الممكن أن ينحدر الغزالي من سلالة عربية تعود جذورها الأولى إلى بداية الفتح الإسلامي، فإنه من الممكن أيضا أن يعود إلى أصل فارسي غلبت عليه الأسماء العربية بسبب ضلوعه في الإسلام وبراعته فيه[3].

وبالجملة، فلن يضيف ثبوت الأصل العربي أو الفارسي للغزالي وزنا جديدا في علو منزلته وعظيم قدره، فقد بزغ نجمه بما أفاد لغة القرآن، وما نال من لقب حجة الإسلام، ولو كان فارسيا، وأقام لنفسه عمادا شامخا من الصيت والمكانة وعلو الجاه، مما يعجز معه أصله العربي أن يكون سببا لنبوغه أو رفعته.

---

(1) خراسان: بلاد واسعة، تمتد حدودها مما يلي العراق إلى حدود الهند، وتشتمل على أمهات البلاد، مثل نيسابور وهراة ومرو وبلخ. فتحت أيام عثمان سنة 31هـ بإمارة عبد الله بن عامر ابن كريز. وقد خرج من أهلها أئمة العلم وأعيانه مثل البخاري ومسلم الترمذي وإسحاق بن راهويه وأحمد بن حنبل والجويني والحاكم النيسابوري فضلا عن الإمام الغزالي، وغيرهم كثير. انظر: معجم البلدان، 353/2-354.

(2) أحمد الشرباصي، الغزالي (بيروت، دار الجيل، 1979)، ص 19.

(3) الشرباصي، الغزالي، ص19.

ثانيا: أسرته

وأما الجانب الأسري الذي كان يعيشه الغزالي، فقد أحاط به الغموض، ولم تتوفر المعلومات الكافية في مصادر التراجم للوقوف على طبيعة الأسرة التي ينتمي إليها، ولعل ذلك يتصل بحقيقة المنهج السلوكي الذي فرضه الغزالي على حياته من مظاهر العزلة والخلوة والانقطاع.

ولكن تشير المصادر من خلال مواقف متفاوتة إلى بعض الجوانب الأسرية من حياة الغزالي، ومنها أن والده كان محترفا في غزل الصوف، ولا يأكل إلا من كسب يده في هذه الصناعة، وهو لا يحظى منها بدخل يكفيه ليخرج من معنى الفقر ليتمكن من إشباع رغبته في طلب العلم، وكان لا ينقطع عن حلقات المتفقهة ومجالستهم وخدمتهم، مما كان له الأثر في توجيه رعايته على ما يملك من القليل[1]. وكان يتضرع إلى الله تعالى دوما أن يحفظ ولديه ليكونا من أهل الفقه والعلم[2]، وأما والدته فلا يعرف من هي، وما نسبتها، ولا مدى تأثيرها ومساهمتها في بناء شخصية ولدها، ولربما شهدت طرفا من شهرته وذيوع اسمه بين الناس[3].

وأما ذريته، فقد دلت المصادر على أنه رزق بمولود اسمه "حامد" مات طفلا، ومنه يكنى بأبي حامد، وبمولود آخر يسمى "عبيد الله"، وأنه عاش له من البنات

(1) فيروى أنه لما حضرته الوفاة دفع بماله القليل إلى صديق له صوفي، ليتكفل بتعليم ولديه، فلما مات أقبل الصوفي على تعليمهما بهذا المال إلى أن فني المال، ثم أرشدهما إلى اللحوق بالمدرسة ليتحصل لهما قوت يعينهما على وقتهما ففعلا ذلك. وكان الغزالي يعلق على هذه الحادثة ويقول: طلبنا العلم لغير الله فأبى أن يكون إلا لله. انظر: تاج الدين أبو نصر عبد الوهاب بن تقي الدين السبكي، طبقات الشافعية الكبرى، ط2 (بيروت، دار المعرفة، د.ت.)، 102/4.

(2) طبقات الشافعية، 102/4.

(3) الشرباصي، الغزالي، ص 26.

ثلاث[1]، ولم يُعقب إلا البنات[2].

ولم يكن له من الأخوة غير واحد هو أبو الفتوح أحمد، الواعظ المشهور الذي يلين الصخور الصم بمواعظه[3]، مما كان له دور في إنابته عنه للتدريس في نظامية بغداد[4]، حاضرة الخلافة، وقد عمّر إلى حدود العشرين وخمس مئة[5]، أي بعد أخيه الغزالي بخمس عشرة سنة.

إلا أننا نلحظ أن بيت الغزالي كان يشكل عبئا عليه، ويشغل مساحة في تصرفاته ومواقفه، ولعل العامل الاقتصادي الذي يعنى بأسباب المعيشة، وضرورات الحياة، هو الأكثر أهمية في صياغة هذه المواقف، إذ يصور الغزالي هذا الواقع بقوله: "**وكانت حوادث الزمان، ومهمات العيال، وضرورات المعيشة، تغير فيَّ وجه المراد، وتشوش صفوة الخلوة، وكان لا يصفو الحال إلا في أوقات متفرقة**"[6].

ولا يفوتنا ابتداء أن نذكر بأن هذه العوامل والضغوطات المعيشية قد قطعت عليه عزلته بعدما وصل فيها إلى بلاد الحجاز، وهو يشير إلى ذلك بقوله: "**ثم جذبتني الهمم ودعوات الأطفال إلى الوطن، فعاودته بعد أن كنت أبعد الخلق عن الرجوع إليه**"[7].

---

(1) الشرباصي ، الغزالي، ص54.

(2) علي بن الحسن بن عساكر الدمشقي، تبيين كذب المفتري فيما نسب إلى الإمام أبي الحسن الأشعري (بيروت، دار الكتاب العربي، (د.ت)، ص 296. سير أعلام النبلاء، 326/19. طبقات الشافعية، 110/4.

(3) المرجع الأخير، 102/4.

(4) وهي واحدة من المدارس النظامية المنتشرة في بغداد ونيسابور وقد أقامها الوزير نظام الملك تمهجدا للعمل وأهله، وسميت بالنظامية نسبة إليه.

(5) انظر: سير أعلام النبلاء، 343/19.

(6) أبو حامد الغزالي، المنقذ من الضلال والمفصح بالأحوال، تحقيق سميح دغيم، ط1 (بيروت، دار الفكر اللبناني، 1993)، ص 82.

(7) المصدر نفسه، ص 83.

ويبين الغزالي في موقف آخر، أهمية هذا البعد الاقتصادي في حياته الأسرية بما يمليه من ضرورة الحصول على الدخل الذي يكفل به حاجة الأهل ويقوم بأعباء معيشتهم، وذلك في رسالة رد بها على الوزير "نظام الدين"[1] الذي دعاه للتدريس ثانية في المدرسة النظامية ببغداد، بعد وفاة شمس الإسلام "الكَيّاهرّاسي"[2]، فأجاب معتذرا له بقوله: "**أنه حينما دعاني الصدر الشهيد "نظام الملك"- قدس الله روحه- إلى بغداد كنت وحيدا دون علائق، وبدون أهل ولا أولاد، واليوم لي علائق وأبناء، فلا رخصة في تركهم. وأعظم الأعذار المعينة والمعتبرة أنني لا أقبض من السلطان شيئا، ولم يكن لي ببغداد ضيعة، فيكون طريق المعيشة عليّ مسدودا، والدخل القليل من الضيعة التي لي بطوس يكفي معيشة هذا الضعيف والأطفال مع المبالغة في الاقتصاد والقناعة، أما في الغيبة فيقصر عن هذا**"[3].

ونستنتج من ذلك أن بيت الغزالي وما يتعلق به من أسباب المعيشة من خلال الضيعة التي يشير إليها، والكسب القليل منها، ومهمات العيال وما يترتب عليها من تكاليف، وما يتصل بذلك من أسباب اقتصادية، له دلالته في بلورة التفكير الاقتصادي عند الغزالي وتأصيل منهجه ونظريته فيما تناول من أفكار ومفاهيم تتعلق بجانب الاقتصاد، إذ أدى ذلك- في أعلى صوره- إلى أن يتمنع على النظام السياسي للتدريس في نظامية بغداد التي تمثل واجهة لدار الخلافة، وبقي ملازما لإقامته في مسقط رأسه "طوس" إلى أن توفاه الله تعالى إذ لفظ آخر نفس من أنفاسه

---

(1) نظام الدين: هو أحمد بن قوام الدين الحسن بن علي بن إسحاق.

(2) الكَيّاهرّاسي (450-504هـ): هو علي بن محمد الملقب بعماد الدين، المعروف بالكياهراسي، شافعي المذهب ولد في طبرستان، ودرس في نظامية بغداد، واتهم بأنه يمالئ الباطنية فأراد السلطان قتله، فشهد له بعض العلماء بالبراء، ومنهم ابن عقيل فأعيد للتدريس بعدما انتزع منه. انظر: أبو الفداء الحافظ ابن كثير، البداية والنهاية، ط6 (بيروت، مكتبة المعارف، 1985)، 12/172-173، الأعلام، 4/329

(3) أبو حامد الغزالي، فضائل الإمام من رسائل حجة الإسلام الغزالي، ترجمة نور الدين آل علي (الدار التونسية، 1972)، ص 85.

الزكية الطاهرة في يوم الاثنين، الرابع عشر من جمادى الآخرة من عام 505هـ/ 1111م وله من العمر خمس وخمسون عاما[1].

المطلب الثاني

نشأة الإمام الغزالي

فقد كرس الغزالي حياته منصرفا للعلم بعزم ويقين، أخذا وعطاء، ندر أن يوجد له مثيل في دأبه العلمي، فنجده على هذا المنهج منذ طفولته ونشأته الأولى، ينهل من معين العلماء والفقهاء حتى صار بعدها موردا خصبا لغيره من الباحثين عن طريق المعرفة، وهي معرفة جمعها من أشتات العلوم على طريقته في النظر والتجديد.

ونجد الغزالي كذلك، بنبوغه الفكري وعطائه الذي لم ينضب، أهلا للقبول في كل مكان يحل فيه، مما كان له الأثر في اتساع حركته لينشر علمه ومعرفته، فصار الهدف العلمي والمعرفي على هذا النحو أداة للانتقال والترحال.

وقد كانت انطلاقته الأولى من مسقط رأسه في "طوس" إذ رمى به الفقر - كما أشرنا سابقا- إلى إحدى مدارسها، ليتكسب القوت، ولكن الله تعالى شمله بعنايته فاختار له طلب العلم والمعرفة، وإلى جانب هذه المدرسة كان يقرأ على شيخه أحمد بن محمد الراذكاني[2]، طرفا من الفقه[3].

---

(1) انظر: طبقات الشافعية، 105/4.

(2) الراذكاني: هو أحمد بن محمد الطوسي، أبو حامد الراذكاني. وراذكان بليدة بأعالي طوس. وهو أحد أشياخ الغزالي في الفقه، تفقه عليه قبل رحلته إلى إمام الحرمين. انظر: عبد الكريم بن محمد المسعاني، الأنساب، ط2 (بيروت، شركة الفحر العربي، 1981)، 38/6. طبقات الشافعية، 36/3.

(3) وفيات الأعيان، 216/4، صلاح الدين خليل بن ايبك الصفدي، الوافي بالوفيات، ط2 (فيسبادن، فرانز شتاينر، 1961)، 274/1. الشافعية، 103/4.

وفي بلدته "طوس" أخذت تتشكل الحقيقة الصوفية في نفسه وذلك على يد شيخه أبي علي الفارْمَذي[1] الذي صحبه "وأخذ منه استفتاح الطريقة، وامتثل ما كان يشير به عليه من القيام بوظائف العبادات والإمعان في النوافل واستدامة الأذكار والجد والاجتهاد طلبا للنجاة، إلى أن جاز تلك العقبات وتكلف تلك المشاق"[2].

ولعله في هذه المرحلة اطلع على جانب من المقاصد العلمية للطريقة الصوفية من خلال الوقوف على أصول الكتب فيها، مثل: "قوت القلوب" لأبي طالب المكي[3]، وكتب "الحارث المحاسبي"[4]، وبعض الأقوال والإشارات المأثورة عن

---

(1) الفارْمَذي: هو أبو علي الفضل بن محمد الفارمذي، ينسب إلى قرية فارمذ، وهي من قرى طوس. وهو شيخ خراسان وصاحب الطريقة من تربية المريدين وأرباب القلوب. وكان مجلس وعظه كروضة فيها أنواع الأزهار والثمار. توفي بطوس سنة 477هـ انظر: الأنساب، 219/9.

(2) التبيين، ص 594-295، سير أعلام النبلاء، 324/19-325.

(3) أبو طالب المكي: هو محمد بن علي بن عطية الحارثي، واعظ زاهد، فقيه. من أهل الجبل بين بغداد وواسط، نشأ بمكة ورحل إلى البصرة فاتهم بالاعتزال. وسكن بغداد فوعظ فيها، فحفظ عنه الناس أقوالا كانت سببا من هجرانهم له. وقيل أن كتابه "قوت القلوب في معاملة المحبوب" لم يصنف مثله في دقائق الطريقة. انظر: مصطفى بن عبد الله كاتب جلبي، كشف الظنون عن أسامي الكتب والفنون (بغداد، مكتبة المثنى، د. ت)، 1361/2. الأعلام 6 / 274 .

(4) الحارث المحاسبي: هو الحارث بن أسد المحاسبي، وكنيته أبو عبد الله. بصري الأصل، عديم النظير في زمانه علما وورعا ومعاملة وحالا، وهو أستاذ أكثر البغداديين، وهو من أهل البصرة، مات ببغداد سنة 243هـ انظر: عبد الكريم بن هوازن القشيري، الرسالة القشيرية في علم التصوف (بيروت، دار الكتاب العربي، د. ت)، ص 12. أبو عبد الرحمن محمد بن الحسين السلمي، طبقات الصوفية، تحقيق نور الدين شريبة، ط3 (القاهرة، مكتبة الخانجي، 1986)، ص 56.

"الجنيد"[1]، و "الشبلي"[2]، و "أبي اليزيد البسطامي"[3]، حسب ما يشير هو إلى هذا الجانب من التحصيل الصوفي في كتابه المنقذ[4].

وابتدأ الغزالي رحلته الأولى من " طوس " بالذهاب إلى " جرجان "[5]، ليتلق الفقه على الإمام أبي القاسم الإسماعيلي[6]، فعلق عنه بعض النصوص الفقهية، وهي تسمى بالتعليقة[7]، ليعود بعد ذلك إلى

---

(1) هو الجنيد بن محمد، أبو القاسم الخزاز، وكان أبوه يبيع الزجاج، فلذلك كان يقال له القواريري. أصله من نهاوند، ومنشؤه ومولده بالعراق، وكان فقيها تصدر للفتوى وهو ابن عشرين سنة، توفي سنة 297هـ انظر المصدرين السابقين، ص 19، ص156 على الترتيب.

(2) الشبلي: هو أبو بكر دُلَف ابن جَحْدَر، ويقال اسمه جعفر بن يونس: وهو خراساني الأصل، وكان شيخ وقته حالا وظرفا وعلما، مالكي المذهب، عاش 87 سنة وتوفي سنة 334هـ وقبره ببغداد. انظر: المصدرين السابقين، ص25، ص 337-338 على الترتيب.

(3) أبو اليزيد البسطامي: هو طيفور بن عيسى بن سروشان. وكان جده مجوسيا أسلم. وهو من أهل بسطام، بلدة بالقرب من نيسابور، وكان عابدا زاهدا ومن أرباب الأحوال، لم يخرج من الدنيا حتى استظهر القرآن كله. توفي سنة 261هـ وقيل 234. انظر: المصدرين السابقين، ص13-14، ص67 على الترتيب.

(4) المنقذ من الضلال، ص 79.

(5) جرجان: مدينة عظيمة بين طبرستان وخراسان، ليس بالمشرق بعد العراق مدينة أجمع ولا أظهر حسنا من جرجان، وقد خرج منها أدباء وعلماء وفقهاء ومحدثون كثر. وأهلها يأخذون أنفسهم بالتأني والأخلاق: انظر: معجم البلدان، 119/2.

(6) أبو القاسم الإسماعيلي: هو إسماعيل بن مسعدة الإسماعيلي، وقد أخذ الغزالي منه التعليقة، وهي تتضمن نقولا أو مذكرات علقها عنه في فروع الفقه الشافعي. انظر: الشرباصي، الغزالي، ص26.

(7) ويسوق الغزالي حادثة تعرض لها أثناء العودة، تركت أثرا في حياته، وذلك أن بعض قطاع الطرق تعرضوا له وأخذوا تعليقته، وبعدما طلبها منهم متوسلا، قال له كبيرهم: كيف تدعي أنك عرفت علمها وقد أخذناها منك فتجردت من معرفتها، ثم اشفقوا على حاله

طوس[1]، ومنها ثانية يقدم الغزالي إلى نيسابور[2]، فيدخل أول تجربة علمية يتلقى فيها أصنافا من العلوم المذهبية والأصولية والفلسفية والكلامية وغيرها، وذلك في رحاب شيخه أبي المعالي الجويني[3]، فأثبت في هذه المرحلة تفوقا واضحا على أقرانه من أهل العلم مما أثار إعجاب شيخه به، فوصفه بأنه بحر مغدق، وفي قراءة بحر مغرق، ولم يزل يلازم الإمام الجويني وينهل من علمه إلى حين أن توفي[4].

ويمكن اعتبار المدرسة الجوينية أساسا في تشكيل المنهج المعرفي والنظرية العلمية عند الغزالي من جهة التأصيل والفكر، إذ انقلب بعد وفاة شيخه إلى المعسكر أو المخيم السلطاني، وهو مجمع الأئمة وأهل العلم عند الوزير نظام الملك[5]، فناظرهم الغزالي، وجادلهم، وقهر خصومه منهم، وظهر كلامه عليهم، وأثبت

فأعادوها له. يقول الغزالي تعليقا على هذه الحادثة: هذا مستنطق أنطقه الله ليرشدني به في أمري، فلما وافيت طوس أقبلت على الاشتغال ثلاث سنين حتى حفظت ما علقته بحيث لو قطع علي على الطريق لم أتجرد من علمي. انظر: طبقات الشافعية، 103/4.

(1) سير أعلام النبلاء، 335/19.

(2) نيسابور: مدينة عظيمة، ضمت إليها معدن الفضلاء ومنبع العلماء. يقول ياقوت الحموي فيها: لم أر فيما طوفت من البلاد مدينة كانت مثلها. انظر: معجم البلدان، 331/5.

(3) أبو المعالي الجويني: هو عبد الملك بن عبد الله بن يوسف الجويني النيسابوري، الملقب بإمام الحرمين. ولد في جوين من نواحي نيسابور، ورحل إلى بغداد فمكة حيث جاور أربع سنين، وذهب إلى المدينة فأفتى ودرس ثم عاد إلى نيسابور، فبنى له الوزير " نظام الملك" المدرسة النظامية، وكان يقعد بين يديه كل يوم نحو من ثلثمائة رجل من الأئمة والطلبة. انظر: طبقات الشافعية، 249/3-250. الأعلام، 160/4.

(4) انظر: وفيات الأعيان، 217/4. سير أعلام النبلاء، 323/19. الوافي بالوفيات، 274/1. طبقات الشافعية، 103/4.

(5) نظام الملك (408-485هـ): هو الحسن بن علي بن إسحاق الطوسي، الملقب بقوام الدين، نظام الملك. أصله من طوس، اتصل بالسلطان إلب أرسلان فاستوزره لعشر سنين فلما توفي صار وزيرا لولده ملكشاه، ولكنه ملك الأمر كله وليس للسلطان ملكشاه إلا التخت والصيد، كانت أيامه دولة أهل العلم: اغتاله ديلمي بالقرب من نهاوند، ودفن في أصبهان. انظر: الأعلام، 202/2.

تفوقا وبراعة حتى اشتهر اسمه وسارت بذكره الركبان[1].

وأمام هذا التفوق ومقارعة الخصوم، حظي الغزالي بقبول الوزير "نظام الملك" فولاه التدريس في نظامية بغداد، واجهة دار الخلافة، فقدمها عام 484هـ وأقام على نشر العلم فيها، بحضور كبار العلماء بالتدريس والفتيا والتصنيف مع زيادة الحشمة، وعلو المنزلة ورفعة الجاه[2].

وبعد أربعة أعوام من العلم والجاه والكمال الذي لم ير الغزالي فيه مثل نفسه، سلك طريق التأله والزهد والانقطاع، تاركا ما ناله من حظوظ الدنيا وراء ظهره، ولن يصف حال هذا الموقف بانعطافاته وخفاياه وخواطره غير ريشته البارعة التي يسطر فيها أسباب هذا التحول والتغير، فيقول: "**وكان قد ظهر عندي أنه لا مطمع في سعادة الآخرة إلا بالتقوى، وكف النفس عن الهوى، وأن سر ذلك كله، قطع علاقة القلب عن الدنيا، والإقبال بكنه الهمة على الله تعالى، وأن ذلك لا يتم إلا بالإعراض عن الجاه والمال، والهرب من الشواغل والعلائق ثم لاحظت أحوالي، فإذا أنا منغمس في العلائق، وقد أحدقت بي من الجوانب، ولاحظت أعمالي وأحسنها التدريس والتعليم، فإذا أنا فيها مقبل على علوم غير مهمة ولا نافعة في طريق الآخرة.**

ثم تفكرت في نيتي في التدريس فإذا هي غير خالصة لوجه الله تعالى، بل باعثها ومحركها طلب الجاه وانتشار الصيت، فتيقنت أني على شفا جرف هار، وأني قد أشفيت على النار إن لم أشتغل بتلافي الأحوال.

فلم أزل أتردد بين تجاذب لشهوات الدنيا، ودواعي الآخرة، قريبا من ستة أشهر أولها رجب سنة 488هـ وفي هذا الشهر جاوز الأمر حد الاختيار إلى الإضطرار، ثم لما أحسست بعجزي، وسقط بالكلية اختياري، التجأت إلى الله تعالى التجاء المضطر الذي لا حيلة له، فأجابني الذي يجيب المضطر إذا دعاه... وأظهرت أمر

---

(1) وفيات الأعيان، 214/4، سير أعلام النبلاء، 323/19، طبقات الشافعية، 103/4.

(2) المنتظم، 125/17. وفيات الأعيان، 4 / 217 . الوافي بالوفيات، 275/1. طبقات الشافعية، 104/4.

الخروج إلى مكة وأنا أدبر في نفسي- سفر الشام حذار من أن يطلع الخليفة وجملة الأصحاب... واستهدفت لأئمة أهل العراق كافة إذ ظنوا أن ذلك هو المنصب الأعلى في الدين، وكان ذلك مبلغهم من العلم"[1].

ويستدل على ذلك بأن الغزالي واجه منعطفا فكريا نتج عن أزمته الروحية التي دامت ستة أشهر، وهذا المنعطف يقتضي التغير في طبيعة المفاهيم والتصورات الخاصة المتعلقة بمنظومة القيم الاجتماعية والاقتصادية، وهو تغير يطوي بالضرورة صفحة الجاه وذيوع الصيت لتبدأ عزلته في التجرد والرياضة ومجاهدة النفس وتزكيتها.

ويبتدئ الغزالي هذا التغير - كما يشير- بالانتقال إلى الشام، فكان يصعد منارة المسجد الأموي طوال النهار، ويغلق بابها عليه، وظل على هذا الحال نحوا من سنتين[2]، إلى أن رحل منها إلى بيت المقدس، وكان يفعل نفس الطريقة من المجاهدة ورياضة النفس، فيدخل كل يوم الصخرة، ويغلق بابها عليه كما كان في دمشق، ثم فارقها قاصدا بيت الله الحرام للحج[3]، وزيارة رسول الله صلى الله عليه وسلم بعد الانتهاء من زيارة خليل الله إبراهيم عليه السلام، ثم يلبي نداء الحنين إلى وطنه ومسقط رأسه "طوس" وقد عاودته دعوات الأطفال فيها لتنتهي حياة الخلوة والانقطاع[4].

---

(1) المنقذ من الضلال، ص 80-81.

(2) ومما يروى في سبب تركه دمشق أنه دخل حلقة للتدريس فيها، فوجد المدرس يقول: قال الغزالي فخشي- على نفسه العجب ففارقها. انظر: طبقات الشافعية، 105/4.

(3) ومنهم من يقول أنه قصد مصر بعد بيت المقدس، وأقام بالإسكندرية، وعزم على ركوب البحر للاجتماع بسلطان المغرب يوسف بن تاشفين لما بلغه من عدله فبلغه نعيه فصرف عزمه على المضي- إلى هذه الناحية.

(4) المنقذ من الضلال، ص 82-83.

ولكن بعد تكرار المعاودات بينه وبين الوزير "فخر الملك"[1]، اضطر الغزالي أن يعود إلى نيسابور لمدة يدرس في نظاميتها، وهي نفس المدرسة التي تشكل فيها تفكيره ونظريته المعرفية أيام الجويني، فتكون نيسابور بالنسبة إليه محطة البداية التي انبعث منها، ومحطة النهاية التي حط فيها رحاله، ولم ينتقل بعدها إلى مكان سوى مستقره ومسقط رأسه "طوس" فيتخذ إلى جانب داره مدرسة للمشتغلين بالعلم، ورباطا للصوفية، وقد وزع أوقاته على وظائف الخير من ختم للقرآن، ومجالسة لأهل الطريقة، والقعود للتدريس وسماع الصحاح[2].

المناقشة:

يمكن توضيح بعض الدلالات والأحكام المستنبطة من واقع النشأة الذاتية التي خاض غمارها الغزالي على النحو الآتي:

- تشكل مرحلة التغير الفكري والوجداني عند الغزالي منعطفا بارزا في تحديد علاقاته وروابطه مع المجتمع من حوله، وتتضمن هذه المرحلة ثلاث مسافات قطعها الغزالي ابتداء من التدريس في نظامية بغداد، ثم عزلته عقدا من الزمن، ثم عودته للتدريس في نظامية نيسابور.
- تسهم مرحلة التغير الفكري والنفسي وما يتبعها من علاقات اجتماعية في إمكانية التتبع للمسار الاقتصادي حسب التجربة الزمنية والمواقف المتعلقة بها.
- وتجربة الغزالي في التفكير والتطبيق تتسع لأكثر من سبيل يتعلق به الخطاب، ولذا فإن الضرورة العلمية تقتضي عند التحليل معرفة حال المخاطب لأن الغزالي

---

(1) فخر الملك (434-500هـ)، هو علي بن الحسن بن علي بن نظام الملك، وزير، أصل أبيه من طوس، وزر للسلطان برقياروق سنة 488هـ ثم فارقه قاصدا نيسابور، فاستوزره صاحبها الملك سنجر، فاغتاله فيها أحد الباطنية، وكان أكبر أولاد نظام الملك. انظر: الأعلام، 4 / 273 .

(2) المنتظم، 126/17. سير أعلام النبلاء، 324/19. وفيات الأعيان، 218/4. طبقات الشافعية، 105/4.

كان يكتب لثلاثة مستويات من الناس، وهم العامة والخاصة وخاصة الخاصة.

- وعلى ضوء ذلك يمكن فهم بعض المؤشرات الاقتصادية ودلالاتها دون التكلف بتحميل النصوص وتأويلها على غير الوجه الذي وضعت له، ولكن مع مراعاة القرائن الأخرى وما يتعلق بها من أبعاد.

- وتعد الفترة الزمنية الثانية من حياة العزلة والخلوة التي عاشها الغزالي ذات دلالة في صياغة فكره الصوفي الذي اعتمد فيه على أسباب التعرف الذوقي، والعلم البرهاني، والقبول الإيماني[1]، وكانت محصلة ذلك تصنيف كتاب "الإحياء"[2]، وهو يمثل نظرية متكاملة في علم المعاملة[3]، ومرتكزا أساسيا لفهم المحتوى الاقتصادي عنده.

- ولعل من أبرز الدلالات الاقتصادية المتعلقة بنشأة الغزالي، هو ما صاحب التغير الفكري والوجداني من تغير في التطبيق وتغير في السلوك المعاشي، فبعدما كان يُقوّم ملبوسه ومركوبه بخمسمائة دينار، ويلبس الذهب والحرير، ويحضر مجلس علمه نحو أربعمائة عمامة صار يروض نفسه، ويأوي القفار ولا يزيد على خمسة عشر قيراطا في ملبوسه[4]، ولعله أمسك بيديه عكازة ولبس مرقعة وحمل على عاتقه ركوة، ليعيش على قوت بطنه في أقصى مراتب الزهد والتأله والإخلاص[5].

---

(1) المنقذ من الضلال، ص89.

(2) سير أعلام النبلاء، 323/19.

(3) وهنا ينبغي أن لا ننسى أن علم المعاملة ودقائق هذا العلم، يعود إلى "الحارث المحاسبي" في تثبيت دعائمه واستفادة الغزالي منه في هذا المجال، وقد أشار الغزالي إلى هذا بقوله: "والمحاسبي رحمه الله حبر الأمة في علم المعاملة وله السبق على جميع الباحثين عن عيوب النفس وآفاق الأعمال وأغوار العبادات، وكلامه جدير بأن يحكى على وجهه" أبو حامد الغزالي، إحياء علوم الدين (بيروت ، دار الكتب العلمية، د. ت)، 179/3.

(4) المنتظم، 127/17.

(5) ويستدل على عمق إخلاصه في هذه المرحلة أنه سئل قبيل موته عن وصية يوصي بها أصحابه، فقال: عليك بالإخلاص، فلم يزل يكررها حتى مات. انظر: المنتظم، 127/17.

المطلب الثالث

عصر الإمام الغزالي وموقفه منه

لقد تنقل الغزالي في مساحات جغرافية واسعة، وأقاليم ومدن متباعدة، امتدت من موطنه الأصلي "طوس" وحتى أن وصلت إلى بلاد الحجاز، وقد عبر من خلالها إلى نيسابور وبغداد والشام، ومنهم من يقول أنه دخل مصر ـ والاسكندرية وفكر بالذهاب إلى المغرب للاجتماع بسلطانها يوسف بن تاشفين.

ولهذا فإن الحديث عن عصر الغزالي أو المجتمع الذي عايشه يحتمل وجهين:

الوجه الأول: ويعكس محيطة الواسع الذي تقلب فيه واستفاد تجاربه منه، وهو ما يشير إليه بلفظ "الزمان".

الوجه الثاني: ويعكس خصوصية المكان الذي حدد موقفه من القيام فيه بعدما عايشه فترة من الزمن.

وموقف الغزالي من مجتمعه - على الوجهين- معني بطبيعة النظام السياسي وشكل الحكم وصناعة القرار فيه، وما يترتب عليه بعد ذلك من نتائج اجتماعية واقتصادية وغيرها.

وفي حدود المحيط الواسع، أو الزمان والعصر الذي عاصره، يوجد ثلاثة كيانات سياسية منقسمة على نفسها:

- يتمثل الكيان الأول بالخلافة العباسية ومقرها في بغداد.

- ويتمثل الكيان الثاني بالخلافة الفاطمية ومقرها في مصر.

- ويتمثل الكيان الثالث بالخلافة الأموية ومقرها الأندلس.

وفي حدود المكان وخصوصيته، فإن الغزالي يعد بمفهوم المواطنة تابعا للخلافة العباسية، وهذه الخلافة تعاقب على الحكم فيها ثلاثة من الخلفاء[1]، عاصرهم الغزالي

---

[1] وهؤلاء الخلفاء الثلاثة هم: القائم (422-467هـ/1031-1075م)، والمقتدي (467-487هـ/1075-1094م)، والمستظهر (487-512هـ/1094-1118م).

واحدا بعد الآخر.

وكان يقوم على مساعدة الخلفاء في مباشرة الحكم بعض السلاطين، وقد كان هؤلاء السلاطين يباشرون السلطة ويقبضون على زمام الأمور فيها من الناحية الفعلية، وعاصر الغزالي منهم سبعة سلاطين[1]، تعاقبوا على السلطنة خلال المدة التي قضاها الغزالي في حدود الخلافة العباسية. ويقوم على مساعدة السلاطين في تصريف شؤون الحكم بعض الوزراء، أهمهم وأشهرهم في عصر الغزالي الوزير "نظام الملك" الذي وزر لألب أرسلان وملكشاه مدة ثلاثين عاما (455-485هـ)، استطاع من خلالها وفي عهد السلطان ملكشاه، أن يقبض على سلطة الحكم ويقوم بتدبير شؤون الدولة بنفسه، وليس للسلطان إلا التخت والصيد.

وبالإضافة إلى ذلك، فإن غلمان السلاطين ونساءهم كان لهم دور في شؤون الحكم، فوقع الظلم على أفراد الرعية، وعمد الناس إلى الفرار، ونقص السكان، وتفشت المجاعات وحلت الأمراض.

وإلى جانب هذا، دخلت الدعوة الباطنية في المشرق العربي للتغلغل في السلطة السياسية تحت ستار عقائدي بعدما نجحت في مصر واستولت على السلطة فيها.

أمام هذا الواقع السياسي، من تعدد في الخلفاء وكثرة في السلاطين ووزرائهم، وما ترتب عليه من إشكالات وأوضاع مضطربة في التنظيم الاجتماعي والاقتصادي، أخذ يتبلور موقف الغزالي من مجتمعه والعصر الذي يعيش فيه.

وهذا الموقف جدير بأن ينقل على وجهه، إذ يشخص فيه ضعف النظام السياسي، وأسباب هذا الضعف، وموقع الرعية منه، وتأثير الحركات الباطنية فيه، فهو يصرح بحقيقة المجتمع وسلطة القرار فيه، صادعا بالحق، وجاهرا به، واعظا وناصحا للراعي والرعية على السواء، فيقول: **"وأما الآن في هذا الزمان فكل ما**

---

(1) وهؤلاء السلاطين هم: طغرلبك (433-455هـ/1041-1063م). وألب أرسلان (455-465هـ/1063-1072م)، وملكشاه (465-485هـ/1072-1092م). ومحمود ناصر الدين (485-487هـ/1092-1094م). وبركياروق (487-498هـ/1094-1104م). وملكشاة الثاني (498هـ/1104م) ومحمد غياث الدين أبو شجاع (498-511هـ/1104-1117م).

يجري على يد أمرائنا وألسنة ولاتنا فهو جزاؤنا واستحقاقنا، كما أننا رديئوا الأعمال، قبيحوا الأفعال، ذووا خيانة، وقلة أمانة، فأمراؤنا ظلمة جائرون، وغشمة معتدون، كما تكونوا يول عليكم[1]، فقد صح بهذا الحديث أن أفعال الخلق عائدة على أفعال الملك، أما ترى أنه إذا وصف بعض البلاد بالعمارة، وأن أهله في أمان وراحة ودعة وغبطة، فإن ذلك دليل على عدل الملك وعقله وسداده، وحسن نيته في رعيته ومع أهل ولايته، وأن ليس ذلك من الرعية؟ فقد صح ما قالته الحكماء: الناس بملوكهم أشبه منهم بزمانهم"[2].

وعلى أساس هذه العلاقة بين الراعي والرعية، التي تعكس الرخاء الاقتصادي وعمارة البلاد وإصلاحها، وتحقيق جانب الأمن فيها بقدرة السلطان على تثبيت دعائم الحكم وساسة الرعية، فإن الغزالي يقرر أنه يجب على السلطان أن يمارس دورا حقيقيا في السلطة، فإن هذا الدور منوط به مصلحة الدين والدنيا على السواء، فيقول: "**وسلطان هذا الزمان ينبغي أن يكون له سياسة وأتم هيبة، لأن أناس هذا الزمان ليسوا كالمتقدمين، فإن زماننا هذا زمان ذوي الوقاحة والسفهاء، وأهل القسوة والشحناء، وإذا كان السلطان منهم ضعيفا أو كان غير ذي سياسة وهيبة فلا شك أن ذلك يكون سبب خراب البلاد، وأن الخلل يعود إلى الدين والدنيا"[3].**

---

(1) رواه الحاكم ومن طريقه الديلمي عن أبي بكرة مرفوعا، وأخرجه البيهقي بلفظ يؤمر عليكم بدون شك وبحذف أبي بكرة فهو منقطع، وأخرجه ابن جميع في معجمه والقضاعي عن أبي بكرة بلفظ يولي عليكم بدون شك وفي سنده مجاهيل: انظر: إسماعيل بن محمد العجلوني، كشف الخفاء ومزيل الإلباس عما اشتهر من الأحاديث على ألسنة الناس (بيروت، مؤسسة مناهل العرفان، د. ت)، 127/126/2. وقال الألباني في تخريجه: ضعيف. انظر: محمد ناصر الدين الألباني، ضعيف لجامع الصغير وزيادته، ط2 (بيروت، المكتب الإسلامي، 1979)، 160/4، رقم الحديث: 4280.

(2) أبو حامد الغزالي، التبر المسبوك في نصيحة الملوك، ط1 (بيروت، دار الكتب العلمية، 1988)، ص52.

(3) التبر المسبوك، ص71.

ويعزز هذا المفهوم أن حال الرعية إذا انقلب على غير وجهه الصحيح بأن صارت توجهات الناس ومقاصدهم في حدود المصالح الذاتية والأغراض الفردية القريبة، فإن المجتمع لا يأمن تعارض هذه المصالح على وجه يهدد الجميع بالهلاك والشقاء، مما يكرس ضرورة الأخذ بالحزم ليشتغل كل إنسان بشغله، وحول هذا المعنى يقول الغزالي: "**لكن ينبغي للسلطان في هذا الوقت أن يكون له أتم سياسة وهيبة، ليشتغل كل إنسان بشغله ويأمن الناس بعضهم من بعض.. أما زماننا هذا فهو الزمان الذي هلك فيه الخلائق جميعهم، وقد خبثت أعمال الناس ونياتهم، وإذا لم يكن فيه للسلطان سياسة على الخلائق ولا هيبة لم يثبتوا على الطاعة والصلاح**"[(1)]

والغزالي يضيف إلى ذلك جملة من الأسباب التي جعلت مسؤولية السلطان ظاهرة وواجبة في مباشرة العمل لإدارة الحكم وسياسة الرعية وتصحيح أوضاع المجتمع، وذلك في جوانب عديدة فضلا عن الجانب السياسي.

ففي الجانب الديني والتعبدي انصرف الناس عن دينهم وواجباتهم فصار زمانهم "**في فساد عظيم، وأصبح الناس في ضر كثير، فانهم يشغلونك عن عبادة الله تعالى حتى لا يكاد يحصل لك منها شيء، ثم يفسدون عليك ما حصل لك حتى لا يكاد يسلم لك منها شيء**"[(2)].

وفي الجانب الاقتصادي تناسى أصحاب الثروات والدخول العالية حق المال، وصاروا عبادا لجمع هذه الثروات "**وقد تغيرت القلوب، واستولى عليها الشح، وانصرفت الهمم عن تفقد ذوي الحاجات**"[(3)].

---

(1) التبر المسبوك، ص71.

(2) أبو حامد الغزالي، سراج الطالبين على منهاج العابدين، إحسان محمد دحلان الجمفسي- (سروبايا - إندونيسيا، شركة مكتبة أحمد بن سعد بن نبهان، د. ت)، 236/1.

(3) أبو حامد الغزالي، الأربعين في أصول الدين (بيروت، دار الجيل، 1988)، ص 100.

وفي هذا الجانب ينبه الغزالي إلى حقيقة مفهوم الرفاهية التي ينبغي للفرد أن يسعى لتحقيقها، وذلك من خلال معارضته للسلوك والهدف الاقتصادي لأصحاب الثروات، بسبب اعتقادهم أن تحصيل السعادة ورفاهية الحياة، لا يتحقق إلا بكثرة المال وتعظيم الأرباح واتساع اليسار، فيقول: "**فهؤلاء همتهم جمع المال، والاستكثار منه، واكتساب الضياع والعقار والخيل المسومة والأنعام والحرث، وكنز الدنانير تحت الأرض، فترى الواحد يجتهد طول عمره ويركب الأخطار في البوادي، والأسفار في البحار، ويجمع الأموال ويشح بها على نفسه فضلا عن غيره... إن الذهب والفضة حجران لا يرادان لأعيانهما، وهما إذا لم يقض بهما الأوطار ولم تنفق والحصباء بمثابة واحدة**"[1].

وبالجملة، فإن الغزالي يلخص موقفه من حقيقة مجتمعه وعصره الذي لم يجد فيه من الرفقاء والأعوان إلا قلة[2]، ويحدد هذا الموقف في أعلى مستوياته برسالة رد بها على الوزير "نظام الدين" الذي استدعاه للتدريس في نظامية بغداد، فجاء في رده: "**أما زيادة الدنيا والإقبال لطلبها- بحمد الله تعالى- قد تخلص القلب منهما، فلو أتوا ببغداد إلى طوس بدون أتعاب وهيء للغزالي الملك والمملكة صافية مسلمة لم يكن مني أي حركة ولا التفات قلب إليها**"[3].

ونستنتج مما سبق، على وجه العموم، أن عصر الغزالي كان يصحبه أوضاع مضطربة تحتاج للإصلاح والتغيير، سواء في مجال السياسة أو الاقتصاد أو الاجتماع أو غير ذلك، مما جعل الغزالي يتخذ موقفا حازما إزاء التعامل مع هذا العصر من جهة السلطة والمسؤولية من موقع القرار، ولربما كان هذا الواقع سببا في عزلته وانقطاعه عن حياة الناس، حتى ارتضى لنفسه العيش مع جماعة من أهل العلم في طوس، مفضلا ذلك على العمل في ظل الكيان السياسي للخلافة العباسية ولو أتوا له ببغداد إلى طوس.

---

(1) أبو حامد الغزالي، مشكاة الأنوار في توحيد الجبار، تحقيق سميح دغيم، ط1(بيروت، دار الفكر اللبناني، 1994)، ص 91.

(2) أبو حامد الغزالي، جواهر القرآن، ط1 (بيروت، دار الفكر اللبناني، 1992)، ص 29.

(3) فضائل الأنام، ص84.

المبحث الثاني

السيرة العلمية والاتجاهات الفكرية عند الغزالي

تشكل المرحلة الزمنية التي مرّ الغزالي بها، وواكبها في سـيرته العلميـة ومواقفـه الفكريـة، ميدانا واسعا وفضاء رحبا للعديد من المداخلات النفسية والكلامية والباطنية وغيرها.

وقد ساهم هذا الوضع في أن ينبري الغزالي لتحديد موقفه الإسلامي مـن هـذه المـداخلات بما أوتي من سعة في العلم وعمق في التفسير لدقائق المعرفة.

ويبين هذا المبحث موقف الغزالي من هذه القضايا الفكرية وبعض الجوانب المتعلقـة بهـا في خمسة مطالب هي:

المطلب الأول: مكانة الغزالي العلمية

المطلب الثاني: موقف الغزالي من المنهج الصوفي

المطلب الثالث: موقف الغزالي من الاتجاهات الفكرية السائدة

المطلب الرابع: انتقادات العلماء للغزالي

المطلب الخامس: مناقشة الباحث للانتقادات

المطلب الأول

مكانة الغزالي العلمية

فلقد ساهم فكر الغزالي بمجالاته الواسعة، وفروعه المختلفة، من علـم برهـاني، وذوق معـرفي في بناء الصرح الثقافي الإسلامي والعلمي على نحو من الابتكار والتجديد.

ونتج عن هذا الدور الذي لعبه فكر الغزالي محصلة طبيعية من المكانـة والمنزلـة الرفيعـة، حققت لصاحبها صيتا علميا وشهرة واسعة ملأت الآفاق على مرّ السنين والعصور، وهذا التحصيـل من الجاه العلمي الذي أنكره الغزالي على نفسه ولم يرض به، لم يزده إلا علوا وتمكينـا راسـخا بـين العلماء.

وتتحدد الأبعاد المتعلقة بمكانة الغزالي العلمية بمستوى العلوم التي تصدى لها، والعمق الذي عولجت فيه، إذ كان مدرسة في كل ما طرح من فكر أو تصدى لمسألة، مهما بعد غورها أو استعصى علاجها، فهو مدرسة في الفلسفة والمنطق، ومدرسة في الفقه وأصوله، ومدرسة في المذهب والخلاف، وهو عَلَمٌ في كل عِلمٍ تعرض له أو أفتى فيه.

وتتجلى حقيقة المكانة العلمية التي حظي بها الغزالي عند الناس من خلال جانبين، يتعلق أحدهما بموقف العلماء منه وأقوالهم فيه، وهم الذين درسوا له واستفادوا منه، فكانوا الأجدر بتقييم شخصيته ومكانته العلمية.

ويتعلق الجانب الآخر بمجال التكريم الذي لقيه من أصحاب القرار في الدولة أو نظام الحكم الذي عايشه وعاصره.

الجانب الأول: موقف العلماء من الغزالي وأقوالهم فيه

نجد في هذا الجانب أن موقف العلماء من الغزالي يقرر أصالة مكانته بينهم، ورفعة شأنه، وحتى الذين عارضوه وانتقدوه وتصدوا له وهم قلة، لم يبرحوا إلا أن يشهدوا له بالإقرار بهذه المكانة وهذا العلو، ولعل طبيعة المعارضة ومقابلة الفكر بالفكر شاهد على هذا الإقرار، وإلا فكيف يفهم موقف بعض أئمة العلم وأعيانه من الخلاف معه في بعض المسائل من غير أن يكون حبرا وعلما من أعلامهم.

ومما يدل على هذه المكانة العلمية أن الغزالي يعد مجددا للإسلام على رأس المائة الخامسة، مصداقا لقول الرسول صلى الله عليه وسلم: "إن الله تعالى يبعث لهذه الأمة على رأس كل مئة سنة من يجدد لها دينها"[1]، وقد أشار الغزالي إلى هذه المسألة برغبة الناس في عصره بضرورة الخروج من عزلته بوصفه مجددا على رأس المائة الخامسة، وحاجتهم إليه في أمور دينهم، فما كان منه إلا أن أجابهم بالخروج بعد انقطاعه الطويل في الخلوة والعزلة[2].

---

(1) محمد ناصر الدين الألباني، صحيح الجامع الصغير وزيادته، ط3 (بيروت، المكتب الإسلامي، 1988)، 382/1. رقم الحديث: 1874. وقال: حديث صحيح.

(2) المنقذ من الضلال، ص 93.

وقد أشار أيضا الإمام جلال الدين السيوطي لهذا المعنى في أرجوزته التي تناول فيها أعيان المجددين على رأس كل مئة سنة، وسمّاها "تحفة المهتدين بأخبار المجددين"، فقال[1]:

والخامس الحبر هو الغزالي وعدّه ما فيه من جدال

ومما جاء في نعته وبيان منزلته ما قاله تلميذه "محمد بن يحيى الغزالي"[2] أنه "لا يعرف فضله إلا من بلغ أو كاد يبلغ الكمال في علمه"[3]. وفي هذا إشارة إلى غزارة علمه الذي دنا فيه من مرتبة الكمال، وهي رتبة لا يعرف قدرها إلا من ساواها في نفس المرتبة والدرجة، وفيها قيل: "كأن الله جمع العلوم في قبة واطلع الغزالي عليها"[4].

ولكن جاءت بعض الأقوال بيانا لحقيقة الدور الذي نهض به الغزالي، ورد به افتراءات الفلاسفة، ومعتقدات الباطنية ومن حذا حذوهم، فقال ابن السبكي في طبقاته: "حجة الإسلام... جامع أشتات العلوم والمبرز في المنقول منها والمفهوم... أخمد من القرناء كل خصم بلغ مبلغ السها، وأخمد من نيران البدع كل ما لا تستطيع أيدي المجالدين مسها، كان رضي الله عنه ضرغاما إلا أن الأسود تتضاءل بين يديه وتتوارى... جاء والناس إلى رد فرية الفلاسفة أحوج من الظلماء لمصابيح السماء، وأفقر من الجدباء إلى قطرات الماء، فلم يزل يناضل عن الدين الحنيفي بحلاوة مقاله.. حتى أصبح الدين وثيق العرى.. لا يكرهه إلا حاسد أو زنديق ولا يسومه بسوء إلا جائر عن سواء الطريق"[5].

---

(1) الشرباصي، الغزالي، ص95.

(2) محمد بن يحي الغزالي (476-578هـ): هو محي الدين محمد بن يحي بن منصور النيسابوري، رئيس الشافعية في نيسابور في عصره، تفقه على الإمام الغزالي. ودرس في نظامية نيسابور. انظر: الأعلام، 137/7.

(3) طبقات الشافعية، 106/4.

(4) الوافي بالوفيات، 276/1.

(5) طبقات الشافعية، 101/4-102، 105.

الجانب الثاني: تكريم الدولة للغزالي ومكانته فيها

تتحدد مكانة الغزالي في هذا الجانب على ضوء علاقته بأصحاب القرار في السلطة العباسية من خلال عدة صور نجملها بالنقاط الآتية:

- قامت بين الغزالي وبين بعض المصلحين من السلاطين والوزراء في مراحل حياته الأولى علاقات تجري مجرى القرابة في الوعظ وإسداء النصيحة⁽¹⁾. وتعكس هذه العلاقات طبيعة المكانة المرموقة التي وصل إليها في حياته العلمية، ويصف هذه المكانة وقدرها برسالة بعث بها إلى السلطان "سنجر"⁽²⁾، قال فيها: "اعلم أن هذا الداعي قضى- ثلاثا وخمسين سنة من العمر، وغاض أربعين سنة في بحور علوم الدين حتى وصل إلى مكانة مرموقة، فصعب على أكثر الناس فهم كلامه، وقضى عشرين سنة في أيام السلطان الشهيد ورأى منه في أصفهان وبغداد كثيرا من العطف والإقبال وكان عدة مرات رسولا بين السلطان وأمير المؤمنين في الأمور المهمة"⁽³⁾.

- استمالة السلاطين والوزراء له، وإلحاحهم عليه في التدريس بعدما انقطع عنه وذلك تأكيدا منهم على تقرير المكانة المرموقة التي وصل إليها، ومنها موقف الوزير "فخر الملك" بدعوته له للتدريس في نظامية نيسابور⁽⁴⁾. وموقف "نظام الدين" الذي دعاه بعدها للتدريس في نظامية بغداد بعد وفاة شمس الإسلام "الكياهراسي". ومن قبل ذلك موقف "نظام الملك" الذي دعاه للتدريس في هذه المدرسة وهو ما يزال في ريعان شبابه⁽⁵⁾.

---

(1) طبقات الشافعية، 132/4-133.

(2) السلطان سنجر السلجوقي: هو أبو الحارث سنجر بن ملكشاة بن إلب ارسلان، تلقب بالسلطان الأعظم معز الدين. ينسب إلى سنجار من جهة حلب. قيل أنه اجتمع في خزائنه من الأموال ما لم يجتمع لأحد من ملوك الأكاسرة، وما زال في ترقي إلى أن ظهرت عليه طوائف من الترك يقال لها الأغز، أسر عندهم خمس سنين ثم أفلت من الأسر. توفي سنة 552هـ انظر: الأنساب، 159/7. وفيات الأعيان 427/2-428.

(3) فضائل الأنام، ص 34.

(4) سير أعلام النبلاء، 324/19، فضائل الأنام، ص 42.

(5) فضائل الأنام، ص 84-85.

ولعل من أبرز هذه المواقف هو ما طلبه منه الخليفة العباسي "المستظهر بالله"[1] لبيان الوجه الشرعي من فرقة الباطنية وقولها بالإمام المعصوم، فصنف فيهم التصانيف العديدة.

- غير أن الغزالي لم يأل جهدا في أن ينبه إلى ضرورة الإصلاح والتغيير فيما ظهر له من الشر وما استشرى من الفساد، ولم يعبأ بقوة السلطان وصولجانه أن ينبه إلى فساد الأوضاع وأهمية تصويبها. وقد جاءت رسائله بالفارسية مثالا للصدق والشجاعة الأدبية التي اكتسبها من واقع منزلته وقبوله عند العامة والخاصة[2].

وهذا العلو العلمي كان له سياجا وحاميا من بطش الجائرين، إذ أفاض في صراحته وفصاحته في بيان وجه الفساد وتوابعه في مجتمعه. وفي ذلك إشارة إلى كل من نال رتبة العلم أن يؤدي أمانته في تبليغ الواجب ابتداء من مستوى أصحاب القرار، إذ "**ينبغي للعلماء أن يعظوا الملوك بمثل هذه المواعظ ولا يغرُّوهم ولا يدّخروا عنهم كلمة الحق، وكل من غرّهم فهو مشارك لهم**"[3].

وقد ابتدأ الغزالي معظم رسائله بصيغة "اعلم" تأكيدا على الزجر وعدم المهادنة في مقولة الحق، فجاء في رسالته إلى "فخر الملك" قوله: "**اعلم أن هذه المدينة أشرفت على الخراب بسبب الظلم والقحط...**"[4]، وفي رسالته إلى "مجير الدين": "**اعلم أنه ما ابتلى وزير بما أنت مبلي به، ولم يكن في زمان أي وزير مثل هذا الظلم والخراب... فإن المسلمين قد بلغ جرحهم إلى العظم وأصبحوا**

---

(1) المستظهر بالله (470-512هـ): هو أبو العباس أحمد (المستظهر) بن عبد الله (المقتدي)، خليفة عباسي، ولي الخلافة بعد وفاة أبيه سنة 487هـ ودامت خلافته 24 سنة و 3 أشهر، وكان ممدوح السيرة، وباسمه ألف الغزالي كتابه "المستظهر". انظر: الأعلام، 158/1.

(2) أبو الحسن علي الحسني الندوي، رجال الفكر والدعوة في الإسلام، ط8 (الكويت، دار القلم، 1989)، 192/1.

(3) التبر المسبوك، ص21.

(4) فضائل الأنام، ص 69.

مستأصلين..."[1]، وفي رسالته إلى السلطان "سنجر": "اعلم يا سلطان العالم أن الدنيا منزلة وليست بدار قرار... وإنما العاقل الذي لا يشتغل في دنياه إلا لاستعداده لمعاده"[2]، وفي موضع آخر، قال له: "فما يكون إذا خففت من ثقل أطواق الذهب التي في أعناق مواشيك"[3].

- وفي إطار هذا المعنى من تحصيل المكانة والشهرة والتمكين بين الناس، يمكن أن نفسر- حقيقة السياج الاجتماعي الذي صانه من أعدائه الباطنيين، وهم الذين أطلق فيهم القول بالتشهير أمام الملأ، ولم تكن أيديهم بعيدة عنه إذ تمكن الباطنيون من اغتيال السلاطين والوزراء، فكان اغتيالهم للسلطان "نظام الملك" بعد ثلاثين سنة من عطائه، ومن بعده تمكنوا من مقتل ابنه الوزير "فخر الملك"، وهكذا كان موقفهم من كل من عاداهم ووقف ضدهم.

ولكننا لم نجد من العلماء من تناول فكر الباطنية بالتحليل وكشف عوارهم مثل الغزالي الذي صنف فيهم المصنفات، غير أنهم لم ينالوا منه شيئا لمكانته وسمعته وشهرته التي اكتسبها عند الناس.

- ومع أن الغزالي ينكر على نفسه الشهرة وحب الصيت والصدور، ومنها مدافعته للفتوى اقتداء بأصحاب الرسول صلى الله عليه وسلم الذين كانوا يتدافعون الفتوى وكلهم مفتون[4]، غير أن مكانته بين العلماء أبت على الدولة متمثلة بالخليفة العباسي المستظهر بالله إلا أن يستشيره في أهم المواقف الشرعية ليتصدر لها بالفتيا، مثل مدى جواز حمل لقب "أمير المسلمين وناصر الدين" ليوسف بن

---

(1) فضائل الأنام، ص 101.

(2) التبر المسبوك، ص30.

(3) فضائل الأنام، ص 42.

(4) الإحياء، 459/4.

تاشفين[1] بعد انتصاره في موقعة الزلاقة، وقد أقره الغزالي على حمل اللقب[2].

ولربما دلت أحاديث الناس من العامة والخاصة في المجتمع الـذي عـاصره الغزالي علـى مكانته وعلو قدره بينهم، إذ أشارت هذه الأحاديث بتواتر ثبوتها وقطعيـة دلالتها علـى أنـه أهـل للكرامات ومحل للعناية الإلهية التي لا يحظى بها إلا من ساواه في رتبة علمـه وورعـه وأحوالـه أو كاد أن يساويها[3].

المطلب الثاني

موقف الغزالي من المنهج الصوفي

تتصل علاقة الغزالي بالمنهج الصوفي منذ صباه وانطلاقته العلمية الأولى من موطنه الأصلي "طوس" لتمتد عبر تجربته مع نفسه بالعزلة والخلوة حتى استقر به المقـام في نفس موطنـه بعـد رحلة طويلة شغلت القسم الأكبر من حياته.

لذلك فإن موقف الغزالي من هذا المنهج السلوكي الـذي خـاض تجربتـه وميدانـه الواسـع طوال عمره، له دلالة مهمة في الحكم والتقييم، سواء بالنسبة إليه أو إلى غيره، أو حتـى إلى المـنهج نفسه.

فقد ساهم المنحى الصوفي في تكوينه الأول واتجاهه في التفكير والسـلوك علـى السـواء، إذ لازم شيخ الطريقة "أبا علي الفارمذي"، وأخذ منه علم الحال في التربية والمجاهدة ورياضة النـفس وتكلف المشاق، وكان يطلع على أبعاد المفاهيم الفكرية المتعلقة بهذه الطريقة من خلال الدراسة لبعض أعيانها مثل أبي طالب المكي والحارث المحاسبي والشبلي وغيرهم، وهـو مـا أشرنـا إليـه عنـد الحديث عن نشأته.

---

(1) يوسف بن تاشفين (410-500هـ) هو أبو يعقـوب يوسـف بـن تاشفيـن الحميـري، أميـر المسـلمين وملـك الملثمين، سلطان المغرب الأقصى، وباني مدينة مراكش، ولد في صحراء المغرب، استولى علـى فارس وغـزا الأندلس وهزم الفرنج في موقعة الزلاقة سنة 479هـ وتوفي بمراكش. انظـر: وفيـات الأعيـان 112/7-130. الأعلام، 277/6.

(2) حسن إبراهيم، تاريخ الإسلام، 316/4.

(3) التبيين، ص 296-306. طبقات الشافعية، 113/4-121، 131-132.

إلا أن تقييم الغزالي للطريقة الصوفية وحكمه عليها لم يتشكل عن طريق ممارسته لتعاليمها أو ملازمته لأركان المعرفة فيها، والتي خاضها في هذه المرحلة المبكرة، وإنما دأب منذ ريعان شبابه على النظر في شتى التيارات الفكرية السائدة في عصره، يتفحص ويبحث بالمقارنة والتمحيص والاستقصاء في كل غور من أغوارها، وقد خرج عن رابطة التقليد والمحاكاة والتعاليم الموروثة.

وإن كان هذا التجرد في البحث يعكس صورة المعاناة التي عاشها وهو يتلمس طريق الصواب، فهو يدل على أهمية موقفه من المنهج الصوفي ومدى التزامه بأفكار هذا المنهج الذي ألزم نفسه باتباعه والعمل به، بعد مشقة الاستقصاء في النظر والبحث والتمحيص، فيقول:

"ولم أزل في عنفوان شبابي وريعان عمري، منذ راهقت البلوغ قبل بلوغ العشرين إلى الآن، وقد أناف السن على الخمسين، اقتحم لجة هذا البحر العميق وأخوض غمرته خوض الجسور، لا خوض الجبان الحذور، وأتوغل في كل مظلمة وأتهجم على كل مشكلة، وأقتحم كل ورطة، وأتفحص من عقيدة كل فرقة، وأستكشف أسرار مذهب كل طائفة، لا أميز بين محق ومبطل، ومتسنن ومبتدع. لا أغادر باطنيا إلا وأحب أن أطلع على باطنيته، ولا ظاهريا إلا وأريد أن أعلم ظاهريته، ولا فلسفيا إلا وأقصد الوقوف على كنه فلسفته، ولا متكلما إلا وأجتهد في الاطلاع على غاية كلامه ومجادلته، ولا صوفيا إلا وأحرص على سر صفوته، ولا متعبدا إلا وأترصد ما يرجع إليه حاصل عبادته، ولا زنديقا معطلا إلا وأتجسس وراءه للتنبيه لأسباب جرأته في تعطيله وزندقته..."[1].

ولم يقرر الغزالي بعد هذا البحث أن المسلك الصوفي هو الأولى بالاتباع أو الالتزام به في السلوك، إذ كان بحثا نظريا وجدليا يتعلق بجانب العقل والنظر، وليس له صلة بتأثيره على الوجدان والعاطفة والشعور، أو التغيير النفسي الذي يمثل مقصود السعادة التي يبحث عنها، مما حمله أن يدخل مرحلة أخرى من جوانب

---

(1) المنقذ من الضلال، ص50.

البحث، وهو الجانب العملي والتطبيقي، فكان أن دخل في الخلوة عشر سنين، انكشف لـه فيها بالمعرفة الذوقية وأسباب القبول الإيماني ما لا يمكن إحصاؤه أو حصره، ولكنه يبين القدر الذي يمكن أن ينتفع به فيقول: **"إني علمت يقينا أن الصوفية هم السالكون لطريق اللــه خاصــة، وأن سيرتهم أحسن السير، وطريقهم أصوب الطرق، وأخلاقهم أزكى الأخلاق"**[1].

وأمام هذا العلم اليقيني بأفضلية السلوك الصوفي وصلاحه، فإنه يقرر حتميـة اتباعـه والالتزام به، ولم يتصور بديلا آخر خيرا منه، إذ لو **"جمـع عقل العقــلاء وحكمة الحكماء وعلم الواقفين على أسرار الشرع من العلماء، ليغيروا شيئا من سيرهم وأخلاقهم ويبـدلوه بمـا هـو خـير منه لم يجدوا إليه سبيلا، فإن جميع حركاتهم وسكناتهم، في ظاهرهم وباطنهم مقتبسة مـن نور النبوة، وليس وراء نور النبوة على وجه الأرض نور يستضاء به"**[2].

وبعد أن توصلنا إلى موقف الغزالي من الصوفية بوجه عام، وأنها قاعدة لزمته فالتزم بهـا، فإنه يبين بعض الوجوه المتعلقة بها في مجال الفكر والسلوك، وهو مجال يتعلـق بـبعض الضوابط المقيدة للعمل الصوفي، ويمكن إجمال أهمها بالنقاط الآتية:

- يلتزم المنهج الصوفي بحدود الشرع، ولا يصح أن يكون مخالفا له بأي فعل مـن الأفعـال المنسوبة إلى هذا المنهج من المجاهدة، وقتل هوى النفس، وما شابه ذلك[3].

- ليست الصوفية فكرة تقوم على الادعاء والاغترار بالزي والهيئة، وإنما هي مبدأ إصلاحي للنفس الإنسانية، يعنى بتحصيل العلم، وتهذيب الخلق، ومراقبة عمل القلب وإنكار الذات[4].

---

(1) المنقذ من الضلال ، ص83.

(2) المرجع نفسه، ص 83.

(3) أبو حامد الغزالي، أيها الولد، ط3 (بيروت، دار ابن حزم، 1933)، ص 21.

(4) أبو حامد الغزالي، الكشف والتبيين في غرور الخلق أجمعين، ط1 (بيروت، 1986م)، ص71.

- يعد علم المكاشفة وما يتصل به من مجاوزة المقامات والوصول إلى القرب الإلهي من أهم المقاصد المطلوبة في عملية الارتقاء النفسي، إلا أنه يجوز القول بالاتحاد أو الحلول أو الوصول إلى حالة تسقط فيها التكاليف الشرعية أو تستباح بها المحظورات، من شرب المسكر، وفعل المعاصي وأكل مال السلطان وغيرها.

ويقرر الغزالي أن من يقول بهذا "فلا شك في وجوب قتله، بل وقتل هذا أفضل من قتل مائة كافر، إذ ضرره في الدين أعظم، وينفتح به باب من الإباحة لا ينسد، وبتداعي هذا إلى أن يدعي كل فاسق مثل حاله، وينحل به عصام الشرع"[1].

ومن خلال هذه الضوابط المقيدة لمفهوم التصوف والعمل به، فإن الغزالي ينكر على كثير ممن ينتسبون للصوفية ما يقومون به من ممارسات وأفعال تخل بحقيقة المبدأ وتخرج عن قيوده وضوابطه.

فهؤلاء المخالفون ليسوا من الصوفية، وهي منهم براء، فهم "يتكالبون على الحرام والشبهات وأموال السلاطين، ويتنافسون في الرغيف والفلس والحبة، ويتحاسدون على النقير والقطمير، ويمزق بعضهم أعراض بعض"[2].

ومن هؤلاء أيضا "من يأخذ أموال السلاطين والظلمة لينفق ذلك بطريق الحج على الصوفية، ويزعم أن غرضه البر والإنفاق، والباعث للجميع إنما هو الرياء والسمعة، وذلك إهمالهم لجميع أوامر الله، ورضاهم بأخذ الحرام والإنفاق منه"[3].

ومن هؤلاء كذلك من وقعوا "في الإباحة، وطووا بساط الشرع، ورفضوا الأحكام، وسووا بين الحلال والحرام، فبعضهم يزعم أن الله مستغن عن عملي فلم أتعب نفسي"[4].

ومن هؤلاء أصناف وجماعات وفرق كثيرة، بعيدة عن الحق، وهي لا تعكس

---

(1) أبو حامد الغزالي، فيصل التفرقة بين الإسلام والزندقة، تحقيق: سميح دغيم، ط1 (بيروت، دار الفكر اللبناني، 1993م)، ص 75.

(2) الإحياء، 426/3. الكشف والتبيين، ص 68.

(3) المرجع الأخير، ص74.

(4) الإحياء، 427/3.

بطبيعة الحال حقيقة المنهج الصوفي بمفاهيمه وقيمه وضوابطه، وإن كانت تنتسب إلى هذا المنهج وأسلوبه في العمل والتفكير[1].

ومن هنا يتضح لنا أن موقف الغزالي من المنهج الصوفي يدل على مدى التزامه به فكرا وسلوكا، ذوقا وحالا، ظاهرا وباطنا، غير أنه لم يخش على نفسه أن يتخذ في هذا الموقف مبدأ الشجاعة الأدبية، التي تجلت فيها جميع مواقفه وذلك بالإنكار على من تكلم بمصطلحات الصوفية أو تزين بردائها أو اكتسى بزيها وهي منه براء.

المطلب الثالث

موقف الغزالي من الاتجاهات الفكرية السائدة

ونجمل الحديث حول الاتجاهات الفكرية السائدة في عصر الغزالي وموقفه منها، الذي شغل مساحة كبيرة في مصنفاته إلى ثلاثة اتجاهات رئيسة هي: الباطنية، والفلسفة، وعلم الكلام.

أولا: موقف الغزالي من الباطنية

تعد الفرقة الباطنية من أخطر الفرق التي انتحلت شريعة الإسلام، ولبست عمامته، وهي على التحقيق تمارس دورا فلسفيا إلحاديا يستهدف الوصول إلى السلطة والقبض على زمام الحكم فيها.

وقد نجحت هذه الدعوة في تحقيق أهدافها السياسية في السيطرة على نظام الحكم في مصر زمن الخلافة الفاطمية، وأخذت تسعى في نقل أفكارها وفلسفتها العقائدية إلى المشرق العربي، ليتسنى لها تحقيق ما تصبو إليه من أهداف سياسية وعقائدية بعد خلق حالة من عدم التوازن العقائدي عند الناس وولائهم للخلافة العباسية.

وكانت هذه الدعوة تشكل خطرا حقيقيا يهدد كيان الخلافة العباسية بسبب طريقتها وأساليبها في طرح معتقداتها، وجذب الناس إلى حظيرتها، وموقفها ممن يعاديها أو يقف دونها.

---

(1) الإحياء، 3/426-428.

فهي تمارس دورها في الدعوة حسب حالة الشخص أو الجماعة وفق رموز وإشارات خاصة تتعامل بها[1]، وهذه الإشارات استمدتها أصلا من فلسفة قديمة تعد من حشو الفلسفة[2]، ولها مقامات تتصل بمبدأ سرية العمل الذي تقوم به من تفسير باطني لنصوص القرآن الكريم والقول بالإمام الباطن، ومنه تعود تسميتها بهذا الاسم، حتى إذا استعصى عليها الإقناع وتحقيق مقاصدها بهذه الوسائل باشرت عملها بممارسة القتل والاغتيالات، كما فعلت مع الوزير "نظام الملك" وابنه "فخر الملك".

إلى جانب هذا الواقع الذي أخذ يهدد كيان الخلافة، بدأ يظهر اهتمام الخليفة بضرورة الرد على الباطنية، ودحض أفكارها ودعواها، فأوعز إلى الإمام الغزالي بالتصدي لها وكشف أسرارها وهتك أستارها. فانبرى الغزالي - استجابة لطلب الخليفة - لصد هذه الأفكار ونقضها، فصنف كتابه الأول، وهو "المستظهري" نسبة إلى الخليفة، ويسمى أيضا "فضائح الباطنية" ثم أتبعه بكتابه الثاني "حجة الحق"، وكان يقيم في بغداد، ثم بكتابه الثالث "مفصل الخلاف"، وكان يقيم في همدان[3]، ثم بكتابه الرابع "الدرج المرقوم بالجداول"، وكان يقيم في طوس، ثم بكتابه الخامس "القسطاس المستقيم" الذي وضع فيه ميزانا للعلوم، ويظهر فيه حتمية الاستغناء عن الإمام المعصوم[4].

ومن جملة ما جاء به في كتابه "المستظهري" أن دعوة العصمة للإمام الباطن منقوضة بمخالفتها للشرع ابتداء، وهذه المخالفة تتضمن سببا اقتصاديا، وهو الدعوة

---

(1) لمعرفة طبيعة هذه الإشارات والرموز، انظر: أبو حامد الغزالي، فضائح الباطنية وفضائل المستظهرية، ط1 (عمان، دار البشير، 1993)، ص 15-21.

(2) المنقذ من الضلال، ص 78.

(3) همدان: تقع إلى الغرب من أصبهان، فتحها المسلمون بإمارة المغيرة بن شعبة سنة 24 من الهجرة، وهي من أحسن البلاد وأنزهها وأطيبها، وما زالت محلا للملوك ومعدنا لأهل الدين والفضل، إلا أن شتاءها مفرط البرد. انظر: معجم البلدان 5/410-412.

(4) المنقذ من الضلال، ص77.

لتأميم الثروات وأكل أموال الناس بالباطل، فيقول في توضيح هذا المعنى: "**وعدم العصمة فيمن ادعيتم عصمته معلوم بمشاهدة ما يناقض الشرع في وجوه: أولها جمع الأموال وأخذ الضرائب والمواصير واستئداء الخراجات الباطلة، وهو الأمر المتواتر في جميع الأقطار، ثم الترفه في العيش والاستكثار من أسباب الزينة، والإسراف في وجوه التجمل واستعمال الثياب الفاخرة من الإبريسم وغيرها، وعدالة الشهادة فتخرم بعشر عشر ذلك، فكيف العصمة**"[1].

وهو ينكر عليهم اعتقادهم ببطلان العقل ووجوب تقليد إمامهم المعصوم، ويطلق عليهم "السوفسطائيين" لجمودهم عن نص التقليد ورفضهم الرأي والنظر[2].

ويبين الغزالي أن العقل مظنة الوصول إلى الشرع، ومن كذب العقل فإنما كذب الشرع، إذ به يعرف النبي من المتنبي، والصادق من الكاذب، وما قام الشرع إلا بالعقل[3]، وهذا يعني أن الشرع الذي ثبت أصلا بالنقل لا يلغي دور العقل ولا يقلل من أهميته.

ويفصل فيهم الحكم الشرعي لمقالتهم وهي رتبتان: إحداهما تتعلق بالتبديع والتضليل والأخرى تتعلق بالتفكير والتبري، فيبدع منهم من لم يعتقد مذهبهم في الإلهيات بوجود إلهين إثنين، ومذهبهم في الحشر والنشر القاضي بإنكار يوم القيامة، ويفتي فيمن ثبت كفره منهم، أي اعتقد مذهبهم في الإلهيات وإنكار يوم القيامة، بأنه كافر مرتد وليس كافرا أصليا لأن الكافر الأصلي يخير فيه الإمام بين المن والفداء والاسترقاق والقتل،بينما الكافرون منهم مرتدون يجب على الإمام قتلهم، وقتل نسائهم إذا اعتقدن نفس الاعتقاد، ومصادرة أموالهم وتوزيعها في مصارف الفيء،

---

(1) فضائح الباطنية، ص 66.

(2) أبو حامد الغزالي، معيار العلم في فن المنطق، تحقيق علي بو ملحم، ط1 (بيروت، دار ومكتبة الهلال 1993م)، ص 219.

(3) أبو حامد الغزالي، قانون التأويل، سلسلة رسائل الإمام الغزالي، رقم السلسلة: (7)، ط1 (بيروت، دار الكتب العلمية، 1988) ص126.

لأن حكمها حكم أموال المرتدين[1].

ويقرر الغزالي بالمسلك البرهاني على أنه ليس من أحد أولى بالمشايعة والموالاة من الدولة المستظهرية، ممثلة بالإمام الحق أبي العباس أحمد المستظهر بالله[2].

ونلحظ مما سبق، أن الغزالي وقف موقفا سياسيا من الباطنية قبل أن يكون موقفا فقهيا، إذ ابتدأ تصانيفه بهذه الفرقة بعد أن تلقى الإشارة من الخليفة، وكان محور نقاشاته في الرد عليهم حول الإمام المعصوم، ومن هو أحق بالإمامة، وقد أنهى كتابه "فضائح الباطنية" بالبراهين الدالة على الإمام الحق بعد أن مرّر فتواه إلى الخليفة بضرورة استئصالهم وقتلهم ومصادرة أموالهم، وقد استعان بالعامل الاقتصادي على دحض فكرة الإمام المعصوم، وذلك من خلال إنكار جمع الأموال، وشيوع الملكية، وإسقاط حق التملك الفردي، وفرض الضرائب، والخراجات الباطلة، وتوجيه الإنفاق نحو الاستخدام الترفي في وجوه التجمل، والتزين والإسراف فيه، على غير الوجه المقصود منه.

ثانيا: موقف الغزالي من الفلسفة

يرتكز موقف الغزالي من الفلسفة على أساس الاعتقادات التي تقوم عليها، وطبيعة التصورات المتعلقة بها، وحاصل اعتقادات الفلاسفة وتصوراتهم تقضي بإمكانية تقسيمهم إلى ثلاثة أقسام رئيسة هي[3]:

- الدهريون: وهؤلاء من القدماء، جحدوا أن للكون صانعا مدبرا، لذلك فهم من الزنادقة.

- الطبيعيون: وهؤلاء تتعلق فلسفتهم بمجال البحث في عالم الطبيعة، والوقوف على أسرار الكون وعجائب الله فيه وبدائع حكمته فيما خلق من إنسان وحيوان ونبات، إلا أنهم أنكروا عودة النفس بعد الموت فجحدوا الآخرة، ولذا فإنهم أيضا من الزنادقة.

---

(1) فضائح الباطنية، ص 89-95.

(2) المرجع نفسه، ص111.

(3) المنقذ من الضلال، ص 63-64.

- الإلهيون: وهم المتأخرون أمثال سقراط وأفلاطون وأرسطو ومن تبعهم من فلاسفة المسلمين، وهؤلاء هم المعنيون عند الغزالي بالبحث والرد والتقييم.

ويضيف الغزالي قسما رابعا من أنواع الفلسفة، وهو ما يتعلق بفن المنطق، أي البحث عن وجه الدليل وشروطه[1]، ويحكم بأن هذا العلم لا شيء فيه، لأنه لم يتعرض لمسائل الدين ومذاهبه بنفي ولا إثبات[2]، وهو لا يعدو كونه ميزانا للأدلة العقلية مثله كمثل علم العروض الذي يضبط الشعر أو كعلم النحو الذي يضبط الإعراب[3]، ولكن موقف الغزالي من الفلاسفة الإلهيين والرد عليهم أخذ أربع مراحل من البحث والدراسة هي:

- ابتدأ بتصنيف كتابه "مقاصد الفلاسفة" لبيان إشاراتهم ومصطلحاتهم، وعزز موقفه بتصنيف آخر هو كتاب "معيار العلم" كأساس للرد عليهم، لأنه معني بوضع القواعد المنطقية التي يستندون إليها، وبها تكشف مصطلحاتهم وإشاراتهم.

- وصنف كتابه الثاني في الرد عليهم وهو "تهافت الفلاسفة" والتزم فيه ببيان تهافتهم وفساد كلامهم ومقابلة الإشكالات بالإشكالات، ولم يضع حلا لها.

- ولكن الغزالي صنف كتابه "الاقتصاد في الاعتقاد" وقد حشد فيه أدلة وبراهين كثيرة تدعم رأيه في حدوث العالم، وليس قدمه، بما يقطع بفساد أدلة الفلاسفة والبراهين التي اعتمدوها، وأضاف في كتابه "قواعد العقائد" مباحث العلم بذات الله تعالى وصفته وأفعاله كجزء لا يتجزأ من منهجه في الرد عليهم.

- وفي المرحلة الأخيرة بيّن حقيقة الحكم الشرعي فيهم، من حيث التبديع والتضليل أو التكفير والتبري.

ومن هنا فإن الغزالي لم يحكم على مذهب الفلاسفة إلا بعد استقصائه لجميع مباحثهم وأدلتهم، ووقوفه على دقائق علومهم ومعرفتهم، وقد أمضى أقل من سنتين

---

(1) الإحياء، 34/1.

(2) معيار العلم، ص337.

(3) المرجع نفسه، ص31.

في دار إقامته ببغداد، وعلى زحمة أشغاله بالتدريس في مدرستها النظامية، استطاع فيها بالأوقات المختلسة أن يطلع على أسرار المذهب الفلسفي وما فيه من خداع وتلبيس، وتخييل وتضليل.

وبعد ذلك، انتهى إلى أن حاصل علومهم يقع في عشرين أصل، قطع بوجوب تكفيرهم في ثلاث مسائل، وتبديعهم في سبعة عشر، وهذه المسائل الثلاثة هي [1]:

- إنكارهم بعث الأجساد وحشرها، وما يترتب على ذلك، من تنعيم في الجنة أو تعذيب في النار، اعتقادا منهم بأن الأجساد ليست محلا للثواب أو العقاب، وإنما محل ذلك هو الأرواح المجردة، وأن العقوبات روحانية لا جسمانية.

- قولهم أن الله تعالى لا يحيط علما بالجزئيات، وتفاصيل حوادثها، وأنه سبحانه لا يعلم إلا الكليات، بينما مرد علم الجزئيات من اختصاص الملائكة السماوية.

- قولهم بقدم العالم، وأن الله تعالى متقدم عليه بالرتبة مثل تقدم العلة على المعلول.

ومن هنا، فإن الغزالي وإن كان فيلسوفا لتمكنه من الاطلاع على أغوار الفلسفة وغوائلها، إلا أنه ناهض الفلسفة ووقف منها موقف التكفير والتبري، إذ كشف زيغها ومناقضتها لصريح العقيدة، وما هو معلوم منها بالضرورة، وذلك بإنكارها علم الله تعالى الذي وسع كل شيء، وأحاط بكل صغيرة وكبيرة، وبقولها بقدم العالم وليس حدوثه، وإنكارها ليوم القيامة الذي يشكل مرتكزا إيمانيا وركنا أصيلا لا يصح إسلام المرء إلا به. فكان الغزالي بهذا الوجه عامل بناء للعقيدة ومعول هدم للفلسفة، أتى على بنيانها من القواعد، حتى قيل أنه أعاد الفلسفة إلى الوراء أربعة قرون.

---

(1) أبو حامد الغزالي، تهافت الفلاسفة، تحقيق علي بو ملحم، ط1 (بيروت، دار ومكتبة الهلال، 1994م)، ص 251-252. أبو حامد الغزالي، الاقتصاد في الاعتقاد، ط1 (بيروت، دار الكتب العلمية، 1983)، ص157. المنقذ من الضلال، ص67-68.

ثالثا: موقف الغزالي من علم الكلام

يقوم علم الكلام على النظر في القواعد المنطقية وتقليبها على نحو يثبت العقيدة الحقة ويدفع شبه المبتدعة، وأهمية دراسة هذا النوع من العلوم والوقوف على حقائقه تنبع من عاملين:

أحدهما: أنه يعد مقدمة لجميع العلوم، وهو معني بالأقيسة العقلية التي لا غنى للشرع عنها "ومن لا يحيط بها فلا ثقة له بعلومه أصلا"[1].

وثانيهما: أن الدعوة إلى الحق وإثباته بالدليل والبرهان ضرورة من ضرورات الدين، وتشتد الحاجة إلى هذه الضرورة إذا وجد في المجتمع من يقوم من أهل البدع بإثارة الشبهات حول العقيدة، فيلزم لدفع الشبهة والحجج التي تقوم عليها بحجج مثلها أو أقوى منها، وليس لذلك إلا هذا العلم، فهو من فروض الكفايات[2].

فدرجة المتكلم لا تقل عن درجة الفقيه لتعلق الحاجة بهما على السواء، فإذا كانت الحاجة إلى الفقيه عامة لقضاء مصالح الدنيا من تقرير الأحكام الشرعية المتعلقة بالمأكل والمناكح، فإن الحاجة إلى المتكلم أشد في قضاء المصلحة، إذ به يدفع ضرر المبتدعة بالجدل وإثبات الحجة كيلا يستطير شررهم ولا يعم ضررهم[3].

إلا أن الغزالي يحد موقفه من علم الكلام على العموم موضحا بأنه لا يصح الاشتغال بهذا العلم، وهذا يعود لجملة من الأسباب أهمها:

- أن السلف رضوان الله عليهم لم يشتغلوا بهذا العلم، وإنما اكتفوا بالتصديق الجملي بما صرح به القرآن، وأخبر به الرسول صلى الله عليه وسلم، واشتغلوا عوضا عنه بالتقوى التي تنفعهم وتنفع بهم[4].

---

(1) أبو حامد الغزالي، المستصفى في علم الأصول، تحقيق محمد عبد السلام عبد الشافي، ط1 (بيروت، دار الكتب العلمية، 1993م)، ص10.

(2) الاقتصاد في الاعتقاد، ص11.

(3) جواهر القرآن، ص27.

(4) أبو حامد الغزالي، "رسالة الوعظ والاعتقاد"، النصائح الغزالية، تحقيق بديع السيد اللحام، ط1 (دمشق، دار الإيمان، 1986)، ص33.

- أن علم الكلام يقوم على الأخذ بأقوال الخصوم المنطقية والتسليم بها، ثم استخراج المتناقضات من خلالها، وإلزام الخصم بهذه المتناقضات، وهذا قليل النفع للارتباط بهذه المسلمات المنطقية بوصفها أصلا[1].

- إن طائفة من المتكلمين فهموا منزلة هذا العلم على غير وجهه، فأسرفوا في تكفير عوام المسلمين، ومن لم يستطع تحرير الأدلة العقلية لإثبات العقائد الشرعية على طريقتهم، وجعلوا الجنة وقفا عليهم، فضيقوا رحمة الله الواسعة وجهلوا ما تواتر من السنة[2].

- لم يكلف الله سبحانه وتعالى عباده بتحرير الأدلة الكلامية، وهو حاصل من موقف الرسول صلى الله عليه وسلم مع الأعراب، إذ كانوا يتواردون عليه فيعرض عليهم الإيمان فيرضون به، وينصرفون لرعاية الإبل والمواشي، ولم يحدث أن طلب منهم الرسول صلى الله عليه وسلم أن يتبينوا وجه الدلالة في حدوث العالم وإثبات الصانع أو غير ذلك، ولو كلفهم لما فهموا منه شيئا[3].

نستنتج مما سبق، أن الكلام في نظر الغزالي لم يكن أصلا من الأصول العقلية التي قام عليها ثبوت العقائد، وأنه لا يصح بحال للعوام أن يتكلموا بهذا العلم، بل وجب إلجامهم عن الحديث فيه خشية الفتنة في العقيدة، غير أن الكلام على رسم المتكلمين فيه صنعة جدل قد تقتضيه ضرورة المرحلة، بأن يوجد مبتدعة يرمون مسائل العقيدة بالشبهات ويطلبون الأدلة العقلية فيها، فحينئذ لا بأس بأن يتصدى واحد أو اثنان ممن تسمح بوجودهم الأعصار من المتبحرين بهذا العلم للرد عليهم، وإذا تجاوزنا هذه الحالة **"فإن الخوض في الكلام حرام لكثرة الآفة فيه"**[4].

---

(1) المنقذ من الضلال، ص59.

(2) فيصل التفرقة، ص81.

(3) أبو حامد الغزالي، الجام العوام عن علم الكلام، تحقيق سميح دغيم، ط1 (بيروت، دار الفكر اللبناني، 1993)، ص 111-112.

(4) فيصل التفرقة، ص82.

المطلب الرابع

انتقادات العلماء للغزالي

فقد انتقد بعض العلماء الغزالي فيما صرح به في بعض الجوانب الفكرية، وما ترتـب علـى ذلك من سلوكيات أثرت في صياغة الأحداث والمواقف التي تبناها الغزالي، ومن هؤلاء العلمـاء أبـو الوليد الطُّرْطُوشي[1]، وأبو عبدالله المازري[2]، وابن حمدين القرطبي وشمس الـدين الـذهبي وابـن الجوزي وغيرهم.

ويمكن إجمال أهم الانتقادات والاعتراضات بالنقاط التالية:

- الانتقاد الأول: فلسفة الغزالي

وذلك أن الغزالي ابتدأ علومه بطلب الفلسفة قبل التبحر في أصول الدين، مما جعله يتجرأ على المعاني الدينية وحقائقها، ويشـير الإمـام "المـازري" في معـرض انتقـاده هـذا إلى أن الغـزالي رد أصول العقائد إلى علم الفلسفة متأثرا "بابن سينا" الذي كان يعول عليه كثيرا فيما يقول[3].

ويزعم الإمام "الطرطوشي" أن تأثر الغزالي بالفلسفة انعكس علـى مصـنف "الإحيـاء" فجـاء مليئا بأفكارهم وترهاتهم[4]، وتمكنت هذه الأفكار من نفسه حتى قال فيه أحد التـابعين لـه، وهـو أبو بكر بن العربي: شيخنا أبو حامد بلع الفلاسفة

---

(1) الطرطوشي (451-520هـ): هو أبو بكر محمد بـن الوليد الطرطـوشي، الفقيـه المـالكي الزاهـد، مـن أهـل طرطوشة بشرقي الأندلس، حج وزار العراق ومصر وفلسطين ولبنان وسكن الإسكندرية وتولى التـدريس فيها إلى أن توفي. انظر: الأنساب، 235/8. وفيات الأعيان، 262/4- 265 الأعلام، 133/7- 134.

(2) المازري (453-536هـ): هو أبو عبد اللـه محمد بن عـلي المـازري، مـن فقهـاء المالكيـة، نسـبته إلى مـازر بجزيرة صقلية، رد على الغزالي في كتاب أسماه "الكشـف والإنبـاء في الـرد عـلى الإحيـاء". انظـر: الأعلام، 277/6.

(3) سير أعلام النبلاء، 341/19، طبقات الشافعية، 123/4.

(4) سير أعلام النبلاء، 334/19.

وأراد أن يتقيأهم فما استطاع[1].

الانتقاد الثاني: ضعف الغزالي في الحديث

فدراية الحديث عند الغزالي كانت محلا للاعتراض والنقد من جانب بعض العلماء ولا سيما "ابن الجوزي" الذي ذهب إلى أن الغزالي ملأ كتابه الإحياء بالأحاديث الموضوعة، علاوة على الأحاديث الضعيفة، وأنه لم يعرض هذه الأحاديث على أهلها ومن يعرف دقائق العلم فيها، وإنما نقل نقل حاطب ليل[2].

ويشير الإمام الذهبي إلى أن "الإحياء" وإن كان فيه جملة من الأحاديث الباطلة إلا أن فيه خير كثير لولا ما فيه من رسوم وزهد من طرائق الحكماء، ومنحرفي الصوفية، وأن الأصل هو في لزوم الصحيحين، وسنن النسائي، وأذكار النووي، وما شابهها[3].

- الانتقاد الثالث: طعن الغزالي في الإمام أبي حنيفة

واتهم الغزالي بطعنه في الإمام أبي حنيفة في كتابه "المنخول"، ووصفه فيه بأنه غير مجتهد لعدم معرفته باللغة، وأنه ليس لديه معرفة بفقه النفس، وإنما أطلق ذهنه في تصوير المسائل وتقعيد المذاهب، فتخبط كثيرا ووقع في التخليط والمناقضات، مما حمل صاحبيه أبا يوسف ومحمد بن الحسن على عدم اتباعه في ثلثي مذهبه[4].

- الانتقاد الرابع: إفشاء سر الربوبية كفر

وحاصل هذا الانتقاد قول الغزالي بعلوم لا يصح إظهارها بأي وجه، وهذه العلوم تدخل في معنى المكاشفات الدالة على الصدق، وهي أقرب إلى الصوفية من غيرهم، ومن كشفها فقتله أفضل من إحياء عشرة، ويرد الإمام "الذهبي" ناقدا لهذه العلوم فيقول: "سرُّ العلم قد كشف لصوفة أشقياء،

---

(1) سير أعلام النبلاء، 126/17.

(2) المنتظم، 126/17.

(3) سير أعلام النبلاء، 340/19.

(4) أبو حامد الغزالي، المنخول من تعليقات الأصول، تحقيق محمد حسن هيتو، ط2 (دمشق، دار الفكر، 1980)، ص 471 ، 496، 500-503.

فحلوا النظام، وبطل لديهم الحلال والحرام"[1].

وذهب القاضي "ابن حمدين القرطبي" إلى أن هذه العلوم ما هـي إلا منكـرات وضلالات وأساطير، تخرج عـن نهـج السـلف وتـدعو إلى الركـون وعـدم الاشـتغال بقـراءة القـرآن أو معرفـة الحديث، ثم إن هذا القاضي أقذع، وسبّ، وكفّر، وأسرف فيما قال[2].

- الانتقاد الخامس: اعتماد الغزالي على "رسائل اخوان الصفا"[3]

ويقضي هذا الانتقاد بأن الغزالي أدمن النظر في كتاب "رسائل اخوان الصفا" وهو سمّ قتال، وداء عضال[4]، يقوم على الأفكار الباطنية في تأويل القرآن وتحريـف الكلـم عـن مواضـعه[5]، وهـم يرون أن النبوة مكتسبة وأن معجزات الأنبياء حيل ومخاريق[6]، فيكون الغـزالي بهـذا الانتقـاد قـد شحن مصنفاته بمفاهيم "رسائل اخوان الصفا" متأثرا بالفكر الباطني من جهة التأويل والتحريف.

- الانتقاد السادس: سلبية الغزالي من الجهاد ضد الغزو الصليبي

واتهم الغزالي بانطوائه على نفسه وعـدم خروجـه عـن عزلتـه والمنـاداة للجهـاد ضـد المـد الصليبي، وخطره الذي يهدد كيان الأمة الإسلامية، وذلك أن الصليبيين

---

(1) سير أعلام النبلاء، 333/19.

(2) المرجع نفسه، 332/19.

(3) إخوان الصفا: هو أبو سليمان محمد بن نصر المعروف بالمقدسي، وأبو الحسن علي بـن هـارون الزنجـاني، وأبو أحمد النهر جوري، والعوفي، وزيد بن رفاعة كلهم حكماء وصنفوا إحـدى وخمسـين رسالة: انظـر: كشف الظنون. 902/1.

(4) سير أعلام النبلاء، 329/19.

(5) محمد المنوني، "إحياء علوم الدين في منظور الغرب الإسلامي أيام المرابطين والموحدين"، أبو حامد الغزالي: دراسات في فكره وعصره وتأثيره (الرباط، جامعـة محمـد الخـامس، 1988)، ص 136. نقـلا عـن كتـاب الأسرار والعبر للطرطوشي.

(6) سير أعلام النبلاء، 334/19.

غزوا أنطاكية سنة 491هـ ثم معرة النعمان⁽¹⁾ في نفس السنة، حتى قيل أنهم ذبحوا فيها مائة ألف، ثم اقتحموا القدس في سنة 495هـ وتركوا بصماتهم في القتل والتشنيع، بينما الإمام الغزالي لم يخرج من عزلته لينهض بعزائم الناس للجهاد، وتحرير الأرض الإسلامية من بطش الصليبيين.

المطلب الخامس

مناقشة الباحث للانتقادات

تعزى الانتقادات السابقة في إطارها العام إلى عاملين:

1- أن الغزالي يطرح مفاهيمه وأفكاره بأسلوب يخرج فيه عن النص المتوارث، وعن لغة التقليد التي يتمسك بها كثير ممن عارضوه وينتصرون لها، ولذا فمن الطبيعي أن يحدث اختلاف الأمزجة بين من يقف عند حدود النص الظاهر من غير تأويل أو تفسير، ومن يدخل في أعماق النص يريد أن يستخرج المعاني ويصل إلى الحقائق، ومن هنا فإن الغزالي الذي لم يخرج عن جدته أو تجديده في أي مجال علمي دخل فيه، يصبح من غير المستحيل ألا يجد من يقف دونه، حتى شيخه أبو المعالي الجويني الذي أطلقها معترضا عند أول تصنيف له قائلا للغزالي: "دفنتني وأنا حي، هلا صبرت حتى أموت".

2- أن الغزالي التزم دون العلماء الذين عارضوه بالمنحى الصوفي، واتخذ من السلوك الصوفي منهج حياة لزمه طوال حياته، والالتزام بمثل هذا السلوك يحتمل فيه إثارة الانتقاد من القول بقصور الطريقة الصوفية في تربية المريدين على الاهتمام بمعالجة النفس الإنسانية، والارتقاء بها عن الآفات والحظوظ الدنيوية،

---

(1) معرة النعمان: هي مدينة كبيرة قديمة مشهورة من أعمال حمص بين حلب وحماة، ماؤهم من الآبار وعندهم الزيتون الكثير والتين، ومنها أبو العلاء المعري. انظر: معجم البلدان، 156/5.

مما يعني أن ترك العمل بأولويات أخرى، تجعل من هذا السلوك خلافا للأولى، فيكون محلا للقدح والخرق.

وأما مناقشة الانتقادات فيمكن بيانها على الوجه الآتي:

مناقشة الانتقاد الأول: فلسفة الغزالي

إن القول باستبحار الغزالي بعلم الفلسفة، وتمكنه منه قبل تعلمه لأصول الدين، لا يقره تاريخ الغزالي العلمي، ويشهد على خلافه، فقد ابتدأ الغزالي في وقت مبكر ينهل من مدرسة الجويني، ويتلقى فيها شتى أنواع العلوم، وكان شيخه يمتاز بالأصول، فصنف فيها على طريقة شيخه على ما بيناه في مناسبات كثيرة، وأشار هو في "المنقذ" إلى توغله في الأصول قبل الفلسفة، حيث لم يدرس الفلسفة إلا في بغداد، حيث اقتضت الضرورة ، وكانت دراسته الفلسفية في الأوقات المختلسة كما أشار.

ولم يتجرأ الغزالي على المعاني والحقائق إلا حيث دلّه الشرع على مثل هذه الجرأة[1]، وهو لم يهادن الفلاسفة فيما ذهبوا إليه، وإنما كفرهم في المسائل الإلهية، ونقض فلسفتهم فيها بما لا يدع مجالا للريب بمناهضته للفلسفة، وهجومه عليها، ووقوفه حارسا يذود عن حمى العقيدة.

ولم يتخذ الغزالي له شيخا في تلقي علوم الفلسفة، ولم نجد إشارة في فكره الفلسفي إلا أنه بلع هذا العلم وأراد أن يتقيأه فما استطاع، وإنما حمل على القدماء ومن تابعهم وشايعهم من اللاحقين حتى "ابن سينا" الذي يرمى الغزالي به، فقد كفّره ومعه الفارابي والحقهما بالغابرين، فقال: **"فوجب تكفيرهم وتكفير متبيعهم من فلاسفة الإسلاميين، كابن سينا والفارابي وغيرهم، على أنه لم يقم بنقل علم أرسطاليس أحد من متفلسفة الإسلاميين كقيام هذين الرجلين"**[2].

وفي موضوع آخر يسخر الغزالي من شيخه الذي نسبه الناقدون إليه، من أن "ابن سينا" عاهد

---

(1) طبقات الشافعية، 126/4.

(2) المنقذ من الضلال، ص64.

الله تعالى على تعظيم الأوضاع الشرعية بأن لا يشرب الخمر تلهيا بل تداويا وتشافيا، فيتساءل الغزالي إذا كان هذا هو منتهى حالة الصفاء الإيماني عند من ادعى الإيمان من الفلاسفة أن يعاقر الخمور ويستحلها فكيف بغيره[1].

مناقشة الانتقاد الثاني: ضعف الغزالي في الحديث

وأما في مجال علاقة الغزالي بالحديث النبوي، وأنه ضعيف بهذا الفن إذ ملأ مصنفاته بالأحاديث الموضوعة والضعيفة، وما إلى ذلك مما أطلقه الناقدون، فإننا نرده على الوجه الآتي:

- إن ما ذكره الغزالي من الأحاديث الموضوعة في مصنفاته فهي لا تتجاوز 29 حديثا[2]، قام بتخريجها الحافظ العراقي، وأجاب أن الغزالي ما وضع الحديث، وإنما رواه عن غيره، أو تبع فيه غيره متبرئا بنحو صيغة "روى"[3].

وإذا وقع الغزالي في نقل الأحاديث الموضوعة، فهو لم يعلم أنها أحاديث موضوعة ولم يعتقد بجواز العمل بها، بل قرر في معرض رده على من أجاز العمل بها بأنه لا يجوز حتى في فضائل الأعمال، فقال: "**وقد ظن ظانون أنه يجوز وضع الأحاديث في فضائل الأعمال، وفي التشديد في المعاصي، وزعموا أن القصد منه صحيح، وهو خطأ محض، إذ قال رسول الله صلى الله عليه وسلم: "من كذب علي متعمدا فليتبوأ مقعده من النار"[4] وهذا لا يرتكب إلا لضرورة، ولا ضرورة، إذ في**

---

(1) المنقذ من الضلال، ص92.

(2) انظر هذه الأحاديث في الأحياء في الصفحات: 19/1، 77/1، 176/1، 353/1، 398/1، 5/2، 13/2، 34/2، 43/2، 60/2، 98/2، 207/2، 401/2، 5/3، 100/3، 257/3، 258/3-260، 311/3، 313/3، 367/3، 32/4، 397/4، 507/4.

(3) عبد القادر بن شيخ العيدروس، "تعريف الأحياء بفضائل الإحياء"، إحياء علوم الدين، 10/5.

(4) مسلم بن الحجاج القشيري النيسابوري، مختصر صحيح مسلم، تحقيق محمد ناصر الدين الألباني (أسيوط، لجنة أحياء السنة، د.ت)، ص 492. رقم الحديث: 1862.

الصدق مندوحة عن الكذب، ففيما ورد من الآيات والأخبار كفاية عن غيرها، والكذب على رسول الله صلى الله عليه وسلم من الكبائر التي لا يقاومها شيء"[1].

- وما اعترض على الغزالي من العمل بالحديث الضعيف فهو اعتراض مردود ، لأن العلماء قرروا أنه يعمل بها في الفضائل ، وكتابه "الإحياء" من الرقائق فهو من قِبلها ، وما زال العلماء يسكتون على الأحاديث الضعيفة ، حتى جاء "النووي" ونبه على ضعف الحديث وخلافه، وقد ظهرت كتب الغزالي ولم يبد في عصره أية مناقضة لها ، ولا لمآثره فيها ، إذ كان يستساغ العمل بها[2].

- وقد أثبت الغزالي على نفسه أنه قليل المعرفة بعلم الحديث، وذلك أنه توقف عن الفتوى في بعض المسائل التي استفتي فيها، مثل حديث غذاء الشيطان وهل يكون من العظم، وإدبار الشيطان عند الآذان وله حصاص، وحديث الحوض هل هو في أرض الموقف أم في الجنة، وحديث البرزخ هل أهله من قبيل أهل الجنة أم من قبيل أهل النار إذ لا تتصور منزلة بينها، فما كان من الغزالي وهو صاحب قدم في الأقيسة العقلية إلا أن أجاب معتذرا: **"فما عندي من تفصيل المراد به تحقيق، بل بعض ذلك مما أوصي بالكف فيه عن التأويل، وبعضه مدركه النقل المحض، وبضاعتي في علم الحديث مزجاة"**[3].

- وضعف الغزالي في علم الحديث لا يقصد به أنه كأحد الناس في هذا العلم، وإنما يقاس على المتخصصين فيه، لأنه عالم فذ يحاسب على قدر علمه، ولو رجعنا إلى كتابه "المستصفى" لوجدنا أن لديه معرفة واسعة فيه، إذ يخصص مباحث فريدة في هذا الفن، مثل شروط الراوي وصفته، ومستند الراوي وكيفية ضبطه، وعلم الجرح والتعديل وما شابه ذلك[4].

---

(1) الإحياء ، 3 / 148 .

(2) تعريف الإحياء ، 5 / 10 .

(3) قانون التأويل، ص132.

(4) المستصفى، ص 123-137.

وقد أدرك الغزالي جانبا من هذا العلم في آخر حياته، فانكب على مطالعة الصحيحين البخاري ومسلم، ومجالسة أهل الحديث والسماع منهم، وقد سمع سنن أبي داود السجستاني عن الحاكم أبي الفتح الحاكمي الطوسي، وشهد له العلماء أنه لو عاش لسبق الكل بفن الحديث بأيام يسيرة[(1)].

مناقشة الانتقاد الثالث: طعن الغزالي في الإمام أبي حنيفة

وأما المجال الذي يتهم فيه الغزالي بتحامله على الإمام أبي حنيفة، وأنه غير مجتهد وليس لديه معرفة بفقه النفس، وما شابه ذلك، فقد ثبت قول الغزالي في "المستصفى" على هذا الوجه مما لا يدع مجالا لإنكاره.

ولكن الغزالي حينما صنف كتابه "المستصفى" وهو الأول من بين تصانيفه، كان يعيش في المرحلة الأولى من حياته، ويتلقى العلم الذي يطلب فيه الجاه، وحينما صنف كتابه "الإحياء"، وهو في مرحلة العزلة التي تقضي بسقوط رتبة الجاه، أثبت موقفا آخر في الإمام أبي حنيفة بيّن فيه حقيقة ما نسب إليه من طعن في هذا الإمام الأجل، فقال: "**ونحن الآن نذكر من أحوال الفقهاء وما تعلم به أن ما ذكرناه ليس طعنا فيهم، بل هو طعن فيمن أظهر الاقتداء بهم منتحلا مذاهبهم، وهو مخالف لهم في أعمالهم وسيرهم.. وأما أبو حنيفة رحمه الله تعالى: فلقد كان أيضا عابدا زاهدا بالله تعالى، خائفا منه، مريدا وجه الله تعالى بعلمه**"[(2)].

وأعاد الغزالي تثبيت هذا الموقف في آخر حياته، ووثقه برسالة بعث بها إلى السلطان "سنجر" محذرا إياه أن يستمع لمقولات تنسب إليه في الإمام أبي حنيفة، ومما جاء في رسالته: "**إني أسمع مقولات لو رأيتها في المنام لقلت أضغاث أحلام... وأما ما قيل في طعني في الإمام أبي حنيفة رحمة الله عليه فلا أتحمله... بأن اعتقادي في أبي حنيفة رحمة الله عليه أنه كان أكثر غوصا من أمة المصطفى صلى الله عليه وسلم،**

---

(1) التبيين: ص 396. سير أعلام النبلاء، 325/19-327. طبقات الشافعية، /109/4-111.

(2) الإحياء، 35/1، 39.

فكل من حكى شيئا غير هذا من عقيدتي أو خطيّ أو لفظي فهو كاذب"[1].

ومن هنا يظهر لنا تبرؤ الغزالي مما نسب إليه من الطعن في الأئمة والخوض فيهم، ومدى اعتقادهم بعلومهم وفضائلهم، وهذا ينسجم مع سيرته العلمية بوجه عام إذ كان يعفو عمن أساء إليه، ولا يرد على من ينال منه إلا في حدود الكلمة الحسنى التي يدعو بها وإليها.

مناقشة الانتقاد الرابع: إفشاء سر الربوبية كفر

فقد صرح الغزالي بأن ثمة نوع من العلوم تسمى بعلوم المكاشفات لا يصح أن تكشف ولا أن تسطر في الكتب[2]، ولكنه بين وجه التكتم على هذه العلوم وعدم إظهارها، وهو ما نجمله بالنقاط الآتية:

- من الطبيعي جدا أن الإنسان كلما ارتقى في سلم العلم، وقطع فيه أميالا كثيرة، أن يظهر له من حقائق العلوم ما لم يظهر لغيره ، ولذلك فالراسخون في العلم والعارفون من الأولياء لم يحصلوا هذه العلوم إلا باختصاص من الله تعالى، وليس معنى ذلك أنهم بلغوا غاية العلوم، ووقفوا على أسرارها، ولكن لا نسبة لما طوى عنهم إلى ما كشف لهم إذ أن المطوي كثير والمكشوف قليل[3].
- إن هذه العلوم لا يتوقف على عدم إظهارها بطلان المعاش والمعاد، أي لا تهدد بانهيار الحياة الاقتصادية والاجتماعية ، بل لو اشترك الناس في معرفتها لخربت الدنيا واستحال العيش فيها، إذ الحكمة تقتضي غفلة الناس لعمارة الدنيا[4].

---

(1) فضائل الأنام ، ص42.

(2) الإحياء، 263/4.

(3) الجام العوام، ص53.

(4) الإحياء، 355/4، جواهر القرآن، ص30.

- وقد وردت بعض النصوص الدالة على مثل هذه العلوم واختصاص العلماء بها، فقال تعالى: وما يعقلها إلا العالمون[1]، وقال تعالى: وكذلك نري إبراهيم ملكوت السموات والأرض وليكون من الموقنين[2]، وفي قصة موسى عليه السلام مع الرجل الصالح دلالة واضحة على تبصره وانكشاف الحقيقة له، إذ تنبأ بثلاثة حوادث مغيبة وقد تحقق وقوعها[3].

وفي السنة النبوية أشار الرسول صلى الله عليه وسلم إلى عدم إظهار العلوم إلا لمن يفهمها أو كان من أهلها، فقال: "لا تحدثوا الناس بما لا تصله عقولهم"[4]،ووجه الدلالة من هذا النص أن الرسول صلى الله عليه وسلم لم يصرح بما وراء علوم المعاملات إلا بمقدار ما يفهمه أرباب التخصيص، ولذلك حكي عن أبي هريرة أنه قال: "إني رويت عن رسول الله صلى الله عليه وسلم وعائين أحدهما هو الذي بثثته فيكم، وأما الثاني فلو بثثته، لحززتم السكين على هذا البلغوم وأشار إلى حلقه"[5].

وثمة نصوص عديدة من السنة النبوية تدل بصورة واضحة على حقيقة الكشف وإمكان حدوثه، كما عايشه الرسول صلى الله عليه وسلم، وورثه أصحابه عنه، ففي الحديث "أقيموا صفوفكم وتراصوا، فإني أراكم من وراء ظهري "[6]، وفي غزوة مؤتة كان الرسول صلى الله عليه وسلم ينقل أخبار القتال وحوادثه مشهدا

(1) سورة العنكبوت، من الآية 43.

(2) سورة الأنعام، الآية 75.

(3) انظر: سورة الكهف، الآيات 60-82.

(4) لم يرد هذا اللفظ، وإنما ورد بلفظ "أمرنا أن نكلم الناس على قدر عقولهم" رواه الديلمي بسند ضعيف عن ابن عباس مرفوعا. انظر: كشف الخفاء، 225/1. رقم الحديث: 592.

(5) أبو حامد الغزالي، "الإملاء في إشكالات الإحياء ، إحياء علوم الدين، 37،48/5.

(6) أحمد بن عبد اللطيف الزبيدي، مختصر صحيح البخاري المسمى التجريد الصريح لأحاديث الجامع الصحيح، تحقيق إبراهيم بركة، ط4 (بيروت، دار النفائس، 1990م)، 108/1. رقم الحديث: 422.

وراء مشهد، وينعي القادة واحدا بعد الآخر، ففي حديث أنس أن الرسول صلى الله عليه وسلم قال: "أخذ الراية زيد فأصيب، ثم أخذها جعفر فأصيب، ثم أخذها عبدالله بن رواحة فأصيب، وإن عيني رسول الله صلى الله عليه وسلم تذرفان، ثم أخذها خالد بن الوليد من غير إمرة ففتح له"[1].

وفي هذا السياق شواهد كثيرة وقعت للصحابة الكرام رضوان الله عليهم، أكثر من أن تحصى أو تستقصى في هذا الموضع، تدل على كشفهم وفراستهم[2].

- ويجوز إظهار بعض العلوم الخفية التي لا رخصة في ذكرها في بعض الحالات التي تقتضي مثل هذا الإظهار، لئلا يقع فيها بعض الأصناف من الناس، ويغترون بما هم عليه، ويلبسون الحق بالباطل، فيكون الكشف لبعض هذه العلوم من باب التربية السلوكية، وصيانة للنفس من الآفات[3].

- وقد أشار الغزالي إلى بعض الجوانب من المكاشفات التي تجلت له أثناء خلواته في عزلته، ووصفها بأنها مما لا يمكن إحصاؤه واستقصاؤه، وأن من يسير في درب الطريقة الصوفية لا بد أن يظهر له هذه المكاشفات والمشاهدات، ابتداء من مشاهدة الملائكة في اليقظة، وأرواح الأنبياء وسماع أصواتهم، إلى أن يترقى الحال من مشاهدة الصور والأمثال إلى درجات يصعب الإفصاح عنها أو النطق بها[4].

وقد ردَّ "ابن السبكي" على من أنكر هذه العلوم ولم يعلم نهي العلماء عن الإفصاح بها خشية على الضعفاء، وأن منها علوما لا تحيط بها العبارات ولا يعرفها إلا أهل الذوق، وأن منها ما اختص الله تعالى به بعض عباده، ولم يأذن في إظهاره لحكم تكثر عن الإحصاء[5].

---

(1) التجريد الصريح لأحاديث الجامع الصحيح، 151/1. رقم الحديث: 639.

(2) يوسف النبهاني، حجة الله على العالمين في معجزات سيد المرسلين، دار الفكر، د.ت ص859-863. عبد القادر عيسى، حقائق عن التصوف، ص 424-436.

(3) انظر: الكشف والتبيين، ص78.

(4) المنقذ من الضلال، ص 83 .

(5) طبقات الشافعية، 128/4.

مناقشة الانتقاد الخامس: اعتماد الغزالي على رسائل اخوان الصفا

يقرر الغزالي أن كتاب "رسائل اخوان الصفا" ليس مما استند إليه في فكره واستفاد منه في علومه، بل هو الباطل استدرج به صاحبه قلوب الحمقى، ودعاهم إلى باطله.

ويتساءل الغزالي إذا كان الأمر كذلك فهل نهجر كل حق سبق إليه خاطر مبطل؟ وهل نهجر آيات من القرآن، وأخبار الرسول صلى الله عليه وسلم، وحكايات السلف وكلمات الحكماء والصوفية، لأن صاحب كتاب "اخوان الصفا" أوردها في كتابه[1].

وإذا كان هذا الكتاب يتضمن بعضا من أفكار الباطنية اطلع عليه الغزالي لينبه إليه ويحذر منه، فهل يصح أن ننسب إليه هذه الأفكار ونتهمه بها، وهو الذي انبرى للدفاع عن العقيدة وتصدى لخطر المد الباطني، وصنف فيهم المصنفات النفيسة؟

إن الغزالي بموقعه ومسؤوليته كان ينبغي له أن يقرأ لشتى الأفكار والاتجاهات، فإذا اطلع على الفلسفة فليس فيلسوفا حسب اعتقادات الفلاسفة، وإذا جال في ميادين الباطنية فليس هو منهم بل عليهم، وكذا يقال في أي مجال دخل اليه وكان له فيه يد طولى.

مناقشة الانتقاد السادس: سلبية الغزالي من الجهاد ضد الغزو الصليبي

ومن جملة الانتقادات التي اتهم بها الغزالي أنه لم يكن على قدر من الاهتمام بما يصيب الأمة الإسلامية من فجائع وويلات، وما ينزل بها من هزائم أمام جحافل الغزو الصليبي.

ولكن الغزالي، وإن كان لا يعذر في غموض موقفه أمام هذه المسألة إلا أننا نتلمس بعض الجوانب التي تبين بعض أبعاد هذا الموقف وما يحيط به من حقائق:

- لم يجهل الغزالي حكم الجهاد بالسنان، وأنه فرض عين، إذ سجل هذه الأحكام في مصنفاته الفقهية، ولم يشذ عن الفقهاء في هذه المسألة.

---

(1) المنقذ من الضلال، ص70.

- وأثبت الغزالي هذا الموقف الفقهي حينما انتصر يوسف بن تاشفين في موقعة الزلاقة، ونشأت مشكلة شرعية حول استحقاقه لقب "أمير المسلمين وناصر الدين" فما كان من الغزالي إلا أن أفتى للخليفة باستحقاقه لهذا اللقب، تقديرا لجهوده في تحقيق النصر على الصليبيين[1].

- وفي أثناء عزلته التي وقعت فيها اعتداءات الصليبيين، كان الغزالي في بيت المقدس أو أكنافه، وفي هذه المرحلة تحدثنا بعض الروايات أنه هم بالذهاب إلى يوسف بن تاشفين للالتقاء معه والعيش في دولته، إلا أن نعيه سبقه إليه فعاد عن فكرة الذهاب إليه، وفي هذا إشارة إلى اهتمام الغزالي بانتصارات ابن تاشفين وجهاده، ولربما دلت هذه الإشارة على مغزاها الحقيقي لو هيء للغزالي أن يمارس دوره في دولة ابن تاشفين.

- اتسم عصر الغزالي بأوضاع مضطربة في مجالات كثيرة، ومن خلال حديثنا السابق عن موقفه من هذا العصر، نجده يطلق صيحاته مناديا بضرورة إصلاح النظام السياسي، وأن يأخذ الأمراء والسلاطين مواقعهم في اتخاذ القرار وسياسة الرعية، وأن يباشروا دورهم الحقيقي في مباشرة السلطة والمسؤولية، وفي مثل هذه الأوضاع المضطربة كيف تقبل الدعوة إلى الجهاد وحمل السنان بينما النفوس خاوية عليلة؟

- وفي قلب الأحداث المعاشة أخذ الغزالي يمارس دوره في الإصلاح والتغيير، وينبه مبكرا لعوامل السقوط الاجتماعي وانهياره، وتخلف الحالة الاقتصادية، وبدأ يوجه الناس لتلقي العلم النافع والعمل بمقتضاه لتغيير بنية النفوس العليلة[2]، ولعل هذا الدور الذي لعبه الغزالي كان سببا بإحياء النفوس سيما إذا علمنا أنه لا يعد بمكان وإنما هو نبض يخفق على امتداد التاريخ الذي تحياه الأجيال.

---

(1) حسن إبراهيم، تاريخ الإسلام، 316/4.

(2) عبد الفتاح بركة "الإمام الغزالي وتوجهه الاجتماعي". الإمام الغزالي: الذكرى المئوية التاسعة لوفاته (قطر، جامعة قطر، 1986م)، ص141.

المبحث الثالث
الآثار والمصنفات

فقد تمخضت تجربة الغزالي في الكتابة والتصنيف عن إنتاج وافر مـن المصنفات النفيسة، تناولت شتى علوم المعرفة وأطيافها المتعددة، وكان في مقدمة هـذا الإنتـاج العلمـي مصنف "الإحياء" الذي يمثل انعطافا مهما في مرحلة تشكل الفكر الصوفي بوجه خـاص، وترسيخ مبادىء العلوم الإسلامية في مجالها التعبدي والأخلاقي بوجه عـام، وقد جاء هـذا المبحث مبينـا بعـض الجوانب والسمات المتعلقة بآثار الغزالي ومصنفاته، مع إلقـاء الضـوء علـى بعـض المسائل الهامـة المرتبطة بمصنف "الإحياء" وذلك في مطلبين:

المطلب: مصنفات الغزالي وسماتها العامة

المطلب الثاني: مصنف الإحياء وأهميته

المطلب الأول

مصنفات الغزالي وسماتها العامة

إن ظروف الحياة الأولى التي عاشها الغزالي في طفولتـه تجعـل مـن العسـير علـى المـرء أن يتصور أو يستنتج ما انتهى إليه من وضع المصنفات والمؤلفات الفريدة التـي شـغلت الكثير مـن الباحثين، وتصبح هذه المعادلة في تصورها أشد عسرا إذا أضفنا أنه لم يقض من العمر سوى خمـس وخمسين عاما.

وقد أشار الغزالي إلى حجم إنتاجه العلمي من ذخائر الكتب النفيسة قبل وفاتـه بسـنتين، وذلك برسالة بعث بها إلى السلطان "سنجر" جاء فيها: **"اعلم أن هذا الداعي قضى ثلاثا وخمسـين سنة من العمر، وغاض أربعين سنة في بحور العلم... وصنف مـن العلـوم الدينيـة مـا يقـرب مـن سبعين كتابا"** [1].

---

(1) فضائل الأنام، ص34.

وهذه الإشارة تقضي برد الأقوال التي تنسب إليه كما هائلا من المصنفات وصل ببعضهم إلى القول بوجود أكثر من أربعمائة مصنف، وتعزز في نفس الوقت ما انتهى إليه بعض الباحثين من أن مجموع التصانيف هو ما يقرب من هذا العدد المشار إليه ويقطع بصحة نسبتها إليه.

ومن أبرز البحوث القيمة للباحثين الذين وقفوا على حقيقة هذه المصنفات ومخطوطاتها، وبحثوا في صحة نسبتها للغزالي، ما قام به "عبدلرحمن بدوي" من وضع كتابه الفذ "مؤلفات الغزالي"[1].

ومن خلال قراءتنا العامة لهذا الكتاب، نستطيع أن نستنتج بعض السمات التي تتميز بها مؤلفات الغزالي محل البحث والدراسة، أي المؤلفات المقطوع بصحة نسبتها إليه، والتي يمكن بيانها على الوجه الآتي:

أولا: مجالات التصنيف

لا تنحصر مؤلفات الغزالي بفن واحد من فنون العلم وميادينه، وإنما تتوزع على فنون كثيرة ومجالات واسعة، لأنه كان موسوعيا في فكره وثريا في إمداده وعطائه، فقد صنف في الفقه، وأصوله، والخلاف وفي الكلام، والمنطق، والفلسفة، وفي العقيدة، والفرق، وعلوم القرآن، وفي التصوف، وفي مجالات شتى:

ففي مجال الفقه صنف التعليقة في فروع المذهب*[2]، والبسيط والوسيط والوجيز والخلاصة والفتاوى وغاية الغور في دراية الدور وحقيقة القولين ومسألة لكل مجتهد نصيب*، والوجيز في الفقه* وغور الدور في المسألة السريجية.

---

(1) ولا ننكر أثر الباحثين السابقين على بدوي بما قدموه من البحث والتحقيق مثال "جوشه" و "مكدونلد" و "جولدتسيهر" و "ماسينيون" و "بلاثيوس" و "مونتغمري واط" و "وجورج حوراني" و "موريس بويج" إذ استفاد من جهدهم وأعمالهم، وأشار إلى ذلك، ولكنه أضاف مضامين جديدة توفر أداة ضرورية ولازمة لمن أراد أن يبحث في فكر الغزالي. انظر: عبد الرحمن بدوي، مؤلفات الغزالي، ط2 (الكويت، وكالة المطبوعات، 1977)، ص 9-19.

(2) تدل العلامة (*) المشار إليها عند بعض الكتب إلى أن هذه الكتب مفقودة لم يعثر عليها.

وفي مجال أصول الفقه صنف المنخول والمبادىء والغايات* وتهذيب الأصول* والمستصفى وشفاء الغليل.

وفي مجال الخلاف صنف مآخذ الخلاف* ولباب النظر* وتحصين المآخذ*.

وفي مجال الكلام والمنطق صنف المنتحل في علم الجدل* والجام العوام عن علم الكلام ومعيار العلم في فن المنطق ومحك النظر وأساس القياس*.

وفي مجال الفلسفة صنف مقاصد الفلاسفة وتهافت الفلاسفة.

وفي مجال العقيدة صنف الاقتصاد في الاعتقاد والرسالة القدسية في قواعد العقائد والمقصد الأسنى في شرح أسماء الله الحسنى وفيصل التفرقة بين الإسلام والزندقة.

وفي الفرقة الباطنية صنف فضائح الباطنية (المستظهري) وحجة الحق* وقواصم الباطنية* ومفصل الخلاف* والدرج المرقوم* وجواب المسائل الأربع التي سألها الباطنية بهمدان* والقسطاس المستقيم.

وفي مجال علوم القرآن صنف جواهر القرآن وحقيقة القرآن* وتفسير ياقوت التأويل*.

وفي مجال التصوف صنف مشكاة الأنوار والكشف والتبيين في غرور الخلق أجمعين ومنهاج العابدين والمضنون به على غير أهله والمضنون به على أهله والرسالة اللدنية.

وفي مجال الرقائق والعبادات والعادات صنف كتابه الفذ "الإحياء" وينسب إليه في هذا المجال كتاب ميزان العمل وبداية الهداية وكيمياء السعادة وأيها الولد وزاد الآخرة والإملاء في مشكل الإحياء والاستدراج وأسرار معاملات الدين* والأربعين في أصول الدين.

وصنف كتبا كثيرة في مجالات شتى مثل تلبيس إبليس* وكتب في السحر والخواص والكيمياء* وجواب مسائل سئل عنها في نصوص أشكلت على السائل* ورسالة الأقطاب* والمعارف العقلية والقانون الكلي في التأويل ونصيحة الملوك والرسالة الوعظية ورسالة إلى بعض أهل عصره والدرة الفاخرة وسر العالمين

وكشف ما في الدارين. وصنف في هذا المجال كتابه المشهور المنقذ من الضلال الذي يحكي فيه حياته الشخصية وتجاربه الفكرية، ويعد هذا الكتاب من حيث الأهمية الكتاب الثاني بعد الإحياء.

وينسب إلى الغزالي معرفته بالشعر، وأنه وضع قصيدتين طويلتين أحدهما "هائية" في النفس، تشمل (64) بيتا، والثانية "تائية" في التصوف تشمل (366) بيتا. وقد أضيفتا إلى نهاية كتابه معارج القدس في مدارج معرفة النفس وهو كتاب مشكوك في صحته[1].

ثانيا: الترجمة إلى اللغات الأخرى

ونتيجة لأهمية مؤلفات الغزالي وأثرها في بناء الفكر الإنساني، ترجم قسم كبير منها إلى لغات أخرى، وتتفاوت المؤلفات المترجمة فيما بينها في عدد اللغات التي ترجمت إليها، وهذا التفاوت ينحصر ما بين لغة إلى خمس لغات، وهي تعادل في مجموعها (20) كتابا، موزعة كما يلي:

1- الكتب المترجمة إلى لغة واحدة، وعددها (8) كتب، وهي:

المستظهري (الإسبانية)، الاقتصاد في الاعتقاد (الإسبانية)، المعارف العقلية (الإسبانية)، فيصل التفرقة (الألمانية)، الرسالة اللدنية (الانجليزية)، الدرة الفاخرة (الألمانية)، الجام العوام (الإسبانية)، زاد آخرت وهو فارسي (العربية).

2- الكتب المترجمة إلى لغتين، وعددها (7) كتب، وهي:

ميزان العمل (العبرية/ الفرنسية)، بداية الهداية (الانجليزية/ الألمانية)، القسطاس المستقيم (العبرية/ الفرنسية)، كيميا السعادة (التركية/ الانجليزية)، نصيحة الملوك وهو فارسي (التركية/ العربية)، مشكاة الأنوار (العبرية/ الانجليزية)، منهاج العابدين (الفارسية/ التركية).

---

(1) وقد قدم الدكتور جلال شوقي بحثا قيما حول الشعر في تراث الغزالي، مدعما بالمخطوطات والدراسات التي رجع إليها، ولمزيد من البيان والتفصيل فيما نسب إلى الغزالي من الشعر يمكن الرجوع إلى هذا البحث: جلال شوقي "الشعر في تراث الغزالي". الإمام الغزالي: الذكرى المئوية التاسعة لوفاته، ص170-180.

3- الكتب المترجمة إلى ثلاث لغات، وعددها (3) كتب، وهي:

مقاصد الفلاسفة (اللاتينية/ الإسبانية/ العبرية)، تهافت الفلاسفة (اللاتينية/ العبرية/ الفرنسية)، أيها الولد (التركية/ الألمانية/ الفرنسية).

4- الكتب المترجمة إلى خمس لغات، وعددها كتابان، وهما:

الإحياء (الألمانية/ الإسبانية/ الفارسية/ التركية/ الأردية)، المنقذ من الضلال (الفرنسية/ التركية/ الهندوستانية/ الهولندية/ الانجليزية).

ونلاحظ من واقع الترجمة لمؤلفات الغزالي أنها امتدت إلى (12) لغة من لغات العالم التي تمثل في مجموعها لغات رئيسة، وهذه اللغات هي العربية والانجليزية والألمانية والفرنسية والأردية والتركية والهولندية والهندوستانية والفارسية والإسبانية واللاتينية والعبرية، وهذا يدل دلالة قاطعة على أن الغزالي ترك تراثا إنسانيا عالميا استقطب اهتمامات الأمم والشعوب على اختلاف مللها ونحلها، وكانت محصلة الترجمة لهذا التراث (41) ترجمة، حظيت منها اللغة التركية والفرنسية والإسبانية بست ترجمات لكل منها، وتبعها اللغة الانجليزية والألمانية والعبرية إذ حظي كل منها بخمس ترجمات.

ونلحظ أن كتابي الإحياء والمنقذ من الضلال يأتيان في طليعة الكتب المترجمة، إذ ترجم كل منها إلى خمس لغات، مما يعكس أهمية الكتابين من بين سائر الكتب الأخرى.

ولعله من الأهمية أن نشير إلى حقيقة اهتمام اليهود بتراث الغزالي وترجمة بعض كتبه إلى اللغة العبرية، وهم يهود الغرب الإسلامي ويهود جنوب فرنسا، فإن الترجمة تفسر حقيقة الصراع الدائر بين فقهاء اليهود وعلمائهم من جهة وصراع المتصوفة منهم مع الاثنين من جهة أخرى، إذ تدل طبيعة الكتب المترجمة واتجاهاتها الفكرية إلى أن الغزالي يمثل حالات متناقضة عند المجتمع اليهودي، مما كان له أثر في حمايتهم من شر الصراع المذهبي الدائر بينهم[1].

---

(1) أحمد شحلان، "الغزالي في منظومة الفكر اليهودي: فقهاء اليهود والفكر الفلسفي"، أبو حامد الغزالي: دراسات في فكره وعصره وتأثيره (الرباط، جامعة محمد الخامس، 1988)، ص 211- 212. وسيشار إليه لاحقا، أحمد شحلان، الغزالي في منظومة الفكر اليهودي.

ثالثا: الكتب المفقودة

وفي مقابل اهتمام الباحثين بنقل بعض مؤلفات الغزالي وترجمتها إلى لغات أخرى، فإن قسما آخر من مؤلفات الغزالي والمقطوع بصحة نسبتها إليه لا يوجد لها أثر في المكتبات أو في متناول الباحثين، سواء أكان مطبوعا أم مخطوطا، مما يقطع بتعرض هذا القسم من مؤلفات الغزالي إلى الضياع، ومجموع هذه الكتب (22) كتابا، أشرنا إليها بعلامة (*) في البند الأول.

ومن جملة ما تعود إليه أسباب الضياع لهذه الكتب هو ما واجهه العالم الإسلامي في فترات الضعف والركود من غزو صليبي وحملات تترية، ولا سيما حملة هولاكو التي أدت إلى سقوط بغداد عاصمة الخلافة العباسية، والاعتداء على ما تحويه من ذخائر الكتب والمصنفات الإسلامية النفيسة بإلقائها في نهر دجلة وتغير لون المياه من كثرة الكتب الملقاة فيها.

وقد يكون من أسباب الضياع لهذه الكتب تعرضها للسطو والسرقة بدوافع سياسية أو فكرية، سيما إذا علمنا أن بعض المذاهب الإسلامية كانت تخالف الغزالي فيما ذهب إليه من التصدي لعلم الفلسفة، ودراسة المنطق والكلام، وما شابه ذلك مما أشرنا إليه عند الحديث عن انتقادات بعض العلماء للغزالي.

ويعزز هذا الاتجاه في تفسير ضياع هذه المصنفات أن كتب الغزالي بوجه عام وكتاب الإحياء بوجه خاص كانت عرضة لمحاولات الحرق على يد علي بن يوسف بن تاشفين[1]، نزولا عند رغبة فقهاء المالكية في بلاد المغرب العربي.

ويعزز ذلك أيضا أن أغلب المصنفات المفقودة تتعلق بمجال الخلاف الفقهي ومجال الرد على فرقة الباطنية، إذ فقدت جميع المصنفات التي تقع في علم الخلاف وعددها ثلاثة، وفقدت خمسة كتب من أصل سبعة ترد على الباطنية وتكشف

(1) علي بن يوسف بن تاشفين (477-537هـ): أمير المسلمين بمراكش وثاني ملوك دولة الملثمين المرابطين بويع بعد وفاة أبيه (سنة 500هـ)، وكانت البلاد في عهده آمنة والأموال وافرة، وما زال يجاهد في بلاد الأندلس إلى أن ظهر عليه ابن تومرت فمات غما في مراكش، بعد أن بقي في الخلافة 36 سنة و 7 أشهر. (انظر: الأعلام، 33/5),

شبهاتها، وهذا بحد ذاته يبرر سكوت الباطنية بعدم التعرض المباشر لحياة الإمام الغزالي، ويؤكد سياستها بالنيل من كل من عادها ولو كان بمصادرة الفكر والرأي باحتواء الكتب وسرقة المؤلفات.

رابعا: مستويات التصنيف

تتفاوت مصنفات الغزالي مـن مصنف إلى آخـر في مستوى التصنيف الكمـي ومستوى التصنيف الكيفي، وجاء التغـير الكمي والكيفـي لأداء الكتابـة والتـأليف ليشمـل مختلف أنمـاط التفكير ممن خاطبهم الغزالي في مصنفاته.

فأما مستوى التصنيف الكمي فهو يتناول الموضوع في ثلاثة مصنفات، أحدهما يتعلق بحد الاستقصاء، والثاني يتعلق بحد الاقتصاد، والثالث يتعلق بحد الاقتصار، وهـو غالـب في معظم مجالات التصنيف، ونضرب لذلك أمثلة نوضحها بالجدول التالي:

مجال العلوم	اسم الكتاب		
	الاستقصاء	الاقتصاد	الاقتصار
الفقه	البسيط	الوسيط	الوجيز
أصول الفقه	تهذيب الأصول	المستصفى	المنخول
الرقائق وعلوم القرآن	إحياء علوم الدين	كيمياء السعادة	جواهر القرآن
المنطق	معيار العلم	محك النظر	مقدمة المستصفى

وأما مستوى التصنيف الكيفي فهو كذلك يتعلق بثلاثة مقامات من أنمـاط التفكير، ويدل على ذلك ما ورد من الإشارات الكثيرة في مصنف الإحياء على أن الغزالي يخاطب ثلاث فئات مـن الناس، هي فئة العامة، وفئة الخاصة، وفئة خاصة الخاصة، فكان يكتب بالكيفية التي تفهم كل فئة مقصود في الخطاب، فيدعم هذا الاتجـاه الكيفي والنـوعي الاتجـاه السـابق في تقـديم العلـم الشمولي ومدى إمكانية الاستفادة منه.

المطلب الثاني
مصنف الإحياء وأهميته

ابتدأ الغزالي بتصنيف الإحياء بعد خروجه من بغداد قاصدا دمشق في سنة 489هـ وكان يعيش في عزلته وانقطاعه عن حياة الناس، ويشتغل بالعبادة والمجاهدة وطلب المعرفة واليقين، فجاء الإحياء على هذا الوجه تصويرا لتأثراته وتأملاته الذهنية التي عاشها بين حب الجاه ورفضه، وبين حالات الخوف والرجاء، والزهد والتبتل، مما جعله عظيم التأثير في حياة الناس وأفكارهم [1].

ويتضمن الإحياء أربعة أقسام رئيسة تشمل العبادات والمعاملات والمنجيات والمهلكات، ويندرج تحت كل قسم عشرة أبواب، فتكون محصلته أربعين بابا يتضمن نصفها الأول علم الظاهر المتعلق بالجوارح من عبادة ومعاملة، بينما يتضمن نصفها الثاني علم الباطن المتعلق بأحوال القلب وأخلاق النفس سواء كانت مذمومة أو محمودة [2].

وانتهج الغزالي في كل باب من الأبواب الأربعين منهجية متناسقة ترتبط بوحدة الموضوع محل البحث، وتقوم هذه المنهجية على الابتداء بالمقدمة متضمنة الحمد والثناء مع الإشارة فيها إلى حقيقة الموضوع ومقاصده، ثم إيراد الشواهد القرآنية والاستدلال بها أولا، ثم الاستدلال بالأحاديث النبوية ثانيا، ثم بالأخبار والآثار المروية عن الصحابة والسلف الصالح ثالثا، ثم يدخل بعد ذلك في أعماق الموضوع ودقائقه محللا ومفصلا ومبينا لكل ما يمكن أن يساهم في كشف أغوار الموضوع وتفصيلاته.

ونتيجة لما تضمنه الإحياء من تحليلات عميقة للموضوعات التي طرقها، والبحوث التي عالجها، فهو يعد باعتراف العلماء وإطرائهم عليه ثروة زاخرة ومصدرا مهما من مصادر التربية وإصلاح النفس وتهذيب الأخلاق.

---

(1) الندوي، رجال الفكر والدعوة في الإسلام، 181/1.

(2) الإحياء، 12/1.

ومما شهد بفضله من أقوال أهل العلم ما ورد عـن الإمـام النـووي قولـه "كـاد الإحياء أن يكون قرآنا"[1]، وما ورد عن الشيخ العيدروس الذي عرف بثنائه الكبير على الغزالي ومصنفاته قوله: "لو بعث اللـه الموتى لمـا أوصوا الأحياء إلا بما في الإحياء"[2]، وقول بعضهم: "لو ذهبت كتب الإسلام وبقي الإحياء لأغنى عما ذهب"[3]، وقول بعض المحققين: "لو لم يكن للناس في الكتب التي صـنفها الفقهاء الجامعون في تصانيفهم بين النقل والنظر والفكر والأثر غيره - أي الإحياء- لكفى"[4].

وإن كان في هذه النقول إشارة لأهمية الإحياء بما يغني عن مزيد من الزيادة والاستقصـاء، فإن الإحياء وشأنه كذلك، تعرض للانتقاد والطعن كجزء من جملة الانتقادات التـي وجهـت لفكـر الغزالي مثل الاشـتغال بالفلسـفة وضعف الحـديث ممـا سبقت الإشـارة إليـه، وكـان في مقدمـة المنتقدين الإمام الحافظ ابن الجوزي في كتاب له سمّاه "إعلام الأحياء بأغلاط الإحياء".

غير أن هذه الانتقادات المتعلقة بالإحياء أخذ منحنى آخر، وهو محاولات حرقه وطمـس معالمه، وقد تم حرقه فعليا ما بين سنة (500-505هـ)، وذلك حينما ازدادت شوكة أصحاب الفقه المالكي وسلطتهم في عهد المرابطين في بلاد المغرب والأندلس، وكان زعيمهم في المغرب ابن حمدين القرطبي، وفي الأندلس مالك بن وهيب. وتعود أسباب هذا الموقف إلى عاملين، وهما[5]:

- أن الاتجاه الفقهي العام في الإحياء يقوم على أساس المذهب الشافعي مما يخالف الغزالي فيـه مذهب المالكية ويخرج عن أقوالهم.

---

(1) تعريف الأحياء بفضائل الإحياء، 6/5.

(2) المرجع نفسه، 7/5.

(3) الوافي بالوفيات، 275/1، كشف الظنون، 23/1.

(4) طبقات الشافعية، 129/4.

(5) حسن إبراهيم، تاريخ الإسلام، 456/4.

- أن الإحياء كتاب صوفي في روحه يدخل أحيانا في مسائل النظر ممـا يحرمـه المالكيـة ولا يجيـزون التعامل به.

ورد الغزالي على من عارضوه بكتاب سمّاه "الإملاء في إشكالات الإحياء" ليبين وجـه الحـق فيما تبناه وذهب إليه.

وتعكس الجهود المضنية التي قام بها العلماء أهمية الإحياء ومنزلته عندهم بما حرروه من تخريج أحاديثه[1] واختصاراته وشروحه.

ففي تخريج أحاديثه صنف الحافظ العراقي كتابين أحدهما في سنة 751هـ والثاني في سنة 760هـ مستدركا فيه ما فاته في الكتاب الأول من تخريج بعض الأحاديث، وسمّاه "المغنـي عـن حمل الأسفار في تخريج ما في الإحياء من الأخبار" ثم استدرك عليه تلميذه ابن حجر العسقلاني مـا فاته في مجلد، ثم صنف ابن قطلوبغا الحنفي كتابا آخر استدرك فيه ما فات من تخاريج الإحيـاء، وسماه "تحفة الإحياء فيما فات من تخاريج أحاديث الإحياء"[2]

وللإحياء مختصرات عديدة ابتدأها شقيق الغزالي أحمد بكتاب سمّاه "لباب الإحياء"، ثم تبعه خلق كثير من الملخصين والمحققين[3]، كان آخرهم في العصر الحـديث تلخيص الشـيخ جـمال الدين القاسمي بكتاب سمّاه "موعظة المؤمنين من إحياء علوم الدين".

وفي مجال الشروح وضع الزبيدي الشهير بمرتضى شرحا كبيرا للإحياء يقع في عشرة أجزاء ضخمة، وسمّاه "اتحاف السادة المتقين بشرح أسرار إحياء علوم الدين".

مما سبق لا يخفى على الناظر المتفحص مدى الاهتمام الذي لقيه كتاب الإحياء مـن جُـلِّ العلماء وأعيانهم، سواء بما شهدوا له من عظيم منزلته ومكانته، أو ما تكلفوه من جهد وبحث في تخريج أحاديثه، أو في السعي الـدؤوب لتقديمـه مختصرا، أو في شروحاتـه للإحاطـة بمفاهيمـه ومضامينه، والوقوف على أسراره وعجائبه.

---

(1) وقد أحصى الباحث ما جمع الإمام السبكي في طبقاته من أحاديث الإحياء التي لم يجد لها اسنادا وعد لها (822) حديثا، انظر: طبقات الشافعية، 145/4-182.

(2) انظر: كشف الظنون، 24/1.

(3) انظر: كشف الظنون، 24/1. مؤلفات الغزالي، ص 114-118.

المبحث الرابع
الأهمية الاقتصادية لفكر الغزالي

تشكل المرحلة الزمنية التي عاشها الغزالي جانبا مهما من فكره الاقتصادي، إذ تعكس طبيعة هذه المرحلة بعض الدلالات التاريخية اللازمة في تقييم بعض المفاهيم والقضايا المتعلقة بها.

وتبرز أهمية الفكر الاقتصادي الذي نادى به الغزالي من خلال الوقوف على بعض هذه الدلالات التاريخية في منظورها الاقتصادي، علاوة على أهمية هذا الفكر في طرح المنهج الاقتصادي الإسلامي، ومناقشته في ضوء علاقته بالمذهب العقدي الذي يقوم عليه، ويبين هذا المبحث أهمية هذه الجوانب الاقتصادية في مطلبين:

المطلب الأول: البعد الاقتصادي التاريخي.
المطلب الثاني: البعد الاقتصادي التحليلي.

المطلب الأول
البعد الاقتصادي التاريخي

تتحدد أهمية هذا البعد وقيمته الاقتصادية من خلال علاقته بالتراث الاقتصادي، ودلالته على ظروف البيئة الاقتصادية ودور العامل الاقتصادي في صياغتها، إلى جانب تأثر هذا البعث بحقيقة المنهج السلوكي العملي أي المنهج الصوفي الذي سار عليه الغزالي والتزم العمل به، ويمكن إجمال ذلك بالنقاط التالية:

أولا: التراث الاقتصادي

يساهم فكر الغزالي في هذا الجانب بإحياء التراث الاقتصادي للفترة التاريخية التي عاشها، وتقع هذه الفترة في النصف الثاني من المائة الهجرية الخامسة.

وتشكل هذه المساهمة عنصرا مهما في بناء التراث الاقتصادي الإسلامي وذلك بسبب أن الغزالي يتبوأ مكانة الصدارة العلمية على رأس هذه المائة من جهة،

ويعكس بفكره في هذا المجال حقيقة المرحلة المعاشة والتي شغلته وأخذت حيزا كبيرا مـن اهتماماته الفكرية من جهة أخرى.

وإذ تمثل هذه الحقبة الزمنية أيضا حلقة وامتدادا لبناء نظرية اقتصادية إسلامية ابتـدأها من ساهم في هذا الجانب الفكري، مثل أبي عبيد في كتابه "الأموال"، وأبي يوسف في كتابه "الخراج" والشيباني في كتابه "الكسب" وغيرهم كثير، إلا أنها تمثل منعطفا في الجوانـب والتصورات الخاصـة لتجربة الغزالي في منحنياتها الثلاثة، أي في العزلة وما قبلها وما بعـدها، عـلاوة عـلى أن الجوانـب الأخرى التي تخرج من هذا الاستثناء، تتصل اتصـالا وثيقـا ولازمـا لبنـاء هـذه النظريـة لاقتصادية واستكمال حلقاتها، مما يشير إلى أهمية الوقوف على جهود العلماء، وحصيلة الـتراكمات المعرفيـة التي جاؤوا بها، ولذا فلا غنى للحديث الاقتصادي الإسلامي المعاصر عـن الاسـتفادة مـن ذخائـر الإنتاجات الاقتصادية الغزيرة بمادتها العلمية في كتـب الـتراث الإسـلامي، ومـن ضمنها مصنفات الإمام الغزالي.

ثانيا: العامل الاقتصادي:

تتشكل أهمية العامل الاقتصادي وأثره في صـياغة مظاهر الحيـاة الاقتصـادية مـن وجهـة النظر التاريخية، من عدة وجوه، أهمها:

1- يعلق الغزالي أهمية العامل الاقتصادي عـلى مسـتوى الحيـاة المعيشـية ورفاهيـة الأفـراد فيهـا، ويبين في هـذا السـياق بعـض معـالم المجتمـع الاقتصـادي لواقعـة المعـاش، ففي رسـائله إلى السلاطين والوزراء يشير إلى أن الظلم في التوزيع ومصادرة الثروات واحتكار الغـلال يقـود إلى الخراب والقحط والجوع، وقد أشرفت عليه البلاد[1]، وهو يؤدي إلى انهيار المسـتوى المعيشي- بعدم تحقيق حد الكفاية للأفراد في مجال الحاجات الأساسية من الأقوات والملابس والمساكن، وهذا ينتج عنه في النهاية هلاك حتمي في مظاهر وميادين شتى؛ مثل فساد الـدنيا، وزوال العالم

---

(1) فضائل الأنام، ص 69.

وأهله، وتعطل المكاسب، وانبتار النظام، وسقوط شعائر الإسلام [1].

2- وتحققت الصورة التي رسمها الغزالي لتخلف الحالة الاقتصادية وتأثير العامل الاقتصادي فيها، بتغلغل أسباب الضعف والتخلف في جميع مظاهر الحياة العباسية، حتى آلت وانتهت فعليا إلى حتمية الزوال بسقوط الخلافة العباسية أمام التتار، فسقطت بسقوطها شعائر الإسلام، وانبتر النظام وعاش الناس في ضيق وهلاك.

وهذه النتيجة تؤكد مقولة الغزالي إضافة إلى إشاراته السابقة من أن عمارة الدنيا لا تصح ولا تستقيم أحوالها بغير رأي ولا تدبير [2].

3- ويمثل العامل الاقتصادي في نظر الغزالي متغيرا مهما في منظومة الحياة الإنسانية، فلا يمكن أن يسود بدونه مبدأ الاجتماع الإنساني الشامل، ولا يتحقق بغيره قانون أو عدل في المعاملة [3].

ولا يتصور أيضا انفصال العامل الاقتصادي عن بقية العوامل الأخرى، مثل العامل الاجتماعي والعامل السياسي، لأن كل منها ينزل من الآخر منزلة الرأس من الجسد، وفي بيان هذه العلاقة التبادلية يقول الغزالي: **"واعلم أنه لا يستقيم جسم من غير رأس، ولا سماء من غير شمس، ولا تحسن أرض من غير عمارة، وفلاحة وتجارة، وموت وحياة، وغنى وفقر، وملك وسياسة، وإمارة ووزارة، فالأمور منظومة بعضها ببعض" [4].**

4- وإن تبلورت أهمية العامل الاقتصادي في بعض جوانبها بحوادث الزمن

---

(1) المنخول، ص 369, أبو حامد الغزالي، شفاء الغليل، تحقيق حمد الكبيسي، ط1 (بغداد، مطبعة الارشاد، 1971)، ص 245.

(2) التبر المسبوك، ص 131.

(3) أبو حامد الغزالي، ميزان العمل (بيروت، دار الكتاب العربي، 1983)، ص 105-106.

(4) أبو حامد الغزالي، سر العالمين وكشف ما في الدارين، سلسلة رسائل الإمام الغزالي. رقم السلسلة: (6)، ط1 (بيروت، دار الكتب العلمية، 1988)، ص47.

وضرورات المعيشة التي غيرت في سيرة الغزالي وحياته وجه المراد، وشوشت عليه صفاء الحال الذي يطلبه[1]، فإنها في نفس الوقت تدل على مدى الضغوطات المعاشية الملازمة للأزمات الاقتصادية، مثل غلاء الأسعار وما يجري مجراه مما يقدح في المال، فيضطر الإنسان لتغيير بيئته الاقتصادية متنقلا من مكانه إلى مكان آخر يسوده الاستقرار والرخاء[2].

ثالثا: المنهج الصوفي

تتضح أهمية الدلالة الاقتصادية للمنهج الصوفي بما قدمه الغزالي من وصف اقتصادي لحقيقة النشاط الذي ينبغي أن يمارسه أصحاب الطريقة الصوفية بما لا يتعارض مع أصول الشريعة.

وكان خطاب الغزالي في هذا الإطار متعلقا بالفئة الثالثة، وهي فئة خاصة الخاصة، أي أن الطريق الصوفي وهو ما خلق الإنسان له من سلوك سبيل التقرب إلى الله تعالى[3]، لا يصح أن يؤخذ فيه من الدنيا إلا القدر الأدنى، وهذا القدر ينتظم جميع الممارسات والأنشطة الاقتصادية دون تمييز بعضها من بعض.

لكن الغزالي أنكر على متصوفة زمانه ما يقومون به من إشباع حاجاتهم فوق الحد الأدنى، مثل التنعم بنفيس الثياب ولذيذ الأطعمة ورغد العيش، وما شابه ذلك من مظاهر تتعارض مع حقيقة العمل الصوفي ومفاهيمه في الزهد والتوكل والشكر وغيره على ما بيناه في الصفحات السابقة.

وثمة إشارة أخرى ينبه الغزالي إليها في مجال العمل الصوفي، وهي تتعلق بموقع الفكر الاقتصادي عنده من العلوم المستورة أو علوم المكاشفة التي لا يصح إظهارها أو كشفها للآخرين، لأنها علوم مخصوصة بالفرد على سبيل التعيين. أي أنه إذا تضمنت هذه العلوم أفكارا ومسائل اقتصادية فهل يلزم الإبقاء على سترها وعدم

---

(1) المنقذ في الضلال، ص 82.

(2) الإحياء، 272/2.

(3) ميزان العمل، ص117.

كشفها أم لها خصوصية في التعامل؟

فيجيب الغزالي عن هذه التساؤلات بأن هذه العلوم ليس لها علاقة أو صلة بمعاش الإنسان، ولا يتوقف على معرفتها صلاح هذا المعاش ولا حتى معاده[1].

بل يفسر بأن ثمة سبب اقتصاي مباشر يلزم من عدم معرفتها أو بيانها، ويقول في بيان هذا السبب: "**بل لو اشترك الناس فيها - أي علوم المكاشفة- لخربت الدنيا، فالحكمة تقتضي- شمول الغفلة لعمارة الدنيا بل لو أكل الناس كلهم الحلال أربعين يوما لخربت الدنيا لزهدهم فيها، وبطلت الأسواق والمعايش، بل لو أكل العلماء الحلال لاشتغلوا بأنفسهم، ولوقفت الألسنة والأقلام عن كثير مما انتشر من العلوم**"[2].

ونستنتج مما تقدم، أن أهمية الفكر الاقتصادي الذي طرحه الإمام الغزالي، تتجلى بما يضيف - في سياق البعد التاريخي- من إثراء لواقع التراث الاقتصادي، وبما يساهم فيه من معرفة أثر العامل الاقتصادي في تطور الحياة المعيشية وتغيرها علاوة على كونه يجسد حقيقة المسألة الاقتصادية في المنهج الصوفي.

المطلب الثاني

البعد الاقتصادي التحليلي

يقوم هذا الجانب من التحليل الاقتصادي، وهو محل الدراسة بخلاف البعد التاريخي على مناقشة المتغيرات والمفاهيم الاقتصادية التي تعرض لها الغزالي في مصنفاته، وإذ تبرز أهميتها في مجالات عديدة وموضوعات شتى، فإننا نكتفي بالإشارة إلى بعضها، مثل:

1- مجال المرتكز العقائدي: يعد هذا المجال من أهم الموضوعات التي تناولها الغزالي

---

(1) جواهر القرآن، ص30.

(2) الإحياء، 335/4.

حيث ربط ما يقوم به الفرد من نشاط اقتصادي بالهدف الـذي يسعى إليـه، وهـو السـعادة في الآخرة، وهذه السعادة تشكل مقصودا صحيحا وهدفا محمودا ينعم الفرد بـه بلقاء اللـه تعالى، وما عدا ذلك من أهداف غير السعادة بلقاء اللـه تعالى فهي مذمومة[1].

وتتحدد هذه الأهمية في توضيح الهدف الاقتصادي بترسيخ مبدأ الغاية القصوى، وهـي الغاية المطلوبة لذاتها لا لغيرها، إذ أن مـن طلـب شـيئا لغيره لا لذاتـه فكأنـه لم يطلبه، فتصبح الأموال ومنها الدراهم والدنانير على هذا الوجه وسيلة اقتصادية وليسـت هـدفا، سـواء أتحقـق المردود أم العائد منها في صورة ربحية إنتاجية مجردة، أم مـن منفعـة اسـتهلاكية مشـتقة، وذلك لأنها وسيلة معنية بقضاء الحاجات والمنافع ولولا هذا لكانت هي والحصباء بمثابة واحدة[2].

وتنعكس أهمية مفهوم السعادة على تحديد معنى الرشد والسلوك الرشيد من جهة كـون هذا المعنى يمثل باعثا نفسيا يهدي إلى جهة السعادة وإذا تحول هـذا الباعـث إلى جهة مغايرة لمقصد السعادة فلا يسمى رشدا وتنتفي عنه حقيقة السلوك الرشيد[3].

ونلحظ دلالة هذه الأهميـة العقائديـة التـي يطرحها الغزالي في فكـره الاقتصـادي بتميـز السلوك الإسلامي الرشيد عـن السلوك الرشيد (Rational Behaviour) في مدلولـه الوضعي، وهـو المدلول الذي يتحدد فيه السلوك الرشيد بتطابق الغاية مع الوسيلة دون النظر إلى القيم العقائدية المتعلقة بطبيعة المذهب الاقتصادي وفلسفته الخاصة.

2- وفي مجال المصلحة الاجتماعية وترتيب الحاجات الإنسانية يعد الغزالي صاحب

---

(1) الإحياء، 249/3، 387/4.

(2) ميزان العمل، ص76. أبو حامد الغزالي، المقصد الأسنى في شرح معاني أسماء اللـه الحسنى، تحقيق بسـام عبد الوهاب الجابي، ط1 (قبرص، الجفان والجابي للطباعة والنشر، 1987)، ص84.

(3) الإحياء، 114/4.

الصياغة الأصلية لمفهوم دالة المصلحة الاجتماعية التي طورها فيما بعد الإمام الشاطبي (790هـ) وأضاف إليها شروحات جديدة[1].

وذهب كثير من الباحثين في هذا المجال إلى تقسيم الحاجات وترتيبها على الشكل الذي اتبعه الغزالي في تقسيم المصالح، فقالوا بالحاجات الضرورية والحاجات الخاصة والحاجات التكميلية أو التحسينية[2]، وهذا يدل على أهمية إسهامات الغزالي في تنمية المفاهيم الاقتصادية، سيما وأنه ميّز الفرق بين دالة المصلحة من مقصود الشارع ومقصود الخلق، فبينما اعتبر أن المصلحة الأولى هي مصلحة أصولية يقصد بها المحافظة على مقصود الشارع، فإنه حدد المصلحة الثانية بأنها مصلحة اجتماعية يقصد بها جلب منفعة أو دفع مضرة[3].

وأهمية هذه الإسهامات تبدو بوضوح حين الحديث عن بعض الاستثناءات الاقتصادية مثل تدخل الدولة في تشريع السياسة الضريبية، وتدخلها في مصادرة الأموال، وفي توظيف الخراج على الأراضي لدعم الجند لحماية الثغور، إذ ناقش الغزالي هذه القضايا وغيرها مناقشة مستفيضة وبحث مدى ملائمتها للمصحلة

---

(1) محمد أنس الزرقاء، "صياغة إسلامية لجوانب من: دالة المصلحة الاجتماعية ونظرية سلوك المستهلك" الاقتصاد الإسلامي: بحوث مختارة من المؤتمر العالمي الأول للاقتصاد الإسلامي، ط1 (جدة المركز العالمي لأبحاث الاقتصاد الإسلامي، 1980)، ص 156.

(2) عبد الله عبد العزيز عابد، "مفهوم الحاجات في الإسلام وأثره على النمو الاقتصادي". دراسات في الاقتصاد الإسلامي: بحوث مختارة من المؤتمر الدولي الثاني للاقتصاد الإسلامي، ط1 (جدة، المركز العالمي لأبحاث الاقتصاد الإسلامي، 1985)، ص20-21.

(3) وفيما جاء به الغزالي من بيان وجه الخلاف بين المصلحتين قوله: "ولنفهم أولا معنى المصلحة، ثم أمثلة مراتبها: أما المصلحة فهي عبارة في الأصل عن جلب منفعة أو دفع مضرة، ولسنا نعني به ذلك؛ فإن جلب المنفعة ودفع المضرة مقاصد الخلق وصلاح الخلق في تحصيل مقاصدهم؛ لكنا نعني بالمصلحة المحافظة على مقصود الشرع، ومقصود الشرع من الخلق خمسة: وهو أن يحفظ دينهم ونفسهم وعقلهم ونسلهم ومالهم، فكل ما يتضمن حفظ هذه الأصول الخمسة فهو مصلحة، وكل ما يفوت هذه الأصول فهو مفسدة ودفعها مصلحة" المستصفى، ص 174.

الشرعية، فحدد ضوابط المصلحة وحدودها ولم يتركها على إطلاقها فقال بشروط المصلحة لتكون قابلة لاستنباط الحكم الشرعي وقيدها بأربعة شروط هي[1]:

- أن تكون مصلحة قطعية لا تعارض مصلحة أولى منها أو مثلها.

- وأن تكون مصلحة عامة لا خاصة تتعلق بآحاد الناس.

- وأن تكون مصلحة ضرورية يقصد بها رفع حرج لازم.

- وأن تكون مصلحة ملائمة لمقاصد الشرع أي من جنس المصالح التي جاءت الشريعة لتحقيقها.

3- وفي مجال التملك وحقوق الملكية ناقش الغزالي حق الفرد في التملك الخاص وأوضح أهمية صيانة حقوق الملكية الفردية لأصحابها، وأنها لا تقل في أهميتها عن حقوق الملكية المتعلقة بالجماعة أو الدولة، حتى ذهب إلى أن من فوت بضائع الأمة كان كمن غصب بضاعة تاجر وحبسها سنة ففوت الربح فهو يضمن لما ألحق من إتلاف[2].

وبيّن قيود الملكية وشروطها وسائر ما يتعلق بها من أحكام إقرارا بصيانة حقوق التملك وإثباتا لشرعيتها.

وتنبع أهمية ما جاء به الغزالي من أفكار اقتصادية في مجال الملكية من خلال ترسيخ مبدأ التوازن بين حق الفرد وحق الجماعة في الملك، إذ تضفي سمات بارزة على طبيعة الفكر لاقتصادي الإسلامي، وتميزه عن غيره من النظم الوضعية مثل النظام الاشتراكي الذي تذوب فيه مصلحة الفرد في مصلحة الجماعة، فلم يبق له من جهده وعمله إلا القدر الذي يحتاجه حسب ما يقتضيه مبدأ "من كل حسب قدرته، ولكل حسب حاجته"، وتميزه عن النظام الرأسمالي الذي أطلق حق التملك دون مراعاة للجوانب الأخرى التي تتعارض مع مصلحة الجماعة.

4- وللغزالي إسهامات سبّاقة في مجال النظرية النقدية وتحديد الوظيفة الاقتصادية

---

(1) انظر: شفاء الغليل، ص207، المستصفى، ص 176.

(2) انظر: محك النظر، ص 125-126.

للنقود والخصائص المتعلقة بها مثل كونها وسيلة للتبادل ومعيارا ومستودعا لها، إلى جانب دعم هذه الأفكار النقدية لنقض إمكانية التبادل عن طريق السلع والمقايضة، ومناقشته لمسألة تزييف النقود ودلالاتها الاقتصادية، مما يشير إلى أهمية دوره في بناء النظرية النقدية محللا لكثير من جوانبها وأبعادها في الفكر الاقتصادي الإسلامي.

وبالجملة، فإن أهمية الأفكار الاقتصادية التي طرحها الغزالي في تضاعيف مصنفاته تظهر بشكل بارز من خلال تحليلاته وآرائه المبكرة في إثراء هذا النوع من العلوم، والتي يمكن الوقوف عندها أثناء التعرض للجزئيات والتفصيلات في هذه الدراسة، وهي كثيرة وبعيدة عن الحصر والاستقصاء في مثل هذه العجالة.

الفصل الثاني

المرتكزات العقائدية للنشاط الاقتصادي
عند الإمام الغزالي

المبحث الأول: المرتكزات الذاتية

المطلب الأول: العامل الإيماني

المطلب الثاني: المعيار القيمي والخلقي

المبحث الثاني: المرتكزات الموضوعية

المطلب الأول: الالتزام بتطبيق المنهج الرباني

المطلب الثاني: تحقيق مبدأ العدالة

المبحث الثالث: المرتكزات الوظيفية

المطلب الأول: التفسير الإسلامي لحقيقة المال ووظيفته

المطلب الثاني: مبدأ التعاون الإنساني وتحقيق المصالح

المبحث الأول
المرتكزات الذاتية

يرتكز الفكر الاقتصادي الذي تناوله الغزالي في مجال السلوك الفردي والجماعي (السلوك الذاتي) على بعض التصورات العقدية المتمثلة بتصويب هذا السلوك، وتوجيهه للارتقاء بالإنسان نحو المقاصد والغايات المحددة لعلاقة الإنسان بخالقه، والدالة على المغزى الحقيقي لوجود الإنسان في هذه الحياة.

ويضاف إلى هذه التصورات العقدية بعض المفاهيم القيمية مثل مفهوم الشكر والتوكل والزهد والقناعة، ويعرض هذا المبحث على وجه الإجمال جانبا من هذه التصورات والمفاهيم العقدية من خلال مطلبين هما:

المطلب الأول: العامل الإيماني

المطلب الثاني: المعيار القيمي والخلقي

المطلب الأول: العامل الإيماني

تتجلى حقيقة العامل الإيماني وأثره في صياغة القاعدة العقدية للنشاط الاقتصادي الذي يمارسه الأفراد من خلال بعض المظاهر التعبدية القائمة على ترسيخ دعائم السلوك الفردي والجماعي على أساس الخطاب الشرعي وتصوره لمعنى الارتقاء وتحقيق السعادة والرفاهية المطلوبة.

وقد ساهم الغزالي في استجلاء هذه الحقيقة الإيمانية واتصالها بالنشاط الاقتصادي من خلال التزامه الوثيق بالتراث الإسلامي وقواعده الفقهية الأصيلة، وهذا الالتزام كما يرى "لويس بايك" في مقالته عن "الفكر الاقتصادي عند فقهاء المسلمين الأصوليين"يجعل من الغزالي مفكرا اقتصاديا قائما بذاته، وغير تابع لطروحات الفلاسفة القدماء فيما طرحوه من قضايا ومسائل اقتصادية، وهذا يدعم مواقفه الفلسفية، التي ناهض فيها الفلاسفة، وتميزه باستقلالية فكره وتوجهاته الإيمانية عن غيره مثل الفارابي الذي تأثر فيما طرح من أفكار اقتصادية بآراء أرسطو

وأفلاطون وعن ابن رشد الذي استلهم هذه الأفكار فيما بعد ونادى بها[1]. وهذا يعكس أهمية طروحات الغزالي الاقتصادية في محتواها الديني ومبادئها الأخلاقية والتي تعد بحق طروحات سباقة في هذا المجال.

ومن هنا فإن الغزالي يرى أن الحياة الأخروية واعتقاد المسلم بها هي الأساس في تحديد الأهداف الاقتصادية ونشاطات الإنسان المتعلقة بها من سعي وعمل واستهلاك وتوزيع وغيرها، وتأتي أهمية هذا البعد العقدي في الاعتقاد لهذه الحياة الأخروية نتيجة ما يحقق الفرد من ربح يضاعف فيه الأجر، ويفوز بلقاء الله تعالى، وينال أعلى الدرجات في دار الثواب، ففي أكثر من موضع في "الإحياء" يصرح الغزالي بهذه الحقائق فيقول: **"فإن مقصد ذوي الألباب لقاء الله تعالى في دار الثواب، ولا طريق إلى الوصول للقاء الله إلا بالعلم والعمل، ولا تمكن المواظبة عليهما إلا بسلامة البدن، ولا تصفو سلامة البدن إلا بالأطعمة والأقوات"**[2]. وفي موضع آخر يقول: **"وعند ذلك تصير الدنيا منزلا والبدن مركبا والأعمال سعيا إلى المقصد، ولا مقصد إلا لقاء الله تعالى ففيه النعيم كله، وإن كان لا يعرف في هذا العالم قدره إلا الأقلون"**[3].

وعلى هذا فإن باعث السلوك الاقتصادي للمسلم ونيته في ممارسة هذا السلوك ينبغي أن تكون منسجمة ومتسقة مع المقاصد الشرعية، وهذا يقضي بأن تكون النية الباعثة على العمل صالحة وسديدة سواء أكانت في مجال الإنفاق أو الادخار أو أي مجال آخر، لأن المسلم يستعين بهذه الأعمال على العبادة، ويتقوى بها على أداء وظيفته المنوطة به[4].

---

(1) لويس بايك، "الفكر الاقتصادي عند فقهاء المسلمين الأصوليين"، ترجمة عبد الرحمن رضا الرافعي، ديوجين، العدد 154/98، ص 101.

(2) الإحياء، 3/2.

(3) المصدر نفسه، 67/1.

(4) ميزان العمل، ص121. الإحياء، 279/3.

وهنا لا بد للمسلم أن يعلق جميع تصرفاته الاقتصادية على مرضاة الله تعالى، ويستغرق في همه لنيل ثوابه حتى لا يكون مقصوده ورغبته مما يستهلك من الغذاء، أو يلبس من الكساء، أو يأوي من المساكن، أو يبذل من مجهود وعمل، إلا كرغبة من يقضيـ حاجتـه مـن حيـث أنـه ضرورة جبلية فطر الإنسان عليها، وحتى لا يستقر قرار في قلبه يركن به إلى حب الـدنيا والحـرص عليها. ففي هذه الحالة تكون نيته صادقة وصالحة لأنه لا يشتهي الطعام والغذاء لذاته بل لأنه يقويه على عبادة الله تعالى، ولا يطلب الربح والأجر لنفسه بل لأنـه وسـيلة يحظى بهـا بثـواب الله ورضاه»[1].

وهكذا تكون سائر تصرفات المسلم وأفعاله لا يحركها إلا باعث التقـوى والعبـادة والعمـل لدار الجزاء والثواب، وفي سياق هذا المعنى، وردت نصوص قرآنية عديدة ذات دلالة علـى المفهـوم التعبدي الملازم لحركة الإنسان وسعيه في تدبير المعـاش، كقولـه تعـالى: ﴿ ورحمـة ربـك خيـر مـما يجمعون ﴾[2]. وقوله تعالى: ﴿ وألنا له الحديد، أن اعمل سابغات وقدر في السرد واعملوا صالحا إني بما تعملون بصير ﴾[3]، وقوله تعالى: ﴿ ومن عمل صالحا من ذكر أو أنثى وهو مؤمن فأولئك يدخلون الجنة يرزقون فيها بغير حساب ﴾[4].

ونتيجة لتفسير الممارسة الاقتصادية وأهداف هذه الممارسة علـى أسـاس التصور العقـدي، ومفهوم العبادة والنية الصالحة، فإنه يترتب على ذلك بعض مـن المـؤشرات والـدلالات الاقتصادية منها:

- أن الجهد المبذول في العمل، وما يترتب عليه من عائـد وأجـر، إنمـا يقصـد بـه الاسـتعفاف عـن السؤال الذي نهى عنه الشارع كوسيلة من وسائل الكسب،

---

(1) الإحياء، 401/4.

(2) سورة الزخرف، من الآية 32.

(3) سورة سبأ، الآيتان 10،11.

(4) سورة غافر، من الآية 40.

ويقصد به الاستغناء بالحلال عن الناس، وكف الطمع عنهم، وأنه من باب القيام بالمسؤولية العائلية وواجباتها بتأمين القدر الكافي من الحاجات الكفائية[1].

- تخصيص العمل في القطاعات الاقتصادية المختلفة حسب أولويتها ومساهمتها في تحقيق المنفعة الفردية والجماعية على السواء، وذلك لأن الفرد المسلم "**يقصد القيام في صنعته أو تجارته بفرض من فروض الكفايات**"[2]، أي أنه إذا اقتضت الضرورة المتعلقة بحد الكفاية العمل في قطاع الإنتاج أو في قطاع الخدمات أو في قطع الزراعة كان الباعث للفرد على العمل بأي قطاع من هذه القطاعات الاقتصادية هو الوصول إلى الحاجات الضرورية، وتحقيق الإشباع الضروري منها، بوصفها فرضا من فروض الكفايات.
- وإذا كان باعث الإنسان على ممارسة نشاطه الاقتصادي مرهونا بتصوره وفهمه بطبيعة وجوده في هذا الكون، وصلة هذا التصور بمصيره في الحياة الآخرة، فإن الاستيعاب الذهني لهذا الهدف يساعد على التزود من الدنيا على قدر الضرورة اللازمة للانتقال من هذه الدنيا إلى الحياة الخالدة، وهذا التزود يرتبط بإبقاء الحياة والمحافظة عليها، مما يدل على خاصية موضوعية في المنهج السلوكي الاستهلاكي وهي خاصية الترشيد متمثلة بالاكتفاء بالقليل من تناول الطعام والغذاء.

ويشير الغزالي بكتابه "معارج القدس" إلى هذه الحقيقة الوسطية بأن من عرف حقيقة التقوى، وقصد بها تناول الطعام لأجل العبادة، فإنه "**يقتصر ويقتصد به ولا محالة ولا يشتد إليه شرهه**"[3].

---

(1) الإحياء، 94/2.

(2) المرجع نفسه، 94/2.

(3) أبو حامد الغزالي، معارج القدس في مدارج معرفة النفس، تحقيق لجنة إحياء التراث العربي، ط5 (بيروت، دار الآفاق الجديدة، 1981)، ص89.

- وبما أن المحرك الباعث على الاستهلاك يراد به التقوي على العبادة وفعل الطاعات، فإن المنفعة المشتقة من عملية الاستهلاك غير مقصودة لذاتها، وهذا التبرير يتصل بسلوك الفرد الاستهلاكي الذي لا يطلب فيه التلذذ والتنعم بالحصول على المنفعة، لأن مقصده ونيته ابتداء متعلق بحدود الإشباع الضروري، وهذا الإشباع يصل به حسب نيته ومقصده إلى رتبة العبودية الخالصة لله تعالى[1]، فالإشباع والمنفعة بهذا الوجه وسيلة للوصول إلى غاية العبودية.

- وهذا المقصد التعبدي للممارسة الاقتصادية يسهم إلى حد كبير بنقل الصفة اللازمة للجهد المبذول إلى الصفة المتعدية، والمعلوم أن الفائدة المتعدية تشمل قطاعا كبيرا من الأشخاص ولو لم يشاركوا في نفس الجهد، فيكون المسلم بسلوكه التعبدي قد أفاد غيره من المسلمين علاوة على إفادة نفسه، ويتحصل له بعد ذلك مضاعفة في الأجر والثواب، أي الحصول على الأجر الأخروي (الثواب) إضافة إلى الأجر المادي (الدخل)[2].

- وللمقصد التعبدي أيضا دلالة على المنحى العقلاني، وهو المنحى الذي يضبط الوسيلة مع الغاية في إطار شرعي وأخلاقي، وذلك أن الفرد حين ينفق ماله في مجالات الإنفاق العامة، فإنه لا يبتغي بهذا الإنفاق إلا وجه السداد والإخلاص دون النظر إلى اعترافات المجتمع المتعلقة بمظاهر التمجيد والمدح والثناء، وهذا يجعل من الإنفاق نافعا ورشيدا من جهة، وبعيدا عن أسباب الترف التي يراد بها الرياء وحسن المظهر من جهة أخرى.

ونتيجة لهذا فقد عاب الغزالي على فرق كثيرة من أرباب الأموال وهم ينفقون أموالهم في مجال الإنفاق العام ابتغاء الشهرة، والاغترار والرياء وتخليد الذكرى بين الناس بما سلبوا من النية الإيمانية الخالصة ومقصد الخير في إنفاقهم، فيقول في بيان هذا المعنى:

(1) الإحياء، 5/2.

(2)المرجع نفسه، 414/1.

"أرباب الأموال وهم فرق كثيرة: فرقة منهم: يحرصون على بناء المساجد والمدارس والرباطات والقناطر والصهاريج للماء، وما يظهر للناس... وهم يظنون أنهم استحقوا المغفرة بذلك، وقد اغتروا فيه من وجهين:

أحدهما: أنهم اكتسبوا من الظلم والشبهات والرشاوي والجاهات المحظورة، فهؤلاء قد تعرضوا لسخط الله في كسبها، وإنما غلب على هؤلاء الرياء والشهرة ولذة الذكر.

والوجه الثاني: أنهم يظنون بأنفسهم الإخلاص، وقصد الخير في الإنفاق وعلو الأبنية، ولو كلف أحدهم أن ينفق دينارا على مسكين لم تسمح نفسه بذلك لأن حب المدح والثناء مستكن في باطنه.

وفرقة أخرى: ربما اكتسبوا المال الحلال، واجتنبوا الحرام، وأنفقوا على المساجد، وهم أيضا مغرورون، فإنه ربما يكون في جواره أو بلده فقراء، وصرف المال إليهم أهم، فإن المساجد كثيرة والغرض منها الجامع وحده فيجزيء عن غيره... وإنما خف عليهم دفع المال في بناء المساجد لظهور ذلك بين الناس، ولما يسمع من الثناء عليه عند الخلق، فيظن أنه يعمل لله وهو يعمل لغير الله.

وفرقة أخرى: ينفقون الأموال في الصدقات على الفقراء والمساكين، ويطلبون المحافل الجامعة، ومن الفقراء من عادته الشكر وإفشاء المعروف"[1].

وهذا الاستطراد التفصيلي لوجوه الإنفاق الاجتماعية التي ليس لها مردود فعال سوى ما تعود به على الفرد نفسه، من تلبية رغبته في حب الظهور، والثناء أمام الناس، فإنه يعكس حالة سلوكية تضر بواقع الاقتصاد نتيجة غياب الوازع الديني والعامل الإيماني، وهذا الضرر يتمثل في نواحي مختلفة مثل اكتساب الأموال من "الظلم والشبهات والرشاوي والجاهات المحظورة"، أي أن سبب التملك في الأصل لهذا الإنفاق الترفي لا يعتد به، ولا يقره الشرع لأنه من باب الظلم، وأكل أموال الناس بالباطل.

---

(1) الكشف والتبيين ص 60-62.

- 103 -

ومن أشكال هذا الضرر أيضا أنه لا يساهم في خدمة المشروعات الاجتماعية حسب أولويتها وأهميتها، "**فإنه ربما يكون في جواره أو بلده فقراء، وصرف المال إليهم أهم**"من إقامة المساجد وتجصيصها وتزيينها وزخرفتها، فالإنفاق على هذا النحو مضيعة للأموال والثروات، مع أن صرفها للفقراء فيه توسيع للقاعدة الإنتاجية من وجهين، فهو يزيد من إنفاقه للسلع الضرورية لزيادة دخلهم، وهو كذلك يدخل سوق العمل والإنتاج، وهذا يعني أن الإنفاق في المجالات النافعة يزيد من إمكانية الاستخدام الأمثل للموارد الإنتاجية، ويعزز من قدرتها في تفعيل أداء الاقتصاد، ومساهمته في برامج التنمية الإنسانية المطلوبة، وفي نهاية المطاف فإن هذه الآلية تكشف أهمية البعد الإنساني وعلاقته في تطوير عمل الفرد بما يخدم قطاعات الحياة الاقتصادية المختلفة.

ومن هنا فإننا نستخلص أهمية البعد الإيماني في فكر الغزالي، وأثره في بناء المضمون العقائدي والذي بدونه لا يمكن التوصل إلى حقيقة المفاهيم الاقتصادية التي جاء بها وبحثها في مصنفاته.

وتتضح هذه الأهمية الإيمانية الملازمة لفكره الاقتصادي من خلال الدلالات الكثيرة التي تشير إليها، وعلى الأخص دلالة لمنهج الاقتصادي على أنه مذهب يتصل بعقيدة الفرد وتصوره عن الكون والحياة وما وراء الحياة، وفوق ذلك مراقبته لخالقه في جميع أفعاله.

وتظهر هذه الأهمية الإيمانية بوضوح أشمل من جهة كونها تحدد المقصد والغاية لنشاط الإنسان في حياته، وتقرن هذا المقصد وهذه الغاية بلقاء الله تعالى وابتغاء مرضاته، فيكون السلوك الإنساني بوجه عام، والسلوك الاقتصادي بوجه خاص، سببا يستدل به على طلب السعادة الأخروية ، ووسيلة خلق لها الإنسان بالجبلة يسعى من خلالها لبلوغ رفاهيته القصوى التي ينعم بها بلقاء خالقه ومعبوده، وهذا ما أفاض به الغزالي في مواطن كثيرة محددا فلسفة الاقتصاد ومفسرا لمبادئه العقائدية والأخلاقية.

المطلب الثاني

المعيار القيمي والخلقي

يحدد الغزالي - في ضوء إشاراته إلى المعاني والأفكار الاقتصادية- جملة من المفاهيم القيمية والأخلاقية، والتي تشكل بالنسبة لسلوك الفرد الاقتصادي مجموعة من المبادئ والمرتكزات العقائدية المحددة لممارساته ونشاطاته الاقتصادية، وتتمثل هذه المعايير القيمية بمبدأ الشكر والتوكل والزهد والقناعة.

أولا: الشكر

يدل مفهوم الشكر على الجهد المقابل للنعمة التي أسبغها الله تعالى على عباده، سواء كان هذا الجهد قوليا باللسان أو فعليا باليد أو ذكرا بالقلب[1].

وفي مقدمة حديثه عن نشأة النقود وخصائصها ووظائفها يعرض الغزالي حقيقة الشكر كأساس يلتزم به المسلم في شكر الله تعالى على نعمة خلق النقود، ووظيفتها في تسهيل حياة الناس ومعايشهم، ثم يعرض بعد ذلك وجه النعمة في كثير من القضايا الاقتصادية مستدلا عليها بلزوم شكر الله تعالى على إيجادها وخلقها.

ومن هذه النعم الكثيرة، نعم الله تعالى في خلق الأصول (المواد الخام) التي يحصل منها الأطعمة، وتصير صالحة، لأنه يصلحها الآدمي بعد ذلك بصنعته، ومنها أيضا نعمه تعالى في خلق الأسباب الموصلة للأطعمة، ونعمه في إصلاح الأطعمة، ونعمه في إصلاح المصلحين أي المنتجين أو آلات الآلات كما عبر عنها في بعض المواضع[2]، وهي العناصر الإنتاجية التي تساهم في خلق المنفعة في كل مرحلة من مراحل الإنتاج.

وهكذا يستطرد الغزالي في بيان جوانب كثيرة من النشاط الاقتصادي مشيرا

---

(1) علي بن محمد الجرجاني، التعريفات، ط3 (بيروت، دار الكتب العلمية، 1988)، ص128.

(2) الإحياء، 4/96-98، 4/121-125.

إلى نعمة الله تعالى على الإنسان في خلقها، ووجوب الشكر عليها، سواء كانت في مجال النقـود واستخداماتها الاقتصادية أو في مجـال الإنتـاج أو في مجـال الاستهـلاك أو في أي مجـال اقتصادي آخر. ومن شأن ذلك أن يرسخ الوازع الإيماني في ضمير المسلم ووجدانه ويربط تصرفاته وتصوراته بخالقه الذي أمده بهذه النعم التي لم يكن له في إيجادها أو خلقها حول ولا طول.

وقد أفرد الغزالي كتابا مستقلا سماه "الحكمـة في مخلوقات اللـه" عالج فيه معالجـة تجزيئية لكثير من مظاهر النعم الإلهية والحكمة في خلقها، وأشار إلى دلالاتها الاقتصادية وأهميتها في استمرار الحياة الإنسانية وبقائها، فعـدد صـورا شـتى لهـذه النعم، وخـص فيهـا مـوارد الأرض الناضبة والتي بدونها لا تصلح عمارة الدنيا.

ومما جاء به حول هذا المعنى قوله: "**انظر إلى ما خلق اللـه من المعادن، وما يخرج منها من أنواع الجواهر المختلفة في منافعها وألوانها: مثل الذهب والفضة والياقوت... وأنواع أخرى مما يصلح للأعمال والجمال، كالحديد، والنحاس، والقزدير، والرصاص، والكبريت... والنفط وأنواع لو عددت لطال ذكرها، وهو مما ينتفع به الناس وينصرف فيما يصلحهم فهذه نعم يسرها لهم لعمارة هذه الدار**"[1].

فهذا هو المحور الأساس الذي يدور حوله اهتمام الغزالي عند مناقشته للعمليـة الإنتاجيـة وهو خلق الأصول (المواد الخام)، وسواء كانت هذه الأصول في حالتها السـائلة أو حالتهـا الصلبة فإن لها دور بالغ الأهمية في مجال مشاركتها في النشاط الاقتصادي، وهي بذلك تمثل مركز الثقل في جميع قطاعات الإنتاج، غير أن عرض هذه الأصول بوصفها من موجودات الحياة التـي أوجدها اللـه تعالى للناس بغير إرادتهم وأنها "**نعم يسرها لهم لعمارة هذه الدار**" له دلالة واضحة عـلى ربط المفهوم الاقتصادي بعلاقة الإنسـان مـع خالقـه، وتـدعيم هـذه العلاقة عـلى أسـس تعبديـة وإيمانية.

<hr>

(1) أبو حامد الغزالي، الحكمـة في مخلوقات اللـه، تحقيق محمـد رشـيد رضا قبـاني، ط2 (بـيروت، دار إحيـاء العلوم، 1984)، ص 33-34.

وإن كان لهذه الأصول مشاركة فاعلة في عمارة هذه الدار الدنيا، فدلالة هذه المشاركة تشتمل على معنين:

أحدهما: أنه لو لم تخلق هذه الأصول، ولو لم يوجدها الله تعالى، لما كان بإمكان القدرة البشرية المحدودة أن تباشر عملا إنتاجيا بأي شكل من أشكاله لانتفاء وجود عناصره أو أهم مقوماته وهي المواد الخام.

وأما المعنى الثاني: فإن هذه الأصول لا يراد منها سوى عمارة هذه الدار الدنيا، وإذا كانت هذه الدنيا محدودة أو فانية، فإن هذه الموارد أيضا محدودة وناضبة، مما يقضي من المسلم ألا يتعلق بنشاطه الاقتصادي على أنه هدف وغاية في وجوده، وإنما يكون هذا التعلق لازما للحياة الأخروية اللامتناهية بدلا من الحياة الدنيوية المتناهية، وهنا ينبغي للمسلم أن يتعامل مع هذه الموجودات من قبيل شكر المنعم على عطائه، لأنها نعم يسرها الله تعالى لتقوم عليها عمارة هذه الحياة.

ثم بين وجها آخر لأثر النعمة الإلهية في خلق الإنسان للتعامل مع أشكال العمل الإنتاجي المختلفة، ويظهر هذا الأثر بأن سوى الله تعالى الإنسان على هيئة مخصوصه تمكنه من مباشرة أعماله والاستفادة من الموارد لاستصلاحها والانتفاع منها، فيقول: "**انظر في خلق أصناف من الحيوان، وتهيئتها لما فيه صلاح كل صنف منها: فبنو آدم لما قدروا أن يكونوا ذوي علاج للصناعات، واكتساب العلوم وسائر الفضائل، ولا غنى لهم عن البناء والنجارة وغير ذلك، خُلقت لهم العقول والأذهان والفكر، وخُلقت لهم الأكف ذوات الأصابع، ليتمكنوا من القبض على الأشياء، ومحاولات الصناعات**"[1].

فوجود خلق الإنسان على هذه الهيئة يدل على نعمة الله تعالى في تهيئة الأسباب الموصلة لمباشرة الصناعات، ولا يخفى أثر العقل الإنساني وفهمه في تسخير الطبيعة وتوظيفها لخدمته في تهيئة هذه الأسباب، فكان استخدام التكنولوجيا بكل أبعادها رافدا مهما في الحياة الاقتصادية يدل على فهم الإنسان واستيعابه لهذه الحياة

---

(1) الحكمة في مخلوقات الله، ص97.

وتطوراتها المتلاحقة.

ومما يتبع تكامل النعمة في إيجاد الأصول الإنتاجية متمثلة في موارد الأرض أن الله تعالى أوجد خاصية الانتفاع وإمكان الاستفادة منها، فكل ما هو مسخر في الطبيعة مهيأ لانتفاع الإنسان به لعمارة الدنيا.

فالأرض مثلا، وهي عنصر إنتاجي أساسي من عناصر الإنتاج الرئيسة، خلقت على نحو يخدم نشاط الإنسان في زراعته علاوة على وظيفتها في القطاعات الأخرى مما لا غنى للإنسان عنه، مثل "البناء والحياكة والنجارة" وغيره مما يسهم في مفهوم العمارة وتحقيق الانتفاع، وفي هذا يقول الغزالي: "ثم انظر إلى إرادة إجادة عمارتها وانتفاع العباد فيها: يجعلها هشة سهلة، بخلاف ما لو كانت على نحو خلق الجبال، فلو يبست كذلك لتعذرت، فإن الحرث لا يستقيم إلا مع رخو الأرض لزراعة الأقوات والثمر، وإلا فلا يتعدى الماء إذا صلبت إلى الحب، مع أن الحب لا يمكن دفنه إلا بعد أن تلين الأرض بالنداوة"[1].

وثمة نعمة أخرى تستوجب شكر الخالق على إيجادها، وهي أنه بعد أن أوجد الأصول الإنتاجية دون إرادة من الإنسان في إيجادها، ثم جعل فيها خواص الانتفاع وهيأ الإنسان بعقله وتفكيره لاستثمار هذا الانتفاع فقد هدى الإنسان للوصول إليها، ومنه قوله تعالى: ﴿سبح اسم ربك الأعلى، الذي خلق فسوى، والذي قدر فهدى﴾[2]، فبعدما كانت في قرارها لا يصل إليها أحد من الناس فإن الله تعالى "ألهمهم استخراج ما فيها من ذهب وفضة وغير ذلك، لمنافعهم وما يحتاجون إليه في معاشهم، وفي اتخاذ أوانيهم، وفي ضبط ما يحتاجون إلى ضبطه وتقويته"[3].

ومن مجالات النعم التي ابتدأ بها الإنسان حياته في التعامل مع الطبيعة

---

(1) الحكمة في مخلوقات الله ، ص34.

(2) سورة الأعلى، الآيات 1-3.

(3) الحكمة في مخلوقات الله، ص36.

والاستفادة من مواردها أن هيأ له عنصر "النار" لمعالجته مع العناصر الأخرى، للوصول إلى المنفعة المقصودة في أية عملية إنتاجية، وهذه المعالجة صالحة لكل زمان ومكان، بدءا من الحياة الأولى لخلق الإنسان إلى عهد الذرة وغزو الفضاء.

فالإنسان لم تكن تتطور حياته لولا أن سبقت هداية الله له للاستفادة من هذه الخيرات، فبغير هذه النار كما يشير الغزالي لم تقم للصناعة قائمة، فهو يحدد أنه **"لولاها لم يكن شيد من الانتفاع من هذه الأشياء، فبها يذاب النحاس فتعمل منه الأواني وغيرها، وقد نبه الله تعالى على مثل ذلك بأنها نعمة توجب الشكر، فقال تعالى: ﴿ واعملوا آل دود شكرا وقليل من عبادي الشكور ﴾**[1]**، وبها يلين الحديد، فيعملون به أنواعا من المنافع والآلات للحروب، مثل الدروع والسيوف إلى غير ذلك مما يطول مقداره. فلولا لطف الله سبحانه بخلق النار لم يحصل من ذلك شيء من المنافع، ولولاها لما كان يتهيأ للخلق من الذهب والفضة نقود ولا زينة ولا منفعة، ولكانت هذه الجواهر معدودة من جمله الأثرية"**[2].

وثمة نعمة أخرى يدركها الغزالي في معرض حديثه عن النعم ولزوم الشكر عليها، وهي نعمة مورد المياه الذي يشكل بعدا أساسيا في استقرار الإنسان وأمنه، وهذا البعد لا يقل في أهميته عن حاجة الإنسان إلى الدينار والدرهم، إذ أن الضرورة المعاشية تتعلق بكل منهما، وفي استدراكه لهذه النعمة وبيان أثرها يستنكر غفلة كثير من الناس عن عظم الحاجة الإنسانية الملازمة لهذا المورد الحيوي، وعدم مراعاة أهمية هذه الحاجة إلا حين فقدها، فيقول: **"فالعجب من الآدمي كيف يستعظم الدينار والدرهم ونفائس الجواهر، ويغفل عن نعمة الله في شربة ماء إذا احتاج إلى شربها أو الاستفراغ عنها بذل جميع الدنيا فيها"**[3].

ولكن لهذا المورد قيمة اقتصادية تساهم في بناء الحياة الزراعية والعمرانية

---

(1) سورة سبأ من الآية 13.

(2) الحكمة من مخلوقات الله، ص54.

(3) الإحياء، 469/4.

والصناعية علاوة على وظيفتها في الاستخدامات البشرية، وهو بذلك يمثل نعمة عظيمة تتجلى برحمة الله تعالى على عباده بنزول الأمطار وإحياء الأرض بعد موتها. وهذا المعنى أشار إليه القرآن في مواضع كثيرة وصلت إلى (14) موضوعا[1]، كقوله تعالى: ﴿ **فانظر إلى اثار رحمة الله كيف يحيي الأرض بعد موتها** ﴾[2]، وقوله تعالى: ﴿ ومن آياته **أنك ترى الأرض خاشعة فإذا أنزلنا عليها الماء اهتزت وربت، إن الذي أحياها لمحي الموتى** ﴾[2].

إلا أن الغزالي يرى أثر هذه النعمة لمورد المياه من خلال حفظ التوازن الاقتصادي باستقرار الأسعار وعدم الإخلال بأسواق العمل والإنتاج، ووجه النعمة في ذلك حماية الحياة المعيشية من اختلالات عدة تصيب واقع هذه الحياة، يبينها بقوله: "**ألا ترى إلى الأمطار، إذا توالت وكثرت عفنت البقول والخضروات وصدمت المساكن والبيوت وقطعت السبل ومنعت من الأسفار وكثيرا من الحرف والصناعات، ولو دام الصحو لجفت الأبدان والنبات، فأحدث ضررا آخر من الأمراض وغلت بسببه الأقوات**"[2].

فهذه قطاعات اقتصادية رئيسة أربعة تقوم على استثمار عنصر المياه، وهي قطاع الزراعة، وإليه الإشارة بقوله "عفنت البقول والخضروات"، وقطاع البناء والتشييد، وإليه الإشارة بقوله "وهدمت المساكن والبيوت"، وقطاع التجارة، وإليه الإشارة بقوله "ومنعت من الأسفار"، وقطاع الصناعة، وإليه الإشارة بقوله "وكثيرا من الحرف والصناعات"، وما يهمنا في هذا السياق، هو أن اعتماد هذه القطاعات على المورد المائي يدل على أهميته الاقتصادية، وأن هذه الأهمية لوجود هذا المورد من غير إرادة للإنسان في إيجاده دليل على نعمة الله تعالى وإيجاب الشكر عليها.

---

(1) وهذه المواضع هي: 164/2، 65/16، 63/29، 5/45، 39/41، 9/35، 11/5، 33/36، 49/25، 19/30، 24/30، 50/30، 17/57، 30/21.

(2) سورة الروم، من الآية، 50.

وهكذا فإن الغزالي يحدد معالم المتغيرات الاقتصادية ومفاهيمها في ضوء اتصالها بالمنهج العقدي، وهو المنهج الذي يجب على الفرد المسلم الالتزام به قولا وفعلا وذكرا وذلك من خلال التفكر بهذه المعالم على أنها نعم الهية، والوقوف على أسرار الحكمة في خلقها وإيجادها، مع دوام الشكر للمنعم على نعمائه، بما يسر ـ من أسباب الوصول إلى الاستفادة منها والحصول على منافعها.

ثانيا: التوكل

يعني مفهوم التوكل الثقة بما عند الله، واليأس عما في أيدي الناس [1]، وهذا المعنى يتصل بمبدأ الرزق الذي ضمنه الله تعالى لخلقه بقوله: ﴿ وفي السماء رزقكم وما توعدون ﴾ [2]، ففي هذا الضمان إشارة إلى توجيه عقيدة الفرد وثقته بقدرة الله على تصريف أمور الحياة، والتكفل بمعاش الإنسان، إذ أن الله ضامن لهذا الرزق وإيصاله لمخلوقاته، ومن ضمن شيئا لا يفرط فيه، فكيف إذا كان الضامن هو الله تعالى، وهو أحكم الحاكمين، ومن هنا يوضح الغزالي هذا المفهوم بقوله: "وإذا عرفت الله تعالى ووثقت بتدبيره الذي دبر به العالم، علمت أن قدر حاجتك من الخبز يأتيك لا محالة ما دمت حيا كما يأتيك قدر حاجتك من الماء" [3].

ووجه الدلالة في هذا النص أن الأسباب غير مطلقة في مجالات الكسب لأن كتابتها وقسمتها نافذة ولازمة لمعنى الإرادة الإلهية، والتي يتوجب على المسلم الاعتقاد بها، فإن قيل أن الأرزاق والأموال والثروات لا يتحصل عليها إلا من استفرغ وسعه في العمل والطلب في حين يحرم منها غير الطالبين لها، فيجيب الغزالي على هذا قائلا: "كأنك لا تجد مع ذلك طالبا محروما فقيرا، وتاركا فارغا مرزوقا غنيا، بلى إن

---

(1) التعريفات، ص70.

(2) سورة الذاريات، الآية 22.

(3) الإحياء، 204/4.

هذا هو الأكثر، لتعلم أن هذا هو تقدير العزيز العليم، وتدبير الملك الحكيم"[1].

ولكن يعلل الغزالي ما ذهب إليه من وجوب الاعتقاد بضمان الرزق وكفالته ولو بغير سبب، كحالة من حالات التوكل ومقاماته، فيقسم الرزق إلى أربعة أقسام: مضمون، ومقسوم، ومملوك، وموعود، وهذا الرزق المضمون هو ما يتعلق به قوام البنية دون سائر الأسباب، يجب أن يقوم التوكل بإزائه بدليل العقل والشرع، ومن هذه الأدلة[2]:

- أن الله تعالى كلفنا بعبادته، إذ لا تقوم هذه العبادة إلا بصحة الأبدان، فضمن لنا صحتها بضمان الرزق الذي يسد الخلل الواقع بها.
- وأن قدرة الله تعالى ومشيئته نافذة بسبب وبغير سبب، فمن أين يلزم الإنسان طلب السبب؟
- وأن الله تعالى ضمن الرزق ضمانا مطلقا دون تعلق هذا الضمان بشرط الطلب أو شرط الكسب، قال تعالى: ﴿ **وما من دابة في الأرض إلا على الله رزقه** ﴾[3].
- ثم إن مكان الرزق لم يحدده الله تعالى للإنسان، فكيف يأمره بطلب ما لا يعرف مكانه، إذ لا يعرف أحد سبب رزقه بعينه ليتحصل به على غذائه فلا يصح تكليفه.
- ثم إن الأنبياء، وهم قدوة الخلق في التوكل لم يسجل عليهم أن طلبوا رزقا في الأكثر والأعم، وكانوا متجردين في العبادة، مما يدل على أن طلب الرزق وأسبابه ليس بأمر لازم للعبد.

وهنا لا بد من الإشارة والتنبيه إلى الفرق بين ما ذهب إليه الغزالي في معنى

---

(1) أبو حامد الغزالي، سراج الطالبين على منهاج العارفين، إحسان محمود الجمفسي- (سروبايا، إندونيسيا، مكتبة أحمد بن نبهان، د. ت). 112/2.

(2) المرجع نفسه، 88/2، 104/2-107.

(3) سورة هود، من الآية 6.

التوكل، من وجوب الاعتقاد الجازم لضمان الرزق الذي ينبغي أن يكون عليه كل مسلم، وبين سعي الإنسان في الكسب، وعلاقة هذا السعي بمعنى التوكل.

ففي الحالة الأولى يعني التوكل حقيقة وجدانية إيمانية، وقيمة أساسية من القيم العقائدية التي لا يصح للمسلم وهو يمارس عمله أو وهو يضرب في مناكب الأرض سعيا وراء رزقه إلا وجوب الاعتقاد بهذه الحقيقة الإيمانية، ولكن في الحالة الثانية وهي ما يمكن أن يشتبه بها بأنها من التوكل، ويخلط بينها وبين مفهوم التوكل، فإنه لا يصح ترك الكسب أو العمل أو مباشرة الأسباب للحصول على الرزق، لأن هذا الجانب لا يعني التوكل، وفي هذا السياق يدفع الغزالي هذه الشبهة التي يلبس فيها ترك العمل والكسب بمعنى التوكل، ويصف هذا الفعل بالحرمة، ومن يحدث به بالجهل، فيقول: "**وقد يظن أن معنى التوكل ترك الكسب بالبدن، وترك التدبير بالقلب، والسقوط على الأرض كالخرقة**[1]**، الملقاة وكاللحم على الوضم**[2]**، وهذا ظن الجهال، فإن ذلك حرام في الشرع، والشرع قد أثنى على المتوكلين فكيف ينال مقام من مقامات الدين بمحظورات الدين**"[3].

وفي "ميزان العمل" يقرر هذه النتيجة بأن من فهم التوكل على أساس ترك الكسب فإن مصيره إلى الهلاك وتجارته إلى البوار، لأن العمل والكسب مظنه الحصول على الأموال وهو لا يعمل، فيقول: "**وكما أن من جلس متكلا على رحمة الله ونعمته متعطشا جائعا لم يسلك الطريق في شرب الماء وتناول الخبز هلك، ومن اتكل عليه في طلب المال ولم يتجر لم يحصل له المال وكان شقيا**"[4].

---

(1) الخُرفة: بالضم، ما يجنى من الفواكه، وأخرفه نخلة أي جعلها له خرفة يخترفها. وفي هذا إشارة إلى تساقط الثمر. انظر لسان العرب، باب الفاء، فصل الخاء، 64/9.

(2) الوضم: كل شيء يوضع عليه اللحم من خشب أو غيره يوقى به من الأرض، والجمع أوضام، وأوضم اللحم وأوضم له: وضعه على الوضم. انظر: المصدر نفسه، باب (الميم)، فصل الواو، 640/12.

(3) الإحياء، 282/4.

(4) ميزان العمل، ص70.

ومن هنا فإن مفهوم التوكل يضيف بعدا إيمانيا جديدا، وتصورا آخر من التصورات العقائدية التي تقوم عليها ممارسات الإنسان في المجال الاقتصادي، ويشحن المؤمن بأسباب اليقين على أن ما عند الله آت لا محالة، وليس أحد يأخذ رزق أحد لأن الأرزاق مكتوبة ومقسومة بين العباد، مع مراعاة أن جهد الإنسان في طلب رزقه لا يصطدم مع هذه الحقيقة الإيمانية، وهذا التصور العقدي، بل إن سعي الإنسان في طلب رزقه جزء من هذا التوكل، لأنه لا يتصور أن يكون واثقا بما عند الله، ويترك العمل على أساس هذه الثقة وطلب الرزق بمقتضاها.

ثالثا: الزهد

يدل مفهوم الزهد على بغض الدنيا والإعراض عنها، ويدل أيضا على ترك راحة الدنيا طلبا لراحة الآخرة[1]. وقيل هو أن تنزوي عن الدنيا مع القدرة عليها، أما إن انزوت الدنيا عنك وأنت راغب فيها، فذلك فقر وليس بزهد[2]. فالزاهد إذن ليس من لم يملك الثروات والدخول العالية، ولكنه من لم تشغله هذه الأموال والثروات وإن ملك جميعها[3].

ويلعب مفهوم الزهد دورا مهما في صياغة التصور الإيماني عند المسلم، وتحديد علاقته بالحاجات الأساسية، مثل المطعم والملبس والمسكن وما شابه ذلك.

وتتعلق كل حاجة من هذه الحاجات الضرورية[4] بعدة مستويات استهلاكية يعكس كل منها درجة الزهد وحال الزاهد فيها، وهذا يدل على أهمية الزهد وصلته بالسياسة الترشيدية في مجال الاستهلاك، وما يتبعها من قطاعات أخرى.

---

(1) التعريفات، ص115.

(2) الأربعين في أصول الدين ص159.

(3) ميزان العمل، ص121.

(4) وهذا لا يعني أن الزهد لا يتعلق بالحاجات فوق الضرورية مثل الحاجية أو التحسينية وإنما تحديد مستويات الزهد فيها لا ينحصر، لأن وعاء هذه الحاجات كبير جدا، ولكن وجه الزهد فيها أن يأخذ الإنسان قدر ضرورته دون زيادة واسعة.

ففي مجال الاستهلاك الغذائي فأقل درجات الزهد الاقتصار على دفع الجوع عند شدة الجوع، وأما الملبس فأقله ما يلزم لدفع الحر والبرد وستر البدن. وأما المسكن فأقله حجرة مبنية إما بشراء أو إجارة تكفي قدر الحاجة دون تزيين أو زيادة، فإن خالطها تشييد أو تجصيص أو سعة خرج عن حد الزهد، إذ أن الغرض من المسكن دفع المطر والبرد، ودفع الأعين وكف الأذى، وأما أثاث المسكن فقدر الحاجة إليه أن يستعمل في مقاصده دون الزيادة والفضول[1].

رابعا: القناعة

يعني مفهوم القناعة الرضا بالقسمة وحسن تدبير المعاش[2]، وهي على هذا تمثل دافعا إيمانيا للفرد المسلم يقتضي عدم حرصه على الاستكثار من المال وجمع الثروات، حتى ذهب الغزالي إلى أنه ينبغي على التاجر المسلم "**ان لا يكون شديد الحرص على السوق والتجارة، وذلك بأن يكون أول داخل وآخر خارج، وبأن لا يركب البحر في التجارة، فهما مكروهان، يقال أن من ركب البحر فقد استقصى في طلب الرزق**"[3].

وفي إطار معنى القناعة كأساس أخلاقي يلتزم به المسلم في معاملاته وتبادلاته مع الآخرين، يصبح السلوك الاقتصادي غير مقصود لتعظيم المصلحة، سواء أكانت هذه المصلحة منفعة أو ربحا، لأن هذا السلوك يتعلق بحد الضرورة أو مستوى الكفاية مما يحتاجه الإنسان من المطعم والملبس والمسكن.

ويفسر الغزالي معنى القناعة في ضوء اتصالها بمفهوم الضرورة فيقول: "**واعلم أن ذلك لا يتيسر لك ما لم تقنع من الدنيا بقدر ضرورتك، وضرورتك مطعم وملبس ومسكن والباقي كله فضول، والضرورة من المطعم ما يقيم صلبك ويسد رمقك، فينبغي أن يكون تناولك تناول مضطر كاره له، ولا تكون رغبتك فيه**

---

(1) الأربعين في أصول الدين، ص154-157. الإحياء، 4/244-254.

(2) التعريفات، ص179. ميزان العمل، ص64.

(3) الإحياء، 2/97.

أكثر من رغبتك في قضاء حاجتك، إذ لا فرق بين إدخال الطعام في البطن وإخراجـه، فهـما ضرورتان في الجملة، وكما لا يكون قضاء الحاجة من همتك التي يشتغل بها قلبك، فلا ينبغـي أن يكون تناول الطعام من همتك، واعلم أنه إن كان همتك ما يدخل بطنك فقيمتك ما يخرج مـن بطنك"[1].

فمفهوم القناعة هنا يدل على فلسفة إيمانية تحدد الغرض من عملية الاستهلاك وطبيعـة الرغبة المتعلقة بها، بأنه وسيلة يتقوى بها المسلـم عـلى فعـل العبـادة والطاعة دون أن يستغرق همه أو همته في طلبها. وهي بذلك تمثل ضرورة جسمية أو فسـيولوجية لا تتجـاوز قـدر الحاجـة إليها، لأن مثلها كمثل إخراج الطعام من حيث تعلق الحاجة بكل منها. وهذا يعني أن لا يستعظم الإنسان في تلبية حاجاته ما يستحقره مـن وجـه آخر، وأن لا يكـون شـديد الحرص عـلى طلب حاجاته لأن "شدة الحرص على مزايا العيش تزال بالقناعة على قدر الضرورة، طلبا لعز الاستغناء، وترفعا عن ذل الحاجة"[2].

وهكذا ننتهي إلى تقرير قاعدة عقدية يقوم عليها المحتوى الاقتصادي لفكر الغـزالي في مجال السلوك الذاتي، أي على مستوى الفرد والجماعة. وتمثل هذه القاعدة معيارا قيميا وخلقيا يتعلق بمفاهيم الشكر والتوكل والزهد والقناعة والتي يرتكز عليها النشـاط الاقتصادي، ويستمد منها ضوابطه وأخلاقياته، مما ينفي عن هذا النشاط سمة المادية المجردة التي يسعى فيها الأفـراد لتعظيم الإشباع، أو تعظيم الأرباح، دون النظر إلى مجموعة القيم العقائدية والضـوابط الأخلاقيـة التي يقوم عليها نظام الاقتصاد.

---

(1) الإحياء، 190/4.

(2) المصدر نفسه، 183/3.

المبحث الثاني

المرتكزات الموضوعية

تعني المرتكزات الموضوعية تلك المبادىء والأسس العقائدية التي تلتزمها الدولة في
ممارسة مسؤوليتها وواجباتها نحو الرعية، وبالأخص مسؤوليتها الاقتصادية.

وتنطلق سياسة الدولة في تنفيذ هذا الجانب من المسؤولية من أساس الالتزام بتطبيق
المنهج الإسلامي بشموليته، ومراعاة فرص التساوي وتحقيق المبدأ العادل بين الأفراد، ويعرض هذا
المبحث هذه الأسس والمبادىء في مطلبين هما:

المطلب الأول: الالتزام بتطبيق المنهج الرباني

المطلب الثاني: تحقيق مبدأ العدالة

المطلب الأول

الالتزام بتطبيق المنهج الرباني

يعد تطبيق المنهج الإسلامي في واقع الحياة بوصفه منهجا ربانيا وشموليا من أهم
المرتكزات اللازمة لنجاح تجربة الحياة الإنسانية، وتحقيق أهداف السعادة والرفاه للأفراد. وقد
تكفل الله تعالى لتطبيق مثل هذه التجربة الإنسانية وهذا النمط من الالتزام بتوفير أسباب
الرخاء وسعة الرزق ورغد العيش، فوردت نصوص قرآنية عديدة تبين أثر الالتزام بالمنهج الإلهي
ونتائجه على الحياة الاقتصادية بوجه خاص.

ومن هذه النصوص قوله تعالى: ﴿ وألو استقاموا على الطريقة لأسقيناهم ماء غدقا ﴾
[1]، وقوله تعالى: ﴿ ولو أنهم أقاموا التوراة والإنجيل وما أنزل إليهم من

---

(1) سورة الجن، الآية 16.

ربهم لأكلوا من فوقهم ومن تحت أرجلهم ﴾[1]، وقوله تعالى: **﴿ ولو أن أهل القرى آمنوا واتقوا لفتحنا عليهم بركات من السماء والأرض ﴾**[2].

ويعلق صاحب "الظلال" على هذه المعاني القرآنية مبينا علاقة هذا المنهج وتأثيره في واقع الحياة الاقتصادية ورفاهية الأفراد فيها فيقول: "وهذا المنهج ليس منهج اعتقاد وإيمان وشعور وتقوى فحسب، ولكنه كذلك - ومع ذلك- منهج حياة إنسانية واقعية يقام وتقام عليه الحياة، وإقامته - مع الإيمان والتقوى- هي التي تكفل صلاح الحياة الأرضية وفيض الرزق ووفرة الإنتاج، وحسن التوزيع، حتى يأكل الناس جميعا في ظل هذا المنهج من فوقهم ومن تحت أرجلهم"[3].

وللغزالي في هذا المجال إسهامات رائدة وخلاقة في ترسيخ مفهوم المبدأ الديني في سياسة الدولة والقيام بوظائفها وواجباتها، وعلى التحديد تلك الوظائف والواجبات المتعلقة بالجانب الاقتصادي وتدبير أمور المعيشة للأفراد، وهو ما يمكن أن يسمى باقتصاديات الإدارة العامة للدولة.

فهو ابتداء يحدد دور الدولة في حراسة الدين وتنظيم أمور الدنيا، مما يفهم من هذه القرينة أن الدولة وهي تقوم بهذا الدور لا يمكن لها إلا أن تكون دولة دينية في مبادئها وأهدافها، وإلا كيف تحرس نظام الدين دون أن تعمل به، وذلك في قوله "**ومعلوم أن السلطنة والإمارة لو تعطلت لبطل الدين والدنيا جميعا**"[4].

وهو كذلك يبين القانون الذي ينبغي للدولة أن تلتزم به، وأن تعمل في إطاره، وهو قانون الفقه، وفيه يقول: "**ودرجة الفقهاء ذكر ما يتعلق بالظواهر.. إذ ليس بأيديهم من القوانين إلا القانون الذي يستعمله السلطان في السياسة لينتظم**

---

(1) سورة المائدة، من الآية 66.

(2) سورة الأعراف، من الآية 96.

(3) سيد قطب، في ظلال القرآن، ط8 (بيروت، دار الشروق، 1979)، 931/2 .

(4) الإحياء، 343/3.

أمر المعيشة الدنيوية التي هي منزل من منازل الطريق"[1].

وفي هذا إشارة إلى أن علوم الفقه تمثل إطارا قانونيا للنشاط الاقتصادي وليست هذه العلوم بعينها محلا لممارسة هذا النوع من النشاط، وحينما تقوم الدولة برد تصرفاتها الاقتصادية فيما يتعلق بتنظيم أمر المعيشة الدنيوية إلى أساس المرجعية الفقهية حسب دلالة النص، إنما هي تمثل على هذا النحو دولة دينية في مرتكزاتها وقيمها وأخلاقها، لأن المضمون الفقهي لهذا القانون يتعلق بضبط أفعال الأفراد وتقييدها حسب تعلقها بخطاب الشرع، سواء أكان هذا الخطاب على جهة الاقتضاء أو التخيير أو الوضع.

وقد أكد القرآن على هذه العلاقة القائمة بين السلوك الاقتصادية للأفراد وبين الإطار الشرعي لهذا السلوك، ممثلا بالدور الذي تقوم به الدولة من خلال دعوة الرسل والأنبياء إلى مجتمعاتهم وأقوامهم، ففي بيان دعوة إبراهيم عليه السلام يقول تعالى: ﴿ **وجعلناهم أئمة يهدون بأمرنا وأوحينا إليهم فعل الخيرات** ﴾[2].

وفي بيان دعوة سيدنا شعيب عليه السلام يقول تعالى: ﴿ **وإلى مدين أخاهم شعيبا قال يا قوم اعبدوا الله ما لكم من إله غيره، ولا تنقصوا المكيال والميزان إني أراكم بخير، وإني أخاف عليكم عذاب يوم محيط، ويا قوم أوفوا المكيال والميزان بالقسط، ولا تبخسوا الناس أشيائهم، ولا تعثوا في الأرض مفسدين** ﴾[3]. وفي خطاب القرآن للعرب محذرا إياهم من التعامل الربوي ومذكرا بوجوب الإذعان لتعاليم الشريعة، يقول تعالى: ﴿ **وما آتيتم من ربا ليربو في**

---

(1) الأربعين في أصول الدين، ص51.

(2) سورة الأنبياء، من الآية 73.

(3) سورة هود، الآيتان 84، 85.

أموال الناس فلا يربو عند الله، وما آتيتم من زكاة تريدون وجه الله فأولئك هم المضعفون ﴾[1].

ففي هذه النصوص، وغيرها مما أفاض به القرآن في مواضع كثيرة، دلالة واضحة على ما أشرنا إليه من أن اتجاه الغزالي كان قائما على هذا الأساس، إذ ربط النشاط الاقتصادي وما يتبعه من ممارسات فردية، ومسؤولية للدولة، في حماية هذه الممارسات الاقتصادية بالقانون الفقهي أو الأحكام الشرعية المنصوص عليها في المصادر الأصلية ، والتي تقيد سلوك الأفراد وتحدد قيامهم بالفعل أو عدمه أو التخيير فيه.

ونلحظ اهتمامات الغزالي بتدعيم المبادىء العقدية والأخلاقية التي ترتكز عليها مسؤولية الدولة الاقتصادية من خلال توجيهاته وآرائه للشروط الواجبة في الإمام، والتي يسميها الوظائف العملية، وبطبيعة الحال فإن هذه الوظائف المتعلقة بالعمل التطبيقي للإمام تعكس حقيقة الالتزام الموضوعي للدولة بالمنهج الإسلامي والتقيد بشروطه الاقتصادية، ومن أهم هذه الوظائف[2]:

- مساهمة الوالي أو ولي الأمر في سد حاجات الناس، وعدم استحقار مطالبهم وحقوقهم، وهذا أهم له من التشاغل بنوافل العبادات، وهو لا يقل في أهميته عن تأدية أية عبادة أخرى لأن القيام بهذا الدور ينزل منزلة الواجب.
- ترك الوالي أسباب الترفه، وأنماط الاستهلاك الترفية ، والإنفاق على الحاجات المظهرية من المأكولات والملبوسات.
- ممارسة الوالي للعبادة على وجهها، وهي بالنسبة له معنية بالتواضع والعدل والنصح للمسلمين، ومراعاة إيصال الحقوق إلى أصحبها.
- وممارسة الوالي لمسؤوليته مع الرعية ينبغي أن تقوم على أساس الشرع، وهي

---

(1) سورة الروم، الآية 39.

(2) فضائح الباطنية، ص128-131.

ملزمة لجميع الرعية ما دام على هذه الشاكلة من العمل بمقتضى الشرع وعدم مخالفته.

وثمة وجه آخر تباشر به الدولة وظيفتها والتزامها بتطبيق قواعد الشريعة في مجال النشاط الاقتصادي، وهو ما تقوم به عند مراقبة هذا النشاط عن طريق والي الحسبة، إذ أشار الغزالي إلى هذا الجانب مبينا كثيرا من الشروط الشرعية التي ينبغي التقيد بها حينما تقوم الدولة ممثلة بالمحتسب بأداء هذا الدور[1].

ومن جملة هذه الواجبات المنوطة بعمل المحتسب[2]:

- استرداد حقوق الرعية والنهي عن التعاملات الفاسدة ومنها عدم الاستيلاء على مال الغير، والإخراج من الدار المغصوبة، ومنع التفاوت والتطفيف في الذراع والمكيال والميزان، والكذب في المرابحة، وإخفاء العيب، وما يجري مجراه.

- منع التعامل بالسلع المحرمة وصناعتها، ومنها الخمور، إذ يجب إراقتها وكسر قواعدها، ويجري مجراها كسر الملاهي وخلع الحرير وما شابه ذلك.

- منع العقود المحرمة مثل عقود الربا والميسر والغرر.

ومن هنا يتبين أن الدولة الإسلامية لا تمارس دورها ووظيفتها الاقتصادية إلا على أسس مذهبية وقواعد عقائدية وأخلاقية، وأن هذه الأسس والقواعد تحدد طبيعة الالتزام الاقتصادي للدولة بالمنهج الرباني، مما يضفي عليها سمات دينية وتعبدية، وقد وضحها الغزالي بالوظائف العملية للإمام، وبالشروط الملزمة لوالي الحسبة، وقيدها بالقانون الفقهي الذي يمثل مرجعية أساسية لضبط الممارسات الاقتصادية وتوجيهها على نحو شرعي سليم.

---

(1) عبد السلام العبادي، الملكية في الشريعة الإسلامية، ط1 (عمان، مكتبة الأقصى، 1975)، 243/2. عوف محمود الكفراوي، الرقابة المالية في الإسلام (الإسكندرية، مؤسسة شباب الجامعة، 1983)، ص 173-174.

(2) انظر: الإحياء، 359/2-367.

المطلب الثاني

تحقيق مبدأ العدالة

يرتبط مفهوم العدالة بمسؤولية الدولة ووظيفتها في إطار مبدأ التكافؤ والتساوي بين
جميع أفراد الرعية على السواء، وتقرير هذا المبدأ ينتظم كافة مناحي الحياة المعيشية وما يتصل
بها من أشكال للعلاقات القائمة بين الأفراد لضمان استمرارية الاجتماع الإنساني واستئناف الحياة
الإنسانية الطيبة.

وعلى العكس من ذلك، أي مقابل عدم الالتزام والعمل بمقتضى ـ العدالة والعيش بظلاله
تنشأ علاقات اجتماعية بين الأفراد على أساس من الاستئثار بالمصالح وحب التملك، فيسود التهارج
والفساد، وتضيع الحقوق وينبتر النظام.

ويوضح الغزالي مفهوم العدل وأهمية آثاره ولزومه في بناء الحياة الإنسانية من حيث أنه
واجب على الدولة في رسم سياستها على أساسه، وترتيب هذه السياسة على شاكلة ترتيب أجزاء
النفس الواحدة، فيقول: **"ومعنى العدل، الترتيب المستحسن: إما في الأخلاق، وإما في حقوق
المعاملات، وإما في أجزاء ما به قوام البلد، وهو أن يأخذ ماله أخذه ويعطي ماله إعطاؤه،
والعدل في السياسة أن يرتب أجزاء المدينة الترتيب المشاكل لترتيب أجزاء النفس، حتى تكون
المدينة في ائتلافها وتناسب أجزائها وتعاون أركانها على الغرض المطلوب من الاجتماع، كالشخص
الواحد فيوضع كل شيء موضعه، وينقسم سكانه إلى مخدوم لا يخدم وإلى خادم ليس بمخدوم،
وإلى طبقة يخدمون من وجه ويُخدمون من وجه، كما يكون في قوى النفس"** [1].

وعلى هذا فالعدل في ميزانه الصحيح أن تباشر الدولة مسؤولياتها بإعادة ترتيب الواجبات
فيها وتوزيعها على وجه يحقق المصلحة والهدف المنشود، مثله كمثل النفس الواحدة، ووجه
الشبه بين الدولة في تصريف شؤونها والقيام

---

(1) معارج القدس، ص90-91.

بمسؤولياتها وبين أعضاء النفس الواحدة، أن كل عضو في النفس مسخر لوظيفة خلق لها، وتمارس الأدوار في مدينة النفس في إطار من التكافل والتراحم، وتنطلق جميع الأعضاء في عملها لخدمة مصلحة النفس العامة، ولا يتخلف عضو من الأعضاء في حركته أو وظيفته عن القيام بدوره والاعتماد على ذاته بتجرد عن أحوال النفس وأوضاعها.

وهكذا تنتقل الصورة بعينها إلى أجزاء الدولة من جهة ممارسة الوظائف والأدوار، وتحقيق المجتمع الإنساني المتعاضد والمتكافل، والعمل سوية لتحقيق المصلحة العامة ابتداء، وعدم الاستئثار الفردي بالمكاسب الخاصة والمصالح الذاتية.

وتبدأ مباشرة السياسة العادلة في الدولة عن طريق الحكام وصناع القرار، وهذا ينعكس على مشاركة الأفراد في عمارة الأرض واستثمار فرص الأعمال فيها، ويشير الغزالي إلى هذا الجانب موضوحا أهميته فيقول: "**فينبغي أن تعلم أن عمارة الدنيا وخرابها من الملوك، فإذا كان السلطان عادلا عمرت الدنيا وأمنت الرعايا، وإذا كان السلطان جائرا خربت الدنيا**"[1].

ووجه الدلالة من هذا النص أن عمارة الأرض ، وتقدم الحياة الاقتصادية فيها، مرهون بسياسة الدولة ومدى تطبيقها لمبدأ العدل بين الأفراد، وعمارة الأرض هنا تدل على جميع وجوه الاستثمار فيها، واستغلال مواردها، والاستفادة من خيراتها، وثرواتها الباطنة والظاهرة، فإذا التزمت الدولة بمبدأ العدل ازدادت فرص التعمير واستردت الحقوق لأن العدل معني بحصول الفرد على نصيبه من الثروات والدخول، وإذا حل الجور محل العدل تخلفت الحياة الاقتصادية وأكل الناس حقوق بعضهم البعض[2].

ولكن لا تنتهي مسؤولية الدولة في تطبيق هذا المبدأ عند هذا الحد من نقاء السريرة وصيانة الذات للحاكم أو بطانته، وإنما تبدأ المرحلة المهمة بإعادة ترتيب

---

(1) التبر المسبوك، ص44.

(2) يوسف إبراهيم يوسف، المنهج الإسلامي في التنمية الاقتصادية (مطابع الاتحاد الدولي للبنوك الإسلامية، 1401هـ)، ص 376.

العمال وتوزيع الوظائف ومتابعة تطبيق المسؤوليات المنوطة بالعمال، والنظر في أحوال البلاد والعمار فيها، من منتجين وصانعين وغيرهم، وقد أشار الغزالي إلى هذه الجوانب بعدما حدد وجه الضرورة للالتزام الديني والعقدي في سلوك الدولة للقيام بممارسة سياستها العادلة، ومما جاء به قوله: "وفي الجملة ينبغي لمن أراد حفظ العدل على الرعية أن يرتب غلمانه وعماله للعدل، ويحفظ أحوال العمار، وينظر فيها كما ينظر في أحوال أهله وأولاده ومنزله، ولا يتم له ذلك إلا بحفظ العدل أولا من باطنه؛ وذلك أن لا يسلط لشهوته وغضبه على عقله ودينه، ولا يجعل عقله ودينه أسرى شهوته وغضبه بل يجعل شهوته وغضبه أسرى عقله ودينه"[1].

ولما كان منهج العدل وتطبيقه في واقع الحياة أساسا مهما وضمانا أكيدا لدفع المظالم وإثبات الحقوق وإنصاف الرعية، فإن ثمة سبب اقتصادي لا يقل في أهميته عن هذه الآثار يتمثل في استقرار الحالة الاقتصادية وتثبيت دعائم الملك.

ومن النصوص الدالة على هذا المعنى قول الغزالي: "يجب على السلطان أنه متى وقعت رعيته في ضائقة أو حصلوا في شدة وفاقه أن يعينهم... ولا يمكن أحدا من حشمة وخدمة وأتباعه أن يجور على رعيته، لئلا يضعف الناس وينتقلوا إلى غير ولايته ويتحولوا إلى سوى مملكته، فينكسر ارتفاع السلطان ويقل حاصل الديوان وتعود المنفعة على ذوي الاحتكار، الذين يسرون بغلاء الأسعار، ويقبح ذلك الملك ويدعى عليه"[2].

ومنها أيضا قوله: "وأن الأماكن تخرب إذا استولى عليها الظالمون، ويتفرق أهل الولايات ويهربون في ولايات غيرها، ويقع النقص في الملك، ويقل في البلد الدخل، وتخلو الخزائن من الأموال، ويتكدر عيش الرعايا لأنهم لا يحبون جائرا، ولا يزال دعاؤهم عليه متواترا، فلا يتمتع بمملكته وتسرع إليه دواعي هلكته"[3].

---

(1) التبر المسبوك، ص22.

(2) المصدر نفسه، ص80.

(3) المصدر نفسه، ص47.

فهذا تصور اقتصادي تفسيري لمنزلة العدل ومدى أثر هذه المنزلة في تماسك الدولة وتثبيت أركانها، إذ أن اتباع السياسة العادلة والالتزام بمبادئها وتطبيق منهجها على مستوى الفرد والجماعة والدولة له دلالة قوية في حفظ الراعي والرعية على السواء، وحفظ النظام واستمرارية الدولة وبقائها، وبغير ذلك فلا بديل غير الجور والظلم الذي يقوض دعائم الدولة ويأتي عليها من قواعدها ويقضي بهلاكها.

ودلالة هذا التفسير الاقتصادي أنه يقوم على وفرة الأيدي العاملة وهم أهل الولايات، فنزول الظلم بساحتهم، ولزوم الجور لمعاشهم بإنقاص حقهم وأجرهم وضياع فرص التشغيل لهم، والاستبداد بجهدهم وأعمالهم وممارسة أي شكل من أشكال الظلم عليهم، فإنه يحملهم على الهرب والهجرة طلبا للأمان في مكان آخر ليعوضوا فيه ما فاتهم من وجود حاكم عادل وأوضاع اقتصادية عادلة.

ومما ينتج عن الهجرة الإلزامية هو النقص في الأيدي العاملة من أهل الولايات، وهذا يؤدي - حسب دلالة النص- إلى انكماش الأعمال وقلة البضائع وارتفاع الأسعار، مما يعكس آثارا اقتصادية سلبية على مستوى الاقتصاد للدولة ككل، مثل انخفاض الدخل في البلاد، وانكماش حاصل الديوان، وخلو الخزائن من الأموال، وبوجه عام يؤدي إلى انخفاض المردود العام في الناتج الإجمالي، وهذا يولد عاملا اقتصاديا هاما يتمثل في تهديد كيان الدولة بالزوال ويقضي- بحتمية هلاكها واندثارها.

المبحث الثالث

المرتكــزات الوظيفيــة

تقوم الممارسة الاقتصادية - في ضوء صلتها بالتصور العقدي- على جملة من المعايير الوظيفية وضحها الغزالي في معرض مناقشته لبعض المسائل الاقتصادية من جوانبها التعبدية والأخلاقية مبينا الأساس الوظيفي لبعض متغيرات هذه الممارسة، مثل المال من حيث حقيقته في التصور الإسلامي، ووظيفته في الحياة، وصلته باستخلاف الله تعالى للإنسان، وكذلك التركيز على مبدأ التعاون وأهميته في قيام الحياة المعيشية ودوره هي بناء قاعدة المصالح المشتركة والأهداف الجماعية، ويعرض هذا المبحث بعضا من الأوجه الوظيفية لهذه المتغيرات في مطلبين:

المطلب الأول: التفسير الإسلامي لحقيقة المال ووظيفته

المطلب الثاني: مبدأ التعاون الإنساني وتحقيق المصالح

المطلب الأول

التفسير الإسلامي لحقيقة المال ووظيفته

يعالج المنهج الإسلامي في تفسيره لحقيقة المال ووظيفته في الحياة وحظ الإنسان منه معالجة شمولية تتعدد جوانبها وزواياها، وما يهمنا من هذه الجوانب ما يتصل بالمرتكز العقدي والبعد التعبدي الذي يحدد علاقة العبد بخالقه، ويضبط تصرفاته في استغلال المال والتصرف فيه على أساس هذه العلاقة، ونترك الحديث عن الجوانب الأخرى من هذه المعالجة إلى موضوعات لاحقة.

يشير الغزالي في تعريفه لمعنى المال إلى أنه "**أعيان الأرض وما عليها مما ينتفع به**"[(1)]، وهذا التحديد العملي لمعنى المال يوضح جملة من الحقائق هي:

---

(1) الإحياء، 241/3.

- أن المال ينحصر في الأعيان والماديات المحسوسة، وما سوى الأعيان من الأشياء غير المحسوسة لا يعتد بماليتها إذ ليس لها قيمة، وأن هذه الأعيان مخصوصة بموجودات الأرض، مما كان على ظهرها أو في باطنها.

- وبما أن الأموال أعيان فإنها متحيزة، فإذا شغلت حيزا ما خلا عنها حيز آخر، وإذا وقعت في يـد خلت عنها يد الآخر، وهي بذلك محدودة ومتناهية[1].

- وكل عين من الأعيان المالية يشترط فيها وجود المنفعة، وأي عين لا ينتفع بها على وجه شرعـي فليس بمال، فالمواد المحرمة مثلا كالخمر والميتة وغيرها تفقد ماليتها لثبوت الحرمة في استهلاكها.

- تختص هذه الأعيان (الأموال) بترتيب هرمي يحدد أولوية الحصول على المنفعة المشتقة منها، ويشغل أعلى هذا الترتيب الهرمي من هذه الأعيان ما يرتبط بأسباب التغذية المباشرة لحياة الإنسان ثم الأمكنة أو المساكن التي يأوى إليها، ثم الأمكنـة التي يمـارس فيهـا نشاطه مثـل الحوانيت والأسواق والمزارع ثم الكسوة ثم أثاث البيت وآلاته ثم آلات الآلات...[2].

ولكن ما أهمية طرح مثـل هـذه الحقائـق الموضوعية في تفسـير معنى المـال علـى أسـاس المرتكز العقدي؟ إن القول بمحدودية المال وكونه متناهيا لأنه مـن أعيـان الأرض وأجسـامها، وأنه يتصل بغرض الإنسان في تلبية حاجاته ورغباته الدنيوية، يجعل منه سـببا غير مقصود لذاته في تحقيق السعادة التي يريدها المسلم، وهو بذلك خادم غير مخدوم[3]، ويغر بصاحبه إذ هو مجال التنافس بين الناس يتنافسون ويتزاحمون للحصول عليه، ولو أدى هذا التنافس والتزاحم جـدلا إلى أن يتملك أحد الناس جميع المال والتصرف فيه لحرم منه الآخرين لأنه محدود ومتحيز ومتناه.

ويشير الغزالي إلى الحقيقة الثابتة التي ينبغي على كل مسلم أن يطلبها لأنها

---

(1) الإحياء، 207/3.

(2) المصدر نفسه ، نفس الصفحة.

(3) ميزان العمل، ص109.

معيار السعادة وسببها، فيقول: "**فعليك إن كنت بصيرا وعلى نفسك مشفقا أن تطلب نعمة لا زحمة فيها ولذة لا كدر لها؟ ولا يوجد ذلك في الدنيا إلا في معرفة الله عز وجل، ومعرفة صفاته وأفعاله وعجائب ملكوت السموات والأرض**"[1].

فغاية السعادة القصوى لا تنحصر في أشياء متناهية ومحدودة، ويتزاحم الناس عليها لندرتها وقلتها، وإنما مقصود هذه السعادة في أعلى مراتبها يتعلق بمعرفة الله تعالى وطلب رضاه، لأن هذه المعرفة واسعة لا حدود لها، وهي غير متناهية، وإذا تنافس الناس في الحصول عليها فليس معناه أنها قليلة ولا تكفي القاصدين والطالبين لها، وإنما تعظيما لقيمة السعادة في طلبها، فما بعد معرفة الله تعالى مطلب أو غرض يسمو عليها.

ومن هنا نعلم أن ما في الأرض من أعيان وأجسام مسخر للإنسان لخدمة هذا المقصد في تحصيل السعادة، إذ لا يتصور أن يقوم بمبدأ التسخير على أساس غايته هدم الحياة الإنسانية وشقاء الإنسان فيها، فقال تعالى: ﴿ **وسخر لكم ما في السموات وما في الأرض جميعا منه** ﴾[2]، وقال تعالى: ﴿ **ولقد مكناكم في الأرض وجعلنا لكم فيها معايش** ﴾[3]، وقال تعالى: ﴿ ولكم في الأرض مستقر ومتاع إلى حين ﴾[4]، وقال تعالى: ﴿ **هو الذي خلق لكم ما في الأرض جميعا** ﴾[5].

وإذا تأملنا لفظ "لكم" في الآيات الكريمة السابقة، فإنه يدل على معنيين:

- أن الأرض مملوكة ابتداء لله تعالى ، وليس للإنسان أية إرادة في خلقها أو

---

(1) الإحياء، 241/3.

(2) سورة الجاثية، من الآية 13.

(3) سورة الأعراف، من الآية 10.

(4) سورة البقرة، من الآية 36.

(5) سورة البقرة، من الآية 29.

إيجادها، وهذا التملك الإلهي للأرض وما عليها هو تملك حقيقي، وما عداه من تملك فهو على سبيل المجاز، وفي هذا المعنى وردت نصوص قرآنية عديدة نذكر منها قوله تعالى: ﴿ **قل لمن الأرض ومن فيها إن كنتم تعلمون، سيقولون لله** ﴾...[1]، وقوله تعالى: ﴿ **لله ملك السموات والأرض وما فيهن** ﴾[2]، وقوله تعالى: ﴿ **ولله خزائن السموات والأرض** ﴾[3].

- ويدل المعنى الثاني على أثر نعمة الله التي أسبغها على عباده، إذ خلق الأرض وما فيها للإنسان، ولم يخلق الإنسان لها، أي أن هذه الموجودات مسخرة له وليس هو مسخرا لها، وهذا يجسد طبيعة الصلة وحقيقتها بين الإنسان واستغلاله لموارد الأرض، وبين التعامل مع أعيانها وموجوداتها.

ويستشرف "سيد قطب" في ظلاله أبعاد هذا المعنى محللا له، فيقول: "إن كلمة "لكم" هنا ذات مدلول عميق وذات إيحاء كذلك عميق، إنها قاطعة في أن الله خلق هذا الإنسان لأمر عظيم، خلقه ليكون مستخلفا في الأرض... إنه سيد الأرض وسيد الآله، إنه ليس عبدا للآله كما هو في العالم المادي اليوم، وليس تابعا للتطورات التي تحدثها الآلة في علاقات البشر وأوضاعهم كما يدعي أنصار المادية المطموسون، الذين يحقرون دور الإنسان ووضعه، فيجعلونه تابعا للآلة الصماء وهو السيد الكريم، فكرامة الإنسان أولا، واستعلاء الإنسان أولا، ثم تجيء القيم المادية مسخرة"[4].

وينتج عن هذا التصور، أن المال وهو من أعيان الأرض يكون تابعا في الحكم لمفهوم الأرض لأنه جزء منها، فالأموال على ذلك مملوكة لله ابتداء لأن ملكية الأرض

---

(1) سورة المؤمنون، الآيتان 71، 72.

(2) سورة المائدة، الآية 120.

(3) سورة المنافقون، من الآية 7.

(4) الظلال، 1/53-54.

على حقيقتها لله، فقال تعالى: ﴿ وآتوهم من مال الـلـه الـذي آتـاكم ﴾[1]، والأموال محل لاستخلاف الإنسان فيها، لأنه مستخلف في هذه الأرض، والغاية من هذا إصلاح الحياة "لأن معنى خلافة الـلـه عـلـى الخلـق إصـلاح الخلـق"[2]، فقال تعـالى: ﴿ وأنفقـوا مـما جعلكم مستخلفين فيه ﴾[3]، والأموال مسخرة للناس للانتفاع بها وليسوا مسخرين لها، فهم مخدومون بالنسبة لها وهي خادمة بالنسبة إليهم.

وفي بيان المسائل المتعلقة بهذه الجوانب، يوضح الغزالي حقيقـة اسـتخدام المـال وملكيتـه فيقول: "وإنما المال لله تعالى، مكنه منه ليصرفه إلى أهـم أمـوره، وتعلـم أن إمسـاك المـال، إن كان للتنعم في الشهوات، فحسـن الأحدوثـة وثـواب الآخـرة أعظـم وألـذ منـه، فقضـاء الشهوة سجية البهائم، وهذه سجية العقلاء"[4].

وهو يحدد جملة من المفاهيم العقائدية المتعلقة بـدور المـال وأهميتـه فـي الحيـاة، وهـي على سبيل العموم تتخلص بالنقاط التالية:

- أن المال ومنه الذهب والفضة لا يغني عن الإنسان شيئا، إذ لا يصحبه معـه حـين موتـه مع حرصه عليه في الدنيا واشتغاله به وحزنه على فواته، "وما أقبح مـن يزعم أنـه بصير عـاقل أن تغره أحجار الأرض وهي الذهب والفضة، وهشيم النبت وهي زينـة الـدنيا، وشيء مـن ذلـك لا يصحبه عند الموت بل يصير كلا ووبالا عليه، وهو في الحال شاغل لـه بالحزن والخوف عليه"[5].

- أن الإنسان الذي يبتغي في استغلاله لأمواله وتنميتـه لهـا الـربح فـي الـدنيا، وهـو ربـح في الأجل القصير ينقضي بانقضاء العمر، وتبقى مسائلته عـن جمعه وإنفاقه وطرق اكتسابه لـترد المظالم إلى أصحابها، فمثل هذا الربح الدنيوي لا يضاهي ربح

---

(1) سورة النور، من الآية 33.

(2) فضائح الباطنية، ص125.

(3) سورة الحديد، من الآية 7.

(4) الأربعين في أصول الدين، ص102.

(5) الإحياء، 232/3.

الآخرة التي يجب الاعتقاد الجازم بها، والعمل والاستعداد لها "فكيف يستجيز العاقـل أن يستبدل الذي هو أدنى بالذي هو خير، والخير كله في سلعة الدين"[1].

وأيضا فإن مقام الإنسان في الدنيا مع ما سخره اللـه تعـالى لـه مـن الأشيـاء والموجودات يقضي بأن ينفعه ماله طمعا في الثواب الآخروي، لأن الجزاء والأجر يكون أضعافا مضاعفة[2].

- ولما كان المال وسيلة لقضاء الحاجات والحصول على المنافع فإنه كذلك مصدر للآفات والوقوع فيها، ولذ يتطلب السلوك العقلاني للإنسان أن يضبط استعماله وتصرفه بأمواله خشية انقياده إلى شهواته الجامحة، وذلك أنه "إذ غلبت شهوة المأكول والمنكوح، يتشعب منها شره المال إذ لا يتوصل إلى قضاء الشهوتين إلا به، ويتشعب من شهوة المال شهوة الجاه، إذ يعسرـ كسب المال دونه، ثم حصول المال والجاه وطلبه، تزدحم الآفات كلها"[3].

ولعل من أهم الآفات التي تـزل قـدم الإنسان فيهـا أن المـال يعـد مـدخلا مـن مـداخل الشيطان التي يشغل العبد فيها بوساوسه وهمزاته أثناء قيامه بالعبادات، سيما إذا كان المال زائدا عن الحاجة وفاضلا عن الضرورة، فإن الشيطان لا يدعـه "في صـلاته مـن الوسوسـة في الفكر في دينار، وأنه كيف يحفظه؟ وفيما ينفقه؟ وكيف يخفيه حتى لا يعلم به أحد وكيف يظهره حتى يتباهى به؟ إلى غير ذلك من الوساوس"[4].

وبالجملة فإن وظيفة المال واستغلال الإنسان له تبرز في جانبها التعبدي من خـلال تعلقها بسعي الإنسان للآخرة، فمن سعى لآخرته في استنماء ماله واستغلاله واستثماره وكان باعثه عمـلا تعبديا يبتغي به حسن الثواب في الآخرة كان المال في حقه محمـودا، ومـن صرفه مالـه عـن هـذا الباعث وملكه بدل أن يملكه كان المال بالنسبة

---

(1) الإحياء، 87/2.

(2) المصدر نفسه، 258/1.

(3) الأربعين في أصول الدين، ص78.

(4) الإحياء، 49/1.

إليه مذموما[1].

ومنه يتضح معنى أن المال محمود من وجه ومذموم من وجه، فقال تعالى في مدحه: ﴿ **ويمددكم بأموال وبنين** ﴾[2]، وقال في ذمه: ﴿ **لا تلهكم أموالكم ولا أولادكم عن ذكر الله ومن يفعل ذلك فأولئك هم الخاسرون** ﴾[3]، وقال تعالى: ﴿ **إنما أموالكم وأولادكم فتنة** ﴾[4].

المطلب الثاني
مبدأ التعاون الإنساني وتحقيق المصالح

يلعب مفهوم التعاون دورا مهما في صياغة الحياة الاقتصادية وتوجيهها على أسس من التكافل والتراحم بين الأفراد، ويحدد هذا المفهوم طبيعة العلاقات الإنسانية والمرتكزات القائمة عليها على أنها تحمل في مضمونها جوانب متعددة من المعاني الأخلاقية والإيمانية التي ترسخ وازع الخير والتقوى وتدفع آفة الشر والعداء بين الناس، وفي هذا المعنى يقول تعالى: ﴿ **وتعاونوا على البر والتقوى، ولا تعاونوا على الإثم والعدوان** ﴾[5].

ويظهر دافع العمل التعاوني في سلوك المسلم من خلال رؤيته العامة لمعنى الحياة ومغزاها وأهدافها في إطار علاقة الإنسان بخالقه، وما تحمل هذه العلاقة من مفاهيم وأفكار تتعلق بإحياء صور التكافل والتعاضد في جميع الممارسات المعاشية،

---

(1) انظر: الإحياء، 249/3، الأربعين في أصول الدين، ص98. ميزان العمل، ص116.

(2) سورة نوح، من الآية 13.

(3) سورة المنافقون، الآية 9.

(4) سورة التغابن، من الآية 15.

(5) سورة المائدة، من الآية 2.

وهذا من شأنه أن يوصل سلوك المسلم في تعاملاته وتبادلاته نحو عمل الخير ومساعدة الآخرين، ويخلق فيه دواعي الرحمة والمودة فينطلق في مجتمعه فاعلا وقويا في كل المواقف والمجالات، وفي هذا الجانب ينبه الغزالي إلى زاوية معرفية بسيطة من معارف الإنسان المتعددة، وهي معرفة الإنسان لمعنى الرحمة الإلهية وأن الله تعالى هو الرحيم، فيوضح أثر هذه المعرفة على سلوك المسلم فيقول: "**وحظه من اسم الرحيم أن لا يدع فاقة لمحتاج إلا يسدها بقدر طاقته، ولا يترك فقيرا في جواره وبلده إلا ويقوم بتعهده ودفع فقره، إما بماله أو جاهه أو السعي في حقه بالشفاعة إلى غيره**"[1].

ومن آثار هذه المعرفة أيضا أن يحلق الإنسان بفكره في فضاء واسع يتعرف على حقيقة العمل التعاوني فيما أوجد الله تعالى من مخلوقات أخرى، إذ ألهمها إتباع هذا المنهج التعاوني كضرورة جبلية لا تستغني عنه في حياتها مثلها كمثل أي جنس من الأجناس الكثيرة الأخرى، فمثلا هذا عالم النمل قد ألهمه الله تعالى وأودع فيه غريزة التعاون بسعيه لجمع غذائه وتخزينه واجتماعه لمضاعفة جهده وقوته، وبغير ذلك لا تستقيم حياته ولا يحقق غرضه.

ويصور الغزالي هذه الرابطة التعاونية في مجتمع النمل وعلاقتها بعمل الإنسان وسعيه كضرورة جبلية لأي تجمع تسود فيه الحياة، فيقول: "**انظر إلى النمل وما ألهمت له، في احتشادها في جمع قوتها وتعاونها على ذلك، حتى تراها في ذلك إذا عجز بعضها عن حمل ما حمله أو جهد به أعانه آخر منه، فصارت متعاونة على النقل كما يتعاون الناس على العمل الذي لا يتم إلا بالتعاون**"[2].

ومن هنا تبرز وظيفة التعاون في تدعيم أواصر الاجتماع الإنساني، إذ لا يمكن أن يتصور قيام أي تجمع بين أفراد البشر إلا على أساس قدر مشترك فيما بينهم من المصالح والأهداف العامة، وإذا كان هذا القدر معنيا باجتماعهم واضطرارهم إلى المخالطة والتناكح ابتغاء النسل والتكاثر لحفظ الجنس والنوع إذ يتعذر وجود

---

(1) المقصد الأسنى، ص64.

(2) الحكمة في مخلوقات الله، ص111.

الإنسان واستمراريته في البقاء بغير هذا الاجتماع، فإنه من جهة أخرى، معني بدرجة أساسية بترسيخ قيم التعاون على تهيئة أسباب الحياة المعيشية من الاشتغال بموارد الطبيعة ومعالجتها معالجة إنتاجية تحولها من موارد لا نفع فيها إلى منتجات قابلة لأشكال متعددة من صور الانتفاع، وحتى يتم تحويلها إلى مرحلتها النهائية فإنها تكون قد دخلت في مراحل إنتاجية مضافة مما يعني اضطرار الإنسان إلى الاجتماع والتعاون.

وهذه النتيجة الحتمية في ربط السلوك الاقتصادي للإنسان بدافع الحاجة إلى التعاون يقررها الغزالي في مواضع كثيرة من مصنفاته، ولا سيما كتاب "الإحياء" فيقول فيه: "**ولكنه خلق (الإنسان) على وجه لا يمكنه أن يعيش وحده إذ لا يستقل بالسعي وحده في تحصيل طعامه بالحراثة والزرع والخبز والطبخ وفي تحصيل الملبس والمسكن، وفي إعداد آلات ذلك كله فاضطر إلى المخالطة والاستعانة**"[1].

فهذه الآلية الإنتاجية في حصول الإنسان على حاجاته من الغذاء والمسكن والكساء تتضمن تخصصا في العمل وتقسيما في الإنتاج لا يقوم إلا على أساس التعاون، وذلك ابتداء من "إعداد الآلات" اللازمة للاستفادة من الموارد في حالتها الطبيعية الأولى وتحويلها إلى أشكال أخرى للانتفاع بها، ودخولها في مراحل إنتاجية متعددة وإعداد الآلات اللازمة لكل مرحلة من مراحل الإنتاج، وإعداد آلات الآلات مما يقضي بضرورة التعاون وتضافر الجهود واجتماعها للوصول إلى المنافع حسب الحاجة إليها كل في نطاق عمله واختصاصه، "**فانتظام أمر الكل بتعاون الكل وتكفل كل فريق بعمل، ولو أقبل كلهم على صنعة واحدة لتعطلت البواقي وهلكوا**"[2].

ويتناول الغزالي "مفهوم الآلات" و "عمال الآلات" و "آلات الآلات" محللا لمفهومها وطبيعتها ومساهمتها في الإنتاج، ومدى مشاركة بعضها لبعض في مجال تقسيم العمل والتخصص في الإنتاج.

---

(1) الإحياء، 68/1.

(2) المصدر نفسه ، 2/ 94.

ويبين في هذا التحليل الفني مدلول التعاون على أنه أداة لازمة في تسيير النشاط الاقتصادي بكل قطاعاته من حياكة وفلاحة وبناء وغيرها، وأنه يشكل ضرورة أخرى تعكس طبيعة التداخلات بين القطاعات المختلفة وترابطها للحصول على منفعة مشتقة يشترك في إنتاجها ابتداء "عمال الآلات" مثل النجار وهو كل عامل من الخشب كيفما كان، ومثل الحاد وهو كل عامل في الحديد وجواهر المعادن حتى النحاس والإبري وغيرهما[1].

ويتصل مفهوم التعاون بتحقيق المصلحة لكل فرد سواء كانت هذه المصلحة في جلب منفعة أو دفع مضرة، إذ هي محصلة طبيعية للمشاركة الجماعية وائتلاف عناصر الإنتاج فيما بينها للوصول إلى أهداف مشتركة تلبي رغبة المجتمع.

وقد خص الله تعالى الإنسان بنعم كثيرة، ظاهرة وباطنة، يظهر فيها آثار العناية الإلهية بالناس ورحمته بهم، لتدل على عظيم صنع الله وإتقانه لخلقه، وتربط سعي الإنسان ومقصوده في هذه الدنيا واشتغاله فيها على أنها مزرعة للآخرة يقصد بها حفظ مصالح الدين، إذ أن "**أحكام الخلافة والقضاء والسياسات بل أكثر أحكام الفقه مقصودها حفظ مصالح الدنيا ليتم بها مصالح الدين**"[2].

وتبدو نعمة الله تعالى على عباده جلية في كل وحدة منفعة يستهلكها العبد لإشباع رغباته، لأنه يعلم أن نعمة واحدة ساقها الله إليه، وهي لا تسد رمقه ولا تشبع من رغباته اللامتناهية عشر معشارها، تعاون على تحويل المنفعة فيها (إصلاحها) خلق كثير من الصانعين والزارعين وغيرهم في عمليات إنتاجية متتالية لم يتكلف العبد في استهلاكها وتناولها أدنى تعب أو نصب.

ويفسر الغزالي هذه النعمة الإلهية ولطف الله تعالى في إيجادها وإيصالها للعباد على أساس عضوي يحدد فيها إطارا عاما للتعاون الإنتاجي، ويربطه بخلق الإنسان على الوجه الذي عليه صورته، والحكمة في خلقه على هذه الصورة، ومدى إمكان

---

(1) الإحياء، 241-238/3.

(2) المصدر نفسه ، 121/2.

تحقيق المصلحة في ذلك، ومما قاله في تفسيره: "اللطيف إنما يستحق هذا الاسم من يعلم دقائق المصالح وغوامضها، وما دق منها وما لطف، ثم يسلك في إيصالها إلى المستصلح سبيل الرفق دون العنف... ثم استعمال اللسان، الذي الغرض الأظهر منه النطق، في رد الطعام إلى المطحن كالمجرفة، ولو ذكر لطفه في تيسير لقمة يتناولها العبد من غير كلفة يتجشمها، وقد تعاون على إصلاحها خلق لا يحصى ـ عددهم، من مصلح الأرض وزارعها وساقيها وحاصدها ومنقيها وطاحنها وعاجنها وخابزها إلى غير ذلك"[1]

ويقود هذا الشكل من التحديد لأثر الأساس العقدي وتصور الإنسان لحقيقة النعمة الإلهية في توفير الأقوات وتتابع العملية الإنتاجية في ذلك إلى تأصيل الوازع الديني في تعظيم المنافع، وترسيخ قيم التعاون لحفظ المصالح والمقاصد المشروعة. وهذا يعني أن علاقات الأفراد المتبادلة بينهم ورغبتهم في حفظ النوع والجنس باجتماعهم لا تنتظم ما لم توجد دوافع تعاونية مبنية على أسس إيمانية وأخلاقية تمتد جذورها من تصور الإسلام الشامل لمعنى الحياة ووظيفة الإنسان فيها.

---

(1) المقصد الأسنى، ص101-102.

الباب الثاني

الجانب الاقتصادي في فكر الغزالي

الفصل الأول

موقف الإمام الغزالي من ملكية المال

المبحث الأول: ملكية المال وأسبابها

المطلب الأول: مبدأ الملكية

المبحث الأول
ملكية المال وأسبابها

يعد موضوع الملكية من الموضوعات الرئيسة التي استحوذت على اهتمامات المفكرين والفلاسفة، والباحثين والدارسين، فعولجت من جميع جوانبها وأبعادها، ونوقشت مناقشة مستفيضة لمعرفة تفاصيلها وكل ما يتعلق بها، وكان الاهتمام بهذا الموضوع كبيرا لما يتميز به من أهمية بالغة في تقييم المنهج الاقتصادي والاجتماعي، وتحديد طبيعة الحياة المعاشة.

فبعدما كانت ملكية الإنسان في مراحل الحياة الأولى، وكما يقول "ديورانت" في كتابه "قصة الحضارة" لا تتجاوز حدود الاستخدامات الشخصية من أدوات المسكن والمأكل والملبس بصورتها البسيطة، والتي تنتهي في الغالب بانتهاء الشخص نفسه وتدفن معه بعد موته[1]، فإننا نشهد الآن مسافة سحيقة في التطور والارتقاء بين هذه البدائية الساذجة لمفهوم الملكية وبين ما هو قائم فعلا في الأنظمة الاقتصادية الحديثة التي تستمد وجودها وهويتها وامتداد الحياة فيها من تصورها وفلسفتها لمبدأ الملكية. وعلى أننا إذ لا نتجاوز في حدود دراستنا هذه ما جاء به الإمام الغزالي من أفكار حول هذه الظاهرة البشرية، ونعني بها ظاهرة الملكية، فإن الحقائق الواقعية تدل على أن الإسلام كان له السبق في صياغة المنهج الاقتصادي المتعلق بالملكية ببعديها الفردي والجماعي، مما يميزه عن الطروحات الوضعية من رأسمالية واشتراكية لهذه الظاهرة، وقد جاء هذا المبحث مبينا أهم ما طرحه الغزالي من أفكار منهجية عن الملكية لاستجلاء حقيقة النظرة الإسلامية إليها، وذلك في مطلبين هما:

المطلب الأول: مبدأ الملكية

المطلب الثاني: أسباب الملكية

---

(1) ول ديورانت ، قصة الحضارة ، ترجمة زكي نجيب محفوظ ، ط3 (القاهرة ، مطبعة لجنة التأليف والترجمة والنشر)، 1965 ، 13/2 .

المطلب الأول

مبدأ الملكية

ينحصر طرح الغزالي وتصوره الإسلامي لمسألة الملكية في ثلاثة محاور، هي الغاية التشريعية منها وصيانتها ومحدداتها وذلك على الوجه التالي:

المحور الأول

تحديد الغاية التشريعية لحق الملكية

تأتي إسهامات الغزالي المتعلقة بصياغة المعنى الخاص بالملكية والغاية من وجودها وتحديد أهميتها من واقع طروحاته الفقهية على الأغلب، لأن هذه المسألة لها طبيعة تشريعية وأبعاد قانونية تختص بمجال الأحكام الفقهية أكثر من اختصاصها أو تعلقها بجانب التحليل والعرض الفني كبقية المتغيرات الاقتصادية، وطروحات الغزالي في هذا المجال مبثوثة في كتبه الفقهية، مثل كتاب البسيط والوسيط والوجيز، وسواها كثير كما مَر آنفا.

وتجدر الإشارة في هذا السياق إلى أن موقف الغزالي من هذه القضية ومناقشته للغاية المقصودة من مبدأ التملك وحق الإنسان في الحيازة والاختصاص لا ينفصل عن موقفه العقائدي لمعنى المال على وجه العموم والغاية منه، لأن المال محل للملكية[1]، وحيثما وجد المال دلَ على وجود الملكية، وقامت دواعي الاستغلال والتصرف فيه.

ومما جاء في تحديد الوظيفة العقائدية لمعنى المال ودوره في الحياة أن الإنسان لا يعتبر مالكا حقيقيا له، لأن المالك الحقيقي له هو الله تعالى، ونتيجة لذلك تصبح

---

(1) عند الحنفية يختص المال بالأعيان دون المنافع خلافا للجمهور ، وعلى ذلك فلفظ المالكية أعم من المال عند الحنفية ، لأن الملك بمعنى المملوك وهو يشمل الأعيان والمنافع إذ كل منهما مملوكة ، انظر: ابن نجيم الحنفي، البحر الرائق شرح كنز الحقائق ، 2 / 217 .

العلاقة بين الإنسان وبين ملكيته علاقة مجازية، قصد الشارع بها توظيف طاقات الإنسان للاستفادة من خيرات الطبيعة واستغلالها وعدم التعامل معها إلا على أساس أنها مسخرة لـه وهو غير مسخر لها، وأنها خادمة له وأنه مخدوم لها، وهذا من شأنه أن يفرغ المحتوى الاقتصادي مـن مفهوم السيطرة المادية لنشاط الإنسان في الحياة.

وعلى أساس هذا، فإن الغزالي يحدد أولا في مجال معالجتـه لمسـألة الملكيـة والغـرض منهـا تلك النزعة الجبلية القائمة على حب المال والرغبة في السيطرة عليه، إذ أن هـذه النزعـة لا يمكـن إهمالها أو عدم الاستجابة لها، لأنها تشكل رابطة عضوية بين دوافع الفرد وغرائزه الفطريـة وبـين حاجاته الطبيعية ورغباته.

فهو يشير إلى أن إلغاء هذه الرابطة وإهمالها أو استئثار البعض بها دون البعض الآخـر، مـا هو إلا محاولة لترسيخ قيم التسلط والاستبداد والظلم وإشاعة القتل والخراب، ومما جاء في إشارته إلى هذا المعنى قوله في كتابه جواهر القرآن: **"ولو ترك الأمر مهملا - أي اسـتئثار الـبعض بمصـالح الكل- من غير تعريف قانون في الاختصاصات لتهاونوا وتقاتلوا، وشغلهم ذلك عن سلوك الطريق، بل أفضى بهم إلى الهلاك"** [1].

فتعريف قانون الاختصاص المتمثل بالأحكام والتشريعات الفقهية يـؤدي وظيفـة مهمـة في حفظ حقوق الملكية لأصحابها، وضبط فجوات الصراع بين أطراف المصـالح المتقابلـة، ونقصـد بهـا فئات المجتمع المالكة وفئات المجتمع غير المالكة، وهو ما يؤدي في النهاية إلى حفظ المجتمع مـن شر الصراع الاجتماعي والاقتصادي الجائر، وصيانته من عوامل التفرقة الطبقيـة، ولـولا هـذا القـانون في تحديده لحقوق الناس وحفظها لتقاتلوا وسفك بعضهم دماء بعض، وأدى بهم في نهايـة الصـراع والاقتتال إلى الهلاك والزوال.

ومن هنا تبرز أهمية التشريع الفقهـي والغايـة منـه في معالجة هـذه الأبعـاد الاجتماعيـة والاقتصادية، إذ **"شرح القرآن قانون الاختصاص بالأموال في آيات**

---

(1) جواهر القرآن ، ص21 .

المبايعات والربويات والمداينات وقسم المواريث ومواجب النفقات وقسم الغنائم والصدقات.."[1]. وهذه القضايا والمسائل كلها قد عالجها الغزالي وفصل فيها القول كغيره من الفقهاء، ومما يميزه عن غيره أنه وضع أصولا لمعالجاته الفقهية والخلافية، وتمكن من هذا العلم الأصولي أولا فبحث فيه جوانب المصلحة الاجتماعية وترتيب الحاجات الإنسانية مما يعزز دوره ومساهماته في مجال الحديث عن قضايا الملكية والأبعاد المتعلقة بها.

غير أن مقولة الغزالي وتأكيده على حتمية الصراع والاقتتال بين الطبقات الاجتماعية المتفاوتة وانتهائها إلى الزوال والهلاك، هو أمر يختلف تماما مع المقولة الماركسية التي أفضت إلى هذه النتيجة التاريخية في تحليلاتها لتطور مراحل الحياة[2]، وذلك أن الغزالي يؤكد على الشروح القرآنية والفقهية في صياغة التنظيم الاجتماعي والاقتصادي الذي يعزز مكانة الفرد وحقه في التملك، وإقرار هذا الحق الذي يحفظه "تعريف قانون في الاختصاصات"، بينما تتنبأ المقولة الماركسية بأن هذا الصراع بين الطبقات الاجتماعية المتفاوتة تقود إلى ثورة البروليتاريا لإحلال المجتمع الماركسي الذي تذوب فيه حقوق الأفراد في التملك الخاص.

والحديث عن التناقض الطبقي والصراع الدائر فيه، يرده القرآن الكريم إلى سوء استخدام الإنسان لحقه في ملكياته وليس لإثبات هذا الحق، ويقرر أيضا أن عاقبة الاستخدام الخاطىء للملكية الفردية هو الهلاك والخسران.

ويعرض القرآن هذه الصورة في مواضع عديدة تأكيدا لأهميتها ووظيفتها في استقرار الحياة، ففي سورة القلم بيان لموقف "أصحاب الجنة" الذين استأثروا بملكيتهم وضيعوا حق الجماعة فيها، وكانت عاقبة موقفهم أن طاف على أموالهم طائف من الله لم يبق منها شيئا، وفي سورة الكهف بيان لموقف رجلين أحدهما يملك،

---

(1) جواهر القرآن ، ص21.

(2) انظر: محمد فاروق النبهان، الاتجاه الجماعي في التشريع الاقتصادي الإسلامي، ط2 (بيروت، مؤسسة الرسالة، 1984، ص87). رفعت المحجوب، النظم الاقتصادية (القاهرة، المطبعة العالمية)، ص93 .

والآخر لا يملك، ويعرض المشهد القرآني حال المالك وهو يستبد بماله متعاليا على من دونه ومتناسيا لشكر النعمة فكان أن أحاط اللـه بثمره فخوت جنته على عروشها، وفي سـورة القصص يتجلى موقف قارون بالاستكبار المادي وازدرائه للشريحة السـفلى مـن المجتمـع، فكـان مصيره أن خسف اللـه بـه الأرض ولم ينفعه شـيء ⁽¹⁾، وهكذا تترى الآيات القرآنية في تصوير أشـكال العلاقـات الجائرة للصراع الطبقي وتقرير حتمية الزوال والاندثار لها، ولكن ليس بسبب الحيـازة الشخصية والخاصة للملكيات وإنما بسـوء اسـتخدامها وعـدم مراعـاة قـانون الاختصـاص في الاسـتيلاء عليهـا وإنكار الجوانب والحقوق الجماعية فيها.

المحور الثاني:

صيانة مبدأ الملكية

لقد راعى التشريع الإسلامي حماية حقوق الملكية وصانها مـن العبـث والضيـاع، واعتـداء الغير عليها، فأوجب نظاما مـن العقوبـات الزاجـرة لأي ضرر يقـع عليهـا، وهـذا النظـام يتمثـل في عقوبات الحدود والغرامات والتعزيزات والقصاص وما شابه ذلك.

ومن المعاني التي تناولها الغزالي في هذا الباب وأوضح فيها حرمة حق التملك وعـدم جـواز الاعتداء عليه أنه نـاقش مسألة نـزع الملكية الخاصة مـن أصحابها نزعـا جبريـا ومـدى شرعيـة مصادرتها، فأثبت أن الأصل **"لا يحل أن يؤخذ مال إنسان إلا بطيب نفس منه"** ⁽²⁾، ولكنـه اسـتثنى لهذه الصورة أحوالا مخصوصة تقتضيها مصلحة الجماعة، وتجيز للإمام حـق التـدخل المشـروع في مثل هذه المواطن مراعاة لمثل هذه المصلحة الجماعية.

غير أنه قرر عدم جواز إلحاق العقوبة على الشخص المالك بما يقضي النيل

---

(1) انظر: سورة القلم، الآيات 17-23 . سورة الكهف، الآيات 32-44. سورة القصص، الآيات 76-82.

(2) الإحياء ، 3 / 21 .

من ملكه والأخذ منه، واعتبر في ذلك أن العقوبة غير المصلحة الظاهرة التي تجيز للإمام حق التدخل، فإذا صرف الشخص ماله في مجالات الاستهلاك الترفيه من وجوه التنعم والإسراف والتبذير وضروب الفساد ثم رأى الإمام المصلحة في معاقبته بأخذ شيء من ماله لترد إلى بيت المال وتصرف في وجوه المصالح زجرا وعقابا له على جنايته، فإن هذا التدخل المسلط على الملك لا يجيزه الغزالي ويرده لعدم مشروعيته، ومما قاله في هذه المسألة: "**فإن ذلك عقوبة بتنقيص الملك وأخذ المال، والشرع لم يشرع المصادرة في الأموال عقوبة على جناية... وليست المصلحة فيه متعينة، فإن العقوبات والتعزيرات مشروعة بإزاء الجنايات، وفيها تمام الزجر، فأما المعاقبة بالمصادرة، فليس من الشرع**"[1].

وقد أثبت الغزالي في هذا الجانب مشروعية حق المسلم في التملك واعتبره من الحرمات العظيمة التي يجب صونها وحفظها من الضياع[2]، وهي لا تقل في هذا القدر عن حرمة النيل من دم المسلم أو عرضه، ومنه قول الرسول صلى الله عليه وسلم: "كل المسلم على المسلم حرام، دمه وماله وعرضه"[3].

وذهب في إقرار هذا المبدأ إلى أن الاعتداء على مال المسلم يعد من المعاصي الكبيرة التي تجيز قتل المعتدي، وهذا القتل لا يقصد به التقليل من دم المسلم فهو حرام كحرمة ماله، ولكن المقصود به إقرار هذا الحق وحفظه، فيقول: "**وذلك كدفع الصائل على مال المسلم وبما يأتي على قتله فإنه جائز، لا على معنى أن نفدي درهما من مال مسلم بروح مسلم، فإن ذلك محال ولكن قصده لأخذ مال المسلمين معصية وقتله في الدفع عن المعصية ليس بمعصية وإنما المقصود دفع المعاصي**"[4].

ومن هنا يتبين لنا مدى قدرة المنهج الإسلامي الذي يوضحه الغزالي في جانب الملكية على المساهمة في بناء الذات الإنسانية والمحافظة عليها، وهو ما يتمثل بصيانة

---

(1) شفاء الغليل ، ص243 .

(2) الإحياء ، 2 / 356 .

(3) مختصر صحيح مسلم، ص473 ، رقم الحديث: 1775 .

(4) الإحياء، 2 / 351 .

حق الإنسان في التملك وعدم جواز الاستبداد والنيل منه، حتى أنـه لم يصح لـولي الأمـر أن يتدخل بمصادرة هذا الحق أو جزء منـه، ولـو لمصـلحة الجماعـة، وهـذا يميـز موقف الإسـلام مـن ظاهرة الملكية عن موقف الأنظمة الاقتصادية الوضعية منها كالنظام الاقتصادي الاشـتراكي الـذي يقوم أساسا على مفهوم التملك الجماعي، ومصادرة أي شكل من أشكال التملك الفردي، مما يحرم الفرد من مكافأته وأجره العادل عـلى جهـده وعملـه وتفويـت فرصـه الاجتماعيـة والاقتصادية في النهوض والارتقاء.

المحور الثالث:

محددات الملكية

فقد رتب الإسلام على حق التملك واستعماله من قبل صاحبه بعـض المحـددات الشرعية وهي تشكل مجموعة العوامل المقيدة لاستعمال هذا الحق ومباشرة العمل به، ومن الصـور التـي تناولها الغزالي في هذا المجـال، مـا يـدخل في ضبط استعمال هـذا الحـق وتقييـده وفقا للقواعـد الشرعية المعتبرة، ومنها ما يتعلق بحق الجماعة إذا دعت الحاجة إليه واقتضته الضرورة، ومنها مـا يضيق دائرة التملك في أسباب مخصوصة ولا يجيزها في أسباب أخرى.

أولا: ضبط استعمال حق التملك وتقييده وفقا للقواعد الشرعية

ففي مجال تقييد حق التملك وضبطه فإن هذا الحق مكتسب وهـو عـلى المجـاز، والفـرد مؤتمن على عدم تعطيله إذ كل ما سخره اللـه تعالى في هذا الكون فيه منفعة لا يصح تفويتها ولو من قبل مالكها، وفي هذه المسألة يشير الغزالي إلى أن إضاعة المال لا تجوز بأية صـورة مـن الصـور، ويذكر منها **"تفويت مال بلا فائدة يعتد بها كإحراق الثوب وتمزيقه، وهدم البناء من غـير غـرض وإلقاء المال في البحر..."** [1].

فتفويت الاستفادة من المال على وجه غير مشروع هو إضاعة لهذا المال، وهـذا لا ينحصر في إحراق الثوب أو تمزيقه فهو للمثال، لا للحصر، وإنما يؤخذ على إطلاقه ليشمل جميع الوجوه التي تحتمل هذا المعنى مثل تجميد هذا المال وتعطيله عن

_____

(1) الإحياء ، 2/ 369 .

الاستثمار في المجالات الاقتصادية النافعة، أو استثماره في وجوه غير مشروعة لا يتحقق منها نفع أو فائدة يعتد بها، ويدخل فيه أي شكل من أشكال هدر الموارد وعدم استثمارها للمشاركة في النشاط الاقتصادي، مثل سلوك المحتجر في تعطيل الأرض الموات وتجميد العمل بها، فتؤخذ منه ليعمل بها غيره، وفيه يقول الرسول صلى الله عليه وسلم "ليس لمحتجر حق بعد ثلاث سنين"[1].

ويجري مجرى هذه الصورة من إضاعة المال وإهدار الموارد "إلقاء المال في البحر" لتفويت المنفعة المرجوة منه، وهذا يخالف ما تذهب إليه بعض الدول الرأسمالية بإلقاء البضائع في البحار أو هدرها في غير منفعة للمحافظة على مستويات الأسعار السائدة لهذه البضائع والتي تعرض في الأسواق بكميات أكبر من حاجات الطلب إليها، وخوفا من انخفاض أسعارها السوقية تهدر على هذا الوجه من الضياع دون مراعاة الجوانب الإنسانية والأخلاقية وحقوق المجتمع فيها[2].

ثانيا: تقييد حق التملك وفقا للاعتبارات الجماعية

وفي مجال تقييد حق التملك وفقا للاعتبارات الجماعية أي حق الجماعة إذ دلت الضرورة عليه، فإن الغزالي تعرض لهذه المسألة بتوسع في كتابه "شفاء الغليل" وباختصار في كتابه "المستصفى" بعنوان "توظيف الخراج على الأراضي ووجوه الارتفاقات"، وحشد لهذه المسألة شواهد كثيرة أجاز من خلالها ترتيب الضرائب

---

(1) الزيلعي، نصب الراية في تخريج أحاديث الهداية، ط1 (القاهرة، دار الحديث) 290/4، وفي كتاب الأموال ينسب هذا القول إلى عمر بن الخطاب دون النبي صلى الله عليه وسلم ولكن يحمل على سماعه منه: أنظر: أبو عبيد القاسم بن سلام، الأموال، تحقيق محمد خليل هراس (بيروت، دار الفكر، 1988)، ص367، رقم الحديث 712. وهو حديث متقطع.

(2) جاء في كتاب صناعة الجوع، لكولينز أن ما نسبته 65% من الفواكه والخضروات المنتجة لأجل التصدير في أمريكا الوسطى يلقى في القمامة حرفيا، أو حين يكون ذلك مجديا تستخدم غذاء للماشية وهذا بسبب ما تواجه من فائض في أسواق أمريكا أو تغير المعايير الذوقية للمستهلك الجديد. انظر: جوزيف كولينز، صناعة الجوع، سلسلة عالم المعرفة، رقم السلسلة (63) (الكويت، المجلس الوطني للثقافة والفنون والآداب، 1983)، ص299.

على أموال الأغنياء مراعاة للمصلحة الظاهرة في تأمين رواتب الجند وخراجات العسكر، وهو الأمر الذي يترتب على عدم العمل به تفرق العسكر واشتغالهم بالكسب وتعرض بلاد الإسلام لدخول الكفار أو قيام الثورات والفتنة فيها، وقد حدد لجواز فرض هذه الضرائب شروطا شرعية ولم يتركها على إطلاقها[1].

وفي معرض حديثه عن المصلحة الظاهرة في هذا الباب أيضا ناقش مسألة الإقراض لمن وقع في مخمصة واضطر إلى الهلاك وذهب إلى وجوب ذلك بأن يبذل الغني من ماله ما يتدارك به حشاشة المسلم، فإن كان المسلم هنا فقيرا عاجزا عن الوفاء بالدين ولا يملك شيئا قال "**فلا نعرف خلافا في وجوب سد مجاعته، من غير اقراض**"[2].

ثم فصل هذه المسألة على مستوى الجماعة كأن يقع الضرر على الجميع ويشرفون على الهلاك ولا يجدون من يسد مجاعتهم، فأفتى بوجوب تكليف الأغنياء لسد مجاعة العامة، فرضا على الكفاية دون أن يعد ذلك سبيل الإقراض لأن الفقراء عالة على الأغنياء وهم منهم كالأولاد من آبائهم[3].

وقد صرح الغزالي بأن دفع الضرر عن المسلمين من فروض الكفايات التي تجيز للإمام حق التدخل في إقرارها[4]، مصداقا لقول الرسول صلى الله عليه وسلم "لا ضرر ولا ضرار"[5]، ولهذا الضرر وجوه كثيرة منها[6]:

1- أن يتصرف المالك في ملكه لغايته الشخصية التي يتعدى أثرها للإضرار بالآخرين.

2- أن يمنع الشخص غيره من الانتفاع بملكه مما يلحق الضرر بالمالك.

---

(1) المستصفى، ص 177-178 . شفاء الغليل، ص227 .

(2) شفاء الغليل ، ص242 .

(3) المصدر نفسه ، نفس الصفحة .

(4) انظر: أبو حامد الغزالي، الوجيز (بيروت، دار المعرفة، 1979)، 187/2 .

(5) صحيح الجامع الصغير، 1249/2-1250 . رقم الحديث 7417. وقال حديث صحيح .

(6) ابن رجب الحنبلي، جامع العلوم والحكم، دار الفكر ، ص269-271 .

3- أن يتملك الفرد ما يتصل بمصلحة الأمة مثل الموارد الطبيعية فتضيع منفعتها العامة.

4- ما يقع في البيوع مثل بيع المضطر وغيره وما يدخل في هذه البيوع من غش وتدليس وتطفيف إلى غيره من أشكال الضرر الكثيرة.

فيدل ذلك على موقف الشرع في دفع هذا الضرر على تقييد المالك وعدم الجواز له في أن يتصرف في ملكه دون الالتزام بالقواعد الشرعية والأخلاقية.

ثالثا: تضييق دائرة التملك وفقا لأسباب مخصوصة

وأما في مجال تضييق دائرة التملك وتعلقها في أسباب مخصوصة أقرها الشارع دون أسباب أخرى، فإن طبيعة التملك تدل على أن هذا الحق لم يثبت في الأصل ولولا اعتراف الشرع به وإثباته له وتقريره، فكان خطاب الشارع المتعلق بأسباب الملكية على هذا الوجه تقييدا لدائرة الملكية إذ حصرها في أسباب مشروعة (مباحة) وأسباب غير مشروعة.

المطلب الثاني

أسباب الملكية

ترتبط ظاهرة الملكية بجملة من الأسباب المنشئة أو الناقلة لها، وتحدد هذه الأسباب شرعية التملك بمقتضى الحالات والصور التي نص عليها الفقه الإسلامي وأقر التعامل بها، والأسباب التي لا توافق الاعتبارات الفقهية ولم تؤيدها النصوص التي لا يعتد بشرعيتها في التملك.

ومن هذا الوجه، فإن الأسباب المتعلقة بالملكية تقسم إلى أسباب مباحة وأخرى غير مباحة، وهي على النحو التالي:

أولا: الأسباب المباحة للتملك

يصنف الغزالي الأسباب المباحة للتملك إلى قسمين وذلك قياسا للإرادة الشخصية المنسوبة إلى المالك، وهي إما أن تكون أسباب متعلقة بالإرادة الذاتية التي تدخل في مجال العمل والكسب، وإما أن تكون أسباب متعلقة بالإرادة غير الذاتية

أي الإرادة الجبرية، والتي يطلق عليها لفظ "البخت"، وهي ليس للشخص في إحرازها طلب أو جهد، ففي كتابه "الإحياء" يحدد الصورة العامة للأسباب الذاتية في قيام الملكية، ويشير إلى أن هذه الأسباب تنحصر فيمن **"هو محترف ومقتدر على كسب حلال من المباحات باحتطاب أو اصطياد، أو كان في صناعة لا تتعلق بالسلاطين، ويقدر على أن يعامل به أهل الخير"** [1].

فهذه الأسباب تقوم على بذل الجهد في الاستيلاء على المباح وحيازته ووضع اليد عليه، مثل الاحتطاب والصيد وهو له أحكامه الخاصة في المصنفات الفقهية، أو يأخذ هذا الجهد شكل الاحتراف في مجال الصناعات وهي بعيدة عن الحصر، وهذا يعني أن الأسباب الذاتية منشئة للملكية أي لم تكن موجودة أصلا وهي مختصة بالأموال المباحة لا المملوكة.

وأما في كتابه "ميزان العمل" فيحدد الصورة العامة للأسباب غير الذاتية "البخت" أو الحظ، فيحصرها في **"ميراث أو وجود كنز أو حصول عطية من غير سؤال"** [2].

ويخلص الغزالي من خلال هذه المعطيات للصورة العامة لأسباب التملك المباحة إلى حصرها وتحديدها في ستة أسباب هي [3]:

أولا: ما يؤخذ من غير مالك: كنيل المعادن، وإحياء الموات، والاصطياد، والاحتطاب، والاستقاء من الأنهار، والاحتشاش.

ثانيا: ما يؤخذ قهرا ممن لا حرمة له، وهو الفيء والغنيمة وسائر أموال الكفار والمحاربين ومن شاكلهم.

ثالثا: ما يؤخذ قهرا باستحقاق عند من وجب عليه، فيؤخذ دون رضاه.

رابعا: ما يؤخذ تراضيا بمعاوضة.

---

(1) الإحياء ، 2 / 38 .

(2) ميزان العمل، ص166 .

(3) الإحياء، 2 / 105 - 106 .

خامسا: ما يؤخذ عن رضا من غير عوض.

سادسا: ما يحصل بغير اختيار كالميراث.

إذن، فتوزع أسباب التملك المباحة حسب هذا التقسيم إلى ثلاثة أسباب تتعلق بمجال الإرادة الشخصية الذاتية (اختيار المالك)، وثلاثة أسباب أخرى تتعلق بمجال الإرادة الشخصية غير الذاتية، ويمكن إعادة تقسيمها في ضوء اعتبار الإرادة في أخذ المال على الوجه التالي:

أسباب الاختيار في أخذ المال هي:

- إحراز المباحات، ويشترط لهذا الإحراز أن يحصل في مال مباح لا يمتلكه أحد ولا يتعلق بـه مـانع من تملكه، وهو ما تقرره القاعدة الشرعية: "من سبق إلى مباح فقد ملكه".

- العقود الناقلة للملكية، ويندرج تحتها جميع أشكال البيوع المشروعة التي يتم بها المعاوضة عن تراض.

- ما يؤخذ بالاختيار من غير معاوضة مثل الهبة والوصية وما شابه ذلك.

أسباب عدم الاختيار في أخذ المال هي:

- ما يدخل في بيت مال المسلمين من أموال الفيء والغنيمة والجزية وسائر أمـوال الكفـار، فهـذه الأموال تؤخذ جبرا عن أصحابها.

- ما يدخل بيت مال المسلمين من مخصصات الزكاة الواجبة على المسلمين إذ أنها تؤخذ منهم من غير اختيار لهم، ومن امتنع عن أدائها قوتل عليها.

- ما يدخل في معنى الخلفية، وهي أن يحل شخص مكان آخر في ملكيتـه، وهـذا معلـوم في الإرث الذي يحل فيه الوارث مكان الموروث دون موافقة أي منهما.

ثانيا: الأسباب غير المباحة للتملك

ويصنف الغزالي الأسباب غير المباحة للتملك إلى قسمين أيضا، يعود الأول إلى تعلق الحرمة في عين الشيء، ويعود الثاني إلى وجود خلل في جهة الاكتساب أو

إثبات اليد على الشيء[1].

وهذا يدل على أنه لا يجوز للشخص أن يتملك من أي مال، لأنه ليس بالضرورة أن يكون كل مال صالحا للتملك، إذ أن الصلاح أو عدمه متعلق بالشروط الموضوعية التي قررها الشرع وأثبتت الحكم فيها، ويمكن تفصيل هذه القاعدة المعيارية على الوجه التالي:

- ففيما يتعلق بالحرمة في عين الشيء يبين الغزالي أن المال قد يكون نجسا في عينه مثل الكلب والخنزير والعذرة وما شابه ذلك، ولأن الحكم الشرعي متعلق بهذه الصفة في الأشياء (صفة النجاسة) على جهة الحرمة، تصبح هذه الأشياء غير صالحة للتملك[2]. فلا تصح من هذا الباب العقود الناقلة لملكية الأشياء التي قضى الشرع بتحريمها، فالعقود الناقلة للملكية هنا تقع في الأسباب التحريم، ويلحق بهذه الأشياء قياسا على هذا المعيار كل ما هو محرم مثل آلات اللهو ونحوها.

ويستدل بهذا المعيار على أن الأعيان أو السلع التي تدخل في السوق تصنف إلى قسمين:

أحدهما: يمثل السلع المحرمة وهي ما تتعلق بها صفة النجاسة في عينها أو يتعلق بها خطاب الشارع على جهة التحريم ويمكن وصفها "بالخبائث".

والثاني: يمثل السلع المباحة وهي التي تخالف الأولى في صفتها أو الحكم المتعلق بها ويمكن وصفها "بالطيبات".

وعلى هذا تصنف السلع إلى خبائث وطيبات، فأما الخبائث فهي سلع غير اقتصادية إذ لا تعكس قيمة تبادلية في السوق لأنها ليست من الأموال التي تدخل في مفهوم الملكية ولا ينهض سبب من أسباب التملك المشروعة للحصول عليها، إذ ما لا يجوز تملكه فلا يجوز التعامل به أو تداوله في السوق، ووجوده أو عدمه سواء، وأما

---

(1) الإحياء ، 2 / 104 .

(2) المصدر نفسه ، 2 / 75 .

الطيبات فهي سلع اقتصادية تعكس قيمة تبادلية في السوق حيث أنها تخالف الأولى في صفتها والحكم عليها ويمكن الاستفادة منها وتملكها على وجه مشروع[1].

- وأما ما يتعلق بوجود الخلل في جهة الاكتساب فهو يشمل جميع الوسائل غير المشروعة التي دلت عليها النصوص الثابتة في الكتاب والسنة مثل الربا لقوله تعالى: ﴿ وأحل الله البيع وحرم الربا ﴾ [2]، والسرقة لقوله تعالى: ﴿ والسارق والسارقة فاقطعوا أيديهما جزاء بما كسبا ﴾ [3]، وأكل أموال الناس بالباطل، لقوله تعالى: ﴿ ولا تأكلوا أموالكم بينكم بالباطل ﴾ [4]، والميسر لقوله تعالى: ﴿ إنما الخمر والميسر والأنصاب والأزلام رجس من عمل الشيطان فاجتنبوه ﴾ [5]، والرشوة لقول الرسول صلى الله عليه وسلم: "لعن الله الراشي والمرتشي في الحكم"[6]، وهكذا إلى أن تنتهي هذه الصورة في النهي عن جميع أسباب التملك الباطلة شرعا.

- وثمة وجه آخر يتناوله الغزالي في هذه المسألة وهو الإرث الذي يظن فيه الوارث شبهة اكتسابه من الحرام، فيبين فيه أنه لا يحل للوارث تملكه إلا بعد أن يتحرى قدر الحرام ويخرجه تبرئة له ولمورثه[7].

---

(1) ودلالة هذا المعيار تنعكس على آلية السوق وقدرته على تقييم السلع الداخلة فيه، وهذا من شأنه أن يميز جهاز الأسعار وآلية السوق في الاقتصاد الإسلامي عما هو سائد في الاقتصاد الرأسمالي .

(2) سورة البقرة ، من الآية 275 .

(3) سورة المائدة ، من الآية 38 .

(4) سورة البقرة ، من الآية 188 .

(5) سورة المائدة ، من الآية 90 .

(6) صحيح الجامع الصغير ، ص907. رقم الحديث: 5093 ، وقال الألباني : حديث صحيح .

(7) الإحياء ، 2 / 135 .

ويضيف إلى هذه المسألة أيضا أن كل ما يجري هذا المجرى من حيث تعلق شبهة الحرمة في تملكه ابتداء فإنه لا يحل تمليكه، ويضرب مثالا على ذلك بأموال السلاطين، ويفتي بعدم جواز تمليكها لأحد، ومن تملكها فإنه ظالم، ويبرر وجه الحكم في ذلك بأن هذه الأموال التي يحوزها السلاطين إما أن تكون مغصوبة بالمصادرة والقسمة وإما أن تشترى بالجاه والملك والقوة وفي كلتا الحالتين تظهر شبهة الاعتداء على مال الغير وهو حرام محض،ولا يحل تملكه أو تمليكه في الشرع ما لم يعرف مقدار المال المختلط من الحرام ورده إلى أصحابه وهو في الغالب أمر عسير[1].

- ومما يشكل معيارا أساسيا في تقييم الملك هو عنصر المنفعة، بمعنى لو كان المال فاقدا للمنفعة المقصودة منه، فهل يكون صالحا للتملك وفق هذا المعيار؟

يبين الغزالي أن كل مال لا ينتفع به على وجه من الوجوه المعتبرة فإنه لا يصلح للتملك لانتفاء المنفعة المرجوة منه مثل الحشرات وهوام الأرض، ويلحق بهذا كل مال لا يعتد بماليته لتفاهة المنفعة المنتظرة منه[2].

غير أن هذا الشكل من التحديد لتفاهة المنفعة في بعض الأموال غير المتقومة قد يأخذ مرونة أكثر في التعامل والتقييم، وذلك أن التطور الهائل في الأساليب العلمية واستخداماتها البيولوجية الحديثة جعل لبعض هذه الأشياء قيمة عالية وبالأخص في مجال تركيب الأمصال المقاومة لكثير من الأمراض، مما يعني أن هذا التغير في اشتقاق المنفعة يجعل لهذه الأشياء أهمية في صلاح ملكيتها فتصبح محلا مشروعا للتملك.

---

(1) فضائل الأنام ، ص138 - 139 .

(2) الإحياء ، 2 / 75-76 .

المبحث الثاني

مفهوم الكسب ومشروعيته وضوابطه

فبعد مناقشة أهم المسائل المتعلقة بموضوع الملكية، فإنه يمكن معالجة ظاهرة الكسب كأحد المدخلات الرئيسة لهذا الموضوع، إذ أن الوقوف على حقيقة ظاهرة الاكتساب وأبعادها المختلفة يسهم إلى حد كبير وبشكل أدق في تحديد بعض أسباب التملك، المشروعة منها وغير المشروعة، إضافة إلى إمكانية تحديد الضوابط المتعلقة بالاكتساب نفسه، وفي ضوء ما تناوله الغزالي في هذا المجال فيمكن تقسيم هذا المبحث إلى المطالب التالية:

المطلب الأول: مفهوم الكسب ومشروعيته

المطلب الثاني: موقفه من ترك الكسب

المطلب الثالث: الكسب غير المشروع (الكداية)

المطلب الأول

مفهوم الكسب ومشروعيته

أولا: مفهوم الكسب

ففيما يتعلق بمفهوم الكسب فله معنيان: أحدهما عام والآخر خاص.

فأما مفهومه العام، ونقصد به البعد العقائدي في تفسير معنى الكسب، فهو يدل على أفعال العباد المفضية إلى جلب النفع أو دفع الضرر، والوجه العقائدي في هذا المفهوم يحتمل المعاني التالية:

- أن فعل الله تعالى لا يجوز بحال أن يتعلق بجلب النفع أو دفع الضرر لأنه منزه عن تحصيل النفع أو اتقاء الضرر [1].

---

(1) التعريفات، ص 184 .

- أن قدرة العبد على جلب النفع أو دفع الضرر لا تعزى إليه من حيث الإيجاد، ولكن الله تعالى يخلق فيه الإرادة لمباشرة هذه القدرة، فتسمى كسبا، ومن هنا يوضح الغزالي أن "**من نسب المشيئة والكسب إلى نفسه فهو قدري، ومن نفاهما عن نفسه فهو جبري، ومن نسب المشيئة إلى الله تعالى والكسب إلى العبد فهو سني صوفي رشيد**"[1].

- ويستفاد من هذه الإشارة إلى حقيقة الكسب أنه لا يصح بأي حال أن يطلق لفظ الخلق على أي معنى في الاقتصاد للدلالة على مفاهيمه، بأن نقول مثلا خلق المنفعة أو خلق القيمة أو ما شابه ذلك، ومنه جاء لفظ الكسب بديلا عن لفظ الخلق، لأن الخلق يعني الإيجاد، والإنسان في الأصل موجود غير واجد.

ويبين الغزالي هذا الوجه العقدي في أصل النسبة والتسمية لمعنى الكسب فيقول: : "**ولما كان اسم الخالق والمخترع مطلقا على من أوجد الشيء بقدرته وكانت القدرة والمقدور جميعا بقدرة الله تعالى، سمي خالقا ومخترعا، ولم يكن المقدور مخترعا بقدرة العبد وإن كان معه لم يسم خالقا ولا مخترعا ووجب أن يطلب هذا النمط من النسبة اسم آخر مخالف فطلب له اسم الكسب تيمنا بكتاب الله تعالى، فإنه وجد إطلاق ذلك على أعمال العباد في القرآن...**" [2].

وأما مفهوم الكسب الخاص فهو يعود إلى حقيقة أصله في اللغة إذ يقال كسب يكسب كسبا إذا طلب الرزق[3]، أي أن معناه متعلق بطلب المال وتحصيله، وقد ذهب الإمام الشيباني في بيان هذا المعنى إلى تحديد الطلب بالأسباب المباحة فقال هو "طلب تحصيل المال بما يحل من الأسباب"[4].

---

(1) أبو حامد الغزالي، روضة الطالبين وعمدة السالكين ، مجموعة رسائل الإمام الغزالي ، رقم السلسلة: 2 ، (بيروت ، دار الكتب العلمية، 186)، ص7 ، ص32-35 .

(2) الاقتصاد في الاعتقاد، ص60 .

(3) لسان العرب ، باب الباء ، فصل الكاف ، 1 / 716 .

(4) محمد بن الحسن الشيباني ، الكسب ، تحقيق سهيل زكار، ط1 (دمشق، عبد الهادي حرصوني، 1980)، ص32 .

إلا أن الغزالي - وإن حدد مفهوم الكسب بدلالة الطلب [1] - فقد ذهب إلى أن هذا الطلب في تحصيل المال يقع في جانب الأسباب المباحة والأسباب غير المباحة، وفي هذا مخالفة للإمام الشيباني الذي حدد الطلب بما يحل من الأسباب.

فقد أفرد للحديث عن موضوع الكسب كتابا مستقلا في الإحياء هو الكتاب الثالث من ربع العادات سماه "كتاب آداب الكسب والمعاش" وطرح في هذا الكتاب أبرز المسائل والشروط الشرعية المتعلقة في صحة التصرفات التي هي مدار الكسب، فذكر منها تصرفات البيع والسلم والإجارة والقراض والشركة ثم أضاف إليها موضوع الربا كأحد مدخلات الكسب، وهذا يعني أن مفهوم الكسب عند الغزالي هو "تحصيل المال بما يحل من الأسباب وما لا يحل منها".

إلا أنه ينبغي الإشارة هنا إلى مسألتين: أولاهما أن الكسب وإن كان يراد به هذا المعنى على سبيل الإطلاق فهو عند التخصيص، أي عند الحديث عن مفهومه من منظور شرعي، فيجب حينئذ اعتبار مقياس الشرع في جلب النفع أو دفع الضرر في تحصيل المال، وهذا هو مقصود الغزالي من الحديث عن فضل الكسب والحث عليه إذ لا يتصور أن يدخل في أفضلية الكسب أشكال الكسب غير المباحة مثل الربا وغيره.

وأما المسألة الثانية التي ينبغي الإشارة إليها فهي ما يمكن استنتاجه من الفرق بين مفهوم الكسب ومفهوم العمل، فبينما يدل الكسب على معنى تحصيل المال وطلبه، فإن العمل يدل على كيفية إيجاد هذا المال بصورته النهائية، فمثلا إذا كان المال في صورة سلع رأسمالية أو إنتاجية فإن نطاق التبادل بين الأفراد لهذه السلع أي التجارة بها وما يترتب عليها من ربح فهو معني بمصطلح الكسب، وأما حدوث الكيفية الإنتاجية لاشتقاق المنفعة النهائية لهذه السلع فهو معني بمصطلح العمل، وباختصار فإن بذل الجهد لإيجاد المنفعة هو عمل بينما طلب الحصول على هذه المنفعة بعد إيجادها هو كسب.

---

(1) الإحياء ، 2 / 72 .

ثانيا: مشروعية الكسب

ونتيجة لتقرير مفهوم الكسب من الناحية الاصطلاحية بأنه ينتظم الأشكال المباحة وغير المباحة في تحصيل المال، فإن حكم الشرع في الكسب على هذا الوجه يقوم على اعتبار المجال أو طبيعة التصرف للكسب، فإن كان المجال محرما فالكسب محرما، وإن كان المجال مباحا فالكسب مباحا، ومن هنا فإن الكسب "منه ما هو واجب ومنه ما هو مستحب أو مندوب، ومنه ما هو مباح، ومنه ما هو مكروه أو محرم"[1].

ولكن ما هو حكم الكسب في ضوء اعتبار الشرع لجلب المنفعة أو دفع الضرر؟ ونقصد حكم الكسب فيما استقر عليه الشرع من الأسباب المباحة دون الأسباب الأخرى غير المباحة أو المحرمة؟

يفصل الغزالي الإجابة والحديث عن هذه المسألة على وجهين أحدهما يتعلق بضرورة الحاجة أو حد الكفاية ويتعلق الآخر بحال المكتسب:

فأما الوجه الأول، فيبين فيه أن الاشتغال بالكسب لتحقيق قدر الكفاية هو الأولى من الاشتغال بأي شيء آخر، لأنه يتعلق به طعمة الإنسان له ولعياله[2]، وليس له أن يضيع العيال بالاستغراق بأوقات العبادات بل يتعدى تفضيل الكسب على الاشتغال بالعبادات إلى ما وراء الكفاية، لأن الكسب عبادة متعدية في الفائدة تتجاوز حدود الشخص المكتسب نفسه، بينما الاشتغال بالعبادات لا تتعدى فائدته حدود الفردية أو المسؤولية الشخصية[3].

وعلى هذا فحكم الشرع في الكسب في نطاق مستوى الكفاية هو أمر واجب، وهذا الحكم مستفاد من حكم الإنفاق على العيال الذي لا يتم إلا بالكسب، فصار الكسب تابعا في الحكم، إذ ما لا يتم الواجب إلا به فهو واجب، وفي هذا المعنى يقول الغزالي: "**إن الله تعالى أمر بالإنفاق على العيال من الزوجات والأولاد**

(1) العبادي ، الملكية، 22/2 .

(2) الإحياء ، 2 / 364 .

(3) المصدر نفسه ، 414/1 ، 2/ 37 .

والمعتدات ولا يتمكن من الإنفاق عليهم إلا بتحصيل المال بالكسب وما يتوصل به إلى أداء الواجب يكون واجبا"[1].

وإذا كان الكسب من هذا الباب واجبا فإن تحصيل العلم الذي يفضي إليه هو واجب ابتداء، لأنه يُمكن المكتسب من الوقوف على حقيقة المعاملة بشروطها وأحكامها الشرعية، فيعرف وجه الحلال فيها ووجه الفساد وما يخل بصحتها وما لا يخل[2]. وهذا ما حمل الغزالي في معرض حديثه عن الكسب إلى تناول موضوعات الكسب ومجالاته مبينا فيها الأحكام الفقهية وسائر ما يلزم المكتسب من علم شرعي يفيده أثناء قيامه بعمله.

وعلى أن الغزالي اعتبر حد الكفاية هو الأساس في حكم الوجوب فقد نبه إلى أن ما بعد الكفاية لا يعد واجبا ولو كان من قبيل العبادات المتعدية التي تتعدى فائدتها إلى الآخرين، وذهب في تبرير عدم الوجوب إلى أن ترك الكسب فيما وراء الكفاية لا يترتب عليه ضرر ظاهر الذي هو محل للوجوب فقال: "**ومعلوم أن ما لا ضرر منه أصلا ولكن في فعله فائدة لا يسمى واجبا، فإن التجارة واكتساب المال والنوافل فيه فائدة ولا يسمى واجبا، بل المخصوص باسم الواجب ما في تركه ضرر ظاهر فإن كان ذلك في العاقبة أعني الآخرة، وعرف بالشرع فنحن نسميه واجبا، وإن كان ذلك في الدنيا وعرف بالعقل فقد يسمى أيضا ذلك واجبا، فإن من لا يعتقد الشرع قد يقول واجب على الجائع الذي يموت من الجوع أن يأكل إذا وجد الخبز، ونعني بوجوب الأكل ترجح فعله على تركه بما يتعلق من الضرر بتركه«**[3].

فهذا النص يفيد بأن دفع الجوع أمر واجب لأن في تركه ضرر ظاهر ينتج عنه هلاك النفس التي أمر الشرع في مقاصده بصونها وحمايتها، ولما كان الكسب مظنة للحصول على المال لدفع أذى الجوع، فقد لحقه في حكم الوجوب، ولكن فوق

---

(1) الإحياء ، 2 / 100 .

(2) المصدر نفسه ، 2 / 73-74 .

(3) الاقتصاد في الاعتقاد ، ص103 .

مستوى الكفاية، فإن الاكتساب لا يترتب عليه هذه الأهمية في دفع الضرر الظاهر مثل الجوع الذي تتعلق به حياة الإنسان، فصار غير واجب ولو كان فيه فائدة متعدية لا ينكر أثرها وتأثيرها على المكتسب نفسه وعلى الآخرين.

وأما الوجه الثاني وهو ما يتعلق بحال المكتسب فإنه يدخل في معنى القيم العقائدية التي اعتبرناها شرطا أساسيا لفهم المحتوى الاقتصادي عند الغزالي وأشرنا إلى بعض الجوانب منها مثل التوكل والقناعة والزهد وغيرها.

ففي جانب التوكل يوضح الغزالي أنه لا يصح للشخص إذا كان حاله مستغرقا بالاتكال على الله أن يترك أسباب الكسب أو لا يجتهد في طلب الحصول على المال، وبينما هو كذلك إذ نفسه تستشرف إلى الناس ويتطلع إلى من يدخل عليه من الباب فيأتيه برزقه، فهذا الفعل حرام لأنه يفضي إلى الموت وهو ليس من مقامات التوكل[1]، وهو بخلاف الاشتغال بمعرفة الله تعالى كحالة من حالات التوكل والاعتقاد فيها بأن الرزق آت لا محالة، وفي تقييم هذا الفعل كأحد أفعال التوكل المدعاة، يقول الغزالي: **"هذا فعل مشحون بالباطل والحماقة، مزين الظاهر بكلام يظن أن الآخرة تنال بالبطالة والعطالة فهذه حاله"**[2].

وأما في جانب القناعة فيبين أن من **"كان معه مال لو اكتفى به قانعا لأقنعه"**[3] وهذه الحالة من القناعة تفسر مفهوم الرضى بما قسم الله تعالى من الأرزاق وقدرها بين العباد على نحو معلوم فقال تعالى:﴾ وإن من شيء إلا عندنا خزائنه وما ننزله إلا بقدر معلوم ﴿[4]، ولكن للقانع درجة أفضل بالكسب من عدمه ولو كانت هذه الأفضلية على سبيل الإباحة لا على سبيل الوجوب، إذ يتعلق بالكسب للقانع الذي رضي بكفايته فلم يعد الكسب في حقه واجبا أنه يستطيع

---

(1) الإحياء ، 4 / 282 - 285 .

(2) ميزان العمل ، ص70 .

(3) الإحياء ، 2 / 260 .

(4) سورة الحجر ، الآية 21 .

"أن ينفع الناس إما بماله أو ببدنه فيقوم بحاجاتهم على سبيل الحسبة. ففي النهوض بقضاء حوائج المسلمين ثواب وذلك لا ينال إلا بالمخالطة، ومن قدر عليها مع القيام بحدود الشرع فهي أفضل له من العزلة إن كان لا يشتغل في عزلته إلا بنوافل الصلوات والأعمال البدنية"[1].

وحتى العلماء الذين يشترط لهم القناعة بالرزق وعدم الاهتمام به فإنه من القبيح عليهم أن يختل عندهم هذا الشرط من الرضى بما قسم الله تعالى وهذا لا يمنع من أن يكون العالم مكتسبا ما لم تضيع مصلحة المسلمين باكتسابه، بل له وجه لائق بالعالم العامل الذي يجمع في سلوكه بين العلم والعمل[2].

وأما في جانب الزهد فإن حكم الكسب فيه الوجوب، وهذا الحكم الوجوبي في طلب الكسب لمن كان حاله زاهدا ينبغي أن لا يزيد عن قدر الكفاية، فإذا تحققت حاجة يومه فعليه أن يترك الكسب، ويشير الغزالي إلى أن مجاوزة هذا الشرط إلى الكفاية لمدة سنة تخرج صاحبها من حد ضعفاء الزهاد وأقويائهم جميعا[3]، إلا أنه لا ينبغي ترك الكسب على إطلاقه بحجة التزهد في الدنيا والإعراض عن أي وجه فيها.

ومن هنا ننتهي إلى أن الكسب إما يطلب به الكفاية أو يطلب به الزيادة على قدر الكفاية، فإن طلب به الكفاية فهذا الطلب واجب في الشرع على صاحبه وإن طلب به الاستكثار من الدنيا فهو غير واجب لأنه طلب للمزيد الذي لا يدفع ضررا، وأيضا فإن معيار حد الكفاية في الوجوب له مقامات متعددة تختلف باختلاف حال المكتسب، وهذا يشكل بعدا عقديا وأخلاقيا يعالج من قيم التربية الإيمانية للنفس البشرية ويضبط علاقتها وانكبابها على الدنيا، فما هي مفاهيم التوكل والقناعة والزهد وما شابهها إلا إشارات وتنبيهات تدل على حقيقة الدنيا وموقف المسلم منها، فالمتوكل يعلم أن الرزق آت لا محالة والقانع فيها يرضى بما قسمه الله تعالى له من الكسب والأرزاق، والزاهد فقط يكفيه قوت يومه له ولعياله.

---

(1) الإحياء ، 2 / 260 .

(2) المصدر نفسه ، 4 / 292 .

(3) المصدر نفسه ، 254/4/4 .

إلا أن الغزالي وإن طرح هذه المفاهيم العقائدية بتفصيلاتها وجزئياتها فإنه لا يراد منها أن يعيش المجتمع المسلم على قوت يومه أو أن يعتزل في زاوية حياتية ضيقة أو غير ذلك، وإنما لتهذيب النفوس وإبراز الجانب الأخلاقي والإيماني وترسيخ دور هذا الجانب في تشكيل الحياة الاقتصادية والاجتماعية على أسس عقائدية، ويبقى موقفه واضحا من الكسب من حيث تعلقه بالوجوب لتحقيق مستوى الكفاية المعيشية، والقيام بأعباء الإعالة والمسؤوليات الأسرية.

المطلب الثاني

موقفه من ترك الكسب

فقد تبين أن الغزالي يقرر قاعدة ثابتة في الحث على الكسب تصل إلى حد الوجوب عند مستوى الكفاية، وبعد هذا المستوى يصبح الكسب مندوبا، وهذا بفرض أن العوامل الأخرى ذات العلاقة بالكسب ثابتة، أي أن المكتسب ليس له حال في الزهد أو القناعة أو غيره، إلا أنه يقرر حالة استثنائية خاصة تتعلق بحال المكتسب وتقضي بترك الكسب، وهي تشكل أربعة أشخاص، وهؤلاء الأشخاص الأربعة تحملهم الضرورة على عدم السعي في تحصيل المال وطلبه إذ أن الغاية أو المصلحة هي الأساس في قيام هذه الضرورة.

ومما جاء في بيانه لهذا الاستثناء قوله: "وترك الكسب أفضل لأربعة: عابد بالعبادات البدنية، أو رجل له سير بالباطن وعمل بالقلب في علوم الأحوال والمكاشفات، أو عالم مشتغل بتربية علم الظاهر مما ينتفع الناس به في دينهم كالمفتي والمفسر والمحدث وأمثالهم، أو رجل مشتغل بمصالح المسلمين وقد تكفل بأمورهم كالسلطان والقاضي والشاهد، فهؤلاء يكفون من الأموال المرصدة للمصالح أو الأوقاف المسبلة على الفقراء أو العلماء، فإقبالهم على ما هم فيه أفضل من اشتغالهم بالكسب"[1].

---

(1) الإحياء ، 2 / 72 - 73 .

فهؤلاء الأربعة صنفان:

أما الصنف الأول فله قدم راسخ في العبادة وعلم الحال ومجاهدة النفس وتربية الباطن، وهذا ما يحقق في نظر الغزالي أعلى درجات السعادة أو الغاية القصوى في طلب السعادة، لأنه يفضي إلى معرفة اللـه تعالى، وهذه المعرفة هي مقصود العبد في حياته، ولا ينال هذه الرتبة إلا خاصة الخاصة من العباد.

وقد أشار في موضع آخر إلى أن موقفه من هذا الصنف بترك الكسب لا يؤثر على معاش الناس سلبا بل إن طلب هذه الحقيقة وغفلة الناس عنها هو أمر لازم يساهم في مفهوم العمارة للحياة والارتقاء بها ولا يشكل أداة هدم لها[1]، وهو يشبهه إلى حد ما بترتيب قوى النفس التي خلقها اللـه تعالى بمنظومة عادلة، فمن هذه القوى مخدوم لا يخدم كالعقل المستفاد، ومنها خادم لا يخدم كالقوة الدافعة للفضلات، ومنها ما هو خادم من وجه ومخدوم من وجه كالمشاعر الباطنة[2].

وأما الصنف الثاني فرخصته ترك الكسب تقوم على أولوية تحقيق المصلحة، وهي مصلحة عامة وضرورية وقطعية لا يصح تركها، إذ كيف يتصور تطبيق منهج الدين دون وجود سلطان يقوم على حراسته أو مفتي يشرح حدوده وأحكامه أو قاضي يفصل في منازعات الناس وخصوماتهم، فصارت هذه المصلحة من هذا الوجه مهمة دينية تنزل منزلة الفرض الكفائي، وهي بذلك أولى من التفرغ للكسب وطلب المال إذ لولاها لانفرط عقد الدين وتداعت أركانه.

ومن هنا يمكن بيان موقف الغزالي من الكسب للفئات الاجتماعية الثلاث في ضوء المستويات المعيشية السائدة عن طريق تمثيلها بيانيا على النحو التالي:

---

(1) الإحياء ، 4 / 355 ، جواهر القرآن ، ص30 .

(2) معارج القدس ، ص 91 .

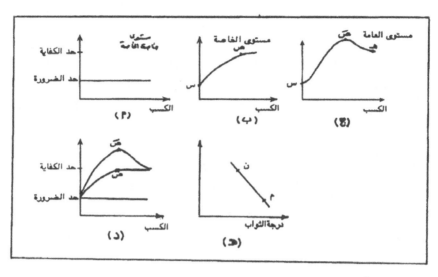

- في الشكل (أ) يدل منحنى المستوى المعيشي لفئة خاصة الخاصة على العلاقة الثابتة بين الكسب ومستوى حد الضرورة.
- في الشكل (ب) يدل منحنى المستوى المعيشي لفئة الخاصة على العلاقة الطردية بين الكسب والمستوى المعيشي وذلك حتى مستوى الكفاية، وهو مرن من النقطة س إلى النقطة ص.
- في الشكل (جـ) يدل منحنى المستوى المعيشي لفئة العامة على العلاقة الطردية بين الكسب والمستوى المعيشي، وذلك إلى ما بعد مستوى الكفاية أي مستوى التحسينات إذ يبدأ بالصعود من النقطة س إلى النقطة صَ ، وبعد النقطة صَ يبدأ بالانحدار نتيجة التصدق بالفاضل من المال، حتى مستوى الكفاية عند النقطة هـ .
- في الشكل (د) يتضح أن المستوى المعيشي لفئة خاصة الخاصة يمثل أدنى مستوى أي عند حد الضرورة، ويأتي منحنى الخاصة عند حد الكفاية بينما يأتي منحنى فئة العامة عند حد التحسينات، ولكنه يبدأ بالانحدار ليتوازن مع منحنى الخاصة عند حد الكفاية.
- في الشكل (هـ) تعكس المنحنيات الثلاثة درجة الثواب لكل منها، ويتضح أن

درجة الثواب أعلى ما يمكن لفئة خاصة الخاصة عند النقطة (م) وأن درجة الثواب متساوية للفئتين الخاصة والعامة عند النقطة (ن) .

نقد الغزالي في ترك الكسب ومناقشته:

ومن المعاصرين من ذهب إلى عدم الإقرار بهذا الاستثناء وأنه لا يستقيم بحال وليس له وجه من الوجوه المعتبرة، فيرى "شوقي دنيا" أنه "ليس هناك وجه لترك الكسب في الحالات الأربع التي ذكرها اللهم إلا في الحالتين الأخيرتين وهما رجل مكلف بتعليم غيره والقيام بمهامه - ثم قال- وفي الحقيقة مثل هذا الرجل لا يعتبر بلا عمل فهو يعمل عملا لا يقل عن أي عمل آخر، ومن حقه أن يحصل على أجر نظير هذا العمل، ولا أدري كيف غاب عن الغزالي ما قاله في مناسبات أخرى من أن الحاجة ماسة إلى صناعة التعليم وإلى صناعة السياسة والإدارة، ومعنى ذلك أن من يقوم بذلك لا يعتبر عاطلا أو تاركا للكسب"[1].

وتدور مناقشتنا وردنا على هذا الانتقاد بتقسيمه إلى أربعة عناصر رئيسة هي:

1- ليس للصنف الأول عذر في ترك الكسب.

2- يجوز للصنف الثاني ترك الكسب، ولكن مثل هذه الصنف "لا يعتبر بل عمل فهو يعمل عملا لا يقل عن أي عمل آخر".

3- وإذا كان هذا الصنف يعمل عملا لا يقل عن غيره فمن حقه أن يحصل على الأجر نظير هذا العمل.

4- عدم ربط الغزالي لما يقوله في ترك الكسب للحالات الأربعة وبين ما يدعو إليه في مواقف أخرى بضرورة الحاجة إلى صناعة التعليم والسياسة والإدارة.

المناقشة:

إن الإحاطة بطروحات الغزالي الاقتصادية ومعرفة الفرضيات القائمة عليها تبرر ما ذهب إليه، وهو ما سنبينه بمناقشة هذا الانتقاد بعناصره الأربعة كل عنصر

---

(1) شوقي أحمد دنيا، "من أعلام الاقتصاد الإسلامي: الإمام أبو حامد الغزالي"، بحث مقدم إلى ندوة الاقتصاد الإسلامي، عمان 9-11/ شباط 1983.

على حدة:

أولا : فالقول بأن الصنف الأول ليس له عذر في ترك الكسب فإن واقع الخطاب الذي تبناه الغزالي في طروحاته الفكرية يدل على تقسيمه الناس إلى ثلاثة مستويات هـم العامـة والخاصة وخاصة الخاصة، وكل مستوى مـن هـذه المستويات الثلاثة لـه مقام معلوم في التطبيق والسلوك، وتظهر أبعاد هذه الرؤية بوضوح أكثر عند الحديث عن منظومة القيم التعبديـة مثل الشكر والإخلاص والزهد والصبر وما شابه ذلك، إذ ليس الناس سواء في التعامل مع أي عبادة من هـذه العبادات، ﴿ فمنهم ظـالم لنفسـه ومـنهم مقتصد ومـنهم سـابق بالخيرات بإذن اللـه ﴾ [1].

وعلى ضوء هذا الاعتبار فإن أفضلية ترك الكسب للصنف الأول تحمل على معنى الخطاب المتعلق بمستوى خاصة الخاصة وهو ما عناه بقوله "عابد بالعبادات" وبقوله "رجل له سير بالباطن وعمل بالقلب في علوم الأحوال والمكاشفات" إذ أن مقام المكاشفة لا يحظى بـه إلا مـن لـه مرتبـة متقدمة في التجرد وعلم الحال.

ونضيف إلى ذلك أن هـذا الصـنف لا يقصد بـه إلا مـن هـم علـى الطريقـة الصـوفية لأن مفاهيم المكاشفة وعلم الحال والباطن هـي مفاهيم صـوفية بحتـة لا تتعـدى أصحاب الطريقـة والطالبين لها.

والمقصود من الصوفية بهذا الخطاب هم خاصة الخاصة وهو يشـير بـترك الكسب لهـذه الفئة تعبيرا عن حالة الفناء والإياس عما في أيدي الناس من الأمـوال والطمـع بهـا، وهـذا لا يعنـي ترك الكسب وانتظار الرزق عما تجود به أيدي الكرمـاء والأسـخياء مـن النـاس، فهـو يتعـارض مـع حقيقة الفناء بالقرب من اللـه تعالى لهذا المستوى وإنما يعني الاتكال المطلـق علـى اللـه تعـالى والاعتقاد الجازم بأن الرزق يتولاه اللـه تعالى أولا وآخرا، ففي كتابه "روضة الطالبين" يوضح أبعاد هذه الحقيقة فيقول: **"فعلاقة فنائك عن الخلق انقطاعك عنهم وعن الـتردد إلـيهم والإيـاس عـما في**

---

(1) سورة فاطر ، من الآية 32 .

أيديهم، وعلامة فنائك عنك وعن هواك ترك الكسب، والتعلق بالسبب في جلب النفع ودفع الضرر فلا تتحرك فيك بك، ولا تعتمد عليك لك، ولا تذب عنك ولا تضر نفسك، لكن تكل ذلك كله إلى من تولاه أولا ليتولاه أخرا"[1].

وعلى هذا فهو يبين مكمن الخطورة في تجارة الصوفي وكسبه بأنها ليست في الكسب لأن الكسب في الأصل مطلوب ولكن في حدوث الكيفية التي يتم فيها الكسب من الطمع والاستغراق بطلب المال وتعلق القلب وميله للحصول عليه، فهو يقول: **"فأما الوراقة والخياطة وما يقرب منهما مما يليق بالصوفية تعاطيها، فإذا تعاطاها لا في حانوت ولا على جهة اكتساب وحرفة فذلك لا يمنع من الاستحقاق وأما القدرة على الحرف من غير مباشرة فلا تمنع، وأما الوعظ والتدريس فلا ينافي اسم التصوف إذ لا يتناقض أن يقال صوفي مقرىء وصوفي واعظ وصوفي عالم أو مدرس، ويتناقض أن يقال صوفي تاجر وصوفي عامل"**[2].

وهو يوضح في موضع آخر أن ترك الكسب على هذا الوجه من التفسير غير مقصود لذاته وإنما للتفرغ للعلم الذي يليق بخاصة الخاصة ممن له سير في الباطن وحركة بفكر القلب في العلوم والمكاشفات، ويبين أن هذا العلم فيه فائدة تشمل سائر الخلق، وهذه الفائدة المتعدية للآخرين أفضل من فائدة الكسب على العيال، وهذا هو المقصود بقوله: **"وفائدته أكثر من ذلك وأعم وأشمل لسائر الخلق من فائدة الكسب على العيال"**[3]، ولكن إذا لم يختص هذا العلم بهذه الفائدة المتعدية فحينئذ يصبح عمل الصوفي **"لأهله وأولاده بكسب الحلال لهم والقيام بتربيتهم أفضل له من العبادات اللازمة لبدنه التي لا يتعدى خيرها إلى غيره"**[4].

ومن هنا فالحديث عن ترك الكسب لهذا الصنف لا يؤخذ على إطلاقه وإنما يراد به من هو صوفي أولا، وليس أي صوفي ولكن من كان له مقام خاص في العبادة

---

(1) روضة الطالبين ، ص17 .

(2) الإحياء ، 2 / 167 .

(3) المصدر نفسه ، 2 / 37 .

(4) المصدر نفسه ، نفس الصفحة .

وأعمال الفكر بالقلب والحال وعلوم المكاشفات، وحجة الغزالي في ترك الكسب لهذا الصنف أن ثمة منفعة عامة يتحصل عليها من هذا العلم، وأن السعادة التي هي مقصود العبد في هذه الحياة تتحقق غايتها بهذه العلوم، وهذا لا يتعارض مع إصلاح المعاش وعمارة الدنيا إذ أن ما يقوم به قليل من الناس على هذا الوجه ويغفل عنه جلهم هو من دواعي استمرار صلاح الدنيا وبقاء عمارتها.

ثانيا : وأما القول في الصنف الثاني أنه لا يعد تاركا للكسب لأنه يقوم بعمل فقد وضحنا آنفا أن ثمة فرق بين الكسب والعمل وهو أن العمل يراد به إيجاد المنفعة وأن الكسب يراد به طلب هذه المنفعة بعد إيجادها، وعليه فإن ما يقوم به السلطان أو المفتي أو المحدث أو من شاكلهم لا يقصد به أولا طلب المال لأنه ليس مجالا من المجالات التي حددها الغزالي للكسب، وهو ثانيا لا يعد من وجوه الكسب لأن طلب المال لا يليق لمثل هذه النشاطات التي يقوم بها هذا الصنف ـ إذ كيف نفسر ـ أن غرض الوالي أو الحاكم أو السلطان هو الحصول على المال بينما مكانته لا يعلى عليها مكانة وعلى أساسها يقوم العدل وتنتظم أمور البلاد وكذا يقال في المهمات الدينية التي يتولاها المفتي أو المحدث أو من شاكلهم.

وهذا المنهج هو الذي سار عليه السلف رضوان الله عليهم، وأخذ به الغزالي وطرحه في فكره وبين من خلاله موقفه من ترك الكسب، فقال: "كره السلف أخذ الأجرة على كل ما هو من قبيل العبادات وفروض الكفايات - وذكر منها- تعليم القرآن وتعليم علم الشرع - ثم قال- فإن هذه أعمال حقها أن يتجر فيها للآخرة، وأخذ الأجرة عليها استبدال بالدنيا عن الآخرة ولا يستحب ذلك"[1].

ففي هذا دلالة على أن ما يقوم به السلطان لا يسمى كسبا ولو أخذ عليه مكافأة من المال لأنه لم يقصد هذا المال لذاته، وكيف يقصد وقد علم أن سياسته في العدل بين الناس لا يقابلها أجر لأنها غير محدودة في نفع الناس، وكذلك يقال بالنسبة للمفتي والمحدث ومن جرى مجراهم.

<hr/>

(1) الإحياء ، 95 - 96 .

ثالثا : وأما القول بلزوم الأجر على مثل هذا العمل فنحن نرى أن الغزالي يركز من خلال النص على معيار حد الكفاية، أي ضرورة الحصول على الأموال بما يكفي للخروج من معنى الفقر أولا وتحقيق قدر من الحياة المعيشية الكريمة ثانيا، وهذا ما يفهم من قوله: "فهؤلاء إذا كانوا يكفون من الأموال المرصدة للمصالح أو الأوقاف المسبلة على الفقراء أو العلماء فإقبالهم على ما هم فيه أفضل من اشتغالهم بالكسب"، والكفاية من أموال المصالح هنا يراد بها الحالة الرابعة وهي تتعلق "برجل مشتغل بمصالح المسلمين وقد تكفل بأمورهم كالسلطان والقاضي" بينما تتعلق الكفاية من أموال الأوقاف بالمجالات الثلاثة الأولى وهي تشمل طائفة الفقراء والعلماء.

فدلالة هذا النص تقضي بعدم ترك الكسب إذا لم يتحقق قدر الكفاية من الأموال المرصدة، وهذا يعني أنه لا يصح أن يقال بأفضلية ترك الكسب حين فقد القدرة على تلبية الحاجة الكفائية من هذه الأموال، أي يمكن القول أنه حين يفتقر إلى وجود الموارد اللازمة لتغطية النفقات المترتبة على ترك الكسب لهذه الحالات، أو عجز هذه الموارد عن إشباع حد الكفاية، فإن الموقف من ترك الكسب يعتمد على حالتين " **إحداهما أن تكون كفايتهم عند ترك الكسب من أيدي الناس وما يتصدق به عليهم من زكاة أو صدقة من غير حاجة إلى سؤال.**

فترك الكسب والاشتغال بما هم فيه أولى، إذ فيه إعانة الناس على الخيرات، الحالة الثانية: الحاجة إلى السؤال، وهذا محل نظر، بل هو موكول إلى اجتهاد العبد ونظره لنفسه بأن يقابل ما يلقى في السؤال من المذلة وهتك المروءة والحاجة إلى التثقيل والإلحاح بما يحصل من اشتغاله بالعلم والعمل من الفائدة له ولغيره"[1].

رابعا: وأما الادعاء بعدم ترابط أفكار الغزالي مع بعضها البعض، أي ما يقوله بترك الكسب في موضع يخالف ما ذهب إليه في موضع آخر مثل صناعة التعليم والسياسة والإدارة، فالحقيقة أن ما ذهب إليه من ضرورة الحاجة إلى هذه الفنون لا يخالف موقفه هنا من ترك الكسب للحالات المخصوصة وذلك حسبما فصلنا فيه القول والنقاش.

---

(1) الإحياء ، 4 / 282 .

ونقرر في هذه المناسبة أن الاستثناء "بترك الكسب أفضل لأربعة" هو تأكيد من الغزالي بأن الكسب أفضل لغير هؤلاء الأربعة إذ أنه استثناء محدود لتعلقه بوجه المصلحة، بينما يرسخ هذا التأكيد منهج الغزالي في الحث على الكسب وعدم جواز تركه بحجة التفرغ للعبادة والاعتقاد بأنه من التوكل، ومن ذلك قوله: **"وقد يظن أن معنى التوكل ترك الكسب بالبدن، وهذا ظن الجهال، فإن ذلك حرام في الشرع، والشرع قد أثنى على المتوكلين فكيف ينال مقام من مقامات الدين بمحظورات الدين".**

ونتيجة لذلك فإن منهج الغزالي وموقفه من ترك الكسب لبعض الحالات، وبشروط مخصوصة، لا يقصد به المساس بهذا المنهج الذي عرف فيه بدعوته إلى الكسب والحث عليه، وإذا كان في المسألة تفصيل كما ناقشناها فلا يصح أن يؤخذ الكلام على إطلاقه ، وهو أخيرا يعزز أهمية المصلحة الاجتماعية التي نادى بها وأسس قواعدها في بحوثه الأصولية، إذ لا يتصور أن ينصرف السلطان أو العلماء أو المفتون أو القضاة إلى السعي بالمكاسب المعيشية من تجارة وغيرها بينما يترتب على هذا السعي ضرر أعم من المنفعة التي يحصلون عليها، وذلك بسبب تعلق منفعة سائر الخلق بتفرغهم لممارسة اختصاصاتهم.

ومما يشهد على هذا الواقع الحادثة المشهورة التي عايشها الخليفة الأول أبو بكر الصديق رضي الله عنه حينما ولي الخلافة، وذلك أنه انطلق للتجارة والعمل في السوق لكسب القوت والنهوض بأعباء إعالته الأسرية تاركا أعباء الخلافة التي نيطت به، فما كان من عمر رضي الله تعالى عنه عندما قابله في طريقه إلى السوق إلا أن يعترض عليه ويقع منه هذا التصرف موقع العجب والدهشة ويقول: "ألست قد وليت أمر السلمين، فيفرض لك في أموالهم، ما يكفيك وبيتك، عد إلى المسجد.

فينادي عمر في الناس، فاجتمعوا، فقام أبو بكر فقال: أيها الناس إني كنت احترف لعيالي، فاكتسب قوتهم، وأنا الآن أحترف لكم فافرضوا لي من بيت المال، فقالوا: يا خليفة رسول الله لقد ترك رسول الله أمين هذه الأمة أبا عبيدة، فيحكم لك وعلينا، فقال أبو عبيدة: افرض لك قوت رجل من المسلمين، ليس بأعلاهم ولا

بأدناهم، وكسوة الصيف والشتاء وركوبة تركبها ففرضوا له مائتي درهم، فقـال أبـو بكـر: اكسب أكثر، ففرضوا له خمسمائة درهم"(1).

ويدعم هذا الرأي كثير من القواعد الشرعية(2)، مثل قاعدة "التصرف عـلى الرعية منـوط بالمصلحة" وقاعدة "يتحمل الضرر الخاص لدفع الضرر العام" وقاعدة "الحاجة تنزل منزلة الضرورة عامة أو خاصة".

وهذا الموقف يؤكد أهمية الفروض التي تنزل منزلة الكفاية في الإسلام، ويبرر مـا ذهـب إليه الغزالي في مواضع أخرى من ضرورة ترسيخ قواعد الفرض الكفائي في أي مجال مـن المجـالات الاقتصادية الحيوية، والذي يأثم المجتمع كله بتركه إذا لم يوجد من يقوم به(3).

المطلب الثالث

الكسب غير المشروع (الكداية)

فقد بين الغزالي في معرض حديثه عـن الأسباب غـير المباحـة للتملك أن مـن صـور هـذه الأسباب ما يتصل به خلل في جهة الاكتساب مما يعني عدم جواز تملكه.

والخلـل في جهة الاكتساب متعين في وجوه كثير مثـل: **"الظلـم والشـبهات والرشـاوي والجاهات المحظورة"**(4) وأموال السلاطين المغصوبة من أصحابها بدون

---

(1) حسن البنا ، نظرات في السيرة ، ط1 ، مكتبة الاعتصام ، 1979م ، ص49 : محمد الخضري ، اتمام الوفاء في تاريخ الخلفاء ، ص18 . عباس محمود العقاد ، عبقرية الصديق ، بيروت ، المكتبة العصرية ، ص127 .

(2) عبد الكريم زيدان ، المدخل لدراسة الشريعة الإسلامية ، ط9 (بيروت، مؤسسة الرسالة، 1986) ، ص97 - 100 .

(3) الإحياء ، 1 / 27 .

(4) الكشف والتبيين ، ص60 .

حق[1]، إلى جانب ما هو مقطوع بحرمته مما أفاض به الشرع مثل الربا والميسرـ والسرقة ونحو ذلك.

إلا أننا نتناول في هذا السياق بعدا مهما من وسائل الكسب غير المشروع ناقشه الغزالي في مواضع عديدة من كتابه "الإحياء" وفصل فيه القول لأهميته وهو ما يمثل موضوع الكداية أو السؤال بغير وجه شرعي.

ومما جاء في تفصيله لهذه المسألة ومناقشته لها أنه عالجها في ثلاثة جوانب رئيسة يتعلق الجانب الأول منها بمدى مشروعية السؤال، ويتعلق الجانب الثاني بمدى إمكانية الرخصة في السؤال، بينما يتعلق الجانب الثالث بحقيقة الكداية وصورها وما تحمل من دلالات في معانيها وأهدافها.

الجانب الأول: مدى مشروعية السؤال

ذهب الغزالي في بيانه لحكم الشرع في السؤال إلى أن الأصل فيه هو التحريم، وبين أن سبب الحكم على هذا الوجه هو أن السؤال لا ينفك عن ملازمة بعض الأمور المحرمة التي لا يقرها الشرع ولا يثبت التعامل بها وهي كفيلة بالنهي عن السؤال وتحريمه.

وهذه الأمور المحرمة التي لا ينفك السؤال عنها، حصرها في ثلاثة مواضع رئيسة هي[2]:

- أن السائل يظهر بلسان حاله الشكوى من الله تعالى، وذلك أن السؤال فيه معنى الإشارة إلى الفقر والقلة، وهو ما يدل على تضييق رحمة الله على عباده وقصور نعمته عنهم.

- أن السائل يكشف حالة الضعف والإذلال للمسؤول، وهذا ينفي حقيقة العبادة التي تقضيـ بتوجه العبد بكليته إلى الله تعالى، وعدم إظهار أي شكل من أشكال الإذلال والحاجة لغيره.

---

(1) فضائل الأنام ، ص138 ، الكشف والتبيين ، ص68 .

(2) الإحياء ، 3 / 223 .

- أن السائل يؤذي المسؤول في الغالب، إذ ربما لا تسمح نفسه بالبذل عن طيب نفس منه، فيقع في الاستحياء من السائل أو الرياء له، وهذه الموجبات من الأذى والحياء والرياء وغيرها ظاهرة في الحرام ولا تجوز في حق مسلم.

وكذلك فإن هذه المبررات التي يضعها الغزالي في عدم جواز السؤال أصلا تضفي السمة العقائدية على سلوك المسلم في الكسب، وتحدد الشروط الأخلاقية والتعبدية للقيام به، وتؤيد ما تبناه في الحث على الكسب وأنه لا سبيل لتركه ما لم تنهض به شروط مخصوصة تقتضيها ضرورة الحال والاعتبار الشرعي لهذه الضرورة.

الجانب الثاني: مدى إمكانية الرخصة في السؤال

وفي هذا الجانب تظهر الضرورة كأحد الاستثناءات الجوازية للسؤال مراعاة للمقاصد الشرعية الرامية إلى حفظ النفس من الهلاك.

ففي هذا المقام يجوز للشخص إن كان مضطرا أن يسأل سؤال الجائع الخائف على نفسه من الموت أو المرض، وأن يسأل سؤال العادي الذي ليس له ملبس يواريه من أذى البرد والحر، وله أن يسأل في أي حال تحمله الضرورة على هذا المعنى من الاعتبار الشرعي لصيانة لنفس وحمايتها من الهلاك [1].

غير أن الغزالي لم يجز في هذه المناسبة سؤال المستغني الذي يطلب شيئا وعنده مثله وأمثاله [2]، وهو يرى أن أي سؤال للزينة والتوسع هو سؤال عن ظهر غنى، ويحدد أن حالة الغنى للفرد تنزل إلى خمسة دنانير في السنة، وتكون كافية حال الاقتصاد، وهو ما دل عليه الحديث بتقييد الغنى بخمسين درهما، فقد أخرج أهل السنن من حديث ابن مسعود مرفوعا "أنه قيل يا رسول الله وما الغنى؟ قال خمسون درهما أو قيمتها من الذهب"[3]. فإذا كان الفرد معيلا ويعلم أن فرصته في السؤال تضيع أثناء السنة ولا يجد من يعطيه لو أخر السؤال فيباح له أن يسأل لأن الأمل في

---

(1) الإحياء ، 4 / 224 - 225 .

(2) المصدر نفسه ، 4 / 224 .

(3) صحيح الجامع الصغير ، 2/ 1076-1077 ، رقم الحديث : 6279 .

البقاء لمدة سنة غير بعيد[1] .

وهذا الرأي الذي أخذ به الغزالي في تحديد الغنى بخمسين درهما واستحقاق من يعيش دونه للصدقة والزكاة والعطاء قد ذهب إليه جماعة من العلماء مثل سفيان الثوري والنخعي وابن المبارك وأحمـد بـن حنبـل واسـحاق بـن راهوية[2]، وكذلك قال به الزيدية[3]، فقد صح في المشهور عن أحمد أن هذا المسـتوى، أي التقـدير بخمسـين درهـما أو قيمتها من الذهب، يمنع صاحبه من استحقاق الزكاة[4]، بمعنى أنه إذا ملك دون هذا المقدار أو عدله من الذهب يصير فقيرا أو محتاجا لمد اليد له، أو أن يمد يده سائلا الآخرين حتى يصل إلى هذا التقدير الذي يثبت به الغنى[5] .

ونحن ولو كنا نخالف الغزالي فيما ذهب إليه بتقدير حد الغنى بخمسين درهما[6] ونقول بما أخذ به الجمهور بأن التقدير يعتمد على مستوى الكفاية[7]، فإننا

---

(1) الإحياء ، 4 / 227 .

(2) انظر : الخطابي ، معالم السنن (بيروت ، المكتبة العلمية ، 1981) ، 2 / 56 . ابن قدامـة ، المغنـي ، ط1 (بيروت ، دار الفكـر ، 1985) ، 2 / 277 .

(3) الحسين بن أحمد الحيمي ، الروض النضير شرح مجموعة الفقه الكبير (بيروت ، دار الجليل ، د.ت) ، 2 / 431 .

(4) المرداوي ، الانصاف ، تحقيق محمد حامد الفقي ، ط2 (دار إحياء التراث العربي ، 1980) ، 3 /221 .

(5) صديق حسن خان القنوجي ، الروضة الندية شرح الدرر البهية ، ط1 (بيروت ، دار الكتب العلمية ، 1990) ، 1 / 269 .

(6) وسبب المخالفة هنا يقوم على ثلاثة أمور أحدها أن الغزالي نفسه ذهب إلى أن الكسب يتعلق بـه الوجـوب إلى حـد الكفايـة وهو ما يضمن مستوى الحياة الكريمة فهذا هو معياره العام في تقدير حد الكفاية وليس القول بخمسين درهما ، وقد قـال في الإحياء : "ولنقطع بأن من معه ما يكفيه له ولعياله إن كان له عيال لسنة فسؤاله حرام" 2/ 227 .

وأما الأمر الثاني فإن هذا الحديث الذي استند إليه في التقدير لا يعكس مستوى الكفايـة الحقيقـي مـما جعل العلـماء يتأولونه فمنهم من قال أن الرسول صلى الـله عليه وسلم

نستنتج أن رخصة السؤال تمثل حالة استثنائية تتعلق بها ضرورة معاشية لازمة وهنا ينبغي الإشارة إلى أن هذه الضرورة الاستثنائية في جواز السؤال تقوم على أساس الاعتبارات السابقة في تقييد السؤال، بمعنى أنه لا يجوز السؤال ولو كان لضرورة ما لم يشعر صاحبه بأن الشكوى والإذلال لله تعالى وليس لغيره، ويتحرى مواطن الصدق والإخلاص لبذل المسؤول لماله دون التعريض له للأذى والرياء وغيره.

الجانب الثالث: حقيقة الكداية[1] وصورها

فقد ساهم الغزالي فيما يتعلق بظاهرة الكداية بتحليل بعض جوانبها والوقوف على أهم القضايا المتعلقة بها وينسب إليه السبق في هذا المجال بمعالجة هذه الظاهرة بأبعادها الاقتصادية والاجتماعية[2].

ففي كتاب "ذم الدنيا" من الإحياء وضح أبعاد هذه الظاهرة وصلتها بالأشغال الدنيوية من الحرف والصناعات والأعمال، فبين أولا طبيعة هذه الأشغال الدنيوية

وجه الخطاب لقوم بأعيانهم تقوم كفايتهم بخمسين درهما ، ومنهم من قال أن الكفاية في ذلك الوقت كانت ضمن هذا التقدير ، ومنهم من ضعف حديث ابن مسعود وقالوا بأن أحمد رجع عنه حينما بان له ضعفه . انظر : الخطابي ، معالم السنن ، 2 / 56 ، المرداوي ، الانصاف ، 3 / 222 .

وأما الأمر الثالث فهو ما يدل عليه قول الرسول صلى الله عليه وسلم : "أن المسألة لا تحل لأحد ثلاثة - وذكر منها - ورجل أصابته فاقة حتى يقول ثلاثة من ذوي الحجا من قومه لقد أصابت فلانا فاقة فحلت له المسألة حتى يصيب من قواما عيش أو سدادا من عيش" . مختصر صحيح مسلم ص153 - 154 . رقم الحديث 568 .

(7) النووي ، المجموع ، دار الفكر ، 6/ 190 ، الأموال ، ص666 .

(1) الكداية هنا هي الغلو في المسألة والإلحاح بها ، فيقال: أكدى أي ألح في المسألة ، وتقول: لا يكديك سؤالي أي لا يلح عليك سؤالي. انظر : لسان العرب ، باب الواو والياء ، فصل الكاف ، 15 / 216 .

(2) يوسف القرضاوي ، مشكلة الفقر وكيف عالجها الإسلام (بيروت ، مؤسسة الرسالة ، 1985) ص50 . عيسى عبده ، العمل في الإسلام ، ص66 .

وكيفية حدوث الحاجة إليها، وكيف يتولد منها حاجة الإنسان إلى القوت والمسكن والملبس فيقوم بصناعات ملائمة لهذه الحاجات مثل الفلاحة والحياكة والبناء وغيرها.

وبعدما أوضح أن هذه الحرف والصناعات ضرورة لازمة لاكتساب الإنسان وحصوله على المال لإشباع رغباته ودوافعه بَين أن قسما من الناس يعجز عن الاكتساب والاحتراف لغفلته في صباه أو لمانع يمنعه فيحتاج إلى سعي غيره بممارسة حرفتان خسيستان هما: اللصوصية والكداية، إذ يجمع بينهما معنى الاعتداء على جهد الغير والأكل من سعي الآخرين، ويمثل كل منهما وجها للآخر في النهب والسلب وأخذ أموال الناس بالباطل.

وهنا نترك الحديث للغزالي في تصوير حقيقة هذه الظاهرة وبيان أشكالها الكثيرة، فليس أدق من قلمه البارع وذهنه السيال على الإحاطة بها وكشف دقائقها وتفصيلاتها فيقول:

"وأما المكدي فإنه إذا طلب ما سعى فيه غيره وقيل له اتعب واعمل كما عمل غيرك فلا يعطي شيئا، فافتقروا إلى حيلة في استخراج الأموال وتمهيد العذر لأنفسهم في البطالة، فاحتالوا للتعلل بالعجز إما بالحقيقة كجماعة يعمون أولادهم وأنفسهم بالحيلة ليعذروا بالعمى فيعطون، وإما بالتعامي والتفالج والتجانن والتمارض وإظهار ذلك بأنواع من الحيل مع بيان أن تلك محنة أصابت من غير استحقاق، ليكون ذلك سبب الرحمة، وجماعة يلتمسون أقوالا وأفعالا ليتعجب الناس منها حتى تنبسط قلوبهم عند مشاهدته، فيسخوا برفع اليد عن قليل من المال في حال التعجب، ثم قد يندم بعد زوال التعجب ولا ينفع الندم وذلك قد يكون بالتمسخر والمحاكاة والشعبذة والأفعال المضحكة، وقد يكون بالأشعار الغريبة والكلام المنثور المسجع من حسن الصوت.

ويدخل في هذا الجنس الوعاظ والمكدون على رؤوس المنابر إذا لم يكن ورائهم طائل علمي وكان غرضهم استمالة قلوب العوام وأخذ أموالهم بأنواع الكدية، وأنواعها تزيد على ألف نوع وألفين"[1].

---

(1) الإحياء ، 3 / 242-243 .

ففي هذا النص إشارة واضحة إلى بعض الدلالات الاقتصادية المستفادة من واقع الممارسـة الخاطئة لأشكال التسول والكداية، ومنها:

أولا: أن السؤال في الغالب نوع من أنواع التحايل التـي يـراد بهـا تلـبس الحقـائق وصرف همم الناس عن مقاصد الحياة المعاشية السليمة التي خلقوا من أجلها، فالسائل ليس همه إلا أن يطلب المزيد من المال لإشباع نهمـه الاستهلاكي، ويستغرق في استهلاكه للحصـول علـى الأمـوال والثروات ما وسعه الجهد .

ثانيا: أن الكسب غير المشروع هو توزيع غـير عـادل للنـاتج بـين الأفـراد، لأن السـائل "إذا طلب ما سعى فيه غيره وقيل له اتعب واعمل عمل غيرك" تعلل بـالعجز وتظـاهر بقصور إرادتـه في الاكتساب، فصار التحايل هنا أداة لا تعكس صورة حقيقية لمكافأة الأفراد علـى مـا يبذلوه مـن جهد، وهذا التبادل غير العادل للعائد بين الأفراد يساهم في خلخلة الأوضاع الاقتصادية ويؤثر علـى علاقات العمل والإنتاج والتوزيع، وتبدو هذه الصورة أكثر وضوحا وجلاء لما نشاهده في عالم اليوم إذ تمارس هذه العملية عن طريق القرار الاقتصادي للدولة بمصادرة المشروعات الفرديـة الكبـيرة بحجة تعلقها بمصلحة المجموع، وظهور التكتلات الاقتصادية الدولية للسيطرة على مـوارد شعوب بأكملها ونهب خيراتها وثرواتها، وللحيلولة دون نهضة الأمم المستضعفة والحد من نموها وتقدمها.

وهذا يعني أن الكداية أو ظاهرة السؤال الذي نحن بصدده - وبصورته البسيطة- مـا هـو إلا تلميح بعدم جواز الاعتداء علـى حقـوق النـاس وثرواتهم مهمـا كـان حجمهـا أو مقدارهـا لأن الأصل يقرر أن للإنسان ما سعى فيه بنفسه وليس له ما سعى فيه غيره.

ثالثا: وظاهرة التسول في مجملها لا تدخل في قياس نسب البطالـة ومعـدلاتها لأن السـائل إذا قيل له اتعب واعمل فهو لا يريد أن يعمل، وبعبارة أخرى فهو لا يبحث عن عمل علاوة علـى عجزه في مباشرة أي عمل لأنه غفل عن تعلم الاكتساب أو الاحتراف في صباه أو منعـه منـه مـانع، وهذا بدوره حال دون قدرته على الكسب المشروع أو ممارسة المهن الشريفة.

رابعا: وجميع الأفعال التي يقوم بها المكدون ليس لها أثر عملي في إثـراء الحيـاة الإنسـانية وهذا لا يستثنى منه أحد لأنه كسب غير منتج مثـل مـا تقـوم بـه الشـعراء أو بتعبـير أدق شـعراء السلاطين وهم يمدون أيديهم يتكفـفون بما لديهم من أشعار غريبة نظموها للتقرب والتزلف مـن مراكز السلطان، إضافة إلى ما يقوم به كثير منهم بهذا العمـل لاسـتدرار عطـف النـاس وشـفقتهم، ومثلهم أصحاب الكلام المسجع وكل من جرى هذا المجرى حتى الخطباء على أعواد المنابر ممـن لا ينتفع بخطبهم ومواعظهم ولا يسـهمون بـأي طائـل علمـي في تنميـة المعرفـة وتهـذيب الأخـلاق، فهؤلاء مكـدون ومتسـولون ولـو حملـتهم رؤوس المنـابر وتكلمـوا بشـعارات الـدين لأن "غرضـهم استمالة قلوب العوام وأخذ أموالهم بأنواع الكدية، وأنواعها تزيد على ألف نوع وألفين".

وأنها للفتة رائعة من الإمام الغزالي أن يوضـح مكـامن الخطـورة في المجتمـع وأن ينبـه إلى صور وممارسات اجتماعية واقتصادية خاطئة تضر ببنائه الإنساني، مثل الكداية التـي يجمـع بينهـا وبين اللصوصية، فالمكدون هم لصوص يسرقون أمـوال النـاس، واللصـوص هـم مكـدون يتحـايلون لانتزاع هذه الأموال من أصحابها من غير إرادتهم، وهو لا يبرح يكشف هذه الحقيقة ولـو طالـت من أحاطوا أنفسهم بهالة علمية وإيمانية مزيفة بستار من القداسة والنزاهة وليس ورائهـم طائـل علمي يستفيد منه الآخرون.

المطلب الرابع

ضوابط الكسب

يمكن إجمال أهم الضوابط التي تحكم تصرفات المكتسب بالنقاط التالية:

أولا: ضرورة الالتزام بالإطار الديني في ممارسة الكسب وذلك فيما يتعلق بحقيقـة التصـور الإسلامي لمعنى المال وكون الإنسان مستخلفا فيه ومؤتمنا عليه.

وقد أشار الغزالي في هـذا المجـال إلى بعـض الآفـات الدينيـة المصـاحبة لسـعي الإنسـان في الكسب طلبا لتحصيل المال، وقد نبه إلى هذه الآفات للحيلولة دون

وقوع الإنسان فيها أو لانجرار إليها، وهي بينة بشكل أوسع في حالة الزيادة على قدر الكفاية، كما في النقاط التالية[1]:

- أن المال يحرك داعية الإنسان لارتكاب المعاصي، وذلك أن الإنسان حينما يكون فاقدا للقدرة على المعصية لم يفعلها، ولكن مع استشعار القدرة عليها تتحرك داعيته لفعلها، والمال يدفع الإنسان لتنامي هذه القدرة في نفسه والتلبس بها، وهنا مكمن البلاء والفتنة فيه، فقال تعالى: ﴿ يا أيها اللذين آمنوا إن من أزواجكم وأولادكم عدوا لكم فاحذروهم وإن تعفوا وتصفحوا وتغفروا فإن الله غفور رحيم، إنما أموالكم وأولادكم فتنة و الله عنده أجر عظيم ﴾[2].

- أن المال مظنة للانغماس والتنعم في المباحات، وهذا من شأنه أن يقود إلى التصاق الإنسان به، مما يولد لديه دافع الحاجة المستمرة لطلبه وعدم الصبر على فقده، ولربما كان هذا بابا للحصول على المال ولو من غير الكسب الحلال فيقتحم الإنسان بذلك الشبهات ومواطن الكسب الحرام ويلج مداخل المداهنة والمراءاة والكذب وغير ذلك من الأخلاق الرديئة من أجل كسب المال والظفر به.

- ومما لا ريب فيه أن صاحب المال يخوض معترك الحياة لينمي ماله ويستزيد منه وهو لا يبرح يستكثر ويتوسع في جمعه وتحصيله، ووجه الذم في هذا السلوك أنه يعرض صاحبه للتفريط في أداء شكر النعمة والقيام بواجباته ومهماته الدينية المترتبة عليه، ولذا يقرر القرآن عاقبة الخسران على مثل هذا السلوك، فيقول تعالى: ﴿ يا أيها الذين آمنوا ل تلهكم أموالكم ولا أولادكم عن ذكر الله ومن يفعل ذلك فأولئك هم الخاسرون ﴾[3].

---

(1) الأربعين في أصول الدين ، 98 - 99 . الإحياء ، 3/ 251-252 ، 1 / 402 .

(2) سورة التغابن ، الآيتان ، 14 ، 15 .

(3) سورة المنافقون : الآية 9 .

ثانيا: التقيد بالمفاهيم الأخلاقية والتعبدية في طلب المال، والتي تشكل في مجموعها مرتكزا عقائديا عاما تقوم عليه الممارسة الإنسانية للنشاط الاقتصادي، ومن ذلك - على سبيل المثال لا الحصر- ينبه الغزالي إلى أخلاق الصدق والأمانة وغيرها في الكسب التجاري فيقول: "**فإن كان تاجرا فينبغي أن يتجر بصدق وأمانة وإن كان صاحب صناعة فبنصح وشفقة، ويقتصر من الكسب على قدر حاجته ليومه مهما قدر على أن يكتسب في كل يوم لقوته**"[1].

وكذلك فإن الالتزام بقدر الحاجة في الاكتساب يرسخ مبدأ القناعة عند المسلم وأن المال غير مقصود لذاته وأن غاية المسلم في طلبه لا تدرك، لأن الشره والتعلق به يتولد عنه شهوات كثيرات مثل حب الجاه "**إذ يعسر كسب المال دونه، ثم عند حصول المال والجاه وطلبهما، تزدحم الآفات كلها**"[2].

لكن مع مراعاة حقيقة التصور الديني في ربط الحياة الدنيا وسعي الإنسان فيها مع منزلته في الآخرة إلى جانب ما تمليه أحكام الدين وقواعده من آداب وقيم أخلاقية وتعبدية يصبح سلوك الإنسان ومنهجه في الكسب ممنوعا من الوقوع في الآفات الدينية والدنيوية[3]. وفي هذا المعنى يقول تعالى: ﴿ زين للناس حب الشهوات من النساء والبنين والقناطير المقنطرة من الذهب والفضة والخيل المسومة والأنعام والحرث ذلك متاع الحياة الدنيا و الله عنده حسن المآب، قل أؤنبكم بخير من ذلكم للذين اتقوا عند ربهم جنان تجري من تحتها الأنهار ﴾[4].

ثالثا : تقييد المكتسب بمجالات مخصوصة من الكسب دون مجالات أخرى قضى الشرع بتحريمها ، فالربا مثلا هو شكل من أشكال الكسب حسب المفهوم

---

(1) الإحياء ، 1 / 401 .

(2) الأربعين في أصول الدين ، ص78 .

(3) الإحياء ، 3 / 37 .

(4) سورة آل عمران ، الآيتان 14 ، 15 .

الاصطلاحي ولكن الشرع قضى بتحريمه فيصير شكلا لا يعتد به حسب المفهوم الشرعي للكسب والذي يقوم ابتداء على أساس جلب النفع أو دفع الضرر في تحصيل المال، وهذا بخلاف الأشكال المشروعة الأخرى للكسب والتي أباحها الشارع مثل البيع والسلم والإجارة والشركة والقراض، وعلى ذلك فإن تخصيص الكسب بمجالات دون أخرى هو بمثابة عملية ضبط وتقييد لفعل المكتسب.

وقد أشار الغزالي في هذا السياق إلى بعض المجالات التي يكره الكسب من خلالها لتعلقها بمانع آخر يمنع منها على وجه الكراهة، ويذكر منها للمثال كراهية بيع الطعام أو التجارة في الأقوات وبيع الحيوان وشراءه، ومثله الصرف وما شابه ذلك.

ففي مجال بيع الطعام أو التجارة في الأقوات يقول: "**وبالجملة: التجارة في الأقوات مما لا يستحب لأنه طلب ربح، والأقوات أصول خلقت قواما، والربح من المزايا، فينبغي أن يطلب الربح فيما خلق من جملة المزايا التي لا ضرورة للخلق إليها**"[(1)].

ووجه الدلالة في هذا النص أن الأقوات يكره التجارة فيها طلبا للأرباح لأن دافع التجار في الحصول على أكبر قدر من الأرباح يقودهم في ظروف معينة إلى احتكار هذه الأقوات فيقع الضرر بجميع الناس إذ أن الأقوات تمثل سلعا حيوية لا يمكن الاستغناء عنها، وفي حالة الاحتكار لها ترتفع أسعارها وبالتالي لا يقوى جل الناس على شرائها، وبذلك لا يحمل هذا النص على المنع مطلقا لأن قوله "مما لا يستحب" يفيد الكراهة وهو كما قلنا لاشتماله على مضرة الناس مثل الاحتكار والتربص بارتفاع الأسعار مما أفتى جميع المذاهب بتحريمه[(2)].

وأما العلة في كراهة شراء الحيوان للتجارة فإنه مما ينسب إلى السلف رضوان الله عليهم قولهم أن المشتري يكره قضاء الله فيه وهو الموت ومثله بيع الأكفان لأنه يوجب انتظار موت الناس وارتفاع الأسعار، وكره السلف أيضا الصرف لأن مجال

---

(1) الإحياء ، 1 / 83 .

(2) وهبة الزحيلي ، الفقه الإسلامي وأدلته ، ط3 (دمشق، دار الفكر، 1989)، 3/ 585 - 588 .

الكسب فيه مظنة للوقوع في الربا وأن التحرز عن دقائق الربا في الصرف أمر عسير[1].

وإن كانت العلة المستفادة هنا من الكراهـة في الكسب مـن خـلال هـذه المجـالات ومـا شابهها متمثلة بما يمكن أن يقع من خلل يؤثر على إيمان الفـرد وتصـوره العقـدي السـليم، فإنه لا يمنع من التعامل بهذه الأشكال حين انتفاء العلة المقصودة من الكراهة، وعـلى أي حـال فـإن هـذا الحديث مجاله في الفقهيات وهو يمثل ضابطا مهما من ضوابط الكسب.

هذا وقد أشرنا فيما سبق إلى أن من وجوه الكسب غير المشروع - مما يلحـق بهـذا القيـد- أبواب واسعة خصصنا الحديث فيها عن الكداية وقلنا أنها من وسائل الكسب المحرمة لأنها تقـع في محظورات ثلاثة هي الشكوى والذل وإيذاء المسؤول[2].

فالضبط هنا أن كل ما يقع في مجال النهي والتحريم من وسائل الكسب فلا يصح التعامـل به وخلاف ذلك هو أمر مشروع.

(1) الإحياء ، 2 / 95 .

(2) الإحياء ، 4 / 225 .

المبحث الثالث

أهمية العمل ومجالاته وأجره

سنعرض في مناقشتنا لمسألة العمل لأهم الموضوعات التي تعكس طبيعة التصور الاقتصادي لفكر الغزالي في هذا المجال، ويمكن تحديد هذه الموضوعات في ثلاثة مطالب هي:

المطلب الأول: أهمية العمل

المطلب الثاني: مجالات العمل والتفاضل بينها

المطلب الثالث: أجر العامل

المطلب الأول

أهمية العمل

فإن سياسة المنهج الاقتصادي في الإسلام تدل دلالة واضحة على عظيم منزلة العمل ورفعة شأنه وعلو قدره، وهذا ما أوضحه الغزالي في تضاعيف مصنفاته مشيرا إلى أهمية القيام بممارسة الأعمال على مختلف صورها وأشكالها.

فقد ذكر أن أول من ضرب مثل القدوة العملية في مزاولة الأعمال هم الأنبياء المؤيدون بروح القدس، فجمعوا بذلك بين مصالح الدنيا ومصالح الدين[1]، ومن صور ذلك ما تحدث به في كتابه "سر العالمين" لجملة من الأعمال الحرفية التي كان يتعاطاها بعض هؤلاء الأنبياء عليهم الصلاة والسلام فيذكر أن إدريس كان خياطا، وأن نوح كان نجارا، وأن داود كان زرادا، وأن طالوت كان دباغا، وأن سليمان كان خواصا، وأن آدم كان حراثا، إلى غير ذلك من الأعمال[2].

---

(1) الإحياء ، 3 / 20 .

(2) سر العالمين ، ص45 .

وفي هذا إشارة واضحة إلى طبيعة المنهج الإسلامي وموقفه من احترام العمل ممثلا بسلوك الأنبياء عليهم الصلاة والسلام وأهمية ذلك في ترسيخ دعائم الحياة الاقتصادية على أساس العلوم المعرفية بشقيها النظري والتطبيقي، وهو ما ينسجم مع طرح الغزالي العام في كتابه "الإحياء" من خلال تقسيم علم المعاملة إلى علم ظاهر (تطبيقي) وعلم باطن (نظري).

وهذا الاتجاه من البحث يساعد على تكوين المنطلق الصحيح لاكتساب القدرات ومباشرة النشاطات المختلفة لأنها تشمل سائر المعارف النظرية والعملية سواء في مجال أعمال الجوارح أو أعمال القلوب، وهي التي بحثها الغزالي وأفاض في شرحها[1].

ومما يدل على أهمية العمل وعظيم منزلته أن حكم الشارع يتعلق به على سبيل الوجوب، وأنه من فروض الكفايات التي لا يستغني عنها في قوام أمور الدنيا، وهذا يعني أن حكم الوجوب الكفائي لازم ابتداء للقيام بأصول الصناعات التي لا تنفك حاجة المجتمع إليها[2].

ولذلك فإنه لا يجوز تفويت عمل من الأعمال أو حرفة من الحرف طالما قامت دواعي الحاجة إليها، ولا يجوز أيضا ترك الخيار للفرد أو للأفراد لمباشرة هذه الأعمال والحرف.

وعلى هذا فإن مفهوم العمل في الإسلام يدخل في إطار العبادة التي يؤجر صاحبها عليها، وقد بين الغزالي أبعاد الجانب التعبدي في مفهوم العمل في مواضع متعددة مما يدل دلالة أكيدة على أهميته ومنزلته، ونذكر من هذه المواضع بعض الصور التالية:

أولا: أن العبادة البدنية والقيام بواجبات الدين لا ينهض إلا بالأخذ من المال بقدر الكفاية، وهذا لا يتوصل إليه إلا بالعمل، وما لا يتوصل إلى العبادة إلا به فهو

---

(1) عيسى عبده ، العمل في الإسلام ، ص133 .

(2) الإحياء ، 1 / 27 .

عبادة، فصار العمل بهذ الوجه شكلا من أشكال العبادة التي يثاب صاحبها عليها[1].

ثانيا: أن العمل وسيلة للقيام بأعباء الحياة الأسرية، وضمان لاستمرارية هذه الحياة والمحافظة عليها، وبغير ذلك، أي بدون مباشرة الفرد لأي شكل من أشكال العمل في حدود إمكاناته وقدراته يعرض كيان الأسرة للضياع والزوال، والمعلوم شرعا أن صيانة الكيان الأسري وتحمل مسؤوليات الإعالة واجب على الشخص يتحمل وزره في حال التهاون به والتفريط فيه، ولذا فقد ذهب الغزالي إلى القول بأن القيام بمسؤوليات الإعالة الأسرية أولى من القيام بالعبادات البدنية، فجاء عنه في هذا الصدد: **"وكذلك إن كنت معيلا محترفا فالقيام بحق العيال بكسب الحلال أفضل من العبادات البدنية"**[2].

ويحمل هذا المعنى على أن العبادات البدنية هي عبادات لازمة لا تتجاوز حدود الفرد، بينما الاحتراف والعمل لسد حاجة العيال يمثل عبادة متعدية تتجاوز فائدتها حدود الفرد إلى مجموعة أسرية كبيرة تتسع لمفهوم العائلة الصغيرة إضافة لمفهوم المجتمع كله.

ويحمل هذا المعنى أيضا على أن العبادة البدنية هي من حقوق الله تعالى على العباد وهي محل لقبول المغفرة حال التفريط بها بينما مسؤوليات الأسرة تقع في باب حقوق العباد على العباد، وهي ليست محلا لقبول المغفرة عند التفريط بها ما لم ترد الحقوق إلى أصحابها.

وكذلك فإن أفضلية الاحتراف على العبادات البدنية بينة وظاهرة حينما يراد من الاحتراف الوصول إلى حد الكفاية وهو أمر واجب في حين يجوز أن تكون العبادات البدنية من باب النوافل وهي أمر مستحب بخلاف الواجب، فتكون مهمة القيام بأعباء الإعالة من خلال ما يبذل الفرد من جهد وعمل أفضل من انقطاع الفرد لتأدية العبادات والاكتفاء بها، وحتى لو كان المعيل متوكلا على الله تعالى حق

---

(1) الإحياء ، 3 / 250 .

(2) الأربعين في أصول الدين ، ص77 .

التوكل "فلا يخرج عـن حـد التوكـل بادخـار قـوت سـنة لعيالـه جبرا لضـعفهم وتسكينا لقلوبهم"[1] إذ أن السنة كافية لتكرر الأسباب مرة أخرى.

ثالثا: ولأن العمـل عبـادة متعديـة لهـا أثرهـا وتأثيرهـا عـلى أوضـاع الحيـاة الاجتماعيـة والاقتصادية من جهة عموم فائدتها على الفرد والأسرة والجماعة، فقد اتهم الغزالي وعاب على بعض الفرق في زمانه ولا سيما فرق من المتصوفة بتركها للعمل وعدم مباشرة الأسباب المعاشية بحجـة الوصول إلى أعـلى مقامـات الـدين وادعـاء علم المكاشـفة ومشاهدة الحـق إلى غـير ذلـك مـن الادعاءات، حتى صار الفلاح يترك فلاحته والحائك يترك حياكته، فقرر أن هذا ليس من الـدين، لأن الدين يجمع بين العلم والعمل وأنه ليس مثل هذا السلوك إلا محض زيف وهراء[2].

وبوجه عام فإننا ننتهي إلى تقرير أهمية العمل في فكر الغزالي وأنه لا يصح التهاون بـه أو التغاضي عنه إذ أنه يمثل عبادة دينية لا تقل في تفضيلها عـن العبـادات البدنيـة، وأن العمـل هـو ضرورة حيوية لأي قطاع اقتصادي وهو يدخل في معنى الفروض الكفائية التي يأثم المجتمع كلـه بتركها، وهذا من شأنه أن يعزز من مكانة العمل ودوره في صياغة الحيـاة الاقتصادية عـلى أسـس عقائدية وأخرى تطبيقية لتتلائم مع طرح الإسلام وشموليته في تفسـير الحيـاة الإنسـانية ببعدها الديني والدنيوي على السواء.

المطلب الثاني

مجالات العمل والتفاضل بينها

تصنف مجالات العمل بشكل عام إلى صنفين أحـدهما يعنى بالجانـب العملي التطبيقـي ومثاله المهن والحرف، والآخر يعنى بالجانب النظري المعرفي وهو يشكل

---

(1) الإحياء ، 4 / 294 .

(2) الكشف والتبيين ، ص70 .

أداة تنظيمية وتخطيطية تساهم بضبط أداء العمل وتقنيته وتصويبه [1]، وقد سبقت الإشارة إلى مثل هذا التصنيف كما في كتاب "الإحياء" الذي يعد مثالا واضحا للدلالة على ذلك من خلال معالجته لعلم المعاملة على أساس أنه علم تطبيقي من جهة، وعلم نظري من جهة أخرى.

هذا وقد قسم الغزالي مجالات العمل حسب أهميتها ومساهمتها في الحياة الاقتصادية إلى ثلاثة أقسام وهي [2]:

القسم الأول: مجالات العمل الرئيسة وهي تمثل الأصول التي لا بد من توافرها لقوام الحياة الإنسانية وضمان استمراريتها، وهذه الأصول تنحصرـ في أربعة مجالات هي الزراعة والحياكة والبناية والسياسة.

وواضح من الوظيفة الأساسية لهذه الأصول أنها تلبي الحاجات الضرورية للإنسان، فوظيفة الزراعة تختص بجانب الاستهلاك الغذائي، ووظيفة الحياكة تختص بتوفير الملبس والكساء، ووظيفة البناء تختص بتوفير المسكن، ووظيفة السياسة تختص بجانب ضبط أسباب المعيشة واجتماع الناس وتعاونهم عليها. ومن جهة التوزيع القطاعي فهي تتوزع على القطاع الزراعي والقطاع الصناعي وقطاع البناء والتشييد وقطاع الخدمات، وهي قطاعات ضرورية لا يمكن الاستغناء عنها لأنها ترتبط بشكل وثيق بتوفير الحاجات الضرورية للإنسان.

القسم الثاني: مجالات العمل التكميلية وهي مجالات تساهم في كيفية تحديث الاستخدام الوظيفي للأصول السابقة فمثلا تساهم حرفة الحدادة في إعداد الآلات اللازمة لقطاع الزراعة وهو ما يمكن أن يطلق عليه تطوير القطاع الزراعي بالميكنة الزراعية أو تحديث الفن الإنتاجي المستخدم لتنمية هذا القطاع وزيادة فعاليته الاقتصادية، وهكذا يقاس على بقية الأصول وقطاعاتها الاقتصادية.

القسم الثالث: مجالات العمل المتممة وهي المجالات التي تدخل في نطاق

---

(1) الإملاء في إشكالات الإحياء ، 5 / 17 .

(2) ميزان العمل ، ص88 ، الإحياء ، 1 / 23-24 .

المخرجات النهائية للإنتاج، فمثلا يتحول محصول القمح المنتج في قطاع الزراعة إلى عملية الطحن والخبز، وهذه العملية المتممة تتعلق بالمنفعة النهائية القابلة للإشباع. ولولا هذه العملية الإنتاجية لتعذر الحصول على المنفعة المرجوة من الزراعة أصلا، وهذا يندرج أيضا على باقي القطاعات. وفي موضع آخر يقسم الغزالي الأعمال والصناعات على أساس المعيار الوظيفي والمهني الذي يقوم به الأشخاص، وفي إطار هذا المعيار يصنف الناس حسب وظائفهم إلى ثلاث مجموعات هي:

المجموعة الأولى: وتتعلق بفئة المنتجين اللذين يتكفلون بالأعمال اللازمة لتلبية الحاجات الأساسية من الغذاء والمسكن والملبس إما بالعمل المباشر في الأصول والتي يطلق عليها في هذا الموضع أمهات الصنائع، وإما بالعمل غير المباشر من خلال صناعة الأدوات والآلات اللازمة لتطوير العمل في الأعمال الرئيسة.

المجموعة الثانية: وتتعلق بفئة الجنود وهم اللذين يقومون على حراسة البلد وحمايته من الاعتداء والسلب من اللصوص.

المجموعة الثالثة: وتتعلق بفئة الولاة والجباة وموظفو الدولة القائمين على أمور الخراج والمختصون في قانون الفقه وفي السياسة وما شابه ذلك[1].

وفي ضوء هذا التوزيع الوظيفي لمجموع العاملين، يزعم "مكسيم رودينسون" في بحثه عن "التاريخ الاقتصادي وتاريخ الطبقات الاجتماعية في العالم الإسلامي" أن المؤلفين المسلمين يتناسون فئة العبيد التي تلعب دورا أساسيا في الإنتاج والتوزيع، وأنهم يغفلون تأثرهم بفكرة تقسيم العمل الاجتماعي المستمد من الواقع اليوناني أصلا، ويزعم أيضا أن الغزالي يبرر في هذا التقسيم أسلوب السيطرة العسكرية السائدة في المجتمع الإسلامي وأن هذا الأسلوب العسكري الحربي هو ضرورة وظيفية أساسية في هذا المجتمع[2].

---

(1) الإحياء ، 3 / 241 .

(2) مكسيم رودينسون، التاريخ الاقتصادي وتاريخ الطبقات في العالم الإسلامي ، ترجمة شبيب بيضون ، ط2 ، (بيروت ، دار الفكر الجديد ، 1981) ، ص 17-18 .

غير أن ما يعنينا في الرد على مثل هذه الأفكار الاستشراقية غير المنصفة في هذا المقام هو ما يتعلق بالإمام الغزالي بصفة خاصة، مثل توجيه الاتهام إليه بأنه يبرر واقع الاستبداد العسكري كوظيفة اجتماعية ضرورية، ونترك الحديث عن التهم الأخرى الموجه للمؤلفين المسلمين بإغفالهم لدور العبيد الاقتصادي في المجتمع الإسلامي علاوة على أن هذه الصيغة الاجتماعية لهذا المجتمع مستمدة من التراث اليوناني.

وهنا نكتفي بالإشارة إلى أن موقف الإسلام من وجود فئة العبيد ابتداء هو موقف الرفض لأن الإسلام عالج هذه المسألة بصراحة متناهية عن طريق المن أو الفداء[1]، وكان التعبير القرآني جادا في معالجة هذه الظاهرة كقوله تعالى في نهاية آيات العتق : ﴿ فمـن لم يجـد ﴾[2] للدلالـة على أن هذه الظاهرة ستزول من واقع الحياة الإسلامية وتختفي آثارها.

ولكن للرد على المقولة المشار إليها بأن الغزالي يصنف فئة الجنود كوظيفة اجتماعية لتبرير الأداء العسكري في المجتمع الإسلامي، فيمكن مناقشته على الوجه الآتي:

أولا: أن هـذه المقولـة تصـب في الاتجـاه العـام لمـا دأب عليـه بعـض المستشرقين غـير الموضوعيين في طروحاتهم بإضفاء السمة العسكرية والحربية على المنهج الإسلامي، وذلك من أجل إيجاد قاعدة فكرية عند عامة الشعوب لتضليلها بأن الإسلام ليس منهجا ربانيا قائمـا علـى أسـاس الفكرة والكلمة والاختيار وإنما هو حكم تسلطي تسري فيه النزعـة العدوانيـة في الاستيلاء علـى ممتلكات الآخرين وفتح بلادهم، فيكون على هذا الوجه مستمدا وجوده مـن واقـع الاحتكام إلى السيف والاقتتال والبطش بالآخرين.

---

(1) أبو الأعلى المودودي، الإسلام في مواجهة التحديات المعاصرة، ترجمة أحمد الحامدي، ط3، (الكويت، دار القلم، 1978)، ص 65.

(2) سورة المجادلة من الآية 4.

ومن خلال ذلك فإن هؤلاء المستشرقين يلصقون الإسلام بالتراث القديم ويدعون بأنه صورة عن بعض التقاليد والأفكار اليونانية أو الرومانية كما جاء في هذه المقولة كمحاولة لنـزع الصفـة الربانية أو الفكرة الإلهية التي يطرحها المنهج الإسلامي، وهـذا مـا جـاء بـه كثيـر مـن المستشرقين أمثال جولد تسيهر وفون كريمر وشيلدون أموس وغيرهم، إذ وصفوا القانون الإسلامي بأنه ليس إلا القانون الروماني للإمبراطورية الشرقية وأنه ليس سوى قانون جستنيان في لباس عربي[1].

وعلى أننا إذ لا نقف كثيرا عند هذه التهمة لأنه تناولها الكثير من المؤلفين المسلمين وردوا عليها[2]، فإننا نستدل بها على أن كثيرا من المستشرقين غالطوا في طروحاتهم وأبحاثهم حول الإسلام لتشويش القناعة والثقة بمفاهيمه وقيمه، وايديولوجيته ومنها هـذه المقولـة التـي تنسـب النزعـة العسكرية لفكر الغزالي الاقتصادي في تقسيمه للوظائف والأعمال في المجتمع الإسلامي.

ثانيا: أن الغزالي يطرح فكرته لوظيفة القطاع العسكري على أنه يقوم بدور وعمـل لا يقـل عن قطاعات الأعمال الأخرى، ويسوق هـذه الفكـرة في معـرض تحليلـه الشـمولي لكيفيـة حـدوث الحاجة إلى كثير من الأعمال والمهن كأسلوب ينسجم مع تطور الحاجـة وتجـددها ورغبـة الإنسـان الجامحة فيها، فيتعرض إلى صناعة الجندية لحراسة البلد السيف ودفع اللصوص عـنهم، ومنهـا صناعة الحكم والتوصل لفصل الخصومة[3]، فهو بذلك يوضح مفهوم البعد لأمني اللازم لـاستقرار الحياة المعيشية واستقامة أمور الحكم فيها، إذ لولا هـذه الفئـة أي فئـة الجنـود لـتمكن الأعـداء واللصوص من تعريض هذا الاستقرار المعيشي للحياة والأمن والاستقرار فيها إلى الخطر والنيل منه.

ولم توجد في دلالة هذا النص أية قرينة دالة على المعنى العدواني والسيطرة

---

(1) عبد الكريم زيدان ، المدخل لدراسة الشريعة الإسلامية ، ص73 - 74 .

(2) صوفي حسن أبو طالـب بـين الشـريعة الإسـلامية والقـانون الرومـاني ، ص6 . صبحي محمصـاني ، فلسـفة التشريع في الإسلام ، ص188 .

(3) الإحياء ، 3 / 240 .

العسكرية لوظيفة الجند وإنما هو شكل من أشكال عمل الدولة وتدخلها في الحياة الاقتصادية لأنه "لو اشتغل أهل الحرب والسلاح بالصناعات لطلب القوت تعطلت البلاد عن الحراس واستضر الناس". وهذا المفهوم الأمني في تدخل الدولة ليس جديدا حتى في الاقتصاد الوضعي الذي أقر فيه "آدم سميث" واجب الدولة في حفظ الأمن من خلال قطاع الجيش[1]، مما يستفاد منه أن الغزالي كان سباقا في طرح مثل هذه المفاهيم والتأكيد على أهميتها في نظام الحياة.

ثالثا: وقد تبين أن الغزالي كان يواجه مجتمعا مضطربا من الناحية الاقتصادية، والاجتماعية مثل الخلل في إدارة الحكم وسياسة الدولة وتفرق السلاطين والوزراء على كثرتهم، وعدم استتباب الأمن في البلاد مثل الاعتداء على أموال الناس وقطع الطريق وما شابه ذلك مما أشرنا إليه سابقا، مما دفعه إلى نصيحة الملوك والسلاطين بمعالجة هذه الأوضاع لتثبيت دعائم الحكم وسياسة الرعية وتحقيق جانب الأمن فيها وهذا لا يتأتى بتضييع أمور الجيش والتفريط فيه وإنما برعايته وحفظه وتخصيص النفقات اللازمة له ولو من أموال الناس كما صرح بذلك.

التفاضل بين الأعمال والتفاوت بينها:

وبعد بيان بعض أوجه التحديد الفني لأقسام العمل ومراتبه الوظيفية بالنسبة للعمال فإننا سنعرض لموقف الغزالي من التفاضل بين الأعمال وموقفه من ظاهرة التفاوت بينها.

فأما ما يتعلق بالجانب الأول، فإن واقع التقسيم لمجالات العمل إلى ثلاثة أضرب يدل على أن الأصول أو أمهات الصنائع هي أهم الأعمال على الإطلاق لأن بها قوام الدنيا، بينما تأتي مرتبة الأعمال المكملة والمتممة لهذه الأصول في درجات أقل أهمية منها.

ويبين الغزالي وجه التفضيل على هذا الأساس قياسا على عموم النفع

---

(1) افيريت هاجن ، اقتصاديات التنمية ، ترجمة جورج خوري (عمان ، مركز الكتب الأردني ، 1988) ، ص328

كفضل الزراعة على الصياغة لعموم فائدتها أو قياسا على طبيعة المحل أو المكان أو المحتوى التطبيقي لممارسة الجهد ، مثل فضل الصياغة على الدباغة لأن محل الصياغة هو الذهب في حين أن محل الدباغة هو جلد الميتة[1].

وعلى أساس هذا فإنه لا صحة لما ذهب إليه بعض الباحثين المعاصرين بقولهم أن الغزالي " لم يفضل عملا على عمل آخر ولا حرفة على حرفة"[2]؛ فإن معيار التفاضل في هذا التقسيم واضح وهو ما ناقشه الغزالي ليؤكد على أن المعارف أيضا متفاوتة وأن معرفة الله تعالى هي أعلى وأسمى أنواع المعرفة.

وكذلك فإن الغزالي لم يكتف بالمفاضلة بين الأعمال وأي منها أهم من الآخر بل ذهب إلى أبعد من هذا بوصف بعض الأعمال قياسا على معيار التبرير في النفع وطبيعة المحل بأنها أعمال خسيسة ووصفه لبعض الأعمال بهذه الصفة مبثوث في مواضع كثيرة من مصنفاته.

ففي كتابه "سر العالمين" يقول "**إن همة كل أحد على قدر نفسه في علوها وطهارتها، ألا ترى إلى أصحاب الصنائع الخسيسة كالكناس والزبال والإسكاف والدباغ والغسال، فهؤلاء هممهم على قدر خسائس أنفسهم النازلة**"[3]، وفي موضع آخر يقول: "**وفي مكاسب خسيسة تأباها النفوس كالغسال والحفار والكناس والحمام**"[4].

---

(1) الإحياء ، ص 24 ، ميزان العمل ، ص89 .

(2) فقد ورد هذا القول عن "إبراهيم الوليلي" في مقالته الاقتصادية عن أبي حامد الغزالي وهو قول يجانب الصواب إذ أن نظرة إلى مناقشات الغزالي حول العمل تبين وضوح موقفه من تقرير التفاضل بين الأعمال ، وتؤكد ما ذهبنا إليه من تأكيد هذا التفاضل. انظر: إبراهيم الوليلي "من رواد الاقتصاد الإسلامي : أبو حامد الغزالي"، مجلة الاقتصاد الإسلامي، العدد 94 ، رمضان/ 1409 ، ص23 .

(3) سر العالمين ، ص95 .

(4) المرجع نفسه ، ص91 .

وفي كتابه :"الإحياء" يقول: "وقد ترد شهادة المحترف بالحرفة الخسيسة"[1]. وفي "معيار العلم": "وهذا الخسيس - الكناس- القاصر النظر، لو أنعم الفكر وتأمل واعتبر، علم أن بين درجة الكناس والسلطان منازل، فلا كل من يعجز عن الدرجات العلى ينبغي أن يقنع بالدركات السفلى"[2].

هذا وقد أقر جمهور العلماء مسألة التفاضل بين الأعمال وإن اختلفوا في أيها أفضل من الأخرى لتفاوت المعيار في التفضيل، فمنهم من ذهب إلى أن الزراعات أفضل الأعمال، لأن حال الإنسان بها في التوكل والإخلاص يفوق حاله في غيرها، ومنهم من ذهب إلى أن الصناعات هي الأفضل لأنها تقوم على كد الجسم وإتعاب النفس، ومنهم من ذهب إلى أن الاكتساب بالبياعات أفضل من الزراعات وهو أشبه بمذهب الشافعي، وعن الماوردي أن البيوع أحل المكاسب إذا وقعت على الوجه المأذون فيه ولكنه رجح بعد ذلك أن الزراعة أطيب لأنها أقرب إلى التوكل وإلى النفع العام للآدمي والدواب والطير وهو ما رجحه الإمام النووي[3].

وذهب القسطلاني في "إرشاد الساري" إلى أن معيار الحاجة هو الأساس في تفضيل الأعمال، فإذا احتيج إلى الأقوات كانت الزراعة أفضل، وإذا احتيج إلى الصنائع كانت الصناعة أفضل وهكذا[4].

فيدل ذلك على أن الأخذ بتفضيل الأعمال بعضها على بعض كما أقره الغزالي على ضوء المعايير المشار إليها هو أمر حيوي دأب على مناقشته الفقه الإسلامي بوجه عام، ولعله أفضل ما انتهى إليه الاقتصاد الحديث بالنظر إلى أهمية القطاعات الاقتصادية.

---

(1) الإحياء ، 2 / 309 .

(2) معيار العلم ، ص39.

(3) محمد بن إسماعيل الصنعاني ، سبل السلام ، تحقيق محمد خليل هراس (عمان: دار الفرقان، د.ت)، 3 / 5 .

(4) أحمد محمد القسطلاني ، إرشاد الساري لشرح صحيح البخاري (بيروت ، دار صادر ، د.ت) ، 4 / 20 .

مناقشة موقف الغزالي من الأعمال الخسيسة وظاهرة التفاوت:

وهنا لا بد من توضيح موقف الغزالي ووصفه لبعض الأعمال بأنها أعمال خسيسة لئلا يظن أنه يدعو إلى رفض هذه الأعمال، وعدم جواز العمل بها، وهذا الموقف يمكن بيانه من خلال بعض الحقائق التي تناولها مبينا فيها رأيه في التفاوت بين الأعمال واعتبار هذا التفاوت ظاهرة طبيعية، وهذه الحقائق هي:

أولا: إن التفاوت في الأعمال بين الناس يعكس طبيعة قدرتهم ومواهبهم التي خلقوا عليها، ومن شأن هذا الاختلاف النسبي في القدرات والمواهب أن يصنف الناس في مستويات نسبية تليق بهم، وليس من الضروري ما يجيده بعض الناس في مواقع متميزة أن يقوم به غيرهم من المراتب الدنيا لأن العمل يعتمد إلى حد كبير على المعرفة النظرية والموهبة الفطرية إلى جانب القدرة على الإتقان والحذاقة فيه، وهذه الحقيقة يشير إليها الغزالي في كتابه "الجام العوام" فيقول:**"بـل تـرى الناس يتفاوتون في الحرف والصناعات فقد يقدر الواحد بخفة يده وحذاقة صناعته عـلى أمـور لا يطمع الآخر في بلوغ أوائلها، فضلا عن غاياتها، ولو اشتغل بتعلمه جميع عصره"**[1].

وهذا يدل على أن ظاهرة التفاوت هي غريزة جبلية في المجتمع الإنساني الراقي إذ أنه من المحال أن يستوي الناس في أعمالهم وعلومهم وملكاتهم، وأن فرض واقع المساواة المطلقـة في أي مجتمع على حساب هذه الحقيقة الجبلية في التفاوت يدل عـلى السـمات البدائيـة ولا يـدل عـلى سمات الرقي والتقدم[2].

ثانيا: إن القيام بجميع الأعمال المباحة هو أمر لازم لاستمرارية الحياة وبقاء الإنسان فيهـا، وعلى أساس هذا الاعتبار تصبح كل الأعمال على درجة كبيرة من الأهميـة، ولا فـرق في إطار هـذا المنظور بين ما يوصف بأنه أعمال خسيسة وأعمال غير خسيسة لأنه **"لو اشتغل كل الخلق بطلـب ملك الدنيا وتركوا الحرف الدنيئة والصناعات الخسيسة لبطل النظام ثم يبطل ببطلانه الملك أيضا"**[3].

---

(1) إلجام العوام ، ص75 .

(2) محمد المبارك ، نظام الإسلام ، الاقتصاد ، ط3 (بيروت ، دار الفكر، د.ت) ، ص44 .

(3) الإحياء ، 2 / 122 .

ووجه الدلالة من هذه الإشارة أن مباشرة مثل هـذه المهـمات ولـو كانـت في أدنى مراتـب الهرم الاجتماعي وسلم الارتقاء فيه فإنه لا يستغنى عنها للمحافظة على كيان هـذا الهـرم وضـمان وجوده.

وفي موضع آخر يحدد بعبارة أكثر وضوحا أهمية هذه الأعمال ودورها في تدعيم بناء الهرم بين سائر الصناعات والمهن مؤكدا عدم الاستغناء عن أية واحدة منها، فيقول: "**فانظر الآن لـو خـلا بلدك من الطحان مثلا، أو عن الحداد، أو الحجام الذي هو أخس العمال، أو عن الحائك، أو عـن واحد من جملة الصناع ماذا يصيبك من الأذى وكيف تضطرب عليك أمـورك كلهـا، فسـبحان مـن سخر بعض العباد لبعض حتى نفذت به مشيئته وتمت به حكمته**"[1].

وهذا المعنى هو ما حمل الغزالي لتفسير معنى الرحمة الواردة في الحديث "اختلاف أمتـي رحمـة"[2] عـلى أن المقصـود فيـه هـو اخـتلاف النـاس في الصـناعات والحـرف والأعـمال[3]، فواقـع الاختلاف حسب هذ التفسير هو أمر محمود وليس مذموما لأنه رحمة من اللـه تعالى بالعباد.

ويؤكد وجه الرحمة الإلهية في حتمية أسباب الاختلاف في الأعمال لأنـه يفضي- إلى التكامـل في تلبية الحاجات وأن اللـه تعالى أوجد الإرادة اللازمة في كل فرد لمباشرة الأعمال التـي يقنـع بهـا كأساس لانتظام الحياة وتوازنها.

وفي بيان هذا المعنى يقول: "**فلو لم يعتقد الخياط والحائك والحجام في صنعته مـا يوجـب ميله إليها لتركها وأقبل الكـل عـلى أشرف الصـنائع ولبطلـت كـثرة الصـنائع، فـإن هـذه الأسـباب ضرورية في تهيئة الأسباب من أرباب الصنائع فمن رحمة اللـه غفلتهم بوجه من الوجوه**"[4].

---

(1) الإحياء ، 4 / 124 .

(2) قال الحافظ العراقي في تخريجه على هامش الإحياء ، ذكره البيهقي في رسالته الأشعرية تعليقا وأسنده في المدخل من حديث ابن عباس بلفظ "اختلاف أصحابي لكم رحمة" ، وإسناده ضعيف . انظر : المغني عن حمل الأسفار للعراقي على هامش الإحياء، 39/1 .

(3) الإحياء ، 2 / 94 .

(4) ميزان العمل ، ص106 .

ثالثا: تساهم شتى الأعمال على مختلف ضروبها وأصنافها في ترسيخ مبادئ التكافل والتعاون وهو ما يشكل منطلقا أساسيا لضرورة الاجتماع الإنساني ويستثنى من هذه الأعمال ما يضر بحقيقة التكافل والتعاون أو ما لا يعود بالنفع على الآخرين وهي الأعمال التي قضى الشرع بتحريمها أو كراهيتها، وهذه الصورة يوضحها الغزالي من خلال تأكيده على أن المراد باجتناب الأعمال هو هذا الصنف ولم يصرح بأن الأعمال الخسيسة يجب اجتنابها إذ أنها ليست من الأعمال المحرمة فضلا على أنها تسهم في تحقيق مبدأ التكافل والتعاون وتصون المجتمع من عاقبة الهلاك، ومن هذا المنطلق فهو يقول:

"فانتظام أمر الكل بتعاون الكل وتكفل كل فريق بعمل ولو أقبل كلهم على صنعة واحدة لتعطلت البواقي وهلكوا... ومن الصناعات ما هي مهمة ومنها ما يستغنى عنها لرجوعها إلى طلب النعم والتزين في الدنيا، فلينشغل بصناعة مهمة ليكون في قيامه بها كافيا عن المسلمين مهما في الدين، وليتجنب صناعة النقش والصياغة وتشييد البنيان بالجص وجميع ما تزخرف به الدنيا، فكل ذلك كرهه ذوو الدين، فأما عمل الملاهي والآلات التي يحرم استعمالها فاجتناب ذلك من قبيل الظلم، ومن جملة ذلك خياطة الخياط العباء من الابريسم للرجال، وصياغة الصائغ مراكب الذهب أو خواتيم الذهب للرجال فكل ذلك من المعاصي"[1].

ومن هذا نخلص إلى أن موقف الغزالي من التفاضل بين الأعمال ووصفه لبعض هذه الأعمال بأنها أعمال دنيئة أو خسيسة، وموقفه أيضا من حقيقة مبدأ التفاوت يوضح أنه لا يراد به الإقلال من أهمية هذه الأعمال ودورها في حفظ التوازن المعيشي، بل يتضح من خلال النصوص الكثيرة التي أشرنا إليها أنه يؤكد على أهمية هذا الدور الذي تسهم به هذه الأعمال في ضبط كيان العالم وحمايته من الانبتار لأن ممارسة الأعمال المباحة على اختلافها يأتي استجابة للدوافع الفطرية عن الإنسان، وأن انطلاق الإنسان للعمل بمقتضى هذه الفطرة يقود إلى تحقيق معاني التعاون والتكافل التي تشكل قاعدة مهمة للاجتماع بين الناس، وهو في نفس

---

(1) الإحياء ، 2 / 94-95 .

الوقت لم يصرح في رفض أي عمل من الأعمال ولو كان نفعها قليلا ويستثنى مـن ذلـك مـا دعى إلى اجتنابه من الأعمال المحرمة أصلا وهذا تأكيد على ممارسة أي عمل من الأعمال الصغيرة أو الكبيرة، الجليل منها والحقير ما لم تكن أعمالا محرمة.

المطلب الثالث

أجر العمل

يعد موضوع الأجر المتعلق بالعمل من أهم الموضوعات التي شـغلت مسـاحات واسـعة من التفكير الاقتصادي الحديث، وقامت عـلى أسـاسـه أيـديولوجيـات مختلفـة مثـل الأيـديولوجيـة الماركسية التي تناولت قضية الأجر من منظور الاستغلال الرأسمالي لقيمة العمل ومصادرة حق العامل في الحصول على ثمرة إنتاجه وعمله، وفي نفس الوقت لم تأل المفـاهيم الرأسمالية جهـدا في مناقشة الأجر المكافيء للعمل، وهذا ما تمخض عنه نظريات عديدة في هذا المجال مثل نظرية حد الكفاف ونظرية رصيد الأجر، والنظرية الحدية التي تقوم أساسا على فكرة الإنتاجية الحدية.

وعلى أننا إذ نبحث حقيقة الطروحات التي تناولها الغزالي في هـذا الشـأن فإننـا نـدرك أن هذه الطروحات لم تكن مقصودة لذاتها وإن طريقة سردها لم يتجاوز بعض الإشارات السـريعة في إطار المناقشة الشمولية للمعرفة الإلهية، ومهمتنا لا تتعدى الوقوف عـلى مثـل هـذه الإشارات ومحاولة معالجتها وإثبات دلالاتها الاقتصادية في تفكير الغزالي.

يشير الغزالي فيما يتعلق بمسألة تحديد الأجر إلى أنه ينبغي أن يعتمد هـذا التحديـد عـلى معيار العمل وليس معيار القيمة الاستبدالية للشيء المنتج، ومنه قوله: "ولا ينظر في مقدار الأجرة إلى عمله بل إلى قدر قيمة الثوب، هـذا هـو العـادة، وهـو ظلـم، بـل ينبغـي أن ينظـر إلى قـدر التعب"[1].

---

(1) الإحياء ، 2 / 95 .

ونلحظ من هذا النص جملة من الدلالات الاقتصادية نوضحها بالأمور التالية:

- أن الأجر العادل يتحدد في ضوء ما يبذل العامل من جهد في إنتاج السلعة، وليس اعتمادا على القوة الشرائية للسلعة المنتجة.

- إن الفجوة المتحققة بين العمل المنتج للسلعة (قدر التعب) وبين القيمة الاستبدالية للسلعة أو قوتها الشرائية (قدر قيمة الثوب) يعكس توزيعا غير عادل للعائد الإنتاجي وهذا من قبيل الظلم في تحديد الأجر.

- أن تفسير الغزالي للظلم في هذا التوزيع غير العادل لأجر العمل يعود أساسا إلى طبيعة الممارسات السوقية في تحديد الأسعار، والتي تنشأ فيها ظروف غير طبيعية تتحدد بمقتضاها قيمة العمل، ويبين هذه الصورة من خلال مثال لأجرة الدلال والعمل بالدلالة وما يرافق هذه العملية السوقية من بيان غير صحيح للمعلومات عن السلع المنتجة لأجل ترويجها وتداولها بأعلى الأسعار، فيقول: **"كره ابن سيرين الدلالة وكره قتادة أجرة الدلال، ولعل السبب فيه قلة استغناء الدلال عن الكذب والإفراط في الثناء على السلعة لترويجها، ولأن العمل فيه لا يتقدر فقد يقل وقد يكثر"** [1]، فالدعاية غير الصادقة لقيمة السلعة المنتجة يبرر سعرا أعلى من قيمة الجهد المبذول فيها، علاوة على أن هذا السعر لم يتصل بالأجر الحقيقي للعمل المنتج.

وهذه الصورة يستدل بها على تأثر الغزالي بالواقع المعاش من خلال سيطرة العادات والتقاليد الجائرة بحق الضعفاء ويستدل بها على رفضه لأي شكل من أشكال الاستغلال في علاقات العمل والتوزيع، ويؤكد هذا المعنى قوله: **"ثم كيف يستحقر - الغني- الفقير وقد جعله الله تعالى متجرة له؟ إذ يكتسب المال بجهده ويستكثر منه"** [2]، ولئن كان يبين في هذا السياق أن القيمة هي نتيجة الجهد المبذول من العامل فإنه يوحي باستغلال الأغنياء للفقراء وسيطرة أصحاب رؤوس الأموال

---

(1) الإحياء ، 2 / 95 .

(2) المصدر نفسه ، 1 / 257 .

الكبيرة على الفئة المستضعفة من العمال، وهذا الإيحاء يرمي إلى نبذ صورة الاستغلال والسيطرة المادية ورفضها لأنها تقوم على أسس غير عادلة[1].

غير أن الغزالي في طرحه لمقولة الاستغلال في تحديد الأجر في نطاق العلاقة السائدة بين العامل وصاحب العمل أو ما تسمى في التحليلات المعاصرة بنظرية فائض القيمة، يناقش بعدا آخر من الأبعاد الاقتصادية المحددة للأجر وهو بعد المنفعة، وعلى أساس هذا البعد ينظر إلى حجم الإشباع المتحقق من السلعة أو الخدمة المنتجة إلى جانب المعيار الأصلي في تحديد الأجر الذي يقوم على اعتبار قيمة العمل.

ومما يلاحظ في تفكيره لأهمية عنصر ـ المنفعة في تقييم الأجر العادل ما يستدل عليه بالمقارنة بين عملين لا يتقوم أي منهما بساعات عمل حاضرة ولكن يتضمن أحدهما عملا مخزونا يضيف منفعة تزيد على العمل الآخر، ومنه قوله:

"ويقرب من هذا أخذ الطبيب العوض على كلمة واحدة ينبه بها على دواء ينفرد بمعرفته كواحد ينفرد بالعلم بنبت يقلع البواسير أو غيره فلا يذكره إلا بعوض فإن عمله بالتلفظ غير متقوم كحبة سمسم فلا يجوز أخذ العوض عليه ولا على علمه، إذ ليس ينتقل علمه إلى غيره وإنما يحصل لغيره مثل علمه ويبقى هو عالما به، ودون هذا: الحاذق في الصناعة كالصيقلي مثلا الذي يزيل اعوجاج السيف أو المرآة بدقة واحدة لحسن معرفته بموضع الخلل، ولحذقه بإصابته فقد يزيد بدقة واحدة مالا كثيرا في قيمة السيف والمرآة، فهذا لا أرى بأسا بأخذ الأجرة عليه، لأن مثل هذه الصناعات يتعب الرجل في تعلمها ليكتسب بها ويخفف عن نفسه كثرة العمل"[2].

فنلاحظ هنا الإشارة إلى قيمة العمل متمثلة بالعمل المخزون وإلى المنفعة في نفس الوقت، فالصيقلي يستحق الأجرة على ما يبذل ولو كانت هذه الأجرة لا تكافىء الوقت الحاضر، لأن هذا الجهد يتولد عن ساعات عمل مخزونة "يتعب الرجل في تعلمها" بخلاف الطبيب الذي يدل على كلمة واحدة على دواء مخصوص

---

(1) صالح كركر ، نظرية القيمة (تونس، مطبعة تونس، د.ت) ، ص168 .

(2) الإحياء ، 2 / 169 .

لم يصرف فيه ساعات عمل "وإنما يحصل لغيره مثل علمه ويبقى هو عالما به" إضافة إلى أن المنفعة المتولدة من الأول تضيف منفعة ملموسة تزيد "مالا كثيرا في قيمة السيف والمرآة".

وهذا التحليل للأجر المكافىء على هذا النحو يفيد في حل بعض الإشكالات التي يمكن أن تطرأ على مفهوم قيمة العمل المجردة، ومنها أنه يميز بين العمل الماهر والعمل غير الماهر، وبالتالي تكون قيمة الساعات المبذولة في إنتاج العمل الماهر أو المميز أهم في سلم التفضيل من الساعات المصروفة في العمل غير الماهر، ومنها أنها تقيم العمل المتراكم أصلا قبل الإنتاج بمعنى أن المهارة والإتقان والحذاقة في العمل والتخصص فيه لم تتولد من فراغ وإنما هي حصيلة جهد مخزون أدى إلى هذا التميز.

ومما يؤيد هذا التصور الاقتصادي لفكرة المنفعة وعلاقتها بتقييم الأجر أن جهد الإنسان إذا صرف في إيجاد منفعة قضى الشرع ببطلانها، أي منفعة سالبة ، أو إشباع ضار ، فإنه لا ينظر حينئذ إلى ساعات العمل لتحديد الأجر، وإنما ينظر إلى وجه الضرر فيها فلا يكافأ عليها بالأجر وهو أمر واضح وبَين في جميع الأعمال التي تدخل في إطار المحرمات مثل عمل الملاهي والآلات التي يحرم استعمالها وصياغة الصائغ لمراكب الذهب وما شابه ذلك، وقد صرح الغزالي بأن "الأجرة المأخوذة عليها حرام"[1].

ومن هنا يتضح موقف الغزالي من الأجر العادل للعمل وأن هذا الأجر يقوم على دعامتين اقتصاديتين لا تغطى إحداهما على الأخرى، وهما قيمة العمل متمثلة بالجهد المبذول في إنتاج السلعة أو الخدمة، والمنفعة المرجوة من بذل هذا الجهد قياسا إلى الاعتبار الشرعي في حلها أو حرمتها.

---

(1) الإحياء ، 2 / 95 .

الفصل الثاني
النقود والإيراد والإنفاق في فكر الغزالي

المبحث الأول

نشأة النقود واستخداماتها الوظيفية وخصائصها

 سنتناول في هذا المبحث أهم الأفكار والقضايا الاقتصادية المتعلقة بإسهامات الغزالي وطروحاته في مجال النقود، ويتضمن المطالب التالية:

المطلب الأول: نشأة النقود

المطلب الثاني: الاستخدامات الوظيفية العادلة للنقود

المطلب الثالث: الاستخدامات الوظيفية الظالمة للنقود

المطلب الرابع: خصائص النقود

المطلب الأول: نشأة النقود

فقد نشأت الحاجة إلى النقود مع تطور الحياة الاقتصادية للإنسان منذ أمد بعيد، ورافق هذا التطور انتقال الحياة البشرية من سمة البداوة والبدائية في أساليب الإنتاج والاستهلاك بصورتها الفردية إلى سمة الاجتماع والتحضر القائمة على أسس اجتماعية وتعاونية في مجال التعاون مع هذه الأساليب.

ونتيجة لهذا، تولدت أنماط جديدة من القيم والعلاقات بين الناس تعذر من خلالها استمرار التبادل للسلع والخدمات بينهم وفق الطريقة البشرية الأولى، وأصبحت الحاجة قائمة على وجه الضرورة للارتقاء بمستوى التبادل لمواجهة الحياة الاقتصادية الجديدة في مجالاتها المعقدة من إنتاج واستهلاك وتوزيع وغيرها، فظهر استخدام النقود استجابة لهذا النمو والتطور [1].

ويشير الغزالي في هذا الباب إلى أن النقود ممثلة بالدراهم الفضية والدنانير الذهبية تمثل مقصود الإنسان للحصول على أغراضه وحاجاته المتنامية [2]، وأن هذه

(1) اسماعيل محمد هاشم، الاقتصاد التحليلي (الاسكندرية، دار الجامعات المصرية، 1982)، ص459.

(2) الأربعين في أصول الدين، ص 104.

الحاجات لا تقل في أهميتها عن حاجات أساسية أخرى مثل حاجة النفس الإنسانية لطلب العلم أو حاجة البدن لطلب الصحة والسلامة وما شابه ذلك[1]. وهذا الاتجاه من شأنه أن يعزز من مكانة النقود كمطلب جوهري لممارسة الإنسان لنشاطه وحركته في الحياة.

وبالإضافة إلى ذلك، يوضح الغزالي أن درجة الارتباط والتعلق بالنقود صارت تعكس شعور الإنسان وإحساسه بكيانه ووجوده، وذلك أن الإنسان بواقع قدرته على التصرف بها من حيث الإنفاق أو الإدخار أو غير ذلك فإنها تمثل بالنسبة له أداة لاستمرارية الدوام والبقاء، وتزيد لديه من حب التملك والسيطرة وتحقيق فرص الارتقاء والكمال، وقد أدى هذا إلى زيادة حب الإنسان وعشقه للنقود، لأن الكمال من صفات الربوبية، والربوبية محبوبة بالطبع[2].

إلا أن الغزالي وهو يشير إلى العلاقة الراسخة بين الإنسان وطلب النقود، وأثر هذه العلاقة في الرغبة والحاجة المتزايدة للحصول على النقود، فهو يحدد أن أبعاد هذه العلاقة لا ينبغي أن تتجاوز قدر الحاجة المطلوبة التي بها تتحقق الأغراض، ويقرر أن الغلو في طلب النقود زيادة عن الأوضاع التوازنية المقررة لتلبية الحدود الكفائية للحاجات والرغبات **هو غاية الضلال، بل من رأى بينه وبين الحجر فرقا فهو جاهل، إلا من حيث قضاء حاجته به، فالفاضل عن قدر حاجته والحجر بمثابة واحدة**"[3].

غير أن ما يهمنا في هذا الجانب هو كيفية نشوء الحاجة إلى النقود، وماهية المعيار الذي حدده الغزالي في هذا الجانب كأساس لنشوء الظاهرة النقدية ولزوم التعامل بها في المجال الاقتصادي.

ومما ينسب إليه في إبراز هذا الجانب هو فهمه الواضح والعميق لأهمية إحلال النقود محل المقايضة التي أصبحت عديمة الجدوى في مواجهة اقتصاديات

---

(1) الإحياء، 349/2.

(2) الإحياء، 298/3، 315/4.

(3) المصدر نفسه، 277/3.

المجتمع المتقدم القائم على مزايا الإنتاج الكبير والتبـادل السـلعي الهائـل، ومـا يتبـع هـذا التوسع من نشاطات استهلاكية لا حدود لها.

فالغزالي يحدد مبدأ نشأة النقود من خلال الوقوف على أسلوب المقايضة وتحليل أبعادهـا الاقتصادية وبيان عجزها عن الوفاء بالتزامات التبادل مما يجعلـه سـباقا في طرحـه لفكرة النقـود ومفاهيمها الاقتصادية عما جاءت به المدارس الاقتصادية الحديثة.

فيتناول في هذا السياق أهم العيوب التي تنشأ عن نظام المقايضة (Parter) كما في النقاط التالية:

أولا: إن التبادل في إطار المقايضة أو الاقتصاد غير النقدي يواجه صعوبة في تحقيق فرص متوافقـة في الرغبات، ويفرض الغزالي للمثال على ذلك بوجود شخصين يمتلك كل منهما سـلعة تختلـف عـن الآخر (الجمال- بكسر الجيم- والزعفران)، ولكن مع عدم وجود الرغبة المتوافقة بينهما في عمليـة التبادل فإن كلا منهما يملك ما يمكن أن يستغني عنه في وقت مـا، ويعجـز في نفس الوقت عـن تحقيق ما يحتاج إليه.

غير أن هذه الصورة تبدو أكثر تعقيدا مع وجود سلع وأعيان كثيرة يحتاج إليها الإنسان في مطعمه وملبسه وسائر حاجاته، وإذا تصورنا إمكانية التوافق في الرغبات لتبادل الجمال بالزعفران أو العكس فإنه لا يمكن أن يتصور توافق الرغبة في المقايضة لمجموعة من السلع بين الشخصين في آن واحد ليحصل كل منهما على قسم كبير من حاجاته الكثيرة المتنوعة[1].

ثانيا: ومما يتولد عن عامل التناقض في الرغبة وعدم توافقها في وقت واحد بين الأشخاص مشكلة مهمة تظهر عيب المقايضة وهذه المشكلة تتمثل في ارتفاع النفقات والتكاليف نتيجة بـذل الجهـد والوقت في البحث عن فرص التبادل لإشباع جميع الرغبات في نفس الوقت.

وأيضا، فإن هذه العملية بالغة التعقيـد مـع تنـوع السـلع وتجـددها، وللمثـال عـلى ذلـك يوضح الغزالي سلوك المنتج ممثلا بالفلاح الذي يعجز عن الحصول على فرصة

(1) الإحياء، 96/4.

عادلة في التبادل على أساس المقايضة، فيقول:"فيحمل الفلاح الحبوب فإذا لم يصادف محتاجا باعها بثمن رخيص من الباعة فيخزنونها في انتظار أرباب الحاجات"[1].

فسلوك المنتج (الفلاح) في هذه العملية التبادلية لم يصادف الرغبة الحقيقية من المستهلك مما قاده إلى قبول مثل هذا الثمن القليل.

ولذلك فإن الأفراد في الاقتصاد غير النقدي لا بد لهم من الاحتفاظ بحجم كبير نسبيا من السلع المختلفة لأجل إتمام صفقات التبادل إذا ما رغبوا في بيع السلع في الوقت المناسب، وهذا يؤدي بطبيعة الحال إلى زيادة نفقات التخزين وتعرض المخزون من السلع إلى عوامل كثيرة تؤثر في قيمته الاستبدالية إضافة إلى ضياع الفرصة البديلة لاستثمار رأس المال في مجالات أخرى من الممكن أن تحقق أرباحا مناسبة[2].

ثالثا: إن فكرة إيجاد معدل للاستبدال مقبول من طرفي التبادل في ظل المقايضة لا يتصور قبوله، إذ لا مناسبة بين السلع المتباينة فلا يمكن تقديرها أو تقويمها، مما يعني أهمية إيجاد قاسم مشترك ترد إليه قيم السلع والخدمات التي ينتجها المجتمع.

ومع وضوح المثال السابق (الزعفران والجمال) في تنافي التقدير على أساس الوزن أو الصورة فإنه يتفق مع هذا المثال جميع الصور لأي نوع من السلع التي يتم تبادلها على أساس المقايضة، ويشير إليها الغزالي بحال من يشتري دارا بثياب أو عبدا بخف أو دقيقا بحمار، فهذه الأشياء لا تتناسب فيما بينها، وبها تتعذر المعاملات[3].

رابعا: وفي نطاق التعامل بالمقايضة تظهر صعوبة التبادل بين السلع التي تعكس قيما استبدالية متفاوتة، أي مع وجود فجوة شرائية في تقدير العوض، وفي نفس المثال "لا يملك صاحب الجمل جمله بكل مقدار من الزعفران"[4]، مما يدل على أن عملية

---

(1) الإحياء، 241/3.

(2) باري سيجل، النقود والبنوك والاقتصاد: وجهة نظر النقديين، ترجمة طه منصور وعبد الفتاح عبد المجيد (الرياض، دار المريخ، د..ت) ، ص 19.

(3) الإحياء، 96/4.

(4) المصدر نفسه، نفس الصفحة.

التبادل لا يمكن إتمامها لأن بعض السلع غير قابلة للتجزئة، فإذا كانت الكمية المطلوبة من الزعفران لا تكافئ إلا ثلاثة أرباع الجمل فإن من العسير تحقيق العوض العادل لأن سلعة الجمال لا يتصور تجزئتها للوفاء بشروط التبادل مما يعزز استحالة تطور المبادلات وقبولها في مجتمع لا يتعامل إلا على أساس المقايضة.

وهكذا فإن الغزالي يبرر كيفية نشوء الحاجة إلى النقود بوصفها نعمة من الله تعالى تلزم لقوام الدنيا وصلاحها، بأنها ضرورة ملحة واستجابة طبيعية لتطور الحياة الاقتصادية، وهي لا تقل بقدرها عن ضرورة تجاوز عيوب المقايضة ويمكن تلخيصها بالأمور التالية:

- عدم إمكانية التوافق المزدوج بين رغبات الأفراد.

- عدم وجود معيار مشترك ترد إليه قيم الأشياء.

- صعوبة التبادل بسبب التباين الواضح في الأهمية النسبية للسلع.

المطلب الثاني

الاستخدامات الوظيفية العادلة للنقود

تناول الغزالي تبرير الاستخدامات الوظيفية العادلة للنقود على أساس نقضه للتبادل القائم على أسلوب المقايضة موضحا عيوب هذا الأسلوب ومساوئه وأنه غير قابل لاحتواء أشكال التعاملات الاقتصادية وتطوراتها التي تجاوزت حدود الأساليب البدائية والفردية، ويخلص بعد ذلك إلى حتمية التبادل باستخدام النقود، ويحدد وجه الاستخدام العادل لها في ثلاثة وظائف هي:

أولا: النقود وسيط للتبادل (Amedium of Exchange):

تأتي دلالة هذا المعنى من خلال إشارة الغزالي إلى بعض القرائن المتعلقة بما يجب أن يكون عليه استخدام النقود في تحقيق الأغراض، ومن هذه القرائن أنه يشير إلى النقود بأنها "وسيلة" وفي مواضع أخرى بأنها صالحة "للتداول" فأما كونها وسيلة فنذكر بعض النصوص الدالة على إرادة هذا المعنى، وهي في نفس الوقت

تبين أن النقود تراد لغيرها ولا تراد لعينها، ومن هذه النصوص:

- "ولذلك أحب الناس الذهب والفضة من حيث أنه وسيلة إلى المقصود إذ يتوصل بـه إلى نيـل جاه أو مال أو علم"[1].

- "وهو أنك تعلم أن الدراهم والدنانير لأغـراض في أعيانهما إذ لا تصلح لمطعم ولا مشرب ولا منكح ولا ملبس وإنما هي والحصباء بمثابة واحدة، ولكنهما محبوبان لأنها وسيلة إلى جمع المحاب وذريعة إلى قضاء الشهوات... ويفيد قدرة يتوصل الإنسان بها إلى سائر أغراضه"[2].

- "كما أن ملك الدراهم وسيلة إلى بلوغ الأغراض"[3].

- "فكذلك النقد لا غرض فيه وهو وسيلة إلى كل غرض"[4].

- "فأما ما لا يؤثر إلا لغيره كالنقدين فلا يوصفان أنفسهما مـن حيـث أنهـما جـوهران بـل هـما وسيلتان"[5].

وأما معنى "التداول" فإنه يفيد أيضا نفس المفهوم في قضاء الأغراض والحصول على المنافع، مما يبرر عدم صحة اختصاص آحاد الناس بـالنقود عـلى حساب الغير، لأن الأغـراض يختص بها مجموع الناس دون استئثار البعض دون البعض الآخر، وفيـه الإشارة بقوله: "ومـا خلقـت الـدراهم والدنانير لزيد خاصة ولا لعمرو خاصة إذ لا غـرض للآحـاد في أعيـانهما فإنهما حجران، وإنما خلقـا لتتداولها الأيدي"[6].

وعلى هذا فإننا نلاحظ حقيقة ما سبق إليه فهم الغـزالي في هـذا المجـال لمفهـوم الوسـاطة النقديـة في عمليـة التبـادل، وذلـك إمـا بالإشـارة إلى معنـى "الوسـيلة" وإمـا بالإشـارة إلى معنـى "التداول".

1) الإحياء: 177/2.

(2) المصدر نفسه، 296/3.

(3) المصدر نفسه، 349/2.

(4) المصدر نفسه، 96/4.

(5) المصدر نفسه، 105/4.

(6) المصدر نفسه، 96/4-97.

ثانيا: النقود مقياس للقيمة (Money ameasure Value)

تؤدي النقود بوصفها مقياسا للقيمة دورا أساسيا في تحديد قيم السلع والخدمات المنتجة، وذلك برد جميع القيم إلى معيار نقدي واحد يمكن به معرفة الأهمية النسبية لكل سلعة منتجة في عملية التبادل.

وقد أشار الغزالي إلى هذه الوظيفة للنقود وما تقوم به من دور في تسهيل عملية التبادل، فأوضح أن النقود نعمة خلقها الله تعالى لتقوم بالعدل والتوسط والحكم بين الأموال، وهذه الإشارات "العدل" و "التوسط" و "الحكم" هي قرائن لا تحتاج إلى تأويل ، استخدمها الغزالي للدلالة على وظيفة النقود كمقياس للقيمة، وأكد هذه الدلالة في مواضع كثيرة، نذكر منها:

- "فافتقرت هذه الأعيان المتنافرة المتباعدة إلى متوسط بينها يحكم بينهما بحكم عدل"[1].

- "فخلق الله تعالى الدنانير والدراهم حاكمين ومتوسطين بين سائر الأموال"[2].

- "فإذن خلقها الله تعالى لتتداولهما الأيدي ويكونا حاكمين بين الأموال بالعدل"[3]

- "وإنما خلقا لتتداولهما الأيدي فيكونا حاكمين بين الناس"[4].

- "فلا بد من حاكم عادل يتوسط بين المتبايعين يعدل أحدهما بالآخر فيطلب ذلك العدل من أعيان الأموال"[5].

- "وهو أن الله تعالى خلق الدراهم والدنانير لتكون حاكمة في الأحوال كلها، يقدر بها القيم"[6].

---

(1) الإحياء، 96/4.

(2) المصدر نفسه، نفس الصفحة.

(3) المصدر نفسه، نفس الصفحة.

(4) المصدر نفسه ، 97/4.

(5) المصدر نفسه، نفس الصفحة.

(6) الأربعين في أصول الدين، ص 169.

غير أن استخدام النقود كمقياس للقيمة لا بد له من اعتبار النقود كوحدة للقياس، أي لتكون أداة تعبر عن قيم الأشياء بطريقة عديدة أو حسابية، فما هو موقف الغزالي من استخدام النقود كوحدة حساب حتى يمكن استخدامها كمقياس للقيمة على وجه صحيح؟ فمن الناحية الاقتصادية يعد الوقوف على هذه الحقيقة أمر ضروري لتقدير الموارد واستخدامات القطاعات الاقتصادية وتحديد مستوياتها وأنشطتها، وبعبارة أخرى إمكان الحكم بها على تطور المجتمع في جميع النواحي الاقتصادية والاجتماعية[1].

إن هذا الجانب لم يهمله الغزالي في معرض تقريره لأهمية النقود ودورها في التوسط والعدل والحكم بين الأشياء، بل قرر أن السلع المتباعدة لا بد من ضابط يجمع بينها وهو ضابط القيمة، إذ أنه يفترض أنها وحدة للحساب حتى يمكن المقارنة بها بين السلع المتنافرة والمتباعدة وبالتالي تتحد أهميتها النسبية في التبادل[2].

هذا وقد دلت كتاباته على إحاطته بهذه الخاصية الحسابية للنقود، ونقصد به أنها وحدة حساب (Unit of Account) إذ أوردها مرات عديدة كما نلحظها في التعبيرات التالية:

- "إذ لا يدري كيف يشتري الثياب بالزعفران، والدواب بالأطعمة فإنها لا مناسبة بينهما، وإنما يشتركان في روح المالية، ومعيار مقدار أرواحهما هو النقدان"[3].

- "فلا بد بينهما من معاوضة ولا بد في مقدار العوض من تقدير"[4].

- "فيعرف من كل واحد رتبته ومنزلته حتى إذا تقررت المنازل وترتبت الرتب علم بعد ذلك المساوي من غير المساوي"[5].

---

(1) باري سيجل، النقود والبنوك، ص 20-21.

(2) علي يوعلا، في الاقتصاد الإسلامي: "الفكر الاقتصادي لدى علماء الإسلام"، رقم السلسلة: 15، (الرباط، جامعة محمد الخامس، 1989)، ص 32.

(3) الأربعين في أصول الدين، ص 169.

(4) الإحياء، 96/4.

(5) المصدر نفسه، نفس الصفحة.

- **" حتى تقدر الأموال بهما، فيقال هذا الجمل يسوى مائة دينار وهذا القدر من الزعفران يسوي مائة، فهما من حيث أنهما مساويان لشيء واحد إذن متساويان"**[(1)].

- **"وعلامة معرفة المقادير مقومة للمراتب"**[(2)].

ففي هذه النصوص إشارة إلى دور النقود في تحديد المقدار وترتيب الرتب وتقويم المراتب، وما شابه من هذه الألفاظ التي يفهم منها إدراك الغزالي لحقيقة النقود الحسابية، مما يؤكد ترابط تصوره حول النقود كأداة عديدة مع بيانه إلى أنها مقياس للقيمة.

فهو يفسر أهمية هذا الدور الذي تلعبه النقود كوحدة قياسية في عملية التبادل بتشبيهه ومحاكاته للمرآة التي من خصائصها أنها لا لون لها ولكن - كما يشير- فإنها تحكي كل لون[(3)]. وهذا يعني أنه لو كان لدينا سلع كثيرة متقومة بوحدات نقدية فإنه يسهل معرفة قيمة كل سلعة على حدة قياسا إلى عدد الوحدات النقدية المقاسة بها، وبذلك يتبين حجم الدور الوظيفي أو النعمة الإلهية التي أراد أن يستدل عليها الغزالي من خلق النقود ولا سيما إذا افترضنا أن هذا التبادل يجري في ظل المقايضة التي تقتضي تحديد عد كبير من النسب لتشمل جميع السلع محل التبادل بين الناس إذ أن كل سلعة يتحدد سعرها بكل سلعة من السلع الأخرى.

ثالثا: النقود كمستودع للقيمة (Money as Store of Value)

ومن وظائف النقود أنها توصف كأداة لاختزان القوة الشرائية من أجل استخدامها في مجالات الإنفاق الآجلة، وهذا يميز النقود عن التبادل بأسلوب المقايضة وهو الأسلوب الذي يصعب فيه الاحتفاظ بالسلع لفترات طويلة بسبب ما تتعرض له السلع من عوامل التلف أو نفقات التخزين الباهضة.

وقد ناقش الغزالي هذه المسألة في ضوء تحليله لتطور الحياة المعاشية وتجدد

---

(1) الإحياء، 96/4.

(2) المصدر نفسه، 97/4.

(3) المصدر نفسه، 96/4.

الحاجات وازدياد رغبة الإنسان في الحصول عليها، فبعدما توصل إلى استحالة التبادل بالأعيان لتلبية رغبات الإنسان وحاجاته لمدد طويلة قرر أنه: **"يحتاج إلى مال يطول بقاؤه لأن الحاجة إليه تدوم، وأبقى الأموال المعادن فاتخذت النقود من الذهب والفضة"**[1].

فهذا النص يستدل به على أن النقود ممثلة بالذهب والفضة تحتفظ بقوة شرائية تمكن من مواجهة الحاجات الآجلة، وأن المراد من قوله "مال يطول بقاؤه" لا ينصرف إلى جنس المال على التحديد، وإنما يحتمل تفسير "البقاء" بالقوة الشرائية والصفة الاستبدالية، التي تمتلكها النقود في عمليات التداول، ويؤيد هذا الاتجاه قوله في موضع آخر: **"فمن ملكهما فكأنه ملك كل شيء لا كمن ملك ثوبا فإنه لا يملك إلا الثوب"**[2].

ويطرح الغزالي فكرة النقود كمخزن للقيمة بمثال رائع يقارن فيه بين الدينار وبين سلعة عينية يفترض أنها "الجمال" مفردها جَمَل، فيذكر أنه لو استبدل الجمل بعشرة أمثاله وكان يساوي عشرة دنانير، فتكون عشرة أمثاله مائة دينار فإنه لولا احتفاظ النقود بقيمة استبدال -كما يوضح- لما أمكن تصور هذه المعادلة لأنه لو وضع الجمل في كفة والدنانير في كفة أخرى ، فليس ثمة وجه للمقارنة، وهذا يدل على أن الجمل لا يقصد لثقله وطبيعته الجسمية بل لماليته التي تتحدد بقيمة الذهب والفضة[3].

غير أن من الباحثين المعاصرين من فهم مراد الغزالي على غير وجهه في هذه المسألة، فأنكر دور النقود كمخزن للقيمة، فنسب إلى فلاسفة المسلمين، وخص بالذكر منهم الإمام الغزالي وابن خلدون، بأنهم لم يعتبروا النقود سلعة عادية تطلب لذاتها، وبالتالي فليست ذات قيمة ذاتية، ثم علل الدكتور محمود أبو السعود ما ذهب إليه في هذه المقولة أن الاعتراف بدور النقود كمستودع للقيمة ما هو إلا مجرد محاولة يائسة لإضفاء صفة البقاء على النقود للوصول إلى ما يسمى الفائدة وهي الربا[4].

---

(1) الإحياء، 242/3.

(2) المصدر نفسه، 96/4.

(3) المصدر نفسه، 30/4.

(4) محمود أبو السعود، خطوط رئيسة في الاقتصاد الإسلامي، ط2 (الكويت : دار المنار الإسلامية، 1968م)، ص 26-27.

ويمكن الرد على مقولة "أبو السعود" من خلال التبريرات التالية:

1- أن تأكيد الغزالي بأن النقود لا تقصد لذاتها وإنما تطلب لغيرها، يدل على أنها وسيلة لقضاء الحاجات، وهذه "الوسيلة" هي وظيفة نقدية كما أوضحنا سابقا، ولكن ليس في هذا المعنى أية قرينة تدل على أن الغزالي يريد بذلك نفي القيمة الذاتية أو أنها ليست مستودعا للقيمة، مع العلم أن مناقشات الغزالي لحقيقة النقود بوجه خاص وحقيقة المال بوجه عام - وهي مناقشات أخذت مساحة كبيرة في تفكيره- ما يراد منها إلا ترسيخ العلاقة بين العبد وخالقه من خلال تخليصه من أية شائبة من شوائب الشرك التي كان يظن الغزالي أنها من لوازم التعلق بالمال وربما عبادته، وهذا ما حمله على تفسير قوله تعالى: ﴿ **واجنبني وبني أن نعبد الأصنام** ﴾[1]، على أن المراد بالأصنام هو الأموال لأن النبي منزه عن عبادة الأصنام بمعناها القريب[2]، كيف وقد قام سيدنا إبراهيم عليه السلام وهو صاحب هذا الدعاء بتحطيم الأصنام كأول نبي يفعل هذا، مما يقطع بصحة ما ذهبنا إليه من أن معنى القيمة الذاتية لم يكن -في ضوء هذا التفسير- يدور في تفكير الغزالي وأن القول به ما هو إلا تحميل للنصوص أكثر مما تحتمل.

2- وقد ناقشنا في الوظيفة الثالثة من وظائف النقود أنها تختص بحفظ القوة الشرائية أي أنها مخزن للقيمة مستندين إلى استنباط هذا المفهوم من واقع فكر الغزالي الاقتصادي إذ أشار إلى بعض القرائن التي تدل على إرادة مثل هذا المفهوم، بعكس ما نفته المقولة المشار إليها والتي نحن بصدد الرد عليها[3].

3- وكذلك فإن تبرير عدم الاعتراف بقيمة النقود الذاتية (مستودع للقيمة) بزعم أنها ملازمة لعملية الربا فإنه لا يصح ولا يستقيم بحال، لأن المرابي لا يستغل

---

(1) سورة إبراهيم، من الآية 35.

(2) الإحياء، 3/249-250.

(3) محمد سلامة جبر، أحكام النقود في الشريعة الإسلامية، سلسلة الاقتصاد الإسلامي، رقم السلسلة (1) ، (الكويت شركة الشعاع للنشر، 1981)، ص 52.

المقترض بسبب القيمة الذاتية للنقود وإنما بسبب حاجة المقترض للنقود وضمان الربح السريع المتحقق من ممارسة هذه العملية[1].

4- ثم كيف يتصور أن النقود ممثلة بالذهب والفضة في تلك العصور ليس لها قيمة ذاتية وهي من أنفس أنواع المعادن، بل إن قوتها الشرائية وما تحفظه من قيمة استبدالية يعكس قيمتها الحقيقية الممثلة بمعدن الذهب نفسه، وهذا يعني إن لم يكن للنقود الذهبية أو الفضية أي سعر في السوق لأنها ليست سلعة عادية قابلة للتداول فلا يعني أنها لا تحفظ قيمتها في ذاتها، ففرق بين هذا وذاك.

ومن هنا، فإننا لا نتفق مع المقولة المشار إليها بأن النقود الذهبية والفضية أو الدراهم والدنانير ليس لها قيمة ذاتية عند الغزالي بل هي مخزن للقيمة ومستودع لها وتحتفظ بقوة شرائية تعادلها في معدنها.

المطلب الثالث
الاستخدامات الوظيفية الظالمة للنقود

وفي مجال الاستخدام الخاطىء للنقود، والذي أشار إليه الغزالي بأنه استخدام ظالم، فيمكن تناوله في ثلاث نقاط رئيسة:

أولا: اكتناز النقود

فنتيجة لإحلال النظام النقدي محل المقايضة في عمليات التبادل نشأ استخدام خاطىء لوظيفة النقود الأساسية، وهو ما يعرف بظاهرة الاكتناز.

وفي نطاق هذه العملية الجديدة لاستخدام النقود يقوم المنتج بحبس النقد عن التداول وتعطيل الانتفاع به مما يحدث خللا في مضمون الوساطة النقدية القائمة

---

(1) محمد سلامة جبر، أحكام النقود في الشريعة الإسلامية، سلسلة الاقتصاد الإسلامي، رقم السلسلة (1)، (الكويت شركة الشعاع للنشر، 1981)، ص 52.

بين الإنتاج والاستهلاك لتصبح بين الإنتاج والإدخار [1]، وهذا يعني تشـويه للـدورة النقديـة المتمثلة بالسلسلة (سلعة، نقد، سلعة)، لتصبح بناء على هذا الخلل والتشويه بسبب حبس النقود عن التداول (سلعة، نقد، سلعة).

ويمكن إبراز أهم الجوانب المتعلقة بتحليل الغزالي لهذه الظاهرة ومعالجته الاقتصادية لها على النحو التالي:

- فكما أصبح واضحا، فإن اهتمامات الغزالي حول هدف الإنسان من استخدام النقد أنه لا يعتد به إلا في ضوء صلته بتوفير الحوائج والأغراض المعيشية، حتى ذهب إلى اعتبار الزيادة فيـه عـن قدر الحاجة بمثابة الحصباء التي لا تساوي شيئا.

ومثل هذا الاتجاه لا يفسر على أنه إقلال من أهمية النقد ولكنـه يـدل دلالـة أكيـدة عـلى عدم جواز اتخاذ النقد غرضا لذاته في أي نشاط اقتصادي ومنه الاكتناز، فالسلوك الـذي يقـوم بـه المكتنز بإمساك النقد وتعطيله عن التداول أو المساهمة في عمليات الإنتاج هو إخلال بهذا المبدأ وتجاوز لحكمة اللـه تعالى في خلق النقد، ومنه جاء التحذير من ظاهرة الاكتناز للذهب والفضة، فقال تعالى: ﴿ والذين يكنزون الذهب والفضة ولا ينفقونها في سبيل اللـه فبشرهم بعذاب أليم ﴾ [2].

فمن هذه الناحية يفهم أن الاكتناز تعطيل لوظيفة النقد الأولى، أي كوسيلة تبادل، لأن هذه الوظيفة لا تنهض بحبس النقد، إذ أنها مرهونة بالتداول والتبادل كما أشار الغزالي.

- وليس ثمة ريب بأن الاكتناز يحدث خللا بوظيفة النقد الثانية، أي كمقياس للقيمة، وقد نبـه الغزالي إلى هذه المسألة بالإشارة إليها بلفظ "الحكم" فأوضح أن النقد حاكم بين السلع مثله في ذلك كمثل حاكم المسلمين، للدلالة بهذا التصوير على خطورة حبس النقـد عـن التداول، وهـو تحليل اقتصادي بحت تجاوز حدود

(1) أنظر: محمد باقر الصدر ، اقتصادنا (بيروت، دار الكتاب اللبناني، 1977)، ص 327، 329. محمـد المبارك، الاقتصاد، ص 86.

(2) سورة التوبة، من الآية 34.

الخلافات الفقهية التي تكلم عنها الفقهاء في تحديد مفهوم الكنز[1].

ومما جاء في بيانه لهذه المسألة قوله: "ومعيار مقدار أرواحهما هو النقدان، فمن كنزهما كان كمن حبس حاكما من حكام المسلمين حتى تعطلت الأحكام"[2]، وفي موضع آخر: "فكل من عمل فيهما عملا لا يليق بالحكم بل يخالف الغرض المقصود بالحكم فقد كفر نعمة الله تعالى فيهما، فإذن من كنزهما فقد ظلمهما وأبطل الحكمة فيهما وكان كمن حبس حاكم المسلمين في سجن يمتنع عليه الحكم بسببه لأنه إذا كنز فقد ضيع الحكم ولا يحصل الغرض المقصود به"[3].

ووجه الاستدلال من هذين النصين أن كفران النعمة وهو منهي عنه متحقق بالاكتناز مما يقود إلى اعتباره استخداما ظالما للنقود، لأن به تعطيل لوظيفة أساسية من وظائف النقود وهي قدرته على التوسط والحكم بين الأموال، وأن تعطيل قدرة الوساطة النقدية مخالفة للحكمة في إيجادها بل إنه إبطال وتضييع لها.

- ولأن الاكتناز فيه صورة إحلالية للإدخار بدلا من الاستهلاك أو عدم توجيه النقد نحو الإنفاق على الإنتاج فإنه يحدث خللا ثالثا يتعلق بوظيفة النقد كمستودع للقيمة، وهذه الصورة الإحلالية يرفضها الغزالي حتى صرح بأن اتخاذ النقد لأجل الإدخار، هو من قبيل الظلم[4]، إذ به تضييق نطاق التبادل بالسلسلة (سلعة، نقد، سلعة، بدلا من السلسلة الطبيعية(سلعة، نقد، سلعة)[5]، وهو ما

---

(1) فقد اختلف الفقهاء في تحديد معنى الكنز على أربعة أقوال: الأول: وهو قول الجمهور أن الكنز هو كل مال لم تؤد زكاته سواء أكان ظاهرا أو باطنا أي مدفونا. والثاني: أنه كل مال مجموع بعضه إلى بعض سواء أكان مدفونا في الأرض أم على ظهرها. الثالث: أنه كل مال مدفون سواء أديت زكاته أم لا. الرابع: أنه كل مال فضل عن حاجة صاحبه، انظر: العبادي، الملكية، 2/101-102.

(2) الأربعين في أصول الدين، ص 169.

(3) الإحياء، 4/97.

(4) المصدر نفسه، نفس الصفحة.

(5) علي يو علا، الفكر الاقتصادي لدى علماء الإسلام، ص 32.

يعتبر ظلما لأن الأصل جريان النقد على ما خلق له بدورة طبيعية تسمح بحرية الدوران وحركة التداول.

ومن وجوه الظلم في هذه المسألة أن الاكتناز فيه تعويق لعملية الإنتاج لأن المكتنز يقوم بنصف العملية المطلوبة إذ يتخلص من إنتاجه ويمنع غيره من المنتجين ببيع إنتاجهم بحبسه للنقود، إضافة إلى ما يحدث من ضرر اقتصادي على المجتمع كله، وهو يؤول في النهاية إلى الإخلال بعقد اجتماعي متضمن لتبادل الطيبات المنتجة[1].

وعليه، نخلص بواقع الشواهد الاستدلالية السابقة إلى تقرير الصفة الوظيفية الظالمة لاكتناز النقود، وهي صفة ظالمة من وجهة النظر الاقتصادية والاجتماعية ومن منظور العبودية الخالصة لله تعالى، فكما يقول الغزالي: "**فإذن كل من استعمل شيئا في جهة غير الجهة التي خلق لها ولا على الوجه الذي أريد به فقد كفر فيه نعمة الله تعالى**"[2].

ثانيا: الربا

وفي عملية الربا يتم التبادل في النقود وليس بها، أي تكون هي محلا للتداول بقصد لتجارة فيها وتحقيق الأرباح السريعة، وهو ما نهى عنه الشارع ، فقال تعالى : ﴿ وأحل الله البيع وحرم الربا ﴾[3]، وفي آية أخرى: ﴿ وما آتيتم من ربا ليربو في أموال الناس فلا يربو عند الله ﴾[4].

---

(1) محمود أبو السعود، أثر تطبيق النظام الاقتصادي الإسلامي في المجتمع، بحث مقدم لمؤتمر الفقه الإسلامي في جامعة الأمام محمد بن مسعود الإسلامية، بالرياض، 1396هـ إدارة الثقافة والنشر بجامعة الإمام محمد بن سعود الإسلامية، 1981، ص 388.

(2) الإحياء، 4/95-96.

(3) سورة البقرة، من الآية 275.

(4) سورة الروم، من الآية 39.

ولما كانت النقود ممثلة بالذهب والفضة مقصودة في إطار التعامل الربوي للتجارة على أساس أنها سلعة سوقية، فإنه يتحقق من جراء ذلك أيضا تعطيل الحكمة الإلهية فيها ، وهذا عين الظلم ، ولا يقل أثره عن أثر الاكتناز إذ يمثل كل منهما استخداما غير عادل للنقود، وتوجيه التعامل بها على غير الوجه المراد منها.

وقد أوضح الغزالي هذه المسألة وألحقها بالاستخدامات الخاطئة والظالمة للنقود، فقال: "وكل من عامل معاملة الربا على الدرهم والدنانير فقد كفر النعمة وظلم لأنهما خلقا لغيرهما لا لنفسهما إذ لا غرض في عينهما، فإذا اتجر في عينهما فقد اتخذهما مقصودا على خلاف وضع الحكمة، إذ طلب النقد لغير ما وضع له ظلم... وكموقع المرآة من الألوان، فأما من معه نقد فلو جاز له أن يبيعه بالنقد فيتخذ التعامل على النقد غاية عمله فيبقى النقد مقيدا عنده وينزل منزلة المكنوز وتقييد الحاكم"[1].

والناحية الاستدلالية في هذا النص أن الاتجار بالنقود أو معاملتها معاملة الربا هو خلاف لمغزى الحكمة منها، وهو ظلم، وهو لا يختلف عن صورة الاكتناز التي فصلنا فيها القول آنفا، فالإشارة واضحة هنا إلى دور الوسيط للنقود في عمليات التبادل لأنها كالمرآة تعكس قيم السلع والخدمات.

ولهذا فلا يجوز أن تثمر النقود ربحا مجردا بحكم وساطتها ما لم يتوفر عنصر ـ العمل، فيقوم بتلقيح رأس المال وإخصابه مما ينتج عنه إحلال العلاقة (سلعة، نقد، سلعة)، محل العلاقة السائدة في النظام الربوي (نقد، ربا، نقد)، وبذلك يصبح العائد متضمنا للسعر العادل للآلة الإنتاجية وعنصر العمل بدلا من العائد المجرد لاستخدام النقد[2].

***

(1) الإحياء، 97/4.

(2) محمد صحري، في الاقتصاد الإسلامي، " نظرية التوزيع الوظيفي في الاقتصاد الإسلامي" سلسلة: ندوات ومناظرات رقم : 15 (الرباط، كلية الآداب والعلوم الإنسانية، جامعة محمد الخامس، 1989)، ص 87.

غير أن من الضروري توضيح بعض الصور المشتبهة بها - ولو أخذت بعدا فقهيا في مجال استبدال النقود- والتي تتضمن أحكاما متفاوتة من حيث جواز التعامل بها، وهي[1]:

- استبدال درهم بدرهم آخر ينقسم إلى وحدات تمثل أجزاء الدرهم الواحد، فهذا التعامل جائز لأن مقصوده التوصل إلى الحاجات، والمنع منه مخالف للغرض من استخدام النقود في تيسير التوصل بها إلى قضاء الحاجات.

- استبدال الدرهم بدرهم مثله، فهو جائز ولكن يأبى العقلاء التعامل به ولا تتشوف النفوس إليه إذ لا فائدة منه لأنه كوضع الدرهم على الأرض ثم أخذه بعينه.

- استبدال درهم جيد بدرهم رديء فهذا لا يجوز لأن كلا منهما سواء، وإنما لا ينظر إلى جودة ورداءة الأشياء إلا ما كان منها مقصودا لذاته، وما لا غرض يقصد في ذاته فلا ينبغي أن ينظر إلى صفاته.

- استبدال درهم بدرهم مثله نسيئة، فلا يجوز لأن فيه معاوضة، والمعاوضة لا حمد فيها ولا أجر وهو ظلم.

ثالثا: تزييف النقود[2]

ففي ظل المقياس السلعي للنقود تتساوى الدنانير الذهبية أو الدراهم الفضية بصفتها المعدنية مع قوتها الشرائية أو قيمتها في التبادل، وعلى هذا الأساس فإن الزيادة في الكمية المعدنية للنقود يؤدي إلى انخفاض قوتها الشرائية وبالتالي ارتفاع الأسعار، وعلى العكس من ذلك فإن نقصان الكمية المعدنية للنقود يؤدي إلى ازدياد قوتها الشرائية وبالتالي انخفاض الأسعار، فهذا هو التحليل الاقتصادي

---

(1) الإحياء، 97/4.

(2) يقصد الغزالي بزيف النقود حالات مختلفة؛ فمنها أن تخلو من النقرة المميزة لعلامتها النقدية، فتصبح مموه، ومنها أن تكون الدنانير خالية من الذهب ولكن على صورة شبيهة بالذهب أو أن يكون الذهب كثير الغش لاختلاط النقر والنحاس فيه.

أنظر: معيار العلم، ص 160-161، الإحياء، 84/2.

بصورته البسيطة لوجود التضخم أو عدمه في ظل مقياس سلعي للنقود[1].

ويبدو أن الغزالي كـان عـلى إحاطـة بهـذا المعنى رغم أن تحليله لم يكـن محـددا، إذ أن اهتماماته انصبت بشكل رئيس على المشاكل الناجمة عن التزييف وخلط المعادن الرخيصة مـع معدني الذهب والفضة وما يؤدي ذلك إلى إلحاق الضرر بالفرد والمجتمع على السواء[2].

ولذا نجده يتحـدث عـن هـذه المسـألة تحـت بـاب "في بيـان العـدل واجتنـاب الظلـم في المعاملة" مشيرا إلى أن ترويج النقد الزائف وتفشيه في عمليات التـداول سـيؤول في نهايـة المطـاف إلى إيقاع شتى أنواع الفساد والضرر والظلم في حق جميع المتعاملين به، وهذا ما يفهم من عبارتـه التالية:

"إذ يستضر بـه المعامـل إن لم يعـرف، وإن عـرف فسيروجه عـلى غـيره، فكذلك الثالث والرابع، ولا يزال يتردد في الأيدي ويعم الضرر ويتسـع الفسـاد ويكـون وزر الكـل ووبالـه راجعـا عليه"[3].

وقد ذهب بناء على هذه النتيجة المترتبة عـلى تـرويج النقد الزائف إلى تغليظ المعصية المقصودة من فعل الزيف، فنقل عن بعضهم: إن إنفاق درهم زيف أشد مـن سرقـة مائـة درهـم وعلة هذا أن السرقة ما هي إلا معصية واحدة بينما الزيف هو معاصي متتالية لتناقلـه بـين يـدي أناس كثر، فهو من عموم البلوى[4].

ولما كان التجار في طليعة الناس المستضرين من التعامل بالنقد الزائف وترويجـه بسبب تداولهم السريع له[5]، فقد جاءت دعوة الغزالي لهذه الفئة على وجه

---

(1) See: Ghazanfa,3 and Islahi, "Economic thought of an Arab Scholastic : Abu Hamid al - Ghazali History of political Economy, (Summer 1990), 13.

(2)Ibid , 13.

(3) الإحياء، 83/2.

(4) المصدر نفسه، 84/2.

(5) سعيد أبو الفتوح، الحرية الاقتصادية في الإسلام وأثرها في التنمية، ط1 (المنصورة، دار الوفاء، 1988) ، ص 535.

الخصوص متضمنة ضرورة تعلم هذا الفن، وكشف الزيف حماية للمسلمين وخشية من اقتراف التاجر للإثم، وصريح هذه الدعوة قوله:

"يجب على التاجر تعلم النقد لا ليستقصي لنفسه ولكن لئلا يسلم إلى مسلم زيفا وهو لا يدري فيكن آثما بتقصيره في تعلم ذلك العلم، فكل علم عمل به يتم نصح المسلمين فيجب تحصيله"[1].

فيستدل من هذا النص على عدم عذر التاجر لتركه العلم المتعلق بعمله، وإن كان في هذا التصور ضمانا لأمانة العمل وإتقانه فهو يحسن من أداء العمل ويزيد من إنتاجيته[2].

وفيما يتعلق بالحكم على شرعية التعامل بالنقد الذي ظهرت فيه شبهة التزييف فهو يفرق في هذه المسألة بين نقد البلد ونقد غير البلد، أي النقد الوطني أو المحلي، والنقد غير الوطني، فيذهب إلى جواز التعامل بالنقد الذي خلط بالنحاس أو ليس فيه علامته النقدية (النقرة) إذا كان نقدا تابعا لنفس البلد بخلاف لو كان نقدا لدولة أخرى جرى فيه مثل هذا التلبيس[3].

ولربما يستفاد من موقف الغزالي من عملية التزييف أو الخلط ومدى إمكانية التعامل بها أنه يرفض خلط المعادن إن كان هذا الخلط لمجرد الاحتيال أما إذا كان مدفوعا من قبل الدولة لتنفيذ مصلحة تقتضيها ظروف الحياة المعيشية وكان الناس على علم بمثل هذا الإجراء فإنه مقبول ولا يعد من باب الاحتيال. وهذا من شأنه أن يبرر إلى حد ما أسلوب التمثيل الورقي أي إصدار العملة الورقية كما هي سائدة اليوم والتي أصبح الحق بواسطتها لصاحب الإصدار النقدي أو مسؤول الخزينة أن يغير في الغطاء المعدني للنقود[4].

---

(1) الإحياء ، 84/2.

(2) شوقي دنيا، الإسلام والتنمية الاقتصادية، ط1 (دار الفكر العربي، 1979)، ص 156.

(3) الإحياء، 84/2.

(4) Economic Thought of Al - Ghazali , 13-14.

المطلب الرابع

خصائص النقود

وانطلاقا من تصورات الغزالي المتعلقة بماهية النقود ودورها في عمليات التبادل فيمكن أن نستنتج أهم الخصائص المميزة لها، وعلى النحو التالي:

الخاصية الأولى: النقود ليست سلعة: نلحظ هذه الخاصية من عدة وجوه أهمها:

1- ما مر آنفا في مواضع كثيرة أن النقود وسيلة للحصول على الأغراض والحوائج، وأنه لولا هذا لكانت هي والحصباء بمثابة واحدة، غير أن ما يهمنا في سياق كهذا أن هذه الفكرة تدل على طبيعة النقود المخالفة لطبيعة السلع، ووجه الاختلاف واضح في أن السلع تتضمن منفعة ذاتية مقصودة في التعامل بخلاف النقود التي لا تتضمن مثل هذه المنفعة الذاتية[1].

2- ومما يدعم هذا الاعتبار، ما ناقشه الغزالي في تحليله لوظيفة النقود من عدم جواز الاتجار بها، وواضح من خلال دحضه لفكرة الربا أن معاملة الدراهم والدنانير على هذا الأساس ما هو إلا ظلم وكفر للنعمة وخلافا للحكمة في خلقها.

3- ويلحق بصورة الربا رفضه لاكتناز الدراهم والدنانير بخلاف السلع التي يمكن تخزينها وحبسها عن التداول أو الاستهلاك، إذا اقتضت الضرورة، لأن طبيعتها تسمح بذلك علاوة على أن النقود لا تعكس سعرا سوقيا كالسلع في عمليات التبادل.

الخاصية الثانية: تناقص النقود: يوضح الغزالي أن النقود عرضة للتناقص والتآكل،

_____

(1) شوقي دنيا، من أعلام الاقتصاد الإسلامي: أبو حامد الإسلامي، ص 58-59. عدنان التركماني السياسة النقدية والمصرفية في الإسلام (بيروت، مؤسسة الرسالة ، 1988) ، ص 57. سيد شوربجي عبد المولى، الفكر الاقتصادي الإسلامي ومكافحة جرائم النمو الاقتصادي (الرياض. دار النشر- بالمركز العربي للدراسات الأمنية والتدريب 1991)، ص120.

إلا أن مقولته حول هذا المعنى غير واضحة ومحددة، ففيها يقول: "فالمال يأكل نفسه ويضاد ذاته حتى يفنى"[1].

وعلى أن إمكانية تبرير هذه الظاهرة قد يحتمل مفهوم التكاليف غير المباشرة لحفظ النقود، كالحاجة إلى وجود مؤسسة أو كادر تنظيمي (الخزائن والحراس) ليقوم بهذا الدور، فإن منطق التحليل لا يمنع من احتمال فهم الغزالي لظاهرة التقلبات الاقتصادية السائدة في اقتصاد نقدي إذ بين سابقا أن النقود مخزن للقيمة وهذه الوظيفة باهظة التكاليف من حيث أن النقد المتداول لا يحصل على أرباح، وأن الزيادة المستمرة في تصاعد أسعار السلع والخدمات (التضخم) تحد من قدرته الشرائية علاوة على أن التفسير السابق أي القول بوجود مؤسسة تنظم العمل من الممكن أن يفقد مصداقيته إذا حققت المشروعات الاستثمارية أو الإنتاجية أرباحا تزيد على التكاليف، مما يعزز قبول فكرة تناقص النقود على أساس فهم الغزالي لطبيعة التقلبات النقدية.

---

(1) الإحياء ، 278/3.

المبحث الثاني

الإيراد والإنفاق من خلال بيت المال

يطلق لفظ "بيت المال" على المؤسسة المالية التي تقوم الدولة الإسلامية من خلالها بالإشراف على ما يرد إليها من أموال وما يخرج منها في وجوه الإنفاق المختلفة ومصطلح "بيت المال" أشبه اليوم بالخزانة العامة للدولة أو وزارة المالية[1].

وقد استخدم الغزالي لفظ "الخزانة"في أكثر من موضع[2]، وهذا اللفظ لا يختلف عنده عن لفظ "بيت المال"[3] أو لفظ "بيت مال المسلمين" الذي يدل على الاتجاه الديني للأموال[4]، ووظيفتها العقدية، إذ سبقت الإشارة إلى هذه المفاهيم في مكان آخر من هذا البحث.

وسنتناول في هذا المبحث أهم المؤشرات الوظيفية لبيت المال في مطلبين هما:

المطلب الأول: جانب الإيرادات

المطلب الثاني: جانب النفقات

المطلب الأول

جانب الإيرادات

يتضمن هذا الجانب المداخيل المتكونة منها حصيلة الإيرادات، والتي تعتمد

---

(1) Cahen, Bayt Al- Mal Encyclopaedia of Islam , 1960 vol. 1.P.1146 .

(2) الإحياء، 149/2 . فضائح الباطنية، ص 117.

(3) يوسف إبراهيم يوسف، النفقات العامة في الإسلام، ط2 (قطر ، دار الثقافة، 1988) ، ص140.

(4) خولة شاكر الدجيلي، بيت المال: نشأته وتطوره من القرن الأول حتى القرن الرابع الهجري (بغداد، مطبعة وزارة الأوقاف، 1976)، ص 14.

على مصدرين هامين يقوم عليهما أساس التمويل والإنفاق وهما المصدر الضريبي ومصدر الايرادات العائدة لحق الملكية العامة.

فأما المصدر الضريبي فقد يكون مصدرا ثابتا كالزكاة والجزية والعشور والخراج وقد يكون مصدرا غير ثابت كالغنائم والفيء والقروض الطارئة والضرائب الإضافية، وأما المصدر الإيرادي للملكية العامة فينحصر في الأراضي وما يوجد فيها أو عليها من الثروات الطبيعية.

ومما لا شك فيه أن الأحكام والمسائل المتعلقة بهذه المداخيل تتخذ بعدا فقهيا على الأغلب، مستمدا من الأدلة الشرعية التفصيلية. وقد خاض الفقهاء في التفصيلات الفقهية لهذه المداخيل وبحثوا دقائقها وناقشوا كل ما يتصل بها من تصورات أو خلافات مذهبية. وفي إطار هذه المعطيات التزم الغزالي بحدود فقه مذهب الإمام الشافعي كما نلحظ هذا في كتبه الفقهية المشار إليها في مواضعها.

غير أن ما يهمنا في هذا الجانب هو طرح المفاهيم الاقتصادية لفكر الغزالي، والتي لا تتعدى في ضوء هذا الموضوع بعض الإشارات العابرة، والتي يمكن مناقشتها من خلال المؤشرات التالية:

أولا: إيرادات بيت المال ومسؤولية الدولة في جبايتها

تباشر الدولة الإسلامية مسؤولياتها وصلاحيتها بالإشراف الكامل على بيت المال بوصفه شخصية اعتبارية تستمد وجودها من واقع التشريعات والقوانين الفقهية الخاصة بها.

ومنذ النشأة الأولى لقيام الدولة الإسلامية أخذت تتشكل نواة بيت المال[1]، وكما يوضح الغزالي كانت الدولة تلعب دورا بارزا في جباية الأموال وذلك من خلال فعل الرسول صلى الله عليه وسلم إذ أرسل أمراءه وسعاته لقبض الصدقات والجبايات، وولى عليها جماعة من الصحابة العدول، ويذكر من هؤلاء الصحابة معاذ

---

(1) أحمد عطية الله، القاموس الإسلامي (القاهرة ، 1963) ، 404/1.

بن جبل، ومالك بن نويرة[1]، والزبرقران بن بدر[2]، وقيس بن عاصم[3]، وزيد بن حارثة، وعمرو بن العاص، وعمرو بن حزم[4]، وأسامة بن زيد، وعبدالرحمن بن عوف، وأبا عبيدة بن الجراح، وغيرهم كثير ممن يطول ذكرهم[5].

وفي هذه الفترة لم يكن جانب التنظيم الإداري والمالي المتعلق بجباية الأموال وحفظها في بيت المال على درجة من التطور كما آل إليه بعد الفتوحات الإسلامية للعراق والشام وفارس ومصر، وذلك أن مدخلات بيت المال كانت محدودة بأموال الصدقات والجزية والغنائم، ومحدودة جغرافيا بمنطقة الجزيرة العربية، وكانت قليلة إذ فرض من الجزية دينارا واحدا على كل حالم ذمي من أهل اليمن وثلاثمائة دينار سنويا على أهل آيلة وهو مقدار قليل، ولم تكن الصدقات أو الغنائم بقدر ما وصلت إليه بعد الفتوحات الإسلامية للبلدان الأخرى[6].

ويبين الغزالي أن الرسول صلى الله عليه وسلم لم يكن يتكلف كثيرا في جباية الأموال وإنما كان يكفيه إرسال الصحابة فرادى وأحادا يجمعون الأموال ولم

---

(1) مالك بن نويرة: هو أبو حنظلة، فارس وشاعر، من أرداف الملوك في الجاهلية، ولاه الرسول صلى الله عليه وسلم صدقات قومه بني يربوع، ولما صارت الخلافة إلى أبي بكر فرق الصدقات. وقيل ارتد فتوجه إليه خالد بن الوليد وأمر ضرار بن الأزر فقتله. انظر : الإعلام، 267/5.

(2) الزبرقان بن بدر: صحابي، من رؤساء قومه، قيل اسمه الحصين ولقب بالزبرقان (وهو من أسماء القمر) لحسن وجهه، ولاه الرسول صلى الله عليه وسلم صدقات قومه، كان فصيحا شاعرا، وكف بصره في آخر عمره، وتوفي في آخر أيام معاوية سنة 45هجرية. انظر: الأعلام، 41/3.

(3) قيس بن عاصم: أحد عقلاء العرب، موصوف بالحلم والشجاعة، وكان سيدا في قومه، وكان ممن حرم الخمر على نفسه. أسلم سنة 9 هجرية مع وفد تميم، واستعمله الرسول صلى الله عليه وسلم على صدقات قومه، توفي بالبصرة نحو 20 هجرية. انظر الأعلام ، 206/5.

(4) عمرو بن حزم: أبو الضحاك: وال من الصحابة، شهد الخندق وما بعدها واستعمله النبي صلى الله عليه وسلم على نجران، توفي سنة 53 هجرية. انظر الأعلام ، 76/5.

(5) المستصفى، ص 120.

(6) خولة شاكر، بيت المال، ص 23-24.

يكـن لديهـم شيء يثبت دعواهـم سوى أنهـم يحملون صـحف الصـدقات وأنهـم عـدول بـين الناس [1].

ومما ينبغي الإشارة إليه أن الرسول صلى اللـه عليه وسلم لم يكـن يحـتفظ بـالأموال التـي يأتي بها السعاة وإنما يصرفها في وجوه الإنفاق المخصصة لها للحاجـة القائمـة إليهـا [2]، وهـذا يؤكد الشخصية الاعتبارية لبيت المال ومسؤولية الدولة لاتخاذ الآليـة المناسـبة في الجبايـة والإنفاق بما يخدم المصلحة العامة لسائر أفراد المجتمع، وأنه لا يجوز أن تكون قرارات الجباية فردية وإنما هي من حقوق الدولة ممثلة بفعل الرسول صلى اللـه عليه وسلم وإرساله لعماله وسعاته.

ثانيا: تقييد الحق الوظيفي لاستخدام إيرادات بيت المال

فنتيجة للدور المهم الذي تؤثر به العوامل الأخرى ومنها العامل السياسي على النظام المالي ولا سيما طرق الجباية وأساليب الإيرادات المعمـول بها، فقـد ركـز الغزالي الحـديث عـن علاقة السلطان أو من ينوب عنه ببيت المال واستحقاقاته منه، ففي كتاب "الحلال والحرام" مـن الإحياء يخصص بابا مستقلا لهذا الموضوع تحت عنوان "في إدارات السلاطين وصلاتهم وما يحل منهـا ومـا يحرم" فأوضح أن ما يحل للسلطان في جهات الدخل قسمان [3]:

القسم الأول: مأخوذ من الكفار وهو الغنيمة المأخوذة بالقهر والفيء الذي وقع الظفر به من غير إيجاف الخيل والركاب والجزية وأموال المصالحة وهي التي تؤخذ بالشروط والمعاقدة.

القسم الثاني: المأخوذ من المسلمين مثل المواريث والأموال الضائعة التي لا يتعين مالكها والأوقاف التي لا متولي لها.

وهذه المسألة التي يوضحها الغزالي تبدو على درجة من الأهمية إذ تعكس مدى الضـرورة الواجبة للمحافظة على أداء بيت المال وممارسة نشاطاته المالية، والتي

---

(1) المستصفى، ص 132.

(2) الأموال، ص 316.

(3) الإحياء، 148/2.

تكشف موقف الغزالي من هذه الضرورة في صورتين:

الصورة الأولى: أن تأثير الواقع السياسي على إيرادات بيت المال كان واضحا وبالأخص أيام الخلافة العباسية إذ وصف من يباشر أمور الحكم في ظل هذا الواقع من السلاطين والوزراء وغيرهم بأنهم ظلمة جائرون وغشمة معتدون، هلك على أيديهم كثير من الخلائق، فنجده يقول: "وما عدا ذلك- أي ما يحل من إدارات السلاطين- من الخراج المضروب على المسلمين والمصادرات وأنواع الرشوة كلها حرام"[1].

الصورة الثانية: تأكيد الغزالي على ضبط السلوك المالي للدولة ممثلا بموقفه من الخليفة بأن يأخذ موقعه الصحيح في السيطرة على إيرادات بيت المال وإنفاقاته ليكون له هيبة وسياسة، ولتستقر أحوال الرعية ويأمن الناس على ممتلكاتهم وثرواتهم دون مصادرتها أو الاستيلاء عليها بغير وجه حق.

ويوضح الغزالي هذه الصورة من خلال رده على ادعاء الباطنية بأن أموال المسلمين مستباحة من قبل الخليفة مما ينفي عنه صفة الورع والتقوى المطلوبة لكل حاكم وبالتالي الحكم على عدم استحقاقه للخلافة ليحل محله فكرة الإمام المعصوم، فيرد الغزالي "بأن الأموال المنصبة إلى الخزائن المعمورة أربعة أصناف:

الصنف الأول: ارتفاع المستغلات.

الصنف الثاني: أموال الجزية.

الصنف الثالث: أموال التركات.

الصنف الرابع: أموال الخراج المأخوذة من أرض العراق، ومذهب الإمام الشافعي وطوائف من العلماء أن أرض العراق وقف لأن عمر رضي الله عنه وقفها على المسلمين ليكون جميع خراجها منصبا إلى بيت المال ومصالح المسلمين"[2].

ويستدل من هذه الصورة على أن جانب الإيرادات يمثل وجها شرعيا من حقوق بيت المال، وأن هذه الحقوق تخص المسلمين بشكل عام ولا تخص فردا منهم

---

(1) الإحياء ، 148/2.

(2) فضائح الباطنية، ص 117.

على جهة التعيين، ولذلك ليس لأحد أن يتصرف فيها كيفما شاء سواء من حيث الأخذ أو العطاء، ولو كان خليفة المسلمين، لأن "**شرطه التجرد عن الأموال حتى لا يأخذ قيراطا إلا من حله ولا يدعه إلا في مظنة استحقاقه**"[1]. ولا يحل له أن يأخذ هذا الحلال من الرعية إلا بقدر معلوم لأن الشارع حدد الأخذ كما حدد العطاء ولم يتركه لأهواء الناس[2].

وهنا لابد من الإشارة إلى أن الغزالي ألحق أموال "الفرقة الباطنية" بحقوق بيت المال إذ حكم عليها حكم أموال المرتدين التي تعامل معاملة الفئ المتحصل من غير قتال [3]

ثالثا: الاقتراض العام

ويطرح الغزالي بعدا جديدا مهما يمكن أن تعتمد عليه موارد بيت المال وهو ما يتعلق بالقروض العامة، وهو يعتبر في هذا المجال من القلائل في عصره ممن تصدى لهذا الموضوع كمصدر آخر من مصادر الإيرادات[4].

وفي هذا الجانب يذهب الغزالي إلى جواز الاستقراض لتمويل العجز وسد جوانب القصور في الأدوات المتاحة، فيقول: "**ولسنا ننكر جواز الاستقراض ووجوب الاقتصار عليه، إذ دعت المصلحة إليه**"[5].

ويفهم من هذا النص أن الغزالي وإن لم ينكر جواز الاستقراض فإنه لم يذهب إلى إطلاقه إلا في ضوء المصلحة القائمة و الحاجة الملحة إليه، وهذا يعني أنه لم يتعامل مع القروض كمبدأ عام تقوم عليه السياسة المالية للدولة لتنفيذ برامجها وخططها وتمويل النفقات المترتبة عليها.

---

(1) فضائح الباطنية، ص 116.

(2) التبر المسبوك، ص 66.

(3)فضائح الباطنية، ص 95.

(4)Economic Thought of Al - Ghazali , 18.

(5) شفاء الغليل، ص 241-242.

وعلى ما نشهده في عالم اليوم من معاناة للدول الفقيرة التي ضاقت بها أزمات الديون بسبب التواطؤ في الاقتصاد العالمي وتحامله على هذه الدول، ونتيجة لارتفاع أسعار الفائدة المترتبة على القروض وتزايد خدمات القروض التي أصبحت تشكل عبئا ثقيلا لا تحسد عليه الدول المدينة، فإن الغزالي ينبه إلى حقيقة هذه الأوضاع المضطربة وما يترتب عليها من أزمات ونكبات، فنقرأ في عبارته: **"إذا كان الإمام لا يرتجى انصباب مال إلى بيت المال، يزيد على مؤمن العسكر ونفقات المرتزقة في الاستقبال، فعلى ماذا الاتكال في الاستقراض مع خلو اليد في الحال، وانقطاع الأمل في المال"**[1].

ففي هذا النص لم يوافق الغزالي على السياسة المالية القائمة على القروض إذا فقدت هذه السياسة مصداقيتها أو لم يوجد لها ما يبررها من الاحتياطات المالية الحاضرة أو المستقبلية، ويعرض موقفه بسؤال استغرابي "فعلى ماذا الاتكال" للدلالة على إمكانية الوقوع في مشاكل اقتصادية وأزمات مالية ناتجة عن السلوك غير المخطط من سياسة الاستقراض، وهو في نفس الوقت يدل على أن الاستقراض لا ينبغي أن يمثل سياسة مالية ثابتة يعتمد عليها بيت المال لتمويل العجز المتحقق في جانب النفقات.

وواضح من هذا التعليل أن الغزالي لا يريد للدولة في عصره - وهي تعاني مشاكل اقتصادية كثيرة- أن تعتمد على القروض لأنه ليس لديها الإمكانات والقدرات الكافية للوفاء بسدادها، سواء كانت هذه الإمكانات حاضرة، وإليها الإشارة بقوله: "خلو اليد في الحال" أو كانت مستقبلية مخطط لها، وإليها الإشارة بقوله: "وانقطاع الأمل في المال".

وبعبارة أخرى فإن الغزالي يدعو إلى ما يسمى اليوم بـ "ضوابط (مواثيق) الإيرادات أو العائدات" ومن المعروف أن هذا النوع من الضوابط يستخدم بشكل كبير في السياسة المالية الأمريكية[2]، إذ أنه لم يترك سياسة الاستقراض أو المديونية

(1) شفاء الغليل، ص 242.

(2) Economic Thought of Al - Ghazali , 18.

على إطلاقها وإنما ربطها بمدى قدرة الدولة على السداد من جهة، وقدرتها على الوفاء بالتزاماتها بتغطية مصاريف النفقات الحاضرة على مؤن العسكر (الجيش) وما ينتج من مشروعات آجلة تحتاج إلى المزيد من الإنفاق من جهة أخرى.

وعلى الجملة فإن الغزالي يتخذ في مجال القروض موقفا واضحا يتمثل بعدم جواز الاستقراض بأي حال من الأحوال ما لم توجد برامج اقتصادية صحيحة تخطط لها الدولة في الأجل القصير والأجل الطويل، أو تكون لها موارد مالية كافية لسداد الديون المترتبة عليها، فلو كان للدولة "مال غائب، أو جهة معلومة تجري مجرى الكائن الموثوق به، فالاستقراض أولى"[1].

مقارنة بين موقف الغزالي من القروض وبين موقف الدول الفقيرة المدينة:

وفي هذا السياق، نشير إلى بعض الفروقات المهمة بين موقف الغزالي من الاقتراض وبين الحالة المتبعة لسياسة الدول الإسلامية الفقيرة في هذا المجال، واعتمادها المطلق على الديون الخارجية مما أوقعها في مشاكل اقتصادية لا آخر لها مثل حالة التبعية للعالم الخارجي، والانكشاف الاقتصادي، وخدمة أعباء الديون وغير ذلك، وهذه الفروقات نوجزها بالنقاط التالية:

1- إن القرض عند الغزالي يشترط فيه أن لا يجر نفعا، فلو شرط زيادة قدر أو صفة فسد القرض ولم يفد جواز التصرف[2]، وهذا بابه في الفقهيات مما يدخل في معنى الربا، في حين أن الاقتراض المعاصر يقوم على أساس ربوي يضاعف من قيمة القرض حتى يصير أضعافا مضاعفة، خلافا لقوله تعالى: ﴿ يا أيها الذين آمنوا لا تأكلوا الربا أضعافا مضاعفة ﴾[3].

2- إن تبرير الغزالي لجواز القرض قائم على أساس المصلحة المعتبرة، أي المصلحة العامة والضرورية والقطعية التي يعود نفعها على سائر أفراد المجتمع، فإذا لم

(1) شفاء الغليل، ص 242.

(2) الوجيز، 158/1.

(3) سورة آل عمران، من الآية 130.

يوجد هذا النوع من المصلحة فإنه لا مبرر للاقتراض.

وهذا الضابط الشرعي المتمثل بالمصلحة العامة لتبرير القرض لا نجد ما يقابله في عملية القرض الربوي الذي لا يستند إلى أي أساس أو ضابط يمكن الاستفادة منه لمجموع الأمة.

وعلى العكس من ذلك، فإنه يمكن تصور الحلقة المفرغة للتخلف الذي تعيشه الدول المدينة بسبب القروض وارتفاع المديونية، وذلك أن الموارد الاقتصادية للدول الفقيرة يهيمن عليها قطاعات النشاط الأولي، فيتراجع هيكلها الإنتاجي في مجال الصناعة والزراعة والخدمات مما يساهم بانكشافها اقتصاديا للخارج من خلال الاعتماد على استيراد السلع الاستهلاكية التي تحاكي النمط الاستهلاكي الترفيهي والمظهري، علاوة على أن اتجاه الصادرات يتركز في استخدام الموارد التي تكون في العادة من المواد الأولية[1].

3- إن الاقتراض عند الغزالي هو اقتراض مخطط، بمعنى أنه يتلاءم مع قدرات الدولة على الالتزام بالسداد سواء كان في الأجل القصير أو الأجل الطويل، فإذا لم تستطع الدولة من خلال إيرادات بيت المال على السداد فإنه لا يجوز الاقتراض، ولكن مشاكل المديونية التي تقع فيها الدول الفقيرة تنتج عن عدم قدرتها على الالتزام بالسداد في الأجل المحدد، فيترتب عليها أعباء جديدة لخدمة المديونية، وهذه الأعباء الجديدة ينتج عنها بعض المشكلات الاقتصادية، مثل:

أ- توجيه استخدامات الدخل الوطني للدولة المدينة لتحمل أعباء خدمة المديونية بدلا من توجيهه نحو الاستهلاك أو الادخار.

ب- انكماش قدرة الدولة المدينة على توليد الصادرات اللازمة لتمويل الواردات، فينتج عنه أحد أمرين[2]:

---

(1) رمزي زكي، "حوار حول الديون والاستقلال"، آفاق اقتصادية، ط1 (القاهرة: مطبعة مدبولي، 1986)، ص 33.

(2) ياسر عبد الكريم الحوراني، اقتصاديات الفقر في الشريعة الإسلامية (أطروحة ماجستير، جامعة اليرموك / الأردن، 1994)، ص 58.

1- لجوء الدولة إلى تغطية تكاليف الدين من احتياطياتها من الذهب والعملات مما يجعل موقف الدولة حرجا في مواجهة الطوارىء والأزمات الاقتصادية.

2- أن تحد الدولة من الاعتماد على الواردات، فتزيد السياسة الانكماشية من تدني المستويات المعيشية، وتساعد على انهيار معدلات النمو الاقتصادي وعدم إمكانية التقدم التنموي من جديد.

جـ- تكريس حالة التبعية للدولة المدينة في المجالات السياسية والاقتصادية والاجتماعية، وفرض القيود الصارمة عليها تنفيذا للبرامج والأهداف الاقتصادية للدول الكبرى، والقائمة على سيطرة مبدأ الغلبة والقوة المادية.

4- إن مفهوم الاقتراض عند الغزالي لا تتجاوز مساحته حدود العلاقة القائمة بين الدولة والأغنياء من المسلمين، ويكون على سبيل الالتزام[1]، ولم يتخذ بعدا دوليا كما هو سائد في عالم اليوم، والذي نشهد فيه علاقة غير متكافئة بين الدول الإسلامية المدينة والدول الرأسمالية ذات الأطماع والمصالح الاقتصادية، والتي تخوض من خلاله في أغلب الأحيان معركة أيديولوجية مذهبية ضد العالم الإسلامي لتركيعه وتطبيعه مع القيم والمبادىء الجديدة، وهو ما يرمز إليه في الأدبيات الحديثة بالبعد التبشيري.

5- إن إلزامية القرض الذي يجيزه الغزالي يتحدد من خلال طرفين هما الدولة والأغنياء، ونلاحظ من هذه العلاقة أن الطرف المقترض أقوى من الطرف المقرض، ولذلك يكون الاقتراض إلزاميا ولو تجاوز رغبة الأغنياء لأنه يخدم مصلحة عامة، والأهم من ذلك أنه لا يوجد مجال لفرض الاستغلال من المقرض على المقترض لأن المقرض هو الطرف الضعيف وأن المقترض هو الطرف الأقوى.

غير أن العلاقة السائدة في الطرف الآخر على النقيض تماما، فالدول المانحة للقروض هي الأقوى والأكثر نفوذا بين طرفي التبادل، وعلى هذا الأساس تكون

(1) رفيق يونس المصري، أصول الاقتصاد الإسلامي، ط1 (دمشق، دار القلم، 1989)، ص 237-238.

القروض مظنة للاستغلال والاستجداء ووسيلة لفرض شروط القوي على الضعيف والغني على الفقير.

ومن هنا نخلص إلى النتيجة الحتمية بأن موقف الغزالي من جواز الاقتراض لا يستدل عليه كتبرير فقهي وشرعي لحالة الدول الإسلامية المدينة، لأن هذه الفروقات أو الضوابط التي وضعها الغزالي تنفي إمكانية الاستفادة من مثل هذا التبرير.

المطلب الثاني

جانب النفقات

يحدد الغزالي الجهات التي تتوزع فيها نفقات بيـت المـال في أربـع جهـات، تنحصر ـ فيها مصالح الإسلام والمسلمين، وهي⁽¹⁾:

الجهة الأولى: الجند والعسكر (قطاع الجيش).

الجهة الثانية: علماء الدين وفقهاء المسلمين القائمون بعلوم الشريعة.

الجهة الثالثة: محاويج الخلق الذين قصرت بهم ضرورة الحال وطوارق الزمان عـن اكتسـاب قـدر الكفاية.

الجهة الرابعة: المصالح العامة مثل عمارة الرباطات والقناطر (شق الجسور) والمسـاجد والمـدارس، فيصرف لا محالة إلى هذه الجهة عند الحاجة قدر من بيت مال المسلمين.

ففي هذه الجهات الأربع تتحد ثلاثة أشكال مـن النفقـات الاقتصـادية التـي تناولها علـم الاقتصاد الحديث، وهي النفقات العسكرية والنفقات التحويلية والنفقات الاستثمارية، ويمكن بيانها على الوجه التالي:

أولا: النفقات العسكرية

تظهر هذه النفقات في الجهة الأولى من الجهـات الأربـع التـي حـددها الغزالي، وتتضمـن رواتب الجند وتجهيز الجيش، ومن الواضح أن أولوية الإنفاق على قطاع

---

(1) فضائح الباطنية، ص 117-118.

- 233 -

الجيش يدل على اهتمام الغزالي في توفير عنصر القوة العسكرية للدولة الإسلامية وحماية ثغورها الداخلية والخارجية ونشر الأمن والرخاء فيها.

وهذا الموقف ينسجم مع سياسة الدولة العباسية التي كانت تخصص مبالغ ضخمة من النفقات لبناء القوة العسكرية اللازمة من الجيش والجند لمواجهة أعداء الدولة من الداخل والخارج. فقد كان القرامطة يهددون أمن الدولة من الداخل، وكان التتار يخططون لقيام دولة تضم الخلافة العباسية في بغداد والفاطمية في مصر والأموية في الأندلس، ومما يدل على مصروفات الدولة العسكرية ما نقله ابن كثير في "البداية والنهاية" أن المقتدر وجه في عام 312هـ مؤنس الخادم إلى الكوفة وواسط لملاقاة القرامطة، وبلغت كلفة تجهيز الجيش نحو مليون دينار [1]. وفي عام 315هـ أرسل المقتدر إلى يوسف بـن أبي الساج سبعين ألف دينار لمساعدته في حرب القرامطة [2]، والأمثلة في هذا الباب كثيرة.

فتخصيص الإنفاق على الجيش من العسكر الذين يصفهم الغزالي بأنهم من "**الذين ترتبط مصالح الدنيا بأعمالهم وهم الأجناد المرتزقة الذين يحرسون المملكة بالسيوف عن أهل العداوة وأهل البغي وأعداء الإسلام**" [3]، يمكن أن تتصور أهميته في ظروف القلاقل والاضطرابات التي كانت تعيشها الدولة العباسية أيام الغزالي، بل يفسر إنذار الغزالي إلى حد كبير من خلال قوله بانبتار النظام وسقوط شعائر الإسلام، وقد تحقق هذا الإنذار بعد رحيل الغزالي بقرن ونيف بسقوط الخلافة العباسية على أيدي التتار بعدما طغت النفقات الشخصية لأركان الخلافة على الاهتمام بقوة الجيش وتجهيزه وتوفير أسباب المنعة له.

ثانيا: النفقات التحويلية

تصرف النفقات التحويلية في الوجوه التي ليس لها عائد سوى تحقيق التوازن

---

(1) البداية والنهاية، 150/11.

(2) المنتظم، 263/13.

(3) الإحياء، 153/2.

الاجتماعي بين الأفراد[1].

وهذا النوع من الإنفاق أشار له الغزالي وحدد وجهه بالجهة الثانية وهم علماء الدين وفقهاء المسلمين، وأيضا بالجهة الثالثة وهم محاويج الخلق الذين يعجزون عن اكتساب قدر الكفاية.

فأما العلماء والفقهاء فيوضح أن لهم دورهم ومساهمتهم في الحياة الاجتماعية والاقتصادية، وأن هذه المساهمة لا تقل عن دور العسكر والجند في حماية الثغور وصون أمن البلاد، وأنه كما يدافع هؤلاء الجند والعسكر عن الأمة بالسيف والسنان فإن العلماء يدافعون عن الدين بالحجة والبرهان، وهذا وجه آخر من وجوه مصالح الأمة إذ أن الدين والملك توأمان لا يستغني أحدهما عن الآخر[2]، فكل منهما على ثغرة من ثغر الدين يدافع عنه ويذود عن حماه، والعلة التي استند إليها الغزالي في استفادة هذه الشريحة الاجتماعية من الإنفاق العام نجدها في عبارته التالية:

"فكل من يتولى أمرا يقوم به تتعدى مصلحته إلى المسلمين ولو اشتغل بالكسب لتعطل عليه ما هو فيه، فله في بيت المال حق الكفاية. ويدخل فيه العلماء كلهم، أعني العلوم التي تتعلق بمصالح الدين من علم الفقه والحديث والتفسير والقراءة حتى يدخل فيه المعلمون والمؤذنون، وطلبة هذه العلوم أيضا يدخلون فيه، فإنهم إن لم يكفوا لم يتمكنوا من الطلب"[3].

فوجه العلة في هذا النص مقيد بتحصيل المصلحة العامة، وأن تعلم علوم الشريعة بأشكالها المختلفة من فقه وحديث وتفسير وغيره أو تعليمها يعد من باب هذه المصلحة العامة، ولذا فإن قسما من الإنفاق العام لبيت المال ينبغي أن يخصص لهذه الفئة ومن يدخل فيها من أهل العلم الشرعي معلمين ومتعلمين، إذ لو حصل خلاف ذلك بأن ذهب أهل العلم للاكتساب للحصول على كفايتهم المعيشية

---

(1) شوقي دنيا الإسلام والتنمية الاقتصادية، ص 277.

(2) فضائح الباطنية، ص 117.

(3) الإحياء، 153/2.

لتعطل العمل بهذا الجانب الحيوي من أركان الـدين وعجـز كل واحـد عـن طلبـه لعـدم تفرغه له وانشغاله بالكسب لقضاء حاجته الملحة للوصول إلى قدر الكفاية.

وعلى هذا الوجه فإن هـذه النفقـات يمكن أن تسـمى نفقـات الضمان الاجتماعـي لأنها تغطي احتياجات المراكز التعليمية، وفي نفس الوقت تؤكد مفهوم الدعوة لطلب العلم مـن خـلال التأمين الشامل لجميع متطلبات الإنفاق اللازمة للقيام به.

وأما محاويج الخلق الذين عجزت بهم السبل أن يحصلوا عـلى قـدر الكفايـة فلهـم كـذلك نصيب من هذه النفقات حتى يصلوا إلى كفايتهم، ويندرج تحت هـذه الشـريحة جميـع العـاملين لدى الدولة ممن يعملون في الجهاز الإداري والقطاع العام، ويعتبر أجر الكفايـة الحـد الأدنى مـن الضمان الذي توفره الدولة لجميع العاملين في أنشطتها العامة، ثم يكون التفاوت بعد ذلك قياسا على المشقة والإنتاجية[1].

وتعكس النفقات التحويلية لهذه الفئة بالذات بعدا اقتصاديا مهما يتعلق بحالة الاسـتقرار الاقتصادي، ويطرح الغزالي أهميـة هذا البعد من خـلال مفهـوم الهجـرة السـكانية المعاكسـة، ومـا ينتج عنها من توزيع غير عادل للإنتاج والثروات، فيقول: **"يجب عـلى السـلطان أنه متـى وقعـت رعيته في ضائقة أو حصلوا في شدة وفاقه أن يعينهم لا سـيما في أوقـات القحـط وغـلاء الأسـعار، حيث يعجزون عن التعيش ولا يقـدرون عـلى الاكتسـاب، فينبغـي حينئـذ للسـلطان أن يعينهم بالطعام، ويساعدهم من خزائنه بالمال، لئلا يضعف الناس وينتقلوا إلى غير ولايتـه، ويتحولـوا إلى سوى مملكته، فينكسر ارتفاع السلطان، ويقل حاصل الديوان، ولأجل هذا كان الملوك المتقدمون يحـذون مـن هـذا غايـة الحـذر ويراعـون الرعايـا مـن خـزائنهم ويسـاعدونهم مـن دخـائرهم ودفائنهم"**[2].

_____

(1) محمد فتحـي صـقر، تـدخل الدولة في النشـاط الاقتصادي في إطار الاقتصاد الإسـلامي، مركز الاقتصاد الإسلامي، المصرف الإسلامي الدولي للاستثمار والتنمية، 1988، ص 92.

(2) التبر المسبوك، ص 80.

وواضح من هـذا السـياق أن الغـزالي يعـرض بجـلاء جانـب النفقـات التحويليـة والضمان الاجتماعي ودور هذا الجانب في تـوفير عوامـل الاسـتقرار والأمـان المعيشي، ويبرز أهميـة هـذه النفقات في تحقيق معدلات أعلى من الناتج الوطني (حاصل الـديوان) من خلال المحافظة على المورد البشري أو السكاني.

وإن كـان الغـزالي لا ينـاقش المهـمات الاقتصاديـة للنفقـات التحويليـة ونفقـات الضمان الاجتماعي بالطريقة الحديثة، فهو يطرح الخطوط العريضة لها بطريقة مشابهة للاقتصاديين التقليديين مثل آدم سميث[1].

ومن جهة أخرى فإن الغزالي يقترح نظامـا للحوافز تغطى نفقاتـه وتكاليفـه مـن ميزانيـة المدفوعات التحويلية، وتخصصه الدولة للأعمال التي تخدم المصلحة العامـة، ونجد مثل هـذا الاقتراح في قوله: "وللسلطان أن يخص من هذا المال "المال العام" ذوي الخصائص والجوائز، ولكن ينبغي أن يلتفت فيه إلى المصلحة، ومهما خص عالمـا أو شجاعا بصلة كـان فيـه بعث للناس وتحريض على الاشتغال والتشبه به، وكل ذلك متروك لاجتهاد الحاكم"[2].

ثالثا: النفقات الاستثمارية

وكما أوضح الغزالي فإن مجال النفقات الاستثمارية يخصص لمشروعات البنية التحتية، مثل إنشاء الجسور والمساجد والرعاية الصحية وقطاع التعليم ونشاطات أخرى، مـما ذكـره مـن وجوه الإنفاق على الجهة الرابعة.

ومن الأمثلة الواردة على مثل هذا النوع من الإنفاق يشير إلى أهمية علم الأبـدان وضرورة تأمينه اجتماعيا واقتصاديا وذلك بعدما حدد أهمية علم الأديان المتمثل بعلوم الشـريعة، فنلاحظ عبارته: "والطبيب وإن كان لا يرتبط بعلمه أمر ديني ولكن يـرتبط بـه صحة الجسد والدين يتبعه، فيجوز أن يكون لـه ولمـن يجـري مجـراه في العلـوم المحتاج إليها في مصلحة الأبدان أو مصلحة البلاد إدرار من هذه الأموال

---

(1) Economic Thought of AL- Ghazali , 15.

(2)الإحياء، 153/2.

ليتفرغوا لمعالجة المسلمين، أعني من يعـالج مـنهم بغـير أجـرة، ولـيس يشـترط في هـؤلاء الحاجة بل يجوز أن يعطوا مع الغنى"[1].

وهذا الوجه من الإنفاق يتضمن جميع العاملين في أجهزة الدولة ومنهم الكتاب والحساب في ديوان الخراج، وغيرهم كثير من العاملين والقائمين على الوظائف والمهمات التي تحقـق أغـراض الجماعة وتستهدف مصلحتها العامة[2].

_____

(1) الإحياء، 153/2.

(2) المصدر نفسه، 153/2.

المبحث الثالث
التوظيفات المالية (الضرائب)

يعد موضوع الضرائب من أهم الموضوعات التي طرحها الغزالي في المجال الاقتصادي، والذي يعتبر فيه رائدا وسباقا لما طرحه غيره من الفقهاء فيما بعد، وما تناوله الفكر الاقتصادي الحديث.

وسنتناول موضوع الضرائب في مطلبين:

المطلب الأول: السمات العامة للسياسة الضريبية.

المطلب الثاني: السياسة الضريبية بين فكر الغزالي والفكر الوضعي.

المطلب الأول
السمات العامة للسياسة الضريبية

يمكن حصر بعض السمات العامة للسياسة الضريبية من واقع فكر الغزالي الاقتصادي في مجموعة من النقاط الرئيسة، ونجمل الحديث عنها في الموضوعات التالية:

أولا: الوعاء الضريبي

يقصد بالوعاء الضريبي طبيعة الأموال التي تخضع للضريبة أو السلة المالية التي تدخل فيها الأموال القابلة للاقتطاع.

وفي هذا الجانب نجد الغزالي يتناول الناتج الزراعي على سبيل الخصوص، ويعتبر أن العائد من قطاع الزراعة هو الأولى في تحمل العبء الضريبي، وواضح هذا المفهوم في قوله: **"ثم إليه- أي الإمام- النظر في توظيف ذلك على وجوه الغلات والثمار"**[1].

---

(1) شفاء الغليل، ص 236.

وإن كان هذا الرأي يعكس حقيقة الواقع المعاش والذي يعتمد فيه الأفراد اعتمادا كليا على النشاط الزراعي لوفرة المياه وخصوبة الأرض التي تتميز بها منطقة خراسان جميعها، إلا أن وجه الاستدلال فيه يتعلق بالمصلحة العامة التي يراها الإمام ويمكنه النظر فيها.

إلا أن الغزالي يستدرك في كتابه "المستصفى" على هذا الرأي الذي حصر وعاء الضريبة فيه على المردود الزراعي من الغلات والثمار، ولا يمانع إمكانية نقل العبء الضريبي إلى رأس المال الذي يرمز إليه بمورد الأرض بشرط أن تتحقق دواعي المصلحة لذلك كما يراها الإمام، فيقول: **"فيجوز للإمام أن يوظف على الأغنياء مقدار كفاية الجند، ثم إن رأى في طريق التوزيع بالأراضي فلا حرج"**(1).

فالأراضي وهي عنصر رئيس من عناصر الانتاج تدخل في وعاء الضريبة إضافة إلى عوائدها وإيراداتها، ويجوز للإمام أن ينظر في اختيار أصناف أخرى من الأموال التي يمكن أن تدخل في السلة الضريبية، ولا شك أن نظر الإمام في اختيار هذه السلة مرهون بالاعتبارات الشرعية التي تخدم مصلحة المجموع ولا تطغى على مصلحة الفرد، وبذلك يستطيع الإمام أن يتعامل مع السلة الضريبية المشتملة على كل الأموال من عناصر الإنتاج وعوائد الإنتاج قياسا على مورد الأرض (عنصر إنتاج) وإيرادات الأرض وغلاتها (عوائد عنصر الإنتاج)، وهذه النتيجة أكدها الغزالي في "المنخول" فقال: **"فما بالنا بقدر نبيح لكل محتاج أن يأخذ مقدار كفايته من كل مال"**(2)، ويدخل قوله "من كل مال" على جميع أعيان الأرض وما فيها وما عليها من ثروات مما يمكن أن يتملكه الإنسان وينتفع به حسب تعريفه لمصطلح المال.

ثانيا: فلسفة التشريع الضريبي

ناقش الغزالي البعد الفلسفي للتشريع الضريبي في مسائل افتراضية ابتدأها بقوله "فإن قيل" وقوله "فإنه قال قائل" وما شابه ذلك، فعالج من خلالها السياسة الاقتصادية المثلى لتمويل بيت المال في حال عجزه عن تغطية الحاجات الملحة ولا

---

(1) المستصفى، ص 177.

(2) المنخول، ص 369.

سيما حاجات الأمن ونفقات الجيش وتجهيزه.

وقد جاء نقاشه لهذا الموضوع مفصلا في كتابه "شفاء الغليل" وموجزا في كتابه "المستصفى" وتلميحا في كتابه "المنخول"، وجميع هذه الكتب تدخل في علم أصول الفقه الذي يعني بجانب تقعيد العلوم الفقهية وتأصيلها مما قد يعني أن الغزالي يؤصل لهذا النوع من وجوه السياسة المالية معتمدا على معيار المصلحة التي تستطيع الدولة ممثلة بالإمام النظر فيها واتخاذ القرار المتعلق بالسياسة الضريبية للوصول بها إلى الحاجات والأغراض المطلوبة.

ولم يفت الغزالي في هذا المجال أن يدعم موقفه ومناقشاته التي جاءت في سياق حديثه عن المصالح المرسلة بشواهد قريبة وبعيدة تثبت صحة الرأي الذي تبناه وأخذ به، وقد ذهب إلى أن الأصل في تغطية الحاجات مهما كانت هو الاعتماد الكلي على آلية الإنفاق لبيت المال، إلا أنه يوضح أن عجز هذه الآلية عن القيام بدورها في بعض الحالات الخاصة مثل حدوث الأزمات الاقتصادية أو ظهور أبواب جديدة للإنفاق يبرر لجوء الدولة لاتباع وجه آخر للسياسة المالية، ويحدد أن الاستقراض المشروط أولى بالاتباع والتنفيذ في إطار هذه العملية[1]، وأن العمل بمقتضى السياسة الضريبية وبشروطها أيضا لا يأتي إلا كحل نهائي تقوم به الدولة لمواجهة ظروفها الصعبة[2].

ومما لا شك فيه أن موقف الغزالي بإمكانية فرض الضرائب على الأغنياء ينسجم مع موقفه من ظاهرة التملك الخاص وعدم جواز مصادرة حرية الفرد وحقه في التملك، إذ أن إباحة التملك دون تحديد المقدار وصيانة حقوقه يعزز من قدرة الفرد على جمع الثروات والاستكثار من الأموال، ولذلك فمن الطبيعي أن تفرض الضرائب في هذه الملكية إذا قامت حاجة شرعية تحقق الأغراض المشروعة[3].

---

(1) شفاء الغليل، ص 242.

(2) المنخول، ص 369 شفاء الغليل، ص 235 المستصفى ، ص 177.

(3) عبد العزيز البدري، حكم الإسلام في الاشتراكية، ط 5 (المدينة المنورة، المكتبة العلمية، 1983م)، ص 87.

ثالثا: الأهداف الضريبية

بوجه عام، يبين الغزالي أن الهدف الرئيسي من تشريع الضريبة هو المحافظـة علـى المصـلحة العامة، ويتناول حسب معيار المصلحة قضيتين أساسيتين هما الأمن والفقر.

فقضية الأمن تمثل مطلبا جماعيا يخدم مصلحة مجموع الأمة إذ "**لا تنتظم أمـور الـولاة- في رعاية الجنود والاستظهار بكثرتهم، وتحصيل شوكة الإسلام- إلا به**"[1].

وفي هذا الجانب يجوز للإمـام أن يوظـف علـى الأغنيـاء مـا يكفي نفقـات الجنـد ويقـوم بحاجاتهم، إذ أن الإخلال بالمحافظة على هذا القطاع (القطاع العسكري) وعـدم تأمينـه لتحصـين شوكة الإسلام يهدد وجوده بالانتهاء ويعرض حياة الأفراد للأخطار الكثيرة، ابتداء من ثـوران الفتنـة داخل بلاد الإسلام وانتهاء بتربص الأعداء ودخول الكفار إليها[2].

وأما قضية الفقر فإن حاجة الجـنس البشري إلى البقـاء والاسـتمرارية تفضي- إلى مقاومتـه ومواجهته بشتى السبل وإن تجاهل هـذه الظاهرة وعـدم معالجتها ليصل كـل فـرد مـن أفراد المجتمع إلى حد الكفاية بمثابة المعول الذي يضرب كيان الأمة ويهدد وجودها بالزوال فلا يقوم لها بنيان ولا ترقى إلى نهوض، وهـذه النتيجـة المؤكـدة يوضـحها الغـزالي ويشـير إلى أن معالجتهـا باستخدام الأسلوب الضريبي يكون حلا نهائيا لها فيقول: "**فما بالنا نبيح لكل محتاج أن يأخذ مقدار كفايته من كل مال، لأن تحريم التناول يفضي إلى القتل، وتجويز الترفه تـنعم في محـرم، وتخصيصه بمقدار سد الرمق، يكف الناس عن معاملاتهم الدينيـة والدنيويـة، ويتـداعى ذلـك إلى فساد الدنيا، وخراب العالم وأهلـه، فـلا يتفرغـون وهـم علـى حـالتهم مشرفون علـى المـوت- إلى صناعاتهم وأشغالهم، والشرع لا يرضى بمثله قطعا، فيبيح لكل غني من ماله مقدار كفايته، مـن غير ترفه ولا اقتصار على سد الرمق، ويباح لكل مقتر في مال من فضل من هذا القدر مثله**"[3].

---

(1) شفاء الغليل، ص 224.

(2) المستصفى، ص 177.

(3) المنخول ، ص 369.

ووجه الدلالة في هذا السياق أنه لا يجوز قيام حالتين متناقضتين في المجتمع الإسلامي مثل الغنى المطغي والفقر المدقع لأن الإسلام يدعو إلى التوازن الاجتتماعي[1]. فللإمام في هذه الحالة - حالة قيام المصلحة الجماعية- أن يوظف في أموال الأغنياء ما يكفي لسد حاجة الفقراء.

رابعا: شروط فرض الضرائب

ومن الإسهامات المهمة التي قدمها الغزالي في مجال الضرائب أنه قيد العمل بها بشروط مخصوصة بحيث لا يصح التعامل على أساسها إلا بتوافر هذه الشروط مجتمعه.

وفي بيان شروط فرض الضريبة على الأغنياء يقول: "**فأما لو قدرنا أماما مطاعا، مفتقرا إلى تكثير الجنود: لسد الثغور، وحماية الملك، بعد اتساع رقعته وانبساط خطته، وخلا بيت المال من المال، وأرهقت حاجات الجند إلى ما يكفيهم، وخلت عن مقدار كفايتهم أيديهم، فللإمام أن يوظف على الأغنياء ما يراه كافيا لهم في المال، إلى أن يظهر مال في بيت المال**"[2].

فشروط فرض الضرائب حسب دلالة هذا النص أربعة، هي:

1- أن يكون الإمام مطاعا.

2- أن تقوم حاجة عامة وضرورية، مثل التوسع في قطاع الجيش وتزويده بالإمكانات اللازمة من قوى بشرية مدربة وتجهيزات ضرورية نتيجة للفتوحات واتساع رقعة الإسلام بسببها، مما يمكن الدولة من بسط سيطرتها الداخلية والخارجية، وحماية وجودها، وتحقيق جانب الأمن لأفرادها.

3- خلو بيت المال من المال، أي عجز بيت المال عن الوفاء بالتزاماته لتغطية جانب النفقات العامة المترتبة عليه.

4- أن يكون فرض الضرائب بالقدر الذي يلزم للوصول إلى حد الكفاية.

---

(1) شوقي دنيا، الإسلام والتنمية الاقتصادية، 278.

(2) شفاء الغليل، ص 236.

ونتيجة لهذه المعايير التي يميز بها الغزالي شرعية تطبيق المبدأ الضريبي من عدمه، فقد ذهب إلى حرمة فرض الضرائب على أي مجتمع إسلامي يختل فيه تطبيق أحد الشروط الأربعة، ويضرب لذلك مثالا على مجتمعه الذي لا يرى فيه جواز استقطاع الضرائب من الأغنياء لسد حاجة الجند، بل يعتبر هذا الاستقطاع من باب الظلم المحض الذي لا رخصة فيه، ومن باب المصادرة الباطلة لأموال الناس، لأن حاجات الجند غير منقوصة، ويذكر في هذا الصدد أن "**آحاد الجند لو استوفيت جراياتهم، ووزعت على الكافة: لكفاهم برهة من الدهر، وقدرا صالحا من الوقت، وقد تشحوا بتنعمهم وترفههم في العيش، وتبذيرهم في إفاضة الأموال على العمارات، ووجوه التجمل على سنن الأكاسرة، وكافة أغنياء الدهر فقراء بالإضافة إليهم**"[1].

فالغزالي يرى المنع من التوظيف في عصره لأن الحاجة غير قائمة، ولا يوجد مصلحة عامة تدعو إليه، وذلك أن الجند يعيشون في مظاهر شتى من الترف والترفه والنعيم والغنى[2]، ولكن عند تحقق المصلحة وتضافر الشروط فيمكن للدولة أن تباشر مسؤوليتها بفرض الضرائب على الأغنياء لتحقيق مستوى التوازن والوصول إلى حالة الكفاية المطلوبة.

المطلب الثاني

السياسة الضريبية بين فكر الغزالي والفكر الوضعي

إن ثمة فروقات جوهرية تتميز بها مفاهيم الضرائب ومدلولاتها الاقتصادية بين ما تناوله الغزالي من أفكار في هذا المجال وبين ما هو سائد في الفكر الوضعي.

ومن المهم أن نفرد لهذا الموضوع حيزا مناسبا لأهميته إذ تقوم عليه السياسات المالية الحديثة، مما قد يسهم في تصويب النظرة لحقيقة هذه السياسات حسب المعيار الإسلامي كما ناقشه الغزالي في فكره الاقتصادي، ونجمل الحديث عن أهم الفروقات

---

(1) شفاء الغليل، ص 235-236.

(2) أنظر: العبادي، الملكية، 2/289.

بين الفكرين- فكر الغزالي والفكر الوضعي- في الموضوعات التالية:

أولا: الأهمية التشريعية لفرض الضرائب

نجد أن الأهمية التشريعية لمساهمة الضرائب في الحياة الاقتصادية تحتل مكانا بارزا في الاقتصاد الوضعي، وذلك أن النظام المالي في هذا الاقتصاد يعتمد اعتمادا كليا على تطبيق العبء الضريبي لتمويل جانب الإنفاق والمصروفات الحكومية.

فمساهمة القطاع الحكومي في دورة النشاط الاقتصادي المتصلة بالمنتجين والمستهلكين ترتكز على إعادة توزيع الإنفاق على شكل تدفقات نقدية ضريبية، وبذلك فإن ما ينفق على قطاع الإنتاج من السلع والخدمات الحكومية وما ينفق على قطاع الاستهلاك من رواتب وأجور وغيرها يتحول إلى القطاع الحكومي مرة أخرى عن طريق المدفوعات الضريبية (Tax Payments)[1].

غير أن الأهمية التشريعية للضرائب في النظام المالي الإسلامي كما يصوره الغزالي ليس له أولوية في تنفيذ السياسة المالية، وإنما يأتي كحل نهائي تقوم به الدولة لتغطية النفقات الطارئة في الأوقات غير الطبيعية، وبمعنى آخر أن الأسلوب الضريبي لا يدخل في صلب هذا النظام كما عليه النظام الوضعي، ويشير الغزالي في هذا السياق إلى أن استقراض الدولة من الأغنياء لتمويل نفقاتها أهم من فرض الضرائب، ومثل هذا الرأي يعزز من قدرة الدولة بعدم الاعتماد على سياسة الضرائب أو اللجوء لفرضها إلا بعد عجزها عن تنفيذ آليات الإيراد الطبيعية لبيت المال.

وهذا يعني أن النظام المالي الإسلامي ممثلا ببيت المال يتميز بكيان خاص، وطبيعة خاصة في جهات التمويل والإيراد، فلا يمارس فيه أسلوب فرض الضرائب، إلا في الحالات الاستثنائية والطارئة مما يخالف طبيعة النظام المالي الوضعي الذي لا يعتمد على تغطية وجوه الإنفاق والمصروفات الحكومية إلا على أساس فرض الضرائب.

---

(1) Lioyd G. Reynolds, Macro Economic, Fifth Edition, Richard D. IRWIN, INC. P6.

ثانيا: الجانب التحصيلي للضرائب

يقوم هذا الجانب في الفكر الاقتصادي الوضعي على تحصيل الضرائب مـن جميـع شرائح المجتمع وفئاته المختلفة، ولا يراعى فيه معيار المستوى المعيشي ومن هو فقير أو غني، ومـن هـو قادر على دفع الضريبة أو غير قادر على دفعها.

ويعتري أسلوب الأداء الضريبي في الفكر الوضعي ثغرات كثيرة تعكس مدى الظلـم الواقـع على أفراد المجتمع الرأسمالي، من جراء تطبيق هذا الأسلوب، ومن هذه الثغرات أن دفع الضرائب لا ينتظم جميع فئات الدخول المتساوية، وإنما يوجد فيه تباين واختلاف عند مـن يكسبون نفـس الدخول ويشكلون نفس الشريحة الاجتماعية، فيدفع بعضهم غير ما يدفع البعض الآخر، ومنهـا أن الفقراء الذين يعيشون في مستويات معيشية متدنية ويواجهـون حـالات الفقـر المـدقع يشـملهم العبء الضريبي، بل إن بعض الأغنياء يدفعون ضرائب تقل كثيرا عما يدفعه كثير من الفقراء[1].

ويصف "مانسفيلد" وهو من كبار الاقتصاديين المعاصرين مثل هذه الثغرات ومدى الظلـم الذي تسببه فيقول: "حتى حينما يحضر ـ ملـك المـوت لا يكـون رجـل الضرائب بعيـدا خلفـه"[2] ويقصد بذلك الضريبة التي تفرض على التركات الموروثة من الأموات.

هذا وقد أوضح الغزالي أن شريحـة المجتمـع التـي ينبغـي أن تحصـل منهـا الضرائـب هـي شريحة الأغنياء، وأن شريحة الفقراء لا يشملها عبء الضرائب لأنها تصرف إليهم في بعض الحالات فكيف تؤخذ منهم.

وهذه الإلزامية جـديرة بـالاهتمام إذ أنهـا تعكـس حقيقـة العدالـة الضريبية التـي تعنـى بجانب التحصيل، وقد ركز الغزالي على هذه الزاوية في مواضع متعددة، فبين

---

(1) سوزان لي، أبجدية علم الاقتصاد، ترجمة خضر نصار (عمان، مركز الكتب الأردني، 1988). ص 213.

(2) ادوين مانسفيلد، علم الاقتصاد، ترجمة مركز الكتب الأردني، 1988، ص 197.

أن عنصر العدالة في التوظيف مطلوب "**كي لا يؤدي تخصيص بعض الناس به، إلى إيغار الصدور، وإيحاش القلوب**"[1].

فالصورة في هذا السياق جلية وواضحة في عدم زرع الأحقاد وتولد مشاعر الاستياء والسخط من الأفراد على الدولة، وفيها تقرير لقيم العدالة التي عالجها الغزالي في مجال سلوك الدولة وسياستها الاقتصادية من منظورها العقائدي، وهو ما أشرنا إليه في موضع سابق.

وهذه الصورة التي تدعو إلى عدم "إيغار الصدور وإيحاش القلوب" في توزيع العبء الضريبي تفسر إلى حد كبير حقيقة عدم الرضى لدافع الضريبة في النظام الرأسمالي الذي نشاهد فيه ظاهرة التهرب من دفع الضريبة نتيجة لشعور الأفراد بالظلم الواقع عليهم من سياسة فرض الضرائب بصورها التعسفية، وهذا يخالف حقيقة المنهج الإسلامي وتقبل الأفراد فيه لوضع الضرائب، فيشير الغزالي إلى أن علاقة الفرد المسلم بالدولة هي علاقة قائمة على أساس الثقة والطاعة والامتثال، ويشهد لذلك فعل الرسول صلى الله عليه وسلم إذ: "**كان يشير إلى مياسير أصحابه" بأن يخرجوا شيئا من فضلات أموالهم، إلا أنهم كانوا يبادرون - عند إيمائه- إلى الامتثال، مبادرة العطشان إلى الماء الزلال**"[2].

وقد أكد الغزالي على ترسيخ فكرة العدالة الضريبية وبالأخص عدم جواز شمولية الضرائب لفئة الفقراء، ومما جاء عنه في هذا الصدد أنه حذر الدولة من فرض الضرائب على الفقراء، فبعث رسالة إلى السلطان "سنجر" يشرح فيها موقفه: "**ولم يبق لأهل القرى سوى فروة وجمع من العيال الجائعين العراة، فلا ترضى أن يسلخوهم من جلودهم فإنك إن طالبتهم بشيء - أي من الضرائب- سيشردون جميعا ويهلكون في الجبال وهذا كسلخهم**"[3].

---

(1) شفاء الغليل، ص 236.

(2) المصدر نفسه، ص 241.

(3) فضائل الأنام، ص 24.

فقوله: "فإنك إن طالبتهم بشيء" يدل دلالة أكيدة على موقف الغزالي من الشروط التي وضعها لمشروعية فرض الضرائب بحيث إذا اختل ركن منها تنقلب إلى صورة من صور الظلم في مصادرة الأموال، وأنه لا يجوز بحال تطبيق هذا المبدأ على الفقراء لأن الحاجة - وهي شرط من شروط الضرائب- قائمة بالنسبة إليهم، ولذا فلا تنطبق على أمثالهم.

ثالثا: الدور الوظيفي للضرائب

في الفكر الوضعي توجه الضرائب للإنفاق على جميع القطاعات والأنشطة الاقتصادية التي تتحمل الدولة أعباءها ومسؤولية القيام بها، وذلك لأن الضرائب تمثل الركن الأساسي الذي تعتمد عليه الدولة في مصروفاتها وإنفاقها، وأنها تشكل القسم الأكبر من جانب الإيرادات من موازنتها العامة، ويعني ذلك أن جميع شرائح المجتمع وقطاعاته تستفيد من الخدمات الممولة من مصدر الضرائب، وأن الإنفاق الضريبي ليس له صلة بمعيار الحاجة الاجتماعية (المصلحة العامة) لأن الغني يشترك فيه إلى جانب الفقير، وأن قطاع السياحة والفنادق مثلا يستفيد منه إلى جانب قطاع الجيش.

ولكن الفكر الذي طرحه الغزالي في هذا المجال حدد فيه معيار الحاجة الاجتماعية لطبيعة الصرف، فأوضح بناء عليه قضيتين أساسيتين يمكن الاستفادة من الضرائب في تنميتهما ومعالجة أي قصور فيها وهما الأمن والفقر، ويصدق في ذلك قوله تعالى: ﴿ الذي أطعمهم من جوع وآمنهم من خوف ﴾[1].

ومما يؤكد طرح الغزالي ما نادى به بعض الاقتصاديين المرموقين مثل "فريدمان" وهو أحد أبرز علماء الفكر الاقتصادي الرأسمالي في العصر الحديث، إذ بين أن فعالية الأداء الضريبي لا يقوم إلا باستخدامه في مجال الحاجة الاجتماعية وخص بالذكر منها مجال مكافحة الفقر، ودعا الدولة لتقوم بوضع برنامج اقتصادي موجه للقضاء على هذه المشكلة من خلال دفع الضرائب إلى من يعيش دون المستوى

(1) سورة قريش، الآية 4.

الاقتصادي الضروري للحياة الكريمة [1]، وهذا يتفق مع حقيقة الأفكار التي طرحها الغزالي وأكدها منذ زمن بعيد.

رابعا: قيود فرض الضرائب

تستخدم الضرائب في الفكر الوضعي كأداة من أدوات السياسة المالية للتحكم ببعض التقلبات الاقتصادية ومحاولة كبح جماحها مثل البطالة والتضخم، ففي حالة البطالة تخفض الضرائب من أجل زيادة الإنفاق الشخصي مما يؤدي إلى زيادة الناتج القومي الصافي (Net National Product) الذي بدوره يزيد من فرص العمالة، وفي حالة التضخم تعمل هذه الآلية بطريقة عكسية فيقل الناتج القومي الصافي (NNP) [2].

فشرط فرض الضرائب في النظام الرأسمالي يتعلق بالجانب الكمي، أي تحديد مقدار العبء الضريبي الذي ينسجم مع متطلبات السياسة المالية، ولا يمكن من خلال ذلك تجاوز الاعتماد على السياسة الضريبية لأن وجودها أصلي في بناء النظام الاقتصادي الرأسمالي نفسه.

وحتى هذا الافتراض بجدوى مصداقية الأثر الضريبي انخفاضا وارتفاعا لمواجهة التقلبات الاقتصادية (البطالة والتضخم) يبدو ساذجا إلى حد ما لأنه يقوم على أساس التعامل مع حالة واحدة مثل البطالة أو التضخم، أي الافتراض بعدم وجود التضخم إذا وجدت البطالة أو عدم وجود البطالة إذا وجد التضخم، وهذا بخلاف ما واجهه المجتمع الرأسمالي في نهاية السبعينات وبداية الثمانينات من وجود معدلات مرتفعة لنسب التضخم والبطالة في آن واحد، وهو ما يعرف بمصطلح الكساد التضخمي (Stag Flation) [3]، وإذا أضفنا إلى ذلك أن تدخل الدولة لتغيير

---

(1) ميلتون فريدمان، الرأسمالية والحرية، ترجمة يوسف عليان (عمان، مركز الكتب الأردني، 1987)، ص 175-178.

(2) مانسفيلد، علم الاقتصاد، ص 182-183.

(3) Robert j. Goron, Macro Economics, Fourth Edition , Boston, Little, Brown & Company, P 27.

الضريبة يأخذ بعدا سياسيا لا يستطيع صانعوا القرار السياسي من خلاله رفع الضريبة أكثر من قدرتهم على خفضها لئلا تضعف فرصهم الانتخابية في المعارك الرئاسية القادمة[1]، فإن هـذا الشـكل للأثـر الضـريبي يصبـح أكـثر سـذاجة مـما يعنـي عـدم مصداقيته كـما تطرحـه النظريـة الرأسمالية.

ولكن الغزالي كان له إسهام أشمل من التقييد الكمي لمقدار الضرائب، فبالإضافة إلى أنه حدد الضريبة على قدر الكفاية والحاجة إليهـا، فقـد قيـد حريـة تـدخل الدولـة لاستخدام هـذه السياسة، ووضع الشروط التي سبقت الإشارة إليها ليدل عـلى أن السياسـة الضريبية مـا هـي إلا مجرد إجراء استثنائي يقصد به مواجهة الحاجـات الطارئـة، وليس حقيقة راسخة في بنـاء النظـام المالي، علاوة على أن حصر استخدام الضرائب بهذه الطريقة هو بحد ذاته تقييـد لمـدى مشروعية استخدامها وتطبيقها.

---

(1) ما نسفيلد، علم الاقتصاد، ص 191.

الفصل الثالث

موقف الغزالي من السوق وأحكامه

المبحث الأول

تنظيم السوق

تتأثر الآلية التي يعمل بها نظام السوق (جهاز الأسعار) بمجموعة من النشاطات الاقتصادية المتعلقة بالسلوك الفردي والجماعي على السواء، وقد جاء هذا المبحث مبينا لأهم الجوانب التنظيمية لنشاطات الأفراد داخل السوق، والمستفادة من طروحات الغزالي الفكرية في المجال الاقتصادي، وذلك في ثلاثة مطالب هي:

المطلب الأول: مفهوم السوق ونشأته

المطلب الثاني: الإجراءات الأولية لتنظيم السوق

المطلب الثالث: الإجراءات المساعدة لتنظيم السوق

المطلب الأول

مفهوم السوق ونشأته

يطرح الغزالي مفهوم السوق وأسباب وجوده ونشأته من خلال مناقشاته لأهمية البعد الاجتماعي والتعاون الإنساني القائم بين الأفراد. وتأتي إسهاماته في هذا المجال انعكاسا لمعايشته لأحد أهم الأسواق الموجودة في عصره وهو سوق بغداد، حيث أنه قضى فيه أربعة أعوام (484-488 هـ) عندما تولى التدريس في نظامية بغداد، فتكونت لديه بعض الصور التي تبرز أهمية السوق كما يطرحه في كتابه "الإحياء"، وهو المصنف الذي ابتدأ الكتابة فيه بعد رحيله من بغداد إلى دمشق.

ويحتل السوق في بغداد مكانة اقتصادية خاصة نظرا لأهمية الموقع الاستراتيجي والحيوي الذي حظيت به بغداد منذ أن اختارها الخليفة العباسي المنصور لتكون حاضرة الخلافة العباسية، فازدهرت فيها الحياة الاقتصادية، ونشطت التبادلات التجارية، ورحل إليها الناس من جميع الأمصار، وقصدها طلاب الجاه والثراء، حتى غدت مركزا قويا للتجار والصناع وأهل الحرف وغيرهم من القطاعات الاقتصادية الأخرى[1].

---

(1) حمدان عبد المجيد الكبيسي، أسواق بغداد (بغداد: دار الحرية، 1979)، ص 35.

وهذه المكانة المرموقة جعلت لأسواق بغداد- أو سوقها بمعناه الواسع- من مقومات الحياة الاقتصادية ما ليس لغيرها من البلدان حتى وصفها اليعقوبي في كتابه "البلدان" بقوله: "فليس من أهل بلد إلا ولهم فيها محلة ومتجر فاجتمع فيها ما ليس في مدينة في الدنيا"[1].

وانطلاقا من هذا الواقع، يوضح الغزالي مبدأ ظهور السوق وكيفية حدوث الحاجة إليه، ويصور الآلة التي تتفاعل بها رغبات الأفراد ومقاصدهم مما يؤدي في النهاية إلى حتمية ظهور هذه المؤسسة لتكون مكانا ملائما لعمليات التبادل في البيع والشراء وأية نشاطات أخرى، فنقرأ في عبارته: "**ثم يحدث من ذلك حاجة البيع، فإن الفلاح ربما يسكن قرية ليس فيها آلة الفلاحة، والحداد والنجار يسكنان قرية لا يمكن فيها الزراعة، فبالضرورة يحتاج الفلاح إليهما ويحتاجان إلى الفلاح، فيحتاج أحدهما أن يبذل ما عنده للآخر حتى يأخذ منه غرضه وذلك بطريق المعارضة، إلا أن النجار مثلا إذا طلب من الفلاح الغذاء بآلته ربما لا يحتاج الفلاح في ذلك الوقت إلى آلته فلا يبيعه، والفلاح إذا طلب الآلة من النجار بالطعام ربما كان عنده طعام في ذلك الوقت فلا يحتاج إليه فتتعوق الأغراض، فاضطروا إلى حانوت يجمع آلة كل صناعة ليترصد بها صاحبها أرباب الحاجات، وإلى أبيات يجمع إليها ما يحمل الفلاحون فيشتريه منهم صاحب الأبيات ليترصد به أرباب الحاجات فظهرت لذلك الأسواق**"[2].

فنلحظ في هذه العبارة بعض الدلالات الاقتصادية التي تعكس تصور الغزالي فكرة قيام السوق ومفهومه، ويمكن بيان هذه الدلالات على الوجه الآتي:

أولا: إن الحاجة لإتمام عمليات التبادل بين البائعين والمشترين تمثل الدافع الأساسي لحتمية وجود السوق، مما لا يمكن معه أن يتصور إمكانية توافق الحاجات المطلوبة بين طرفي التبادل دون قيام هذه المؤسسة.

---

(1) أحمد بن أبي يعقوب بن وهب اليعقوبي، البلدان، النجف، 1939، ص 214.

(2) الإحياء، 241/3.

ثانيا: إن صعوبة الاتصال بين البائعين والمشترين في الأماكن المتباعدة تشكل عاملا آخر يعيق من انتقال السلع المنتجة التي يحتاجها كل طرف في عملية التبادل، فآلة الفلاحة التي يحتاجها الفلاح من النجار أو الحداد، والمنتوج الزراعي الذي يحتاجه النجار أو الحداد من الفلاح، لا يمكن انتقال أي منهما إلى الآخر لتباعد المكان وصعوبة الوصول إليه مما يعزز من أهمية قيام السوق.

ثالثا: يوضح الغزالي أن المراد بالسوق هو جهة المكان، ويرمز إليه "بالحانوت" في قوله: "فاضطروا إلى حانوت" ، وأيضا بالأبيات - جمع بيت- في قوله "وإلى أبيات يجمع إليها ما يحمل الفلاحون"، وعلى هذا فإن دلالة السوق عند الغزالي تحمل على المعنى المراد بالمكان، أي شكل الاتصال المباشر وليس شكل المؤسسة المعنوية التي تسمح بوجود أنواع أخرى من عمليات الاتصال كما هي في الأنظمة الاقتصادية الأخرى مثل النظام الرأسمالي[1].

وتتفق نظرة الغزالي في هذا المجال مع نظرة علماء الاجتماع في تحديد طبيعة السوق وحصره بالمكان الذي يجتمع فيه الأفراد لتبادل السلع، وليس كما ذهب الاقتصاديون إلى وصفه بالعملية التي يجري فيها أي أسلوب من أساليب التبادل، ولعل طبيعة هذا الاختلاف تعود إلى أن الغزالي لم يتهيأ في عصره من وسائل الاتصال الحديثة كما هي في عالم اليوم حتى يطرح مثل هذه المفاهيم، ولم يكن الإنتاج على درجة من الوفرة والاتساع بين بلدان تختلف في كياناتها وحدودها لتأخذ مفهوم الميزة النسبية أو مزايا الإنتاج الكبير لإبرام صفقات التبادل، وكذلك فإن الغزالي يناقش وضع السوق كظاهرة اجتماعية أي من منظور اجتماعي يبين فيه حاجة الناس إلى التعاون والاجتماع حتى تنتظم أمور الدنيا وتصلح عمارتها.

وعلى أننا إذ نناقش ظاهرة السوق بأنها ترتبط بالمكان،فإن الفقهاء عموما ناقشوا فكرة مشروعية التبادل بين الأفراد على أساس اختلاف المكان، وهي الحالة التي يشار

---

(1) ففي النظام الرأسمالي يطلق السوق على عملية التبادل، فحيث يجري تبادل للسلع والخدمات بين الأفراد يظهر وجود للسوق ولو كان هذا التبادل عن طريق الهاتف أو أية وسيلة أخرى، أنظر: سوزان لي: أبجدية علم الاقتصاد ، ص 142.

إليها في الفقه الإسلامي باتحاد المجلس، ولا يراد من هذا المصطلح أن يكون المتعاقدان في مكان واحد، وإنما اتحاد الزمن أو الوقت الذي يكون فيه كل منهما (المتعاقدان أو البائع والمشتري) مشتغلين فيه بالتعاقد[1]، فأجاز الفقهاء هذه العملية وقالوا: إن المجلس يجمع المتفرقات[2]، وهذه الصيغة أشبه ما تكون بمفهوم السوق عند الاقتصاديين.

ومن هنا فإن ثمة فرق عند الغزالي بين دلالة السوق المكانية، أي أن السوق هو مكان للتبادل، وبين مشروعية التبادل خارج إطار المكان الواحد، ففي حين أن مصطلح السوق يدل على التبادل في مكان واحد فإنه لا يمنع من إمكانية التبادل عن طريق وسائل اتصالات مختلفة في أكثر من مكان من وجهة النظر الفقهية العامة.

رابعا: إن تعبير الغزالي بصيغة الجمع في قوله "صاحب لأبيات"، وقوله " أرباب الحاجات"، وقوله "فظهرت لذلك الأسواق"، قد يراد منه التخصص في السوق، أي تصنيف الإنتاج السلعي في أسواق مختلفة، ولو كانت هذه القرينة غير واضحة بصورة قطعية إلا أنه من غير المستبعد إمكان الاستدلال بها في ضوء التجربة التي عاصرها الغزالي في أسواق بغداد.

فيروى أن الأسواق المنتشرة في بغداد آنذاك كانت تتميز بالصفة التخصصية سواء أكان التخصص في العمل أم في الإنتاج، ففيما يشار إليه في هذا المجال أنه كان لكل تجارة حوانيت معلومة، فلا يباع صنف من السلع المنتجة مع غير جنسه، ولا يختلط أصحاب مهنة أو حرفة من سائر الصناعات بغيرهم، فظهرت أسواق عديدة مثل سوق البزازين وسوق العطارين وسوق الصرافين وسوق القطن وسوق الوراقين وهكذا[3].

---

(1) الزحيلي، الفقه الإسلامي، 108/4.

(2) محمد اسماعيل الصنعاني، بدائع الصنائع في ترتيب الشرائع ط2 (بيروت، دار الكتاب العربي 1982)، 137/5.

(3) عبد الرحمن بن نصر الشيزري، نهاية الرتبة في طلب الحسبة، تحقيق السيد الباز العريني (بيروت، دار الثقافة، د.ت)،ص 11. أحمد بن علي الخطيب البغدادي، تاريخ بغداد (بيروت، دار الكتاب العربي، 1931)، 36/1، أبو الفرج عبد الرحمن بن الجوزي، مناقب بغداد (بغداد، مطبعة دار السلام، 1342)، ص 27.

ومن هنا نخلص إلى القول بأن مفهوم السوق عند الغزالي يدل على المكان الذي تجري فيه عملية التبادل بين البائعين والمشترين في نطاق سلعي مخصوص، وأن هذا المفهوم الاجتماعي للسوق يختلف عن المفهوم الشائع عند الاقتصاديين والذي يدل على عمليات التبادل القائمة بين البائعين والمشترين ولو لم توجد في مكان واحد.

المطلب الثاني

الإجراءات الأولية لتنظيم السوق

تتخلص الإجراءات الأولية المتعلقة بالجانب التنظيمي للسوق بمجموعة من الأحكام والخطابات الشرعية التي أثبتها الشارع، وأناط بها تقييد بعض أشكال التبادل في السوق، وبخاصة في مجال التأثير على الأسعار مثل تحريم الربا، والاحتكار والكنز والنجش والاستغلال وغيرها، وسنفرد الحديث عن بعض هذه الأشكال في الفقرات التالية:

1- ففي مجال التعامل بالربا وهو ما يمكن الاصطلاح عليه بالعائد على رأس المال النقدي أو الزيادة المفروضة على النقد المستدان[1]، فقد أوضح الغزالي كما أشرنا آنفا عند الحديث عن الاستخدامات الوظيفية الظالمة للنقود، أن "**كل من عامل معاملة الربا على الدراهم والدنانير فقد كفر النعمة وظلم**"[2]، وذلك لأن النقود تعكس قيمة الأشياء وأنه يقصد بها قضاء الأغراض بينما فرض الزيادة الربوية على إيجار النقود ما هو إلا إجراء شاذ يتناقض مع منطق وطبيعة الأشياء[3].

ويمكن الاستدلال على الدور الذي يقوم به شكل التعامل الربوي في التأثير على الأسعار في السوق من خلال طريقتين[4]:

---

(1) محمد منذر قحف، الاقتصاد الإسلامي، ط1 (الكويت، دار القلم، 1979)، ص 130.

(2) الإحياء، 97/4.

(3) محمد صحري، نظرية التوزيع الوظيفي في الاقتصاد الإسلامي، ص87.

(4) عبد الحميد خرابشة، نظرة الإسلام للديون الخارجية، وأثرها على الدول النامية، بحوث مؤتمر الإسلام والتنمية (عمان، جمعية الدراسات والبحوث الإسلامية، 1992)، ص 277.

الطريقة الأولى: أن يكون التأثير في سوق السلع والخدمات، بإضافة ثمن استخدام النقود على تكاليف الإنتاج، فيقوم المنتج للمحافظة على النسبة المتوقعة للأرباح بزيادة أسعار السلع المنتجة للتكيف مع تكاليف الإنتاج المرتفعة بسبب الزيادة الربوية.

الطريقة الثانية: أن يكون التأثير في سوق العمل، فينعكس ثمن استخدام النقود على أجور العمال، مما يدفع صاحب العمل إلى خفض أجور العمال مراعاة للزيادة الربوية وارتفاع التكاليف، وبخفض أجور العمال تنخفض القوة الشرائية لديهم، ويصبح هذا القطاع عاجزا عن الشراء بسبب الزيادة النسبية للأسعار الناتجة عن خفض الأجر الحقيقي للعمل.

ومن هنا تأتي أهمية التوجيه القرآني لتحريم التعامل بالربا، وعدم مشروعيته، وتأكيد النص القاطع لحرمته لما يعكس من أضرار وآثار مدمرة على مستوى الفرد والجماعة، فبين القرآن العقوبة الحتمية المترتبة عليه جزاءا على اقترافه وعدم الكف عن التعامل به، فقال تعالى: ﴿ فإن لم تفعلوا فأذنوا بحرب من الله ورسوله ﴾[1]، وهذا يؤكد من مقولة الغزالي وتفسيره لظاهرة الربا بأنها جحود وكفران للاستفادة من النعم إضافة إلى أنه من أبواب الظلم الذي تعم به البلوى.

2- وفي مجال الاحتكار يوضح الغزالي أن هذه الظاهرة لا يراد بها إلا التأثير على مستوى الأسعار، لأن "**بائع الطعام (المحتكر) يدخر الطعام ينتظر به غلاء الأسعار، وهو ظلم عام وصاحبه مذموم في الشرع**"[2].

ووصف الاحتكار بأنه "ظلم عام" يدل على مدى الضرر الاقتصادي الذي يلحقه بجميع فئات المجتمع وشرائحه لأنه معني بارتفاع أسعار السوق الذي يواجهه مجموع الأفراد من المستهلكين، ويبرر لغزالي علة النهي والتحريم لممارسة الاحتكار على أساس معيارين: يتعلق أحدهما بعنصر الزمن ويتعلق الآخر بطبيعة السلع المنتجة، فيرى أن الاحتكار حسب المعيار الأول (عنصر الزمن) يكون ضرره شديدا

---

(1) سورة البقرة، من الآية 279.

(2) الإحياء، 82/2.

وظلمه واسعا لا سيما في أوقات الركود حيث تنخفض الكميات المعروضة من الأطعمة أو تكون أقل جودة وقابلية لذوق المستهلك كما في أوقات الانتعاش، فيؤدي سلوك المحتكر بتأخير الأطعمة عن البيع أو العرض في ظل هذا الواقع إلى مزيد من التدهور والركود بخلاف ما إذا اتسع يسار الناس وتوفرت الأطعمة لدرجة استغناء الناس عنها.

وأما بالنسبة للمعيار الثاني (السلع المنتجة) فيرى أن وجه الضرر المتحقق من سلوك المحتكر في السوق يكون كبيرا جدا إذا كانت السلع من أجناس الأقوات[1].

وفي ضوء هذا المعنى، نلحظ اهتمام الغزالي بضرورة توفير المواد الأساسية (الأقوات) التي يحتاجها كل فرد، وهي ما يصطلح عليها بالسلع الحيوية أو الاستراتيجية، ويفهم من دلالة النص أنه لا يجوز أن يتعرض هذا النوع من السلع بشكل خاص للممارسات الاحتكارية لأنه يتعلق مباشرة بحياة الإنسان ووجوده، مما يعجز معه كل فرد عن الشراء بسبب ضرره المتحقق من ارتفاع الأسعار، حتى يرى الغزالي أنه لو لم يوجد ضرر ظاهر فإن الحكم يبقى على أقل تقدير مكروها لتوقع الضرر. فيقول: "**وإذا لم يكن ضرار فلا يخلو احتكار الأقوات عن كراهية، فإنه ينتظر مبادىء الضرار وهو ارتفاع الأسعار، وانتظار مبادىء الضرار محدود كانتظار عين الضرار ولكنه دونه**"[2]، ولعله من خلال هذا السياق ندرك بعد نظر الغزالي حول ضرورة توفر الآلية المناسبة لمعالجة ظاهرة الاحتكار للسلع الحيوية والضرورية، وأنه بمقدور الدولة أو من أبرز مهماتها الرئيسة في مجال التدخل في السوق أن تقوم بتحديد هذه الآلية عن طريق سياسة الدعم الحكومي لأية سلع تنزل منزلة الضرورة مثل الأقوات التي لا يستغنى عنها في غذاء الإنسان، وذلك من أجل لمحافظة على بقاء الأسعار ثابتة ومتوازنة لتعكس رغبات المستهلكين والبائعين على السواء.

ويلحق بالاحتكار في حكمه ظاهرة الاكتناز إذ أن كل من سلوك المحتكر

---

(1) الإحياء، 83/2.

(2) المصدر نفسه، نفس الصفحة.

والمكتنز يقود إلى معنى الظلم، كقول الغزالي: **"فإذن من كنزهما فقد ظلمهما"**[1]، أي أن كنز النقود يعطل وظيفة الانتفاع وقضاء الحاجات بها لأنه معني بحبس النقود عن التداول، وبالتالي عم إمكانية استبدالها بالسلع المنتجة، وبعبارة أخرى فهذه العملية أشبه باحتكار القيمة الحقيقية للسلع أو المنفعة المتوقعة منها لأن النقود مخزن للقيمة.

3- ويشير الغزالي إلى جانب مهم من الجوانب المخلة بعلاقات السوق بين البائعين والمشترين أو المنتجين والمستهلكين، فيوضح أهمية الصدق في "سعر الوقت" وأثره على آلية السوق، ويذكر ثلاث عمليات تبادلية تجري في هذا النطاق تؤثر على مستويات الأسعار بطريقة غير عادلة ، وهي[2]:

أولا: تلقي الركبان:

يعتمد هذا الأسلوب على تلقي المشتري للبضائع والسلع من البائعين وهم في أطراف البلد أي قبل وصولهم إلى السوق ومعرفتهم بالأسعار الجارية فيه، فيكذب في حقيقة السعر الجاري في البلد فيشتريها بأسعار أقل ، ويبيعها بنفسه محققا أرباحا غير عادية نتيجة التضليل وحرمان صاحب السلع الأصلي من أرباحه العادلة، ويذكر الغزالي أن هذا النوع من التعامل غير جائز ولصاحب السلعة الخيار بعد أن يقدم البلد ويتبين كذب المشتري، ففي الحديث: "لا تتلقوا الركبان"[3]، دلالة على النهي الصريح لهذا النوع من التبادل.

ثانيا: بيع الحاضر للباد

ومثال هذا البيع أن يقدم البدوي البلد ومعه قوت يريد بيعه، فيطلب منه الحضري أن يتركه عنده حتى يغالي في ثمنه وينتظر ارتفاع سعره، ويقول الغزالي بحرمة

---

(1) الإحياء، 97/4.

(2) المصدر نفسه، 89/2.

(3) محمد بن اسماعيل البخاري، صحيح البخاري، تحقيق مصطفى ذيب البغا، ط3 (دمشق، دار ابن كثير، 1987) 2/ 752، رقم الحديث : 205، مسلم بن الحجاج، الجامع الصغير المسمى صحيح مسلم (بيروت، دار المعرفة، د.ت) ، 5/5.

هذا البيع في سائر السلع لعموم النهي في الحديث: "ولا يبيع حاضر لباد"[1]. ولأن وجه الضرر ظاهر في التضييق على الناس من جراء انتظار ارتفاع الأسعار.

ويستدل من هذه الصورة على نهي الشرع لأسلوب السمسرة لما يلحق من ضرر على المشترين، لأن السمسرة تزيد من التكلفة الحقيقية للسلع فترتفع أسعارها علاوة على تحكمها بعرض السلع مما يشكل ضررا مباشرا على مجموع الأفراد وبخاصة إذا كانت السلع ضرورية وأساسية[2].

ثالثا: بيع النجش

وهو بيع يؤثر على أسعار السلع بطريقة يضلل فيها البائع المشتري، **"بأن يتقدم إلى البائع بين يدي الراغب المشتري ويطلب السلعة بزيادة وهو لا يريدها، وإنما يريد تحريك رغبة المشتري فيها"**[3]. فالمشتري ليس لديه النية أو الرغبة في الشراء وإنما لتضليل الراغب أصلا لزيادة السعر، وقد نهى الرسول صلى الله عليه وسلم عن التعامل بالنجش[4]، بسبب الضرر الواقع على المشتري الحقيقي الذي يدفع سعرا أعلى من سعر السوق وهو سعر لا يعكس حقيقة المبدأ التعاوني والإيجابي عن طريق تفاعل الرغبات بين البائع والمشتري معا، والتي تتحدد من خلالها مستويات الأسعار العادلة دون أن يدخل فيها أسباب التلبيس والتضليل.

ومن هنا فإن الغزالي يحدد معالم الجوانب التنظيمية الأساسية للسوق في مجال ضبط الأسعار عند مستوياتها التوازنية الحقيقية، ويقاس على النهي لأي نوع من أنواع التعاملات أو البيوع المذكورة جميع الأشكال الأخرى التي تجري نفس المجرى من الغش الحرام المضاد للنصح الواجب بين المسلمين.

---

(1) البخاري ، 2 / 752 ، مسلم ، 5 / 5 .

(2) سبل السلام، 3/26-28، تقي ابن تيميه، الحسبة في الإسلام، تحقيق سيد بن أبي سعدة، ط1 (الكويت، مكتبة دار الأرقم، 1983)، ص 22-23.

(3) الإحياء، 2/89.

(4) مسلم، 5/5.

المطلب الثالث

الإجراءات المساعدة لتنظيم السوق

تختص الإجراءات التنظيمية المساعدة بجانب المعروض السلعي من قبل البائعين، وتسهم في وضوح المعلومات حول السوق مما يساعد إلى جانب الإجراءات الأولية السابقة بضبط الزيادة غير الطبيعية للأسعار والحد من ارتفاعها.

وقد أفاض الغزالي في توضيح هذا الجانب مبينا أهم الشروط والمواصفات التي ينبغي مراعاتها عند عرض السلع وعدم الاعتماد على الترويج الدعائي الذي لا يخدم إلا مصلحة البائعين والمنتجين ويضر بآلية السوق والاتجاهات الطبيعية لحركة الأسعار الجارية.

ومما جاء عنه في بيان هذا الجانب قوله: "**فأما تفصيله ففي أربعة أمور: أن لا يثني على السلعة بما ليس فيها، وأن لا يكتم من عيوبها وخفايا صفاتها شيئا أصلا، وأن لا يكتم في وزنها ومقدارها شيئا، وأن لا يكتم من سعرها ما لو عرفه المعامل لامتنع عنه.**

أما الأول: **فهو ترك الثناء، فإن وصفه للسلعة إن كان لما ليس فيها فهو كذب، فإن قبل المشتري ذلك فهو تلبيس وظلم مع كونه كذبا، وإن لم يقبل فهو كذب وإسقاط مروءة.**

الثاني: **أن يظهر جميع عيوب المبيع خفيها وجليها ولا يكتم منها شيئا، فذلك واجب، فإن أخفاه كان ظالما غاشا والغش حرام، وأن تلبيسه العيوب وترويجه السلع لا يزيد في رزقه، بل يمحقه ويذهب ببركته، فيعرف معنى قولنا: إن الخيانة لا تزيد في المال والصدقة لا تنقص منه.**

الثالث: **ألا يكتم في المقدار شيئا وذلك بتعديل الميزان والاحتياط فيه وفي الكيل.**

الرابع: **أن يصدق في سعر الوقت ولا يخفي منه شيئا**[1].

---

(1) الإحياء، 2/85-89.

ويتضح من هذا النص فهم الغزالي ومعرفته لأثر توفر البيانات والمعلومات الكاملة لكل ما يدور في السـوق مـن نشـاطات، فهـو يحـدد أربعـة شروط لمصـداقية المعلومـات وصـحة الإعـلان التجاري التي تؤثر بشكل كبير على جانب العرض للسلع، وهذه الشروط هي:

الشرط الأول: عدم الثناء على السلع بما ليس فيها

ويصف مدح البائع لسلعته خلافا لحقيقتها وأوصافها بأنه سلوك مبني على الكـذب سـواء قبل المشتري بالبيع أم لم يقبل، فإن قبل فإن كذب البـائع مشـوب بـالظلم والتلبيس وإن لم يقبـل فإن كذبه مشوب بإسقاط المروءة.

ويتنافى سلوك البائع أو المنتج على هـذا الوجـه مـن التضـليل مـع المفـاهيم التـي طرحهـا الغزالي في مجال المرتكزات الذاتية التي يرتكز عليها النشاط الاقتصادي للأفراد والتـي تعتمـد عـلى مجموعة المبادئ الدينية والأخلاقية الضابطة لتصورات الأفراد وأهدافهم وغاياتهم من القيـام بـأي نشاط اقتصادي.

وعلى أساس هذه الاعتبارات والتصورات الإيمانية فإن الغزالي يذهب إلى أن ترك الثناء على السلع مطلقا هو الأولى لأنه يدخل في صميم الآداب الإسلامية التي ينبغي الالتـزام بهـا في السـوق، فنجد في كتابه "الأدب في الدين" عبارته: **"ويترك المـدح للسـلعة عنـد البيـع، ويلـزم الصـدق عنـد الإخبار"**[1]، بل إنه يرى كراهية القيـام بـبعض الأعـمال مثـل "الدلالـة" ومـا يجـري مجراهـا لعـدم إمكانية تصريف السلع إلا بالدعاية والمدح الكاذب فقال: **"وكره ابن سـيرين الدلالـة وكـره قتـادة أجرة الدلال، ولعل السبب فيه قلة استغناء الدلال عن الكـذب والإفـراط في الثنـاء عـلى السـلعة لترويجها"**[2].

الشرط الثاني: إظهار عيوب السلع

فإفصاح البائع عن عيوب السلعة ينزهه من غش أخيه المسلم وظلمه، ويبين

(1) الأدب في الدين، ص 109.

(2) الإحياء، 2/95.

الغزالي، أن على البائع إظهار أية عيوب إن وجدت سواء كانت ظاهرة أو باطنة، جلية أو خفية، ويشير في موضع آخر إلى أنه: **"يلزمه أن ينبه المشتري عليه وإلا كان راضيا بضياع مال أخيه المسلم وهو حرام"** [1].

وهذه العملية التي يربطها الغزالي بصيانة الأموال وحفظها تبدو أكثر أهمية داخل السوق حين الحديث عن صفقات تجارية تصل إلى مبالغ طائلة، وتهدد وجود المشتري فردا كان أو مؤسسة بالإفلاس وانهيار مستقبله التجاري إذا لم تتوفر المعلومة الصادقة حول طبيعة السلع محل التعاقد، ولعل هذه الفكرة التي يطرحها الغزالي والمتمثلة "بضياع مال أخيه المسلم" تكون بالغة التعقيد في قبول تصورها إذا كان الطرف المشتري يمثل دولة تستورد بعضا من السلع الحيوية المدعومة التي تمس حاجة كل فرد، مما يترتب عليه أن المال الذي يدفعه كل واحد من أفراد المجتمع من أجل الحصول على حاجته من السلع الحيوية المدعومة يضيع هباء لانتفاء المنفعة فيها لأنها معيبة غير صالحة للاستهلاك.

وواضح أن الضرر المتحقق يدل على مدى طغيان المنتج الذي يسعى دوما لتعظيم أرباحه وعوائده دون النظر إلى الحالات الخلقية والأهداف الإنسانية كما يشاهد فعلا في ترجمة العلاقة القائمة بين الدول الرأسمالية المصدرة والدول الفقيرة المستوردة لأنواع كثيرة من السلع والتي تكون في الغالب موجهة لاستهلاك العالم الثالث [2].

الشرط الثالث: عدم كتمان مقدار الكميات المعروضة

ويعني ذلك المحافظة على المقادير والأوزان المتعلقة بالكميات المعروضة وعدم التلاعب بها وتطفيف المكيلات منها.

وقد نبه الغزالي إلى مسألة أخرى إلى جانب مقدار الكميات المعروضة من

---

(1) الإحياء، 366/2.

(2) محمد احسان طالب، البعد غير الأخلاقي لأزمة الغذاء، مجلة الأمة، العدد (61)، السنة السادسة، 1985، ص 14.

السلع وهي طبيعة هذه السلع ونوعها ومدى مشروعية التعامل بها والتحري بالسؤال عنها، فقال: **"وإذا حمل إليه سلعة رابه أمرها سأل عنها حتى يعرف وإلا أكل الشبهة"**[1]، فينبغي أن تكون السلع المتداولة ذات صفة مقبولة شرعا سواء تعلقت الصفة في طريقة حيازتها أو ما تتضمن من منافع، ويقود هذا التوجيه إلى تحري السلامة في عملية التبادل وأن يبنى تقييم الأفراد للسلع المعروضة على أساس شرعيتها أولا وإذا تبين أن السلع غير مقبولة شرعا فيجب أن لا يعكس تقييم الأفراد وتفضيلهم لها أي سعر في السوق، لأن أية سلعة تخرج عن الاعتبار الشرعي بسبب وقوعها في دائرة الحرام لا يجوز تملكها أو الاستفادة منها.

الشرط الرابع: الصدق في سعر الوقت

ونستخلص من واقع طرح الغزالي للإجراءات التنظيمية المساعدة في السوق أهمية توفر قاعدة سليمة للمعلومات والبيانات حول السلع المتداولة، وتتضمن الإجراءات التنظيمية المطروحة أربعة شروط موضوعية تحدد نطاق مصداقية المعلومة أثناء عمليات التبادل وهي:

1- عدم المدح (الإعلان) الكاذب للسلع.

2- إظهار عيوب السلع.

3- معرفة مقدار الكمية المعروضة وصفتها ومصدرها.

4- معرفة سعر الوقت (سعر السوق).

---

(1)الإحياء، 97/2.

المبحث الثاني
العرض والطلب وأثره في السوق

تعتمد آلية السوق على تفاعل قوى العرض والطلب بين المنتجين والمستهلكين أو البائعين والمشترين، وذلك من خلال الإطار القانوني والتنظيمي لهيكل السوق.

ويعرض هذا المبحث أهم القضايا الاقتصادية التي ناقشها الغزالي في جانب العرض والطلب في مطلبين وهما:

المطلب الأول: مفهوم المنافسة وأبعادها الاقتصادية

المطلب الثاني: العرض والطلب في السوق

المطلب الأول
مفهوم المنافسة وأبعادها الاقتصادية

يحدد الغزالي في مناقشته لمفهوم المنافسة جملة من الشروط العامة والتي يستفاد منها في إمكانية الوقوف على مدى معرفته وفهمه لفكرة المنافسة من المنظور الاقتصادي.

فيوضح ابتداء طبيعة العلاقة القائمة بين المتنافسين وسبب نشوئها، فيقول: **"أمـا المنافسـة فسببها حب ما في المنافسة، فإن كان ذلك سببا دينيا فسببه حب الله تعالى وحب طاعتـه، وإن كان دنيويا فسببه حب مباحات الدنيا والتنعم فيها"**[1].

وفي ضوء حقيقة المنافسة في السوق القائمة على أساس الدوافع الذاتيـة لمصالح المتبـادلين، ومقاصدهم الدنيوية للوصول إلى المباحات والتنعم فيها بما يحصلون علـى منافع وأربـاح، فـإن الغزالي يحدد أبعاد العلاقة الراسخة بينهم على أنها علاقة

---

(1) الإحياء، 206/3.

فردية يسعى فيها كل فرد لتحقيق أغراضه وأهدافه، ويذكر في هذا الباب بعض القرائن المصاحبة لمفهوم المنافسة مثل الغيظ والحسد والإقتتال، فقوله: "**ففي جبلة الإنسان الغيظ والحسد والمنافسة، وذلك مما يؤدي إلى التقاتل والتنافر**"[1]، يجمع بين المنافسة وبعض الصفات المذمومة ويفسر استخدام المفهوم الشائع للمنافسة بأنه توجيه خاطىء لمسار العلاقات المفترض قيامها على أسس ومعايير صحيحة مبنية على الروح التعاونية والمسؤولية الفردية، وليس على أساس الغلبة المادية وحب السيطرة التي قد تفضي في بعض الأحيان إلى القتل وسفك الدماء.

ويبرر الغزالي موقفه من حقيقه المنافسة وما تنطوي عليه من هذه المضامين قياسا على مجموعة من المفاهيم الاقتصادية التي تلازم مفهوم التنافس ولا تنفك عنه، وهي في جملتها تؤدي إلى نفس النتيجة من تولد مشاعر الغيظ والبغضاء والكراهية بين الأفراد، مما يقضي بضرورة المواجهة والتصادم حرصا على المصالح الفردية المتناقضة.

وتنحصر أبرز المفاهيم الاقتصادية التي طرحها الغزالي في توضيح مفهوم المنافسة وما تتضمنه من مدلولات ومعان في ثلاثة خطوط عريضة هي:

أولا: تجانس المقاصد

يوضح الغزالي أن الناس يتنافسون في مقصد واحد وغرض واحد، وأن خوف كل واحد منهم على ضياع غرضه وفوات مقصده يحمله على شعور العداء والحسد لمن يتنافس معه أو يزاحمه على نفس المقصد، فنقرأ في عبارته "**وإنما نظرنا الآن في الحسد المذموم ومداخله كثيرة جدا- وذكر منها- الخوف من فوت المقاصد، وذلك يختص بمتزاحمين على مقصود واحد، فإن كل واحد يحسد صاحبه في كل نعمة تكون عونا في الانفراد بمقصوده**"[2].

فيدل هذا على أن شرط المنافسة يعتمد على التخصص في مجالات اقتصادية تتحدد فيها الأغراض، وقد يكون التخصص في مجالات إنتاجية يتزاحم أو يتنافس

---

(1) الإحياء، 125/4.

(2)المصدر نفسه ، 206/3.

فيها المنتجون على الموارد وعناصر الإنتاج المتاحة، ومن المقبول أيضا انتقال عملية التنافس حتى إلى قطاع المستهلكين رغبة منهم في الحصول على منافع متجانسة تتفاوت في تجانسها لتلبية أذواق ورغبات استهلاكية واسعة النطاق.

فشرط المنافسة الأول يتمثل بوحدة الغرض إذ لا يتصور حدوث أي شكل من أشكال التنافس حينما يختلف تقييم الأفراد بالنسبة لأهدافهم وأغراضهم في تحصيل الأرباح وجني المنافع، وهذه الصورة يعرضها الغزالي بشكل تفصيلي مبينا فيها الأسباب الكامنة وراء اهتمامات الغرائز البشرية وسعيها نحو مقصود واحد فيقول:

"نعم إذا تجاوروا في مسكن أو سوق أو مدرسة أو مسجد تواردا على مقاصد تتناقض فيها أغراضهما، فيثور من التناقض والتباغض، ومنه تثور بقية أسباب الحسد، لذلك ترى العالم يحسد العالم دون العابد، والعابد يحسد العابد دون العالم، والتاجر يحسد التاجر، بل الإسكاف يحسد الإسكاف ولا يحسد البزاز، لأن مقصد البزاز غير مقصد الإسكاف فلا يتزاحمون على المقاصد، إذ مقصد البزاز الثروة ولا يحصلها إلا بكثرة الزبون، وإنما ينازعه فيه بزاز آخر، إذ حريف [1] البزاز لا يطلبه الإسكاف بل البزاز ثم مزاحمة البزاز المجاور له أكثر من مزاحمة البعيد عنه إلى طرف السوق، فلا جرم يكون حسده للجار أكثر، فأصل هذه المحاسدات العداوة، وأصل العداوة التزاحم بينهما على غرض واحد" [2].

إذن، فالمنافسة داخل السوق تحدث بين أطراف تجمعهم روابط واحدة، وتبدو رابطة التخصص في العمل والإنتاج أكثر وضوحا في فهم الغزالي وإدراكه لأهمية التجانس في السلع المنتجة، ويأتي تركيزه على هذه القضية بالذات ليؤكد أن مفهوم المنافسة بصيغته الشائعة يسهم في خلخلة العلاقات الاقتصادية بين الأفراد، ولعله ترد إليه معظم المواقف العدوانية بينهم والتي يتسبب عنها أشكال التحاسد والتباغض وغيرها.

---

(1) يقال حريف الرجل أي معاملة في حرفته، فلفظ "حريف" يتصل بمعنى الحرفة التي يتعاطاها الرجل انظر: لسان العرب، باب الفاء فصل الحاء، 44/9.

(2) الإحياء، 207/3.

ثانيا: محدودية المقاصد

يوضح الغزالي أن مقصود الإنسان في ممارسة نشاطاته الاقتصادية لا يخرج عن كونه طلبا للمال في أغلب الأحيان، ولأن المال يتضمن الأعيان والأجسام وكل ما يمكن حيازته على وجه معتاد فهو متناه ومحدود في مقاديره والكميات المطلوبة منه، فيكون مقصد الإنسان للحصول عليه محدودا أيضا، بمعنى أن ما تتحصل حيازته من وجه لا يمكن أن تتحصل له حيازة أخرى من وجه آخر، "**لأن المال أعيان وأجسام إذا وقعت في يد واحد خلت عنها يد الآخر**"[1]، ويقود هذا الاستنتاج إلى ملاحظة تشبث الإنسان بهدفه وسعيه الدؤوب لتحقيقه، وتتخذ العلاقة المتضمنة لمصالح الناس المجتمعين على نفس الهدف شكلا آخر للصراع والخصومات، ويبين الغزالي أنه "**لو ملك الإنسان جميع ما في الأرض لم يبق بعده مال يتملكه غيره**"[2].

وتعني هذه الإشارة في ظل مفهوم المحدودية للمقاصد المعنية بطلب الأموال وحيازة الموارد المتناهية أنه لا بد من ضبط وعلاج لأداء آلية المنافسة لتخدم حياة الإنسان بدلا من القضاء على وجوده وتهديد كيانه.

وقياسا على هذه القاعدة، فلو حلت الدولة محل الفرد في سلوك الحيازة والتملك، لانتهى الحديث إلى نتائج وخيمة يترتب عليها ضياع كثير من الدول، لأن الافتراض بنقل جميع موارد الأرض أو معظمها إلى دولة واحدة يعني حرمان الأطراف الأخرى المقابلة من حقها في الاستفادة من موارد الطبيعة وخيراتها، وفرض طوق التخلف والتبعية عليها، مما ينتج عنه في نهاية المطاف فروقات معيشية واسعة في مستويات الدخول بين الدول المتنافسة تنافسا غير مقنن، وينشأ عنه علاقات غير متوازنة في مجال توزيع الموارد وإمكان استفادة جميع الناس منها في الوقت الذي تسيطر فيه مفاهيم القوة ومراكز القوى على آلية التنافس[3].

(1) الإحياء ، 3 / 207.

(2) المصدر نفسه، نفس الصفحة.

(3) فإن ثمة فجوة هائلة تفصل بين البلدان النامية والبلدان الصناعية، فمثلا تشير تقارير البنك الدولي إلى أن الناتج القومي الإجمالي للدول الواقعة في إطار الاقتصادات المنخفضة

ثالثا: المنافسة بديل التعاون

وتحل المنافسة غير المتقنة أو المقننة محل الـروابط والأهـداف التعاونيـة بـين الأفراد، لأن المنافسة ترتبط ارتباطا وثيقا بالأهداف الفردية والذاتية التي تعنى بمصالح الأفراد بوصفهم آحادا، ويغيب عن هذا الارتباط مفهوم المبدأ التعاوني والجماعي لممارسة أي نشاط مما يتعذر معه الوصول إلى أي هدف اقتصادي يعزز من مصلحة الجماعة ويخدم مجموع الأمة.

وقد شرح الغزالي هذا البعد الاقتصادي الهام شرحا مستنيرا ركز فيه علـى دافع المحبـة كأساس يجمع في طياته كل مضامين التعاون والتآلف بين الناس، وبعدما أوضح أن اجتماع النـاس وائتلافهم في بناء المدن والبلاد وترتيب الأسواق وغير ذلك لم يستديم إلا علـى مصلحة التعـاون ومحبة بعضهم لبعض، أشار إلى أن التنافس يقضي على هذه المزايا جميعا ولا سـيما ميـزة المحبـة الضابطة لعلاقاتهم فقال: "ثم هذه المحبة تزول بأغراض يتزاحمون عليها ويتنافسون فيها..."[1].

وفي الوجه المقابل لهذه الصورة، يعرض نموذجا رتيبا يفسر ـ فيه كيفية نشوء المحبة بـين الناس وتعاونهم من خلال واقع القانون الذي يتصرف به الحكام من أجـل عمـارة الحيـاة وإصلاح البلاد، فيقول: "فانظر كيف سلط اللـه تعالى السلاطين، وأمدهم بالقوة والعدة والأسباب، وكيف هدى السلاطين إلى طريق إصلاح البلاد حتى رتبوا أجزاء البلد كأنها أجـزاء شـخص واحـد تتعـاون على غرض واحد ينتفع البعض منها

= الدخل في عام 1989 وصل إلى (981) مليار دولار بينما الناتج القومي الإجمالي للدول مرتفعة الـدخل وصل إلى (15320) مليار دولار علما بأن مجموع سكان الدول المنخفضة الـدخل (2948) مليـون نسـمة وأن مجموع سكان الدول مرتفعة الدخل (831) مليون نسمة مما عكس وضعا خطيرا على نصيب الفرد مـن الناتج القومي الإجمالي إذ وصل في الدول النامية منخفضة الدخل لـنفس السـنة إلى (330) دولار بينمـا وصل في البلدان الصناعية مرتفعة الدخل إلى (18330) دولار. انظر: تقرير البنك الدولي عـن التنميـة في العالم لسنة 1991، ص 223.

(1) الإحياء، 125/4.

بالبعض، فرتبوا الرؤساء والقضاة والسجن وزعماء الأسواق، واضطروا الخلق إلى قانون العدل وألزموهم التساعد والتعاون حتى صار الحداد ينتفع بالقصاب والخباز وسائر أهل البلد وكلهم ينتفعون بالحداد، وصار الحجام ينتفع بالحراث، والحراث بالحجام، وينتفع كل واحد بكل واحد بسبب ترتيبهم واجتماعهم وانضباطهم تحت ترتيب السلطان وجمعه، كما يتعاون جميع أعضاء البدن وينتفع بعضها ببعض"[1].

الاستنتاجات:

نستنتج من خلال طروحات الغزالي لمفهوم المنافسة وما توصل إليه من تحقيق للخصائص المتضمنة لها، والمبنية على الدوافع العدوانية والنوازع الفردية التي لا تخرج عن دائرة المصلحة الخاصة وحب السيطرة وما شابه ذلك، بعض الدلالات الاقتصادية لطبيعة السوق التنافسية وذلك حسب النقاط التالية:

أولا: إن مصطلح المنافسة لا يتلاءم مع حقيقة العلاقات القائمة بين المتبادلين في السوق الإسلامية، لأن هذا المصطلح يتشكل من واقع الطموحات والمصالح الذاتية البحتة مستبعدا حقوق الجماعة كوحدة واحدة، علاوة على أنه يتضمن في محتواه دوافع التباغض والتحاسد والتربص بالفرص لاقتناصها والاستئثار بها.

ثانيا: وعلى هذا فإن الغزالي يطرح مفهوم التعاون بدلا من مفهوم التنافس ليعكس حقيقة العلاقة التبادلية في السوق، المنسجمة مع الأصول الثابتة الموجهة لحركة الأفراد في ضوء دوافع المحبة وأفعال الخير لتحقيق مصلحة مجموع الأمة.

ثالثا: ويختلف اتجاه المبدأ التعاوني الذي يطرحه الغزالي كمحاولة تأصيلية لتوجيه آلية السوق اختلافا كبيرا عن فكرة المنافسة من منظور النظرية الاقتصادية التقليدية، وذلك أن مبدأ التعاون يقوم على معنى الإرادة الواعية لتحقيق الخير العام بينما تقوم فكرة المنافسة لتحقيق نفس الهدف على قاعدة افتراضية وخيالية أطلق عليها "آدم سميث" وصف "اليد الخفية"، ومن غير السهل أن يفهم عمل هذه اليد

---

(1) الإحياء، 125/4.

بطريقة أتوماتيكية لتسيير واقع الناس نحو المصلحة العامة[1]، أو أن تفهم قدرتها على توزيع الموارد من خلال جهاز السوق أو نظام الأسعار بطريقة مثلى تحقق أقصى- إشباع للمستهلكين وأقصى ربح للمنتجين للوصول بالمجتمع إلى حالة التوازن الأمثل[2].

ويأتي تفسير النظرية الرأسمالية للحالة المثالية المفترضة لوجود قوة أو يد خفية تلائم بين المصالح من خلال وضع إطار لأفكار غير عملية كشروط للمنافسة الكاملة، وهذا بخلاف الواقع المتحقق من سيادة شبه كاملة لأشكال تنافسية أخرى ترتبط بهيكل السوق الرأسمالي مثل المنافسة الاحتكارية بجميع تقسيماتها والمنافسة غير المتقنة أو الكاملة وما شابه ذلك[3].

رابعا: ومن المعلوم أن المنافسة الكاملة للسوق طبقا لمفاهيم النظرية الاقتصادية التقليدية ترتكز على أربع دعائم أو شروط تتضمن وجود عدد كبير جدا من البائعين والمشترين، يتبادلون سلعا متجانسة، ويتمتعون بحرية الدخول والخروج من وإلى السوق، ويحصلون على معلومات كاملة عن العمليات الجارية في السوق[4].

خامسا: وفي ضوء مناقشات الغزالي لأهم الأبعاد الاقتصادية المتعلقة بالسوق يمكن نقض بعض أوجه شروط المنافسة الكاملة المطروحة من وجهة النظر الرأسمالية، وتعزيز فكرة "المنافسة التعاونية" بين جميع أطراف التبادل حسب مفهوم الغزالي كما في البنود التالية:

1- المحافظة على مستويات الأسعار العادلة عن طريق منع استخدام الأساليب الاحتكارية أو الاستغلالية التي لا يراد بها إلا زيادة الأسعار مثل بيع النجش

---

(1) قحف، الاقتصاد الإسلامي، ص 89-90.

(2) للتعرف على كيفية عمل اليد الخفية وتأثيرها في السوق: انظر: عمرو محي الدين، التخطيط الاقتصادي (بيروت، دار النهضة العربية، 1975)، ص 13-14.

(3) سوزان لي، أبجدية علم الاقتصاد،، ص 39 .

(4) Roger Miller -Reger Meiners, Intermediate Microeconomic, Third Edition, New York, McGraw- Hill book company, 1986, P314.

وتلقي الركبان وبيع الحاضر للباد وما شابه من حالات وصفها الغزالي بأنها من قبيل الظلم العام.

2- عدم اشتراط عدد كبير جدا من البائعين والمشترين في السوق، لأن المحافظة على مستويات الأسعار خوفا من التأثير عليها بواسطة سيطرة القلة الاحتكارية أو استغلال بعض الأفراد لا يتأتى بالضرورة بتقييد السوق بعدد هائل من المتبادلين بقدر ما يجب أن يتحلى به كل من البائع والمشتري بقوانين السوق وأخلاقياته ولو كان العدد قليل نسبيا، وينتج عن هذه الرؤية ربط الإمكانات الإنتاجية للمنتجين بحجم الطلب عليها وترك الحرية قائمة للقادرين على التعامل في السوق بيعا وشراء.

3- وقد توسع الغزالي ببيان جانب المعلومات المطلوب توفرها عن السوق، وتعرض لهذه المسألة بتحديد السلوك الاقتصادي للمنتج أو البائع من جهة توفير قاعدة واسعة لمواصفات السلع المعروضة حسب ما أشرنا إليه بالإجراءات المساعدة لتنظيم السوق، فناقش وضوح المعلومات وعلاقته بتوخي الدقة أثناء القيام بالترويج الدعائي للسلع وأنه يتوجب إعطاء وصف حقيقي لعيوب السلع ومقدار المعروض منها وصفتها ومصدرها، وأثار فكرة الصدق في "سعر الوقت" أي سعر السوق كمصدر مهم من مصادر الحصول على المعلومة الصحيحة.

4- وأما ما يتعلق بمجال حرية الحركة لانتقال عناصر الإنتاج بين الأسواق من حيث الدخول أو الخروج، فإن الغزالي ربط إمكانية ذلك بتوفير الحاجات الأساسية لجميع الأفراد عند مستوى الكفاية، وركز على السلع التي تدخل في معنى القوت بوصفها سلعا حيوية يحتاجها كل فرد علاوة على أن إسهاماته ابتدأت في هذا الباب بطرح قضية المصلحة التي من لوازمها حفظ المقاصد الخمسة التي تلزم ضمنيا تأمين السلع الأساسية للوصول إلى حد الكفاية.

ومن هنا نخلص إلى محاولة فهم مضمون المنافسة وملاحظة بعض أبعادها الاقتصادية عند الغزالي والتي تعتبر بحق أفكارا خلاقة تسهم بدرجة كبيرة للتعرف على طبيعة وتركيب السوق من المنظور الإسلامي.

المطلب الثاني

العرض والطلب في السوق

إن الحديث عن مفاهيم العرض والطلب في فكر الغزالي لا يتسع لنفس الموضوعات التي
عالجتها النظرية الاقتصادية المعاصرة، ولا يرقى في نفس الوقت لتقديم نظرية متكاملة تشرح كل
ما يتعلق من مصطلحات بجانب العرض والطلب في السوق، إلا أنه بالرغم من هذه الحقيقة، فإن
الغزالي أسهم ومنذ وقت مبكر في تقديم تحليلات واقعية وعلمية لبعض المفاهيم الاقتصادية التي
تعزى الآن وتفسر وفقا لمدلولات العرض والطلب، مما يمكن معه الوقوف على طبيعة إدراك
الغزالي وإحاطته بهذه المسائل من خلال الإشارات العديدة المبثوثة في مصنفاته.

ففي جانب العرض يشير إلى أن المزارع (المنتج) لديه استعداد لبيع إنتاجه بسعر أقل إذا لم
يجد طلبا أو رغبة في الشراء من قبل المستهلكين، ويفسر منحنى العرض لسلوك المنتج في هذه الحالة
على أنه مرن نسبيا حسب مدلول النظرية الاقتصادية.

وفي مجال تأثير الأسعار على حجم المبيعات يقول: **"يبيع على قدر أسعاره، إن نقص سعره
زاد زبونه، كما أنه إن زاد سعره نقص زبونه"**[1].

ففي هذا النص إشارة إلى ما يعرف بقانون الطلب ونلحظ فيه ثلاث دلالات اقتصادية هي:

الدلالة الأولى: أن البائع (المنتج) ليس له إرادة في زيادة السعر أو انخفاضه لأن قوله: "إن
نقص سعره" وقوله: "إن زاد سعره" يفيد ضمنيا حرية تحديد مستوى الأسعار على المستوى الكلي.

الدلالة الثانية: أن السعر هو الأساس في تحديد الكمية المباعة (المطلوبة) لأن زيادة
الكمية أو نقصانها يأتي تبعا لانخفاض أو ارتفاع السعر، وعلى هذا الوجه يكون السعر متغيرا
مستقلا والكمية المباعة (المطلوبة) متغيرا تابعا.

---

(1) الأدب في الدين، ص 108.

الدلالة الثالثة: أن التناسب بين السعر والكمية المباعة (المطلوبة) هو تناسب عكسي، تزيد الكمية المطلوبة بنقصان السعر وتنقص بزيادته.

وفي جانب الطلب يوضح أن منحنى الطلب يكون عديم المرونة إذا كانت السلع المطلوبة من الأقوات أو المواد الأساسية لأن هذه السلع ضرورية لبقاء الحياة، ويفهم من إشارته أنه لا ينبغي أن تكون هذه السلع مظنة للاستغلال وزيادة الأرباح بسبب عدم استجابة الفرد في التقليل من الكميات التي يرغبها مع ارتفاع الأسعار[1].

ومن جهة أخرى يشير في معرض تحليله لأبعاد الإعالة الأسرية إلى كثير من الآفات المترتبة على الزيادة السكانية في أوقات الأزمات مع ما تحدثه من تأثير من جانب الطلب، ففي عبارة صريحة يقول: **"أما آفات النكاح فثلاث: الأولى: وهي أقواها العجز عن طلب الحلال، فإن ذلك لا يتيسر لكل أحد، لا سيما في هذه الأوقات مع اضطراب المعائش فيكون النكاح سببا في التوسع للطلب والإطعام من الحرام**[2].

فتحمل دلالة النص على معنيين:

الأول: أثر الزيادة السكانية على منحنى الطلب وهي دلالة ظاهرة في النص لا تحتاج إلى تأويل.

الثاني: علاقة حجم السكان بعرض العمل، فقوله "مع اضطراب المعائش.. والإطعام من الحرام" يدل على عدم إمكانية سوق العمل على استيعاب عمالة جديدة ليتمكن كل فرد من القيام بواجبات الإعالة الأسرية بالإطعام من الحلال، وبعبارة أخرى وصول السوق إلى حالة التشغيل القصوى التي يعجز معها أي فرد من العمل بسبب اضطراب الوضع الاقتصادي من حيث الركود أو الانكماش، مما يؤدي إلى انخفاض معدل مشاركة السكان في قوة العمل إلى جانب أثر ارتفاع معدلات المواليد على معدل النمو السكاني الطبيعي.

وقد وصف الغزالي حالة التزايد المستمر في النمو السكاني نتيجة التزاوج بأنه من آفات النكاح، وقيد هذه الصفة بالواقع الاقتصادي مشيرا إلى أهمية ضبط

---

(1) الإحياء 83/1.

(2) المصدر نفسه، 37/2.

النسـل أو الحـد مـن الزيـادة المسـتمرة في نمـو السـكان حينـما لا تسـمح ظـروف الحيـاة الاقتصادية بتحمل أعباء أسرية جديدة لأن "اضطراب المعائش" على حـد تعبيره يعيـق مـن قـدرة الفرد على التكيف في أوضاع غير مقبولة من الناحية الاقتصادية.

ونلحظ أن نظرة الغزالي لهذه العملية وتوسعه في تفصيل حكم النكاح بين الفوائد والآفات يدل على موضوعيته في مراعاة العامل الاقتصادي، إذ لم يترك حكم النكاح مطلقا دون تفصيل.

وقد أجاز هذا الموقف في موضع آخر حين إشارته إلى النيات الباعثة على العزل والتي أجاز العمل بمقتضاها، فذكر منها: **"الخوف من كثرة الحرج بسبب كثرة الأولاد والاحتراز مـن الحاجـة إلى التعب في الكسب ودخول مداخل السوء وهذا أيضا غير منهي عنه"**[1].

فتدل هذه الأفكار والمضامين الاقتصادية التي يطرحها الغزالي على اتجاه موقفـه العـام مـن الزيادة السكانية الناتجة عن كثرة الأولاد، والمفضية للإطعام من الحرام وطلب الرزق مـن مـداخل السوء والشبهات فيكون النكاح على هذا الوجه آفة من الآفات بل إن الأخـذ بمبـدأ العـزل ضـمان أكيد من الوقوع في مثل هذه الآفات وهو على التحقيق غير منهي عنه.

وفي موضع آخر يبرر الغزالي ما ذهب إليه من أن الأزمـات الاقتصادية مثل غـلاء الأسـعار (التضخم) الفاحش يسهم في تقليص عدد السكان إذ يفتح باب الهجرة المعاكسة للخارج، فيقـول: "السفر هربا مما يقدح في البدن كالطاعون، أو في المال كغلاء السعر أو ما يجري مجراه"[2].

فالتعبير عن الهجرة أو السفر بلفظ "الهروب"، وإقران مـرض الطـاعون بغـلاء الأسـعار في نفس السياق يدل على رفض الغزالي لفكرة الهجرة الخارجية ابتداء، ومع ذلك يـبرر إمكـان السـفر جبرا نتيجة الأزمات الاقتصادية، ومن الناحية الضمنية يؤكد

---

(1) الإحياء، 58/2.

(2) المصدر نفسه، 272/2.

على أثر الزيادة السكانية غير الإيجابي عند "اضطراب المعائش" المتمثلة في هـذه الحالـة بغلاء الأسعار، إذ لو لم تقم الحاجة لتغطية تكاليف الرعايـة الأسرية وازديـاد المسـؤوليات المترتبـة عليها لكان من المحتمل أن يتخذ مضمون السياق شكلا آخر غير السفر أو الهروب.

ومن المعلوم أن الهجرة الخارجية تؤثر على شـكل الوجـود السكاني كمصدر مـن مصادر عرض العمل وتسهم في تفريغ الاقتصادات الوطنية من الكفـاءات العلميـة والفنيـة[1]، مـما يعنـي عدم الإقلال مـن أهميـة العامـل السكاني عنـد الغزالي وأثـره في إثـراء الحيـاة الاقتصادية ضـمن المستويات المعيشية المتوازنة غير المضطربة.

ويظهر أيضا أن للغزالي نظرة في مبدأ مرونـة الطلب السعرية إذ يسـوق قانونـا اقتصاديا هاما حول هذا المعنى، وذلك في عبارته: "ومن قنع بربح قليل كثرت معاملاته واستفاد من تكررها ربحا كثيرا"[2].

فتدل هذه العبارة على أن تخفيض هامش الربح عـن طريـق تخفيـض الأسعار يـؤدي إلى زيادة حجم المبيعات.

وتنسجم هذه المقولة في تفسير الربح الحدي وعلاقته مـع حجم المبيعـات مـع إسهامات المدرسة الحدية في تحليلاتها الاقتصادية لأرباح المنشأة، والتي تتضمن وجود علاقة عكسـية تـربط بين الربح الحدي (Marginal Profit) أو الربح المتوسط (Average Profit)، فكلما قل الربح الحدي أو المتوسط زادت المبيعات فزاد الربح الكلي.

ولا ريب أن مثل هـذه النظرة الاقتصادية مـن الغزالي ولا سـيما في وقت مبكر حـول اقتصاديات المنشأة بوجه خاص[3]، وتحليلات العرض والطلب ولو على محدوديتها بشكل عام، تعد إسهاما متقدما في تاريخ الفكر الاقتصادي.

---

(1) محمد هيثم الحوراني، اقتصاد العمل، ص 44.

(2) الإحياء، 91/2.

(3) شوقي دنيا، من أعلام الاقتصاد الإسلامي: أبو حامد الغزالي، ص 49.

المبحث الثالث
التجارة والائتمان

يتناول هذا المبحث الأداء التنظيمي للتجارة في السوق مع الإشارة إلى مساهمة الائتمان وإبراز دوره في هذا الجانب، وذلك من خلال ثلاثة مطالب هي:

المطلب الأول: الأداء التنظيمي للتجارة في السوق.

المطلب الثاني: الاتجاه الاكتفائي في طلب التجارة

المطلب الثالث: الائتمان

المطلب الأول
الأداء التنظيمي للتجارة في السوق

تبرز أهمية الأفكار التي طرحها الغزالي في مجال التجارة في إظهار بعض الملامح المتعلقة بالجوانب التنظيمية للسوق، والتي تتصل بشكل كبير بالإجراءات التنظيمية السابقة مما يساعد في بلورة الإطار التنظيمي العام للممارسة الاقتصادية داخل السوق، وتتلخص أهم الملامح التنظيمية لسلوك المتعاملين في قطاع التجارة بالموضوعات التالية:

أولا: الالتزام بالمرتكزات العقائدية والأخلاقية:

فقد أوضح الغزالي تحت عنوان "في شفقة التاجر على دينه فيما يخصه ويعم آخرته" من كتاب الإحياء أنه ينبغي على التاجر أن يستحضر أثناء كسبه معنى العبودية لله تعالى، بوصفه مسؤولا بشكل فردي أمام الله تعالى على كل ما يصدر منه من حركات وأفعال داخل السوق، ومنه قوله تعالى: ﴿ إن السمع والبصر والفؤاد كل أولئك كان عنه مسؤولا ﴾ [1]، وقوله تعالى: ﴿ وكلهم آتيه يوم

_____

(1) سورة الإسراء، الآية 36.

القيامة فردا ﴾[1].

وفي هذا الباب يذكر أن مسؤولية التاجر التعبدية تقضي منه أن "**يلازم ذكر الله سبحانه في السوق ويشتغل بالتهليل والتسبيح، فذكر الله في السوق بين الغافلين أفضل، والسوق والمسجد والبيت له حكم واحد**"[2].

وفي موضع آخر يقول: "**فإن كان تاجرا فينبغي أن يتجر بصدق وأمانه.. ولا ينسى ذكر الله تعالى في جميع أشغاله**"[3]. فالتاجر يبتدىء تجارته بالنية الحسنة والعقيدة الصحيحة التي يكف بها طمعه عن الناس ويستغني بالحلال عنه، ويستحضر بنيته الاستعانة على القيام بأمور الدين، وأنه لا يبتغي في تجارته إلا القيام بفرض من فروض الكفايات، ويضيف الغزالي أن على التاجر عدم الركون إلى سوق الدنيا ونسيان سوق الآخرة، لقوله تعالى: ﴿ **رجالا لا تلهيهم تجارة ولا بيع عن ذكر الله وإقام الصلاة وإيتاء الزكاة** ﴾[4]، فيبتدىء نهاره قبل دخول السوق بملازمة المسجد والمواضبة على الأوراد اقتداء بالصحابة والسلف في تجاراتهم ومكاسبهم وينطلق بعد ذلك، أي مع دخول النهار إلى التجارة والاكتساب[5]، ومن إشارات الغزالي للمعاني الأخلاقية والإيمانية التي يتوجب على التاجر الالتزام بها "**أن لا يكون شديد الحرص على السوق والتجارة، وذلك بأن يكون أول داخل وآخر خارج.. وأن لا يقتصر على اجتذاب الحرام، بل يتقي مواقع الشبهات ومظان الريب**"[6].

فهذه المعاني تؤكد على طبيعة العلاقة الراسخة بين التاجر وبين صلته

---

(1) سورة مريم، الآية 95.

(2) الإحياء، 2/96-97.

(3) المصدر نفسه، 1/401.

(4) سورة النور، من الآية 36.

(5) الإحياء، 2/94-96.

(6) المصدر نفسه، 2/97.

التعبدية بالله تعالى مما يحرر سلوكه وتصرفاته من سيطرة المال والسعي لجمعه بشتى السبل، ومن الناحية التنظيمية تنضبط علاقته بتجارته وكسبه من جهة، وعلاقته مع مجموع المتعاملين معه في السوق من بائعين ومشترين من جهة أخرى في إطار تشريعي وأخلاقي وقانوني.

ثانيا: كراهية التجارة في السلع الحيوية:

فقد بين الغزالي أن التاجر لا يقصد من كسبه في التجارة إلا مرضاة الله تعالى، ولكن إلى جانب هذا الهدف العام فإن التاجر يسعى في الغالب إلى طلب الربح، فينبه إلى أن هذا الهدف لا يجوز أن يطغى على تعامل التاجر بالسلع الحيوية التي يرمز إليها "بالأقوات" فيقوده للاستغلال والجشع لتحقيق أكبر قدر ممكن من الأرباح، إذ أن هذا السلوك يستضر به كثير من الخلق لضرورتهم إلى الأقوات وعدم استغنائهم عنها.

ولا يخفى أن هذا المعنى يشمل ضمنيا الدعوة لتدخل الدولة لتنظيم التبادل بالسلع الأساسية والمحافظة على استمرارية وجودها بين أيدي المستهلكين؛ لأن الدولة لا تقصد في تعاملها وتوجيهها لبعض السلع تحقيق الأرباح وممارسة الأساليب الاحتكارية وإنما توظيف قدرتها لخدمة مصلحة الجماعة وصيانة الأهداف العامة[1].

ثالثا: التقيد بمبدأ المشاركة الجماعية في السوق

وهذا الجانب يمثل تطبيقا عمليا للقواعد التي ينبغي على التاجر التقيد بها وعدم الخروج عنها، وقد سبقت الإشارة إلى بعض المضامين المتداخلة مع هذه القواعد من خلال التركيز على مستوى الأسعار ووضوح المعلومات كإجراءات تنظيمية ضرورية لضبط العمل التجاري.

ففي هذا الجانب تناول الغزالي قضية هامة في عمليات التداول تتمثل في وجوب تعلم التاجر للنقد المتداول، ولعله من أوائل الفقهاء الذين طرحوا هذه القضية على بساط البحث[2] إذ كشف خطورة التعامل بالنقد الزائف في العمليات

---

(1) ابراهيم الوليلي، من رواد الاقتصاد الإسلامي: أبو حامد الغزالي، ص 25.

(2) عبد السميع المصري، التجارة في الإسلام، ط2 (القاهرة، مكتبة وهبة، 1986)، ص 21.

الجارية بين التجارة وجميع أطراف التبادل في السوق، ووصفه بأنه من قبيل الظلم العام الذي يلحق الضرر بجميع قطاعات المجتمع وشرائحه، وأكد من خلال مناقشاته على أهمية المسؤولية الفردية والجماعية الملقاة على التاجر في تعلم النقد حرصا على دفع الضرر، وحتى لا يسلم التاجر لأي فرد نقودا زائفة فيأثم بتقصيره على إهمال طلب هذا العلم[1].

ومن ناحية أخرى، فقد أثار الغزالي قضية اقتصادية ثانية تدخل في مجال التطبيقات العملية لأهداف العمل التجاري، فأوضح أن هنالك فوائد وأرباحا يحصل عليها التجار في تجارتهم الخارجية، مما يشار إليه في أدبيات الاقتصاد المعاصرة بالميزة النسبية (Comparative Advantage)، تتحقق من خلالها الفوائد المشتركة لجميع أطراف التبادل، ومما جاء به حول هذا المعنى قوله في كتاب "الحكمة في مخلوقات الله": **"وللعباد ضرورات تدعو إلى ما ينقل إليهم مما ليس عندهم، ومنافع يكثر تعدادها من طلب أرباح لمن يجلبها ويعلم فوائدها"**[2].

فيستدل من هذا النص على إدراك الغزالي لمفهوم الميزة النسبية التي تدخل في نطاق العلاقات التجارية الدولية، والمتحققة بانتقال البضائع والسلع من خارج حدود البلد أو الإقليم إلى مكان آخر، ويتضح مدلول الميزة النسبية من قوله "ما ينقل إليهم مما ليس عندهم" للإشارة إلى أن السلع المتبادلة في هذا النطاق هي سلع غير متجانسة مما يعتبره الاقتصاديون المعاصرون أنه شرط لمفهوم لميزة النسبية ودلالتها في جني الأرباح وتحقيق المزايا[3].

---

(1) الإحياء، 84/2.

(2) الحكمة في مخلوقات الله، ص 49.

(3) فإن قانون الميزة النسبية كما طرحه العالم الاقتصادي "ريكاردو" يقوم على مجموعة من الافتراضات لضمان الحصول على الأرباح التجارية بين الدول، ويأتي مفهوم الاختلاف بين السلع محل التبادل كأحد أهم الشروط اللازمة لصحة القانون، وللمزيد من التعرف على الافتراضات أو الشروط الموضوعية لقانون الميزة، أنظر:

Dominick Salvatore, Theory and Problems of International economics. Schaum's Outline Series , New York. Mc Graw-Hill, Book company, p.11.

وتتجلى أهمية مبدأ المشاركة الجماعية في المبادلات التجارية الخارجية أن التاجر يلبي حاجة المجتمع من السلع والبضائع غير المتوفرة، وربما يفهم ضمنيا أن المراد بمقصود الغزالي من قوله "وللعباد ضرورات" هو الحصول على السلع الضرورية والأساسية التي تشكل الأقوات القسم الأكبر منها، فينتفع الناس من المنافع المتحصلة منها، وينتفع التاجر إلى جانب قيامه بمسؤوليته الفردية ودفع الضرورات عن الناس بتحقيق الأرباح التي تعكس المردود الفردي والجماعي على السواء.

إلا أنه ما يتوجب التنبيه إليه في مجال الحديث عن التطبيقات العملية لجانب الأرباح والمزايا أن الغزالي يفترض في الأرباح المتحققة أن لا تكون مدعاة للمغالاة وإفراط الناس غبن بعضهم لبعض، وذهب إلى أن الرضا بالقليل من الربح انطلاقا من مفهوم المشاركة الجماعية يدخل في عموم الإحسان الواجب لقوله تعالى: ﴿ **إن الله يأمر بالعدل والإحسان** ﴾[(1)]، وقوله تعالى ﴿**وأحسن كما أحسن الله إليك** ﴾[(2)]، وقوله تعالى: ﴿ **إن رحمة الله قريب من المحسنين** ﴾[(3)]، وقد ذهب إلى أنه إذا "**بذل المشتري زيادة على الربح المعتاد إما لشدة رغبته أو لشدة حاجته في الحال إليه، فينبغي أن يمتنع من قبوله، فذلك من الإحسان**"[(4)].

وواضح من الناحية الاستدلالية في هذه العبارة أن طرح فكرة الإحسان في المعاملة تسهم في استقرار الأسعار الجارية في السوق ومنع الاستغلال للزيادة في الطلب مما يعزز من دور مبدأ المشاركة بروح الجماعة في ضبط وتنظيم المبادلات التجارية في السوق، وبالإضافة إلى هذه الجوانب فإن الغزالي يطرح فكرة الإحسان إشارة إلى رقابة الفرد الذاتية ومسؤوليته أمام الله تعالى.

---

(1) سورة النحل، من الآية 90.

(2) سورة القصص، من الآية 77.

(3) سورة الأعراف، من الآية 56.

(4) الإحياء، 90/2.

المطلب الثاني

الاتجاه الاكتفائي في طلب التجارة

يتجه الغزالي بوجه عام إلى تحديد النشاط التجاري على أساس الكفاية المعيشية معتبرا حصول الإنسان على حاجته من الإشباع الكافي هو الأصل، ويوضح أن على التاجر انسجاما مع مبادئه الدينية والأخلاقية أن "يقتصر من الكسب على قدر حاجته ليومه مهما قدر على أن يكتسب في كل يوم لقوته، فإذا حصل على كفاية يومه فليرجع إلى بيت ربه وليتزود لآخرته فإن الحاجة إلى زاد الآخرة أشد والتمتع به أدوم"[1].

إلا أنه مع تقسيمه للناس إلى ثلاث فئات اجتماعية أو دينية هي فئة العامة وفئة الخاصة وفئة خاصة الخاصة يحدد أن الاشتغال بالتجارة على قدر الكفاية هو من خطاباته المتعلقة بفئة الخاصة من الناس وهم أهل الورع الذين يبتغون سلوك طريق الآخرة وليس من الخطابات المتعلقة بعامة الناس، وهذا التفصيل يوضحه في قوله: "وأما الاحتمال الخامس وهو الاقتصار على قدر الحاجة مع الاكتساب بطريق الشرع من أصحاب الأيدي فهو الذي نراه لائقا بالورع لمن يريد سلوك طريق الآخرة ولكن لا وجه لإيجابه على الكافة ولا لإدخاله في فتوى العامة"[2].

وتبريره لهذه المسألة على هذا الوجه يقوم على فهمه لحصر العبادات المالية بالأغنياء وهم الذين يعيشون فوق مستوى الكفاية وأن الهدف من العبادات المالية إلى جانب تحقيقها لمرضاة الله تعالى هو مساهمتها في إعادة توزيع بالأموال بين الناس بغرض تحقيق قدر أكبر من المستويات المعيشية المتوازنة كالزكاة والكفارات المالية وحتى فريضة الحج التي اقترنت بالاستطاعة المالية، ويقرر الغزالي أنه لو كان المراد مما يمارسه الأفراد من نشاط تجاري الاكتفاء على قدر الحاجة على سبيل الإطلاق دون تفصيل بين الناس فإنه "يؤدي إلى سقوط الحج والزكاة والكفارات المالية وكل عبادة نيطت بالغنى عن الناس إذا أصبح الناس لا يملكون إلا قدر حاجتهم وهو في غاية القبح"[3].

---

(1) الإحياء، 401/1.

(2) المصدر نفسه، 121/2.

(3) المصدر نفسه، نفس الصفحة.

ودلالة هذا النص تحتمل معنيين هما:

الأول: التأكيد على ممارسة العمل التجاري في أوسع نطاق وأن ركون عامة الناس لطلب حاجاتهم دون الزيادة عليها يأخذ مفهوما مستبشعا وقبيحا لأنه يمثل دعوة ضمنية لإسقاط العبادات المالية التي لا تتحقق إلا بالزيادة على قدر الحاجة.

الثاني: أن الاشتغال بالتجارة فوق قدر الكفاية غير مقصود لذاته أي لأجل جمع الأموال والاستكثار منها وإنما هو ابتغاء القدرة على تأدية العبادات المالية وبعض الواجبات الدينية لطلب المزيد من الثواب، وفعل الطاعات، وإذا انقلب المقصود من التجارة على خلاف ذلك تحولت إلى عمل مذموم وقبيح.

ويعرض الغزالي هذه الصورة بتفصيل أكثر فيقول: "**لسنا نقول التجارة أفضل مطلقا من كل شيء ولكن التجارة إما أن تطلب بها الكفاية أو الثروة أو الزيادة على الكفاية، فإن طلب منها الزيادة على الكفاية لاستكثار المال وادخاره لا ليصرف إلى الخيرات والصقات فهي مذمومة، لأنه إقبال على الدنيا**"[1]. ومن هنا يمكن التوصل إلى بعض الحقائق المبينة لموقف الغزالي من الاشتغال بالتجارة في ضوء المستوى المعيشي المطلوب، والتي تساعد في تدعيم وصياغة المبادىء المتعلقة بالإطار التنظيمي للسوق بوجه عام، وتنظيم التجارة بوجه خاص، وهذه الحقائق هي:

- يرتبط الاشتغال بالتجارة فوق الكفاية بشريحة العامة من الناس بينما يرتبط الاشتغال بالتجارة ضمن مستوى الكفاية بشريحة الخاصة من الناس، وأما شريحة خاصة الخاصة، وهي شريحة محدودة جدا في نظر الغزالي، فأشرنا إليها سابقا من حيث أفضلية ترك الكسب بجميع أشكاله لكل من يدخل فيها على أن تكفى من مخصصات الدولة في مجال الإنفاق العام.

- ليس ثمة فرق في تحصيل الثواب بين شريحة الخاصة وشريحة العامة فيما يتعلق بموقف كل منهما من الاشتغال بالتجارة، فانقطاع الشريحة الأولى للعبادة بعد الوصول إلى حد الكفاية يقابله قيام الشريحة الثانية بالإنفاق على المحتاجين مما يزيد عن حاجتهم، وهذا السلوك بحد ذاته يدخل في معنى العبادات المالية.

---

(1) الإحياء، 72/2.

- إن الاشتغال بالتجارة فوق الكفاية غير مقصود لذاته، وأنه إذا انحصر في ذاته، أي لم يكن أكثر من طلب الحصول على المال دون النظر إلى الإنفاق في وجوه الخيرات والصدقات، فإن الاشتغال بالتجارة حينئذ يتحول إلى الأعمال المذمومة لأنه طلب للدنيا.

- إن الأصل في الاشتغال بالتجارة أن ينحصر في حدود مستوى الكفاية، وإذا كان هذا الاتجاه متحققا بسلوك فئة الخاصة فإنه تلقائيا يتحقق بسلوك فئة العامة لأن الغنى منوط به واجبات دينية تمارس بها آلية إعادة توزيع الأموال بين الناس عن طريق بعض أشكال الإنفاق مثل الزكاة والكفارات المالية، مما يعني أن تحقيق أكبر قدر من التوازن المعيشي يعكس أولوية في سائر عمليات الكسب ومنها عملية التجارة.

المطلب الثالث
الإئتمان

يشكل مبدأ الإئتمان أو الإقراض قاعدة صلبة في تدعيم الناحية التنظيمية لاستخدامات رأس المال، فهو من جهة يكبح من سيطرة رأس المال على اتجاهات التعامل في السوق مما يضيق من إمكانيات التعامل على أساس العائد المترتب على رأس المال (الربا)، ومن جهة أخرى يبرر عدم موضوعية التفسيرات المقننة لعدالة الزيادة المفروضة على أي استخدام لرأس المال ومنها أن الزيادة ثمن لرأس المال نتيجة استخدامه الحاضر أو أنها ثمن لعنصر المخاطرة المتمثل باحتمالية عجز المدين عن الوفاء بدينه أو تأخيره عن الأجل المعلوم أو غير ذلك.

وطروحات الغزالي في مجال الإقراض ترقى إلى مستوى الأفكار الإبداعية فهو أيضا يطرح موضوع الإحسان كأحد الدعائم المهمة في تنظيم العلاقة بين الدائن والمدين وترسيخ قيمة المعاونة والمشاركة والأخوة الصادقة في المجتمع الكبير بدلا من الاستغلال والجشع وطغيان الإنسان على أخيه.

وضمن هذه الدائرة يذكر الغزالي أن على التاجر التمثل بأخلاق الإحسان وآدابه من خلال التعامل مع المدين إما بالمسامحة وإما بالإمهال والتأخير وإما

بالمساهمة في طلب جودة النقد[1]، واستند في سياق هذه الأبعاد الدالة على المضامين الراقية لحقيقة الشرع الحنيف إلى قول الرسول صلى الله عليه وسلم: "اسمح يسمح لك"[2].

وقوله صلى الله عليه وسلم في حديث طويل: "من أنظر معسرا، أو وضع عنه، أظله الله في ظله"[3]، وقوله صلى الله عليه وسلم: "من أقرض دينارا إلى أجل فله بكل يوم صدقة إلى أجله، فإذا حل الأجل فأنظره بعده فله بكل يوم مثل ذلك الدين صدقة"[4].

ومن ناحية أخرى يناقش الأبعاد الإنسانية والدينية الواجب مراعاتها عند الأزمات وفي الأوضاع المضطربة من خلال اتباع سياسة الإقراض وتقديم التسهيلات الإئتمانية لمعالجة أية طوارىء متحققة أو محتملة، ويؤكد في كتابه "شفاء الغليل" أولوية الاستقراض مع توفر فرص السداد من قبل المدين، ولكن مع عدم توفر هذه الفرص فإنه يفتي بتقديم الأموال على سبيل التبرع الغير قابل للسداد، فيقول: **"وينزل ذلك منزلة المسلم الواحد، إذا اضطر في - مخمصة- إلى الهلاك، فعلى الغني أن يسد رمقه، ويبذل من ماله ما يتدارك به حشاشته، فإن كان له مال غائب أو حاضر، لم يلزمه التبرع، ولزمه الإقراض، وإن كان فقيرا: لا يملك نقيرا ولا قطميرا فلا نعرف خلافا في وجوب سد مجاعته، من غير إقراض"**[5].

---

(1) الإحياء، 92/2.

(2) قال الحافظ العراقي في تخريجه على هامش الإحياء: أخرجه الطبراني من حديث ابن عباس ورجاله ثقات. وانظر الألباني: صحيح الجامع الصغير، 229/1، رقم/ 982. وقال: صحيح.

(3) قال الحافظ العراقي في تخريجه على هامش الإحياء: أخرجه ابن ماجه من حديث بريده وسنده ضعيف، ورواه أحمد والحاكم، وقال صحيح على شرط الشيخين.

(4) قال الحافظ العراقي في تخريجه على هامش الإحياء: أخرجه ابن ماجه من حديث بريده وسنده ضعيف، ورواه أحمد والحاكم، وقال صحيح على شرط الشيخين.

(5) شفاء الغليل، ص 242.

فنظرة الغزالي في هذا الجانب مستمدة من اعتباراته لأهمية ضمان الفرد المسلم كجزء لا يتجزأ من المجتمع الإسلامي، وأن دور الأغنياء وهم الذين يملكون من الأموال فوق كفايتهم يسهم في ضبط الفجوات الاجتماعية والمعيشية من خلال إعادة توزيع الأموال عن طريق القروض، أو حينما تكون الفجوات واسعة لا تلتئم بالقروض (الفقر المدقع) فعن طريق التبرع طمعا في الأجر الأخروي (الثواب).

ودلالة المخمصة الواردة في النص تتضمن بالقياس أي شكل من أشكال الضرر الواقعة على الأفراد، ومن الناحية التطبيقية المشتملة على المبادلات التجارية فإن شكل الضرر يحتمل مفهوم الإفلاس التجاري الذي يمكن أن يصيب مثل هذا القطاع. فحينما يواجه بعض التجار خطر الإفلاس تتجلى أهمية القرض كأداة تنظم واقع السوق من خلال سد العجز ودفع قدرة التاجر المدين وإمكان تصويب الأوضاع التجارية من جديد.

وهذا البعد الإنساني الذي يعتبره الغزالي من أبواب العدل والإحسان ومن مقومات الفوز والسعادة التي تجري من التجارة مجرى الربح، فإنه يضفي على السوق علاقات الثقة والتعاون ويحفز الأفراد على الاستثمار والإنتاج وزيادة نسب التبادل وهو لا يقل في تأثيره كشكل من أشكال الضمان المتحقق عن وجود القدرة الاحتياطية أو الرصيد الاحتياطي لأية مشروعات أو صفقات تواجه مخاطر سوقية محتملة ولما كان السداد شرط أساسي لنجاح العملية الائتمانية فإن الغزالي يدعو إلى حسن القضاء ويعده من الإحسان الواجب على المدين، فيقول: "**وذلك بأن يمشي- إلى صاحب الحق ولا يكلفه أن يمشي- إليه يتقاضاه ، فقد قال صلى الله عليه وسلم: "خيركم أحسنكم قضاء"**[1]، **ومهما قدر على الدين فيبادر إليه ولو قبل وقته، وليسلم أجود مما شرط عليه وأحسن، وإن عجز فلينو قضاءه مهما قدر"**[2].

ومن هنا تتضح قدرة السوق الإسلامية على إحداث تسهيلات ائتمانية دون

---

(1) مسلم، 54/5.

(2) الإحياء، 93/2.

أن يقابلها أية عوائد ربوية وذلك بسبب وجـود ضـمانات شرعيـة وأخلاقيـة كافيـة لبلـورة الثقة في التعامل بين المقرض والمقترض، ففـي حـين أن المقـرض يسـتهدف تعظيـم الـربح الأخروي (الثواب) في عملية القرض، فإن المقترض الذي يسعى لإعادة وجوده في السوق يلتزم بإعادة القرض وإتمام سداده على أحسن وجه يمكن الالتزام به.

المبحث الرابع

تدخل الدولة في السوق

تباشر الدولة مسؤولياتها الاقتصادية بالتدخل في السوق بغرض تنظيم بعض أوجه النشاطات الاقتصادية، ويتحدد تدخلها بمجموعة من الشروط والضمانات المساعدة في حفظ الآلية الشرعية لتحقيق الأهداف المرجوة.

ويبرز هذا المبحث المسائل والقضايا الاقتصادية التي تطرق إليها الغزالي في مجال تدخل الدولة الإسلامية من خلال ثلاثة مطالب هي:

المطلب الأول: ضمانات تدخل الدولة

المطلب الثاني: ضوابط تدخل الدولة

المطلب الثالث: مجالات تدخل الدولة

المطلب الأول

ضمانات تدخل الدولة

يكتسب حق التدخل للدولة في النشاط الاقتصادي في السوق أهمية كبيرة في حماية الأهداف الجماعية وصيانة المصالح العامة، وبسبب خطورة سياسة التدخل التي تمثل استثناءا لحرية الأفراد في الممارسة الاقتصادية، فإنه بالإمكان قراءة بعض الأفكار التي طرحها الغزالي كضمانات لنجاح فكرة التدخل، والتي تشكل مرجعية أساسية لفهم مشروعية سياسة الدولة وحقها في فرض رقابتها الفعلية في السوق، ومن هذه الضمانات.

أولا: شرعية الحكم

يرى الغزالي أن الدولة ممثلة بالإمام لا تستطيع ممارسة أي نشاط من النشاطات المنوطة بها ما لم تنتزع حق الطاعة من الأفراد، وقد تناول فكرة الإمام

المطاع في مواضع كثيرة للدلالة على أن طاعة الأفراد لا تكتسب إلا إذا كان الإمام يمثل الإرادة الشعبية العامة للناس ليحظى بإذعان الجميع ومطاوعتهم له.

ولا يخفى أهمية تمثيل الإمام لإرادة الأمة، إذ لا يتصور إمكانية تدخله في شؤون حياتهم وأوضاعهم المعيشية فضلا عن الجوانب الأخرى وقد فرض شرعية وجوده عليهم بحكم جبروتي أو فردي، أو ما شابه ذلك، وهذه القضية تؤكد أن اتباع الإمام ومشايعته لا غنى عنها للاعتراف بحقه في الطاعة لأن موافقته هي إذعان للإرادة العامة لجمهور الناس.

وقد أشار الغزالي إلى هذه المعاني الرامية لدعم فكرة الإمام المطاع في كتابه "فضائح الباطنية" إذ ناقش فيه كثيرا من الأبعاد والمسائل السياسية، ومنها قوله: **"فالشخص الواحد المتبوع المطاع الموصوف بهذه الصفة إذا بايع كفى إذ في موافقته موافقة الجماهير.. وإنما الغرض قيام شوكة الإمام بالاتباع والأشياع وذلك يحصل بكل مسؤول مطاع"**[1]، ولما كانت طاعة الإمام مرهونة بصحة تصرفات الدولة وسلوكها في إطار الشرع لأنها دولة دينية تقوم على أفكار أيديولوجية وأسس مذهبية، فإن الطاعة لا تجب إلا وفقا لهذه الأفكار والأسس، وفيه يصرح الغزالي: **"أن يعلم - الإمام - أن رضا الخلق لا يحسن تحصيله إلا في موافقة الشرع، وإن طاعة الإمام لا تجب على الخلق إلا إذا دعاهم إلى موافقة الشرع"**[2].

ويقود هذا المعنى إلى حتمية التلازم بين إقامة الدين وبين وجود الدولة الحامية له بإمام مطاع يمثل إرادة الأمة تمثيلا شرعيا لا فوضويا، ولا يمكن في هذه الحالة الفصل بين طبيعة المذهب العقدي الراسخ في أفكار الناس وتصوراتهم وبين سياسة الدولة في التدخل، لأنه ينفي مضمون الطاعة، وبالتالي يؤدي إلى تعطيل الحياة بدلا من إصلاحها وعمارتها.

وهذا المدلول يشرحه الغزالي في عبارات ومواضع مختلفة نذكر منها على سبيل الإجمال، قوله في الإحياء: "ومعلوم أن السلطة والإمارة لو تعطلت لبطل

---

(1) فضائح الباطنية، ص 110.

(2) المصدر نفسه، ص 131.

الدين والدنيا جميعا وثار القتال بين الخلق"[1].

وقوله في "التبر المسبوك: "**الدين والملك توأمان مثل أخويين ولدا من بطن واحد**"[2].

وقوله في "الاقتصاد في الاعتقاد": "**إن نظام الدين لا يحصل إلا بنظام الدنيا، ونظام الدنيا لا يحصل إلا بإمام مطاع**"[3].

ونتيجة لهذه المدلولات فإن تدخل الدولة لا يمكن أن يكون فاعلا في اتخاذ الإجراءات الاقتصادية الصحيحة إذا لم تتضافر عناصر الاجتماع على نفس الإرادة الشعبية الموافقة لإرادة الدولة ابتغاء المصلحة العامة.

وإنما يجب المحافظة على هذه الآلية لأن الهدف الأساسي لوجود الدولة بعد المحافظة على الدين وحراسته هو تحصيل قوة الاجتماع على إرادة واحدة ومصلحة جماعية واحدة، يتم من خلالها توزيع المهام والوظائف الاقتصادية على القطاعات المختلفة، وتوزيع العمالة البشرية على كل قطاع منها.

وهذه المهمة الأساسية المنوطة بالدولة تحدث عنها الغزالي بعدما تتبع تطور الحاجات البشرية وما ينشأ عنها من أعمال كثيرة، وبعدما ذكر قسما كبيرا من الأعمال مثل صناعة المساحة وصناعة الجندية وصناعة الحكم وصناعة الخراج وعمال الخراج من الجباة والخزان وغير ذلك، قال: "**وهذه الأعمال لو تولاها عدد لا تجمعهم رابطة انخرم النظام فتحدث منه الحاجة إلى ملك يدبرهم وأمير مطاع يعين لكل عمل شخصا، ويختار لكل واحد ما يليق به**"[4].

فقيام الدولة بمهمتها بممارسة الأعمال المنوطة بها لا يقوم إلا بتجسير العلاقة بينهما وبين الأمة على أساس الرابطة الواحدة والأمر المطاع، وهذا لا يؤتي أكله إلا

---

(1) الإحياء، 343/3.

(2) التبر المسبوك، ص 50.

(3) الاقتصاد في الاعتقاد، ص 148.

(4) الإحياء، 241/3.

بالتزامات الدولة اتجاه الرعية بوصفها دولة شرعية ممثلة لإرادة الجماهير حتى تستطيع الحصول على حق الطاعة ولتنجح في تنفيذ برامجها وأهدافها، وقد أوضح الغزالي هذه الحقيقة بإشارته إلى أحد أهم أشكال التدخل للدولة وهو جباية الضرائب بأنه لا يجوز إلا بشروط متعددة وذكر أول هذه الشروط أن يكون الإمام مطاعا فقال: "فأما لو قدرنا إماما مطاعا"[1] ليدل بشكل قطعي على أن طاعة الإمام الممثل للأمة هي بمثابة الركن القوي لتنفيذ سياسات الدولة الاقتصادية وبناء علاقتها مع كافة قطاعات الأمة على وجه سليم.

ثانيا: منهج الحكم

فقد تبين في حدود العمل بمبدأ الطاعة أن منهج الحكم هو منهج شرعي يتوافق مع شرعية تنصيب الإمام، لأن مبدأ الطاعة يرتبط ارتباطا وثيقا بسلوك الإمام وفق منهج الشرع، فإذا اختل سلوك الإمام بمخالفة هذا المنهج أصبحت الأمة في حل من اتباعه ومشايعته ومطاوعته، ومنه تبرز أهمية ملازمة الإمام للعمل بمقتضى الشرع ليحفظ شرعيته ووجوده، وليكن أهم المقاصد عنده كما بين الغزالي هو "**تحصيل مرضاة الخلق ومحبتهم بطريق يوافق الشرع ولا يخالفه**"[2].

وقد قامت الأدلة الكثيرة من القرآن والسنة وأقوال الصحابة على توطيد الصلة بين منهج الحكم وطاعة الإمام ، نذكر منها على سبيل الإجمال قوله تعالى :

﴿ **فإن تنازعتم في شيء فردوه إلى الله والرسول** ﴾[3]، فالمراد من دلالة هذا النص كما جاء عن ابن حجر في "فتح الباري" أنه لا طاعة للإمام إذا عصى الله ورسوله، ولا يتوجب على الأمة طاعته وإنما ترد جميع منازعاتها وخصوماتها للاحتكام بحكم الله ورسوله[4].

ومن السنة النبوية أن الرسول صلى الله عليه وسلم

---

(1) شفاء الغليل، ص 236.

(2) فضائح الباطنية، ص 131.

(3) سورة النساء، من الآية 59.

(4) ابن حجر العسقلاني، فتح الباري بشرح صحيح البخاري (القاهرة، مكتبة البابي الحلبي، 1959) 28/16.

أمر رجلا من الأنصار على سرية فطلب الرجل من أفراد السرية أن يضرموا نارا ويقـذفوا بأنفسـهم فيها فرفضوا، وحينما انتهى الخبر إلى الرسول صلى اللـه عليه وسلم قال: "لـو دخلوهـا مـا خرجـوا منها إنما الطاعة في المعروف"[1]. ومن أقوال الصحابة ما نقل عـن علـي بـن أبـي طالـب كـرم اللـه وجهه أنه قال: "يحق على الإمام أن يحكم بما أنزل اللـه وأن يؤدي الأمانة فـإذا فعل ذلـك فحـق على الناس أن يسمعوا له ويطيعوا ويجيبوه إذا دعا"[2].

ووجه الدلالة من هذه النصوص أن التزام الإمام بتطبيـق الشـرع في مـنهج الحكـم وعـدم عصيانه وتمرده على أوامر اللـه تعالى يلزم طاعته واتباعـه وهـذا يؤكـد الصفة الاعتباريـة لإنابة الإمام وتمثيله الكامل لإرادة الأمة في حدود العمل بما أمر اللـه به ورسوله كما جاء في صريح الآية: ﴿ وما كان لمؤمن ولا مؤمنة إذا قضى اللـه ورسوله أمـرا أن يكـون لهـم الخـيرة مـن أمرهم ومن يعص اللـه ورسوله فقد ضل ضلالا مبينا﴾[3].

وقد تعرض الغزالي لهذه المسألة مبينا أن منهج الحكم وبخاصة المسـائل المتعلقـة بتنظيم الحياة المعيشية لا يمكن تنفيذها إلا في إطار المضمون الفقهي الذي وصفه بالقـانون الـذي يجمـع بين سلوك الفقهاء وسلوك السلاطين على السواء، وأنه وحده القانون الذي يكفل استمرارية الحيـاة وانتظامها، فقال: "ودرجة الفقهاء ذكر مـا يتعلـق بـالظواهر، إذ لـيس بأيـديهم مـن القـانون إلا القانون الذي يستعمله السلطان في السياسة لينتظم أمر المعيشة الدنيوية"[4].

ومن هنا يستخلص واجب الدولة وتقيدها بعـدم الخـروج عـن القـانون الشـرعي المتمثـل بقانون الفقه وذلك أن هذا القانون يحدد المرجعية الصحيحة التي لا

---

(1) مختصر صحيح البخاري 383/2، رقم الحديث: 1675.

(2) الأموال، ص 13. رقم الحديث: 11.

(3) سورة الأحزاب، الآية 36.

(4) الأربعين في أصول الدين، ص 51.

تستقيم أمور الحياة بغيرها، ويعكس مؤشرا واضحا لمدى التزام الدولة بتطبيق المنهج الشرعي في الحكم وأنها تستمد منه مصدر قوتها ومشروعية وجودها وحقها في طاعة الرعية.

ثالثا: عدالة الحكم

تناول الغزالي جانب العدالة في الحكم كأحد الدعائم القوية التي تعتمدها الدولة لمباشرة أعمال السيادة وتنفيذ شؤون الحكم على أسس شرعية صحيحة.

وتفرد إلى حد ما في كتابه "التبر المسبوك" لمعالجة هذه المسألة وتفسير غوامضها ومعالمها ولعل هذا المصنف وضع لمثل هذه الغاية المهمة. وقد سبقت الإشارة إلى مبدأ العدل من خلال خطابات الغزالي العديدة إلى كثير من السلاطين ووزرائهم مما أمكن به معرفة موقف الغزالي من اتجاهات الحكم السائدة في عصره علاوة على مناقشاته المستفيضة حول أهمية مبدأ العدل كأساس ترتكز عليه الدولة في النشاط الاقتصادي كما تقدم بيانه في مواضعه. إلا أنه يمكن إضافة بعض الأفكار التي تخدم موضوع العدالة في ضوء اعتبارها ركيزة من الركائز الأساسية لضمان إمكانية تدخل الدولة في النشاط الاقتصادي، ومما كشفه الغزالي في هذا المجال أن الحياة الدنيا لا بد من عمارتها، وأن عمارة الدنيا لا تقوم لها قائمة إلا على أساس العدل، وأن العدل منوط بالملوك والحكام أولا مما يعني أن تدخل الدولة أمر ضروري لعمارة الحياة من أجل إصلاح المعاش وإثبات الحقوق ودفع المظالم وفصل المنازعات وغيره مما لا ينهض به إلا حاكم عادل، وخلاف ذلك كما يفهم من طرح الغزالي أنه لا بديل إلا الظلم الذي يقود إلى خراب وضياع الحقوق وسيطرة الفوضى [1].

وهنا لا بد من الإشارة إلى أن قرارات الدولة ممثلة بالحاكم ينبغي أن تبقى تحت طائلة المسؤولية لأجهزة الرقابة التمثيلية لمجموع الأمة من أهل الحل والعقد لأن الحاكم هو خليفة الله في أرضه، ومؤتمن على رعيته، ومسؤول أمام الله تعالى عما استخلف فيه.

---

(1) التبر المسبوك، ص 44.

ويتجه الغزالي بسلوك الحاكم في سياسة الناس إلى العمل بمقتضى- هذا المبدأ، أي التقيد بشروط الاستخلاف الإلهي، فيقول: "**فيجب على السلطان أن يعمل بالسياسة، وأن يكون مع السياسة عادلا لأن السلطان خليفة الله**"[1].

والوجه الاستدلالي هنا يبين أن الله تعالى خلق الحياة وما فيها بعدله، واستخلف الإنسان لعمارتها وإصلاحها، وأن كون السلطان ممثلا لمجموع الناس في استخلاف الأرض فيتوجب عليه أن يتقيد بشروط الاستخلاف، وأهمها العدل الذي يمثل الضمان الأكيد لإصلاح الحياة والعيش الكريم في ظلالها.

وأيضا فإن العدل اسم من أسماء الله الحسنى، وأن ما يقوم به الحاكم بوصفه خليفة الله في أرضه ينبغي أن يكون له حظا من هذا الإسم، وذلك بأن يرتب أوضاع الخلق ترتيبا مستحسنا بحيث يعطي كل ذي حق حقه حتى ينزل الجميع في حقوقهم منزلة النفس الواحدة، وفي هذا الباب شواهد كثيرة تدل على إحاطة الغزالي بمدلول العدالة واهتمامه بتدعيم مبادىء الحكم عن طريق ترسيخ هذا المبدأ[2].

وبالضرورة فإن الحاكم لا يستطيع الاضطلاع بهذا الدور ما لم يكن حازما وقويا في تنفيذ قراراته ولا سيما إذا اتضح أن من أهم الأدوار التي يتحمل مسؤولياتها إشاعة الأمن بين الناس، وتحقيق مبدأ إشاعة الأمن يتناقض مع السياسة الضعيفة العاجزة عن بسط سيادتها بالقانون الشرعي الذي تحكم فيه، وقد أدرك الغزالي هذه الناحية المهمة فأكد أنها من لوازم العدل، وذلك في قوله: "**لكن ينبغي للسلطان في هذا الوقت أن يكون له أتم سياسة وهيبة ليشتغل كل إنسان بشغله ويأمن الناس بعضهم من بعض**"[3]. وفي موضع آخر: "**ويجب أن تكون هيبته بحيث إذا رأته الرعية خافوا ولو كانوا بعيدا**"[4].

---

(1) التبر المسبوك ، ص 62.

(2) المقصد الأسنى ، ص 100 معارج القدس، ص 90.

(3) التبر المسبوك ، ص 71.

(4) المصدر نفسه، ص 62.

المطلب الثاني
ضوابط تدخل الدولة

يتشكل مفهوم السياسة التدخلية للدولة في النشاط الاقتصادي للسوق من منطلق الحاجة المعتبرة لتصويب الحياة المعيشية وتنظيمها، ويشترط أن لا تتجاوز سياسة التدخل حدود سيادة الإرادة الفردية أو الحقوق الجماعية، ولذلك فإن ضبط مبدأ التدخل يأتي انسجاما مع تصور الإسلام الشمولي في صيانة الحريات الفردية وحفظ المصالح الجماعية على السواء، ويمكن استجلاء أهم الضوابط المستوحاة من فكر الغزالي في مجال تدخل الدولة على النحو التالي:

أولا: حفظ المصلحة العامة

فقد ناقش الغزالي أبعاد المصلحة العامة من جميع جوانبها الأصولية موضحا الاعتبارات المتضمنة لها والتي من شأنها ضبط سلوك الدولة وتقييد قدرتها على التدخل خارج حدود الأهداف الجماعية.

ولذا فقد وضع الغزالي شروطا لمفهوم المصلحة العامة حتى تكون مصلحة شرعية وليمكن تطبيق سياسة التدخل في ضوئها على وجه لا يقبل التعدي على حقوق الآخرين، فذكر في بيان هذه الشروط شرط الضرورة والملائمة والثبوت والعموم[1].

ويستفاد من شرط الضرورة أن لا تكون المصلحة من باب الحاجيات أو ما يعلوها رتبة مثل الكماليات أو التحسينيات، وأن تدفع حرجا لازما. ويفيد شرط الملائمة تكيف المصلحة العامة مع جنس المصالح التي يرجى تحقيقها في الشرع، ويفيد شرط الثبوت الدلالة القطعية الغير مخالفة لغيرها، ويفيد شرط العموم شموليتها لجميع الأفراد.

وأما الغرض الذي تبناه الغزالي في تبرير الأخذ بمبدأ المصلحة أنه يهدي إلى حفظ مصالح الدين، فأوضح أن كثيرا من الأحكام الشرعية تصب في هذا الاتجاه مثل

---

(1) شفاء الغليل، ص 207. المستصفى، ص 176.

أحكام الخلافة والقضاء والسياسات حتى ذهب إلى أن أكثر الأحكام لا يراد منها إلا حفظ مصالح الدنيا ليتحقق بها حفظ مصالح الدين"[1].

ومن أبرز المجالات الاقتصادية التي ناقشها في ضوء اعتبار المصلحة مسألة توظيف الخراج على الأراضي وترتيب الضرائب على الأغنياء لسد حاجات الجند وخراجات العسكر، وقد استدل لذلك بالأدلة القريبة والبعيدة ليؤكد على أن المصلحة العامة مرتبطة بشكل أساسي بتغطية نفقات الجند لاعتبارات المحافظة على الأمن إذ لو انقطعوا عن الكسب وتركوا البلاد سلبا ونهبا لكل طامع من الأعداء، في الداخل والخارج لتعذرت الحياة والعيش فيها بأمان ورخاء.

ومن هذه المجالات أيضا مسألة الإقراض وأخذ أموال الأغنياء وجوبا لدفع الضرر العام الواقع بسبب المجاعات والأزمات[2]، وكذلك الرخصة في ترك الكسب لحالات مخصوصة تتطلبها مصلحة الأمة مثل عمل السلطان والقضاة والمفتين وكذلك علماء الفقه والتفسير والحديث حتى طلبة هذه العلوم وذلك لترتب ضرر أعم من المنفعة التي يتحصلون عليها بالكسب وقد أطلق عليها "العلوم التي تتعلق بمصالح الدين"[3]، وفي هذا الباب ذكر نفقات السلطان على من أسماهم ذوي الخصائص والجوائز فبين أنه ينبغي على السلطان "ان يلتفت فيه إلى المصلحة ومهما خص عالما أو شجاعا بصلة كان فيه بعث للناس وتحريض على الاشتغال والتشبه به وكل ذلك متروك لاجتهاد الحاكم"[4].

وفي نفس الوقت اتخذ موقف الرفض لبعض المصالح فردها لعدم ملاءمتها للاعتبار الشرعي كما في مسألة مصادرة الأموال التي تنفق في وجوه التبذير والترفه والتنعم عقوبة لصاحبها وزجرا له، وأنكر هذا النوع من المصالح مشيرا إلى أن "أخذ

---

(1) الإحياء، 121/2.

(2) شفاء الغليل، ص 242.

(3) الإحياء، 153/2.

(4) المصدر نفسه، نفس الصفحة.

المال المستخلص للرجل عقابا على جناية- شرع الشرع فيها عقوبات سوى أخذ المال- فهو مصلحة غريبة لا تلائم قواعد الشرع"[1].

ثانيا: التقيد بالمقاصد الشرعية

لا يختلف كثيرا أثر المقاصد الشرعية عن المصالح العامة من جهة كون كل منها يضبط تدخل الدولة، لأن المصلحة العامة في حقيقتها شكل من أشكال المقاصد الشرعية، أي أن كل ما تتضمنه مقاصد الشريعة فهو مصلحة.

ولكن ما يختلف هنا هو تمييز الغزالي بين المصلحة المفضية إلى صلاح الناس وحفظ مقاصدهم وبين المصلحة المفضية إلى تحقيق المقاصد الشرعية فيقول: "أما المصلحة فهي عبارة في الأصل عن جلب منفعة أو دفع مضرة، ولسنا نعني به ذلك، فإن جلب المنفعة ودفع المضرة مقاصد الخلق وصلاح الخلق في تحصيل مقاصدهم، لكنا نعني بالمصلحة المحافظة على مقصود الشرع، ومقصود الشرع من الخلق خمسة: وهو أن يحفظ عليهم دينهم ونفسهم وعقلهم ونسلهم ومالهم، فكل ما يتضمن حفظ هذه الأصول الخمسة فهو مصلحة"[2].

فالغزالي يعرض نموذجين للمصلحة أحدهما يتعلق بالمصلحة الاجتماعية، أي التي تحقق غرض الناس في جلب النفع أو دفع الضرر، والآخر يتعلق بالمصلحة الشرعية، أي التي تتعلق بمقصود الشارع في مجال المحافظة على الأصول الخمسة وهي الدين والنفس والعقل والنسل والمال.

ويدل هذا الاتجاه من التقسيم على أن المقاصد الشرعية ترتبط بالمصالح الأكثر أهمية في حياة الأفراد، فيجب بناءا على ذلك أن يتركز تدخل الدولة على المصالح ذات الأولوية المعتبرة في نظر الشريعة[3].

وأيضا فإن هنالك نوعا من المصالح لا يعتد بها وهي المصالح التي شهد الشرع

---

(1) شفاء الغليل، ص 244-245.

(2) المستصفى، ص 174.

(3) محمد فاروق النبهان، أبحاث في الاقتصاد الإسلامي، ط1 (بيروت، مؤسسة الرسالة، 1986)، ص 123.

ببطلانها، مع أنها قد تكون مصالح نافعة من وجهة النظر الفردية ولو أنها مردودة شرعا[1]، مما يعني أهمية ضبط المفهوم المستخدم للفظ "المصلحة" حسب مقصود الشارع من جهة، وحسب شروط المصلحة الوارد ذكرها آنفا ولا سيما شرط الملائمة من جهة أخرى، وهذا يؤكد بطبيعة الحال على دور المقاصد الشرعية وضرورة تحقيقها من أجل ضبط سلوك الدولة أثناء تدخلها في الحياة الاقتصادية.

ثالثا: مراعاة الآداب والمبادىء الأخلاقية

يعتبر مبدأ التمسك بالآداب والفضائل الإسلامية الحميدة من أحد أهم الركائز الملازمة لوظيفة الدولة وواجباتها الاقتصادية في السوق، إذ يعزز هذا المبدأ من علاقات التعاون والثقة لدور الدولة في السوق ، ويضفي عليه سمة العمل الجماعي والإصلاحي بدلا من أساليب الرهبة والتحدي التي لا تعكس إلا مزيدا من حالات التهرب والانفلات من سيطرة الدولة وأجهزتها الرقابية في السوق ، ويلخص الغزالي أهم الآداب والقيم الخلقية التي تتصف بها الدولة ممثلة بسلوك المحتسب في ثلاث صفات هي: العلم، والورع، وحسن الخلق[2].

أما العلم فليعلم المحتسب مجال تدخله في الحياة الاقتصادية مراعيا أحكام الشريعة وحدودها وموانعها ليقتصر على الحد المطلوب ليتمكن منه، وبعبارة أخرى أن يكون مؤهلا تأهيلا صحيحا من الناحية الفنية والتدريبية ليتمكن من القيام بمسؤولياته خير قيام وليحدد موقفه الشرعي السليم من قضايا السوق المتشعبة.

---

(1) ولتوضيح معنى التناقض بين كون هذا المصلحة نافعة من وجهة نظر الفرد ولكنها باطلة ومردودة شرعا، يسوق الغزالي فتوى أحد العلماء لملك من الملوك إذ جامع زوجته في رمضان فأفتى له العالم بأن يصوم شهرين متتابعين بدلا من عتق رقبة، فلما سئل العالم قال أن ماله كثير ويستحق عتق رقبة في جنب قضاء شهوته وأن المصلحة زاجرة بالصوم، فيذكر الغزالي أن هذه المصلحة باطلة والفتوى أيضا باطلة لمخالفتها نص الكتاب وأنها تفتح بابا لتغيير نصوص الشرع تحت ذريعة المصلحة، فتبرير الغزالي قائم على ضبط مدلول المصلحة لتكون أداة فاعلة في وجوه استخداماتها المختلفة.

(2) الإحياء، 361/2 .

وأما الورع فهو حالة وجدانية وملكة إيمانية تحمل المحتسب على عدم مخالفته للواجبات المنوطة به، وذلك بأن لا يزيد ولا يقصر فيها، وأن يراقب دوافعه النفسية فيما يتخذ من إجراءات بحق المتعاملين في السوق لئلا يقع في غبن الناس وظلمهم، وأن يكون أقرب إلى الحد الشرعي المأذون فيه بالتدخل.

وأما حسن الخلق وهو الأصل، فليتمكن من اللطف والرفق ويوازي به مع صفة العلم والورع، فإن الغضب مثلا لا يقمعه العلم أو الورع ما لم يكن في الطبع خلق حسن.

وفي موضع آخر يبين الغزالي أن **"عمدة الحسبة شيئان: أحدهما، الرفق واللطف والبداية بالوعظ على سبيل اللين لا على سبيل العنف، والترفع والإذلال بدالة الصلاح"**[1].

فتدخل الدولة على هذا الوجه ينسجم مع اتجاه الأعمال التعبدية التي تحرر صاحبها من الصفات الذميمة مثل التسلط وإظهار القوة والغلظة والاستبداد بالناس وقهرهم، وتضمن قبولهم لإجراءات الدولة على أساس من الرضى والشعور بأهمية المصلحة العامة، وهي في نهاية المطاف توصل كل إنسان إلى حقه في إشباع حاجاته والتمتع في مستوى لائق من العيش الكريم، وفي ذلك يقول الغزالي: **"فلتغتنم الولاية لتعبد الله بها، وذلك بالتواضع والعدل والنصح للمسلمين والشفقة عليهم، وأن يكون الرفق في جميع الأمور أغلب من الغلظة، وأن يوصل كل مستحق إلى حقه"**[2].

ومن الآداب التي ينبه إليها الغزالي أنه لا يجوز للمحتسب البحث عن المحظورات غير الظاهرة، ولا أن يهتك الأستار للوصول إلى مراده، وكذلك مراعاة بعض الاستثناءات تبعا لحال الشخص **"كمن يعجز عن الكسب والسؤال وليس هو قوي النفس في التوكل ولا منفق عليه سوى شخص واحد ولو احتسب عليه**

---

(1) الأربعين في أصول الدين، ص 67.

(2) فضائح الباطنية، ص 129-130.

قطع رزقه وافتقر في توصيله إلى طلب إدرار حرام أو مات جوعا"[1]، فهذه الحالـة مـثلا لا يجوز الاحتساب فيها لأنها تفضي إلى ضرر أشد من المحظور نفسه، ويتمثل الضرر في هلاك الـنفس أو طلب الرزق من الحرام ودخول مداخل السوء.

وثمة وجه آخر يشير إليه الغزالي في هذا المجال وهو جانب القدوة السلوكية، ويوضح: **"أن كل من تولى عملا على المسلمين فينبغي أن يحكم نفسـه في كـل قضية يبرمهـا، فـما لا يرتضيه لنفسه لا يرتضيه لغيره، فالمؤمنون كنفس واحدة"**[2].

ومن جهة أخرى يبين أن الخروج عن هذا المبدأ ما هو إلا شكل من أشكال الاغترار بالنفس المخالف لأدب القدوة، كمن أخذ **"في طريق الحسبة والأمر بـالمعروف والنهـي عـن المنكـر، ينكر على الناس ويأمرهم بالخير وينسى نفسه، وإذا أمرهم بالخير عنـف وطلـب الرئاسـة والعـزة وإذا باشر منكرا وَرُد عليه غضب، وقال: أنا المحتسب فكيف تنكر علي؟"**[3].

فبالإضافة إلى أن هذه الإشارة تعزز من مكانة الدولة وثقة الأفراد بها فإنها تتضمـن دلالـة اقتصادية مهمة تتمثل في ضبط السياسات الاقتصادية للدولة عـلى وجـه يتوافـق مـع الإجـراءات المتخذة في السوق، وأن تنسجم جميع القرارات والبرامج الاقتصادية مـن اسـتثمارية واستهلاكية وغيرها من جهة، وإمكاناتها المتاحة من جهة أخرى، بحيث لا توجد فجوات حقيقيـة بـين مـا هـو مخطط له في السوق وما هو متحقق من الناحية الفعلية.

رابعا: تقييد التدخل بمقدار الحاجة

يوضح الغزالي أن الحد المأذون فيه لتدخل الدولة ينبغي أن لا يتجاوز قدر الكفاية، وذلـك من أجل المحافظة على حقوق الأفراد وحرياتهم، لأن التـدخل يمثـل سياسـة اسـتثنائية إضافة إلى عدم إعطاء الدولة سلطات واسعة لإطلاق يدها في السوق كيفما تشاء، فإذا كانت بعض الشرـوط السابقة تحدد التدخل في مجال

---

(1) الإحياء، 350/2.

(2) فضائح الباطنية، ص 128.

(3) الإحياء، 424/3.

الضروريات تحديدا نوعيا فإن هذا الشرط يحدد القدر الواجب مـن الضـروريات تحديـدا كميا لإضفاء صفة التوازن على حق التدخل.

ويشرح الغزالي هذا الشرط مشيرا إلى أنه "يبيح لكل غني من ماله مقدار كفايته مـن غـير ترفه ولا اقتصار على سد الرمق، ويباح لكل مقتر في مال من أفضل من هذا القدر مثله"[1].

ومثله قوله في مقدار الحد الواجب من الضرائب: "وأرهقت حاجات الجند إلى ما يكفيهم، وخلت عن مقدار كفايتهم أيديهم، فللإمام أن يوظف على الأغنياء ما يراه كافيا لهم في المـال"[2]، فهذا يدل على أن حصر التدخل بمقدار الكفاية هو تقييد لحق الدولة في نطاق مستويات محـددة من الحاجات لا يجوز تجاوزها.

ولأن الحاجات لها مفهوم نسبي بسبب تجددها واختلاف تقييمها بالنسبة للأفراد مـن مكان إلى آخر مما يحفز الدولة على توسيع صلاحيتها ومسؤوليتها الرقابية في السوق والتدخل فيه، فإن الضرورة تلزم حينئذ بوضع معايير دقيقة توضح جميع التفاصيل الفنيـة المتعلقـة بالحاجات المطلوبة ومدى حجم التدخل[3]، وذلك لضمان استمرارية العلاقة التعاونية الصادقة التي تـربط الدولة مع كافة قطاعات الأمة، وقد بين الغزالي أن المساس بهذه العلاقة يؤدي إلى "إيغار الصـدور وإيحاش القلوب"[4] مما يترتب عليه نتائج عكسية تضر بمصلحة الدولة، ولا تساعد في الوصول إلى الأهداف المتوقعة.

المطلب الثالث

مجالات تدخل الدولة

تتحدد طبيعة مجالات التدخل المسموح بها للدولة في السوق عن طريـق الالتـزام بالإطار العام للنصوص والقواعد الشرعية، ويشمل الحديث عن هذه

---

(1) المنخول، ص 369.

(2) شفاء الغليل، ص 236.

(3) النبهان، أبحاث في الاقتصاد الإسلامي،ص 124.

(4) شفاء الغليل، ص 236.

المجالات كثيرا من الصور والقضايا المطروحة في مجال تركيب السوق ابتداء من الإجراءات التنظيمية الأولية والمساعدة وحتى المحددات والضوابط، ويمكن استعراض الخطوط العريضة لمجالات تدخل الدولة بالنقاط التالية:

أولا: توفير المناخ القانوني والتشريعي والأمني

فقد حدد الغزالي في مناقشاته للسوق الأوضاع القانونية والتشريعية والأمنية ولم يترك حرية التعامل فيه اعتمادا على الأهداف الفردية والشخصية دون مراعاة القانون الفقهي والتشريعي لتحديد أوجه النشاطات الاقتصادية المختلفة، وهذه هي القضية الأساسية والأولى في اعتبارات التدخل.

ويقوم المحتسب ومساعدوه كأدوات رئيسة تستخدمها الدولة في مراقبة التبادل على أساس المرجعية الفقهية والشرعية، ويلجأ المحتسب إلى تصويب جميع أوضاع السوق وحل أية إشكالات مستجدة حسب هذه المرجعية[1]، والتي تعتبر بحق أساسا في إيجاد صورة متميزة للسوق الإسلامية تختلف في سماتها وخصائصها عن الأسواق السائدة في الأنظمة الأخرى.

ولا تخفى كذلك الإشارة إلى تدخل الدولة الأمني الذي تناوله الغزالي في مواضع لا حصر لها وربطه ربطا مباشرا بالواقع الاقتصادي، فأوضح أولوية هذا الجانب ومساهمته في صيانة حياة الأفراد المعيشية، ومنها قوله: "**فيحدث من ذلك بعد الجند الذين هم أهل السلاح وبعد الملك الذي يراقبهم بالعين الكالئة ويدبرهم الحاجة إلى الكتاب والخزان والحساب والجباة والعمال، ثم هؤلاء أيضا يحتاجون إلى معيشة..**"[2]، وقد بَين أن الجانب الأمني يلعب دورا مهما في استقرار الحياة وأن بدونه يثور القتال بين الناس لتضارب مصالحهم فيؤدي إلى خراب البلاد وتعطيل المعايش[3].

(1) الإحياء، 125/4.

(2) المصدر نفسه، 241/3.

(3) المصدر نفسه، 343/3.

وبشكل عام فهو يوضح أهمية البعد الأمني في تثبيت دعائم الاقتصاد ومسؤولية الحاكم في رعاية مصالح الناس وأن هذه المسؤولية لا تقل في أهميتها عن دعوة الرسل والأنبياء من حيث إصلاح الحياة وإرشاد الناس إلى جادة الصواب، فيقول: "**اعلم وتيقن أن الله سبحانه وتعالى اختار من بني آدم طائفتين: وهم الأنبياء عليهم الصلاة والسلام، ليبينوا للعباد عن عبادته الدليل ويوضحوا لهم إلى معرفته السبيل، واختار الملوك لحفظ العباد من اعتداء بعضهم على بعض وملكهم زمام الإبرام والنقض، فربط بهم مصالح خلقه في معايشهم بحكمته**"[1].

ويستدل من إشارة الغزالي لأهمية تدخل الدولة الأمني في حياة الناس المعاشية مدى إدراكه لأحد أهم الأدوار الوظيفية المنوطة بها، إضافة إلى أن ربط الواجب الأمني على أنه يحفظ "العباد من اعتداء بعضهم على بعض" بوظيفة الرسل الذين تكلفوا إرشاد وتعليم العباد معرفة السبيل يسهم في إيجاد قاعدة دينية تفيد في تحديد شخصية الدولة ومبادئها وأهدافها، وتوضح أن ما تقوم به من واجبات ومسؤوليات - ومنها الواجبات الأمنية- لا يخرج عن المضمون الديني الذي يسعد الأفراد ويخدم مصالحهم المعيشية.

ويلاحظ اختلاف طرح الغزالي لهذه المسألة ضمن المفهوم الديني مع ما يحمل من الموضوعية والمصداقية عن المفهوم الذي طرحه رواد المدرسة الاقتصادية الطبيعية (الفيزيوقراطيين)، إذ يقولون بوظيفة الدولة الأمنية من أجل حماية النظام الطبيعي[2]، ويعجزون في نفس الوقت عن تفسير كيفية التوافق بين المصالح الثلاث: مصلحة الفرد ومصلحة الجماعة ومصلحة الدولة التي ينتمون إليها ويدافعون عن مبادئها البرجوازية وأهدافها، مما حمل "آدم سميث" فيما بعد لإدخال فكرة اليد الخفية لتصويب مسار التدخل في النظام الطبيعي.

فاختلاف طرح الغزالي للمسألة الأمنية عن طرح هذه المدرسة يتضح من جهة

---

(1) التبر المسبوك، ص 43.

(2) لبيب شقير، تاريخ الفكر الاقتصادي، سلسلة في الاقتصاد والسياسة، مطبعة الرسالة، ص 96-97.

كونه يحدد أهمية البعد الأمني من منظوره الديني الذي يلتقي مع دعوة الأنبياء والمصلحين في إيجاد قاعدة صلبة للمصلحة الحقيقية لجميع الأفراد، إلى أنه في هذا المجال بالذات ينسب له السبق في تناول الوظيفة الأمنية كإحدى الواجبات والمهام الرئيسة للدولة.

وفي معرض استدلاله على وجوب الإمامة يؤكد الغزالي على أهمية دور الدولة في حفظ الأمن والأمان المعيشي لكل رعايا الدولة لأنه لا يتصور للفرد أو المجموعة من الناس أن تنشغل بحراسة نفسها من سيوف الظلمة وتترك واجباتها الأخرى مثل العلم والعمل والعبادة وغيرها، مما يشهد له أوقات الفتن والاضطرابات والأزمات حينما تزول الدولة ويظهر عليها أعداؤها، فيؤكد الغزالي في هذه الحالة أنه إذا **"لم يتدارك بنصب سلطان آخر مطاع دام الهرج وعم السيف وشمل القحط وهلكت المواشي وبطلت الصناعات"**[1].

ثانيا: ضمان الحاجات الأساسية

فقد سبقت الإشارة إلى موقف الغزالي من احتكار الأقوات بأنه يعتبر هذه العملية من الظلم العام الذي تعم به البلوى، واتضح أنه يدعو إلى تبني الدولة سياسة مراقبة السوق لمواجهة أي شكل من أشكال التنظيمات الاحتكارية إلى جانب إدراكه لأهمية دعم الدولة للسلع الأساسية لضمان توفرها لجميع الأفراد.

وفي هذا الجانب يشير الغزالي في كتابه "الاقتصاد في الاعتقاد" إلى مبدأ ضمان الحاجات الأساسية وهي الحاجات التي لا يمكن الاستغناء عن إشباعها لأي فرد، وتتمثل بوجود الأقوات (السلع الحيوية) والمسكن والملبس، فيقول: **"نظام الدين بالمعرفة والعبادة لا يتوصل إليهما إلا بصحة البدن وبقاء الحياة وسلامة قدر الحاجات من الكسوة والمسكن والأقوات، ولعمري من أصبح آمنا في سربه معافى في بدنه وله قوت يومه فكأنما حيزت له الدنيا"**[2].

---

(1) الاقتصاد في الاعتقاد، ص 148.

(2) المصدر نفسه ، نفس الصفحة .

ويفيد مبدأ تدخل الدولة في ضمان هذه الحاجات على هذا الوجه عدم التفرقة بين مسلم وذمي أو طبقة محرومة وطبقة غير محرومة[1]، لأنها مقومات ضرورية لبقاء الإنسان وانتظام الدين وتتصل في الوقت ذاته بمفهوم الأمن المعيشي والغذائي لقوله: "من أصبح آمنا في سربه.." مما يعني أن هذه الحاجات تتخذ دائرة أوسع من متطلبات الحياة لتشمل الحاجة إلى الأمن والحاجة إلى التعليم أيضا، وغير ذلك مما سيأتي بيانه عند الحديث عن الحاجات وكفاية الإنسان منها.

ثالثا: عدم التأثير على مستويات الأسعار السائدة

يقصد من تدخل الدولة في هذا الجانب أن تمارس دور السيادة الكاملة في السوق للمحافظة على التفاعل الحر بين رغبات المشترين في الشراء ورغبات البائعين في البيع، وترك الحرية قائمة بين الطرفين على هذا الأساس لتحديد الأسعار التي تعكس تقييم كل منهما لصفقات التبادل.

ففي الإجراءات التنظيمية الأولية لحركة التبادل في السوق والمتعلقة بالنشاطات المؤثرة على مستوى الأسعار تبين وصف الغزالي لجميع النشاطات المتحققة على هذا الشكل بأنها من باب الظلم وذكر منها عمليات الربا والاحتكار وبعض البيوع مثل تلقي الركبان وبيع الحاضر للباد وبيع النجش وغير ذلك مما يعزز مفهومه للسعر الحر العادل الذي ينتج عن الآلية الطبيعية لقوى السوق في جميع العمليات التبادلية.

وذهب غير الغزالي من الفقهاء إلى إقرار قاعدة السياسة العادلة للأسعار والناتجة عن التفاعل الحر لقوى العرض والطلب، ففي "الحسبة" يقول ابن تيمية في عبارة مشهورة:" فإذا كان الناس يبيعون سلعهم على الوجه المعروف من غير ظلم منهم وقد ارتفع السعر إما لقلة الشيء وإما لكثرة الخلق فهذا إلى الله، فإلزام الخلق أن يبيعوا بقيمة بعينها إكراه بغير حق"[2]. فقوله "إما بقلة الشيء" يدل على

---

(1) العبادي، الملكية، 247/2.

(2) ابن تيمية، الحسبة، ص 24.

انخفاض العرض، وقوله: "وإما لكثرة الخلق" يدل على زيادة الطلب، والمراد من ذلك أنه لا يجوز تدخل الدولة بالتأثير على الأسعار ما دام التبادل متعارفا عليه بين الأفراد "ومن غير ظلم منهم" يمنع حرية الأفراد من التبادل في البيع والشراء على وجه صحيح.

ويرى الغزالي كغيره من الفقهاء - كما يفهم من نص ابن تيمية- أنه في حالة وقوع الظلم إمكانية تدخل الدولة في السوق لدفع الظلم وتحديد مستوى سعري عادل، فتراقب الدولة ممثلة بالمحتسب وأعوانه حركة الأسعار وترصد كافة العوامل غير الطبيعية المؤثرة عليها، وتقوم بعد ذلك برسم سياسة سعرية عادلة لتصويب أوضاع السوق وإصلاحها، ومنه يفهم موقف الغزالي في نصيحته للسلطان: **"وليكن لك محتسب يحتسب عليك وعلى من في دارك من المسلمين، ثم ينظر في مشاريع البلد ومصالحه والأسعار، وإن كان قد نهي عن التسعير لكنه ليس به بأس، فقد فسدت الناس وقلت الأمانات كما ذكر في كتب الملاحم لرسول الله صلى الله عليه وسلم"** [1].

رابعا: ضبط استخدام المعلومات والبيانات حول السلع

وإلى جانب الإجراءات التنظيمية الأولية المتعلقة بالأسعار تلجأ الدولة إلى إجراءات أخرى مساعدة لها تتعلق بضبط أسلوب تداول المعلومات والبيانات عن المعروض السلعي في السوق وعدم التلاعب بالأوزان والكميات محل التبادل، وفي هذا الجانب حدد الغزالي القاعدة الصحيحة لنقل المعلومات المطابقة لمواصفات السلع فذكر أربعة شروط تشمل عدم الاعتماد على الترويج الدعائي أو تضليل المشتري عن الأسعار الحقيقية.

وفي كتاب الحسبة من الإحياء - أو كتاب الأمر بالمعروف والنهي عن المنكر- ناقش قضايا كثيرة تقع على مسؤولية الدولة، وهو من أوائل الذين طرحوا

---

(1) سر العالمين، ص 29.

موضوع الحسبة ومن قلائلهم[1]، فأوضح مسؤولية المحتسب في التصدي لمنكرات الأسواق مثل الكذب في المرابحة وإخفاء العيب والتفاوت في الذراع والمكيال والميزان حتى ذهب إلى أن كل من عرف وجه الحقيقة في التلاعب وتطفيف الموازين وسكت عليه كان مشاركا للبائع في الخيانة وعاصٍ لله في سكوته[2].

وانطلاقا من هذا المبدأ فإن للدولة صلاحيات واسعة في تطبيق المعايير الملائمة لأشكال الإعلان التجاري بحيث تحد من قدرة المنتجين على تصريف إنتاجهم من وراء طمس المعلومات الحقيقية وإغراء المستهلك بالمزايا الوهمية للسلع، وبذلك تصون علاقات السوق من السيطرة المادية والاستئثار بالمصالح الفردية لفئات المنتفعين التي لا تعبأ بالمبادىء الأخلاقية والأدبية ولا تراعي حقوق الآخرين[3].

---

(1) فلم يصنف في الحسبة إلا قلائل، ولعل الغزالي(ت504هـ) كان من أولهم باستثناء الإمام الماوردي (ت405 هـ) إذ صنف كتابه الرتبة في طلب الحسبة، وممن صنف بعد الغزالي في الحسبة الإمام الشيزري (ت589هـ) وصنف كتاب نهاية الرتبة في طلب الحسبة، وابن الرفعة (ت710هـ) وصنف كتاب الرتبة في الحسبة، وابن الرفعة (ت710هـ) وصنف كتاب الرتبة في الحسبة، وابن الأخوة (ت729هـ) وصنف كتاب معالم القربة في طلب الحسبة، والسنامي المتوفى في الربع الأول من القرن الثامن الهجري وصنف كتاب نصاب الاحتساب، وابن حسام المحتسب المتوفى في أوائل القرن التاسع الهجري وصنف كتاب نهاية المرتبة في طلب الحسبة، وابن المبرد الدمشقي (ت909هـ) وصنف كتاب الحسبة، وهناك كتب أخرى قليلة تلحق بالحسبة وقد أبرز هؤلاء الفقهاء موضوع الحسبة كنظام متكامل يتناول جميع مظاهر الحياة المعيشية وبالأخص الجوانب الاقتصادية فأظهروا دور المحتسب في كل مهنة أو حرفة توجد في السوق إضافة إلى سلطاته الواسعة في مراقبة قطاع الخدمات وكل ما يتعلق بالسوق من نشاطات.

أنظر: حسين علي محفوظ، الحسبة في المكتبة العربية، بحث مقدم إلى ندوة الحسبة والمحتسب عند العرب بين 4-5 /1987/10، بغداد، مركز إحياء التراث العلمي العربي ، ص 10 وما بعدها.

(2) الإحياء، 266/2.

(3) محمد أحمد صقر، الاقتصاد الإسلامي، مفاهيم ومرتكزات ، ط1 (القاهرة، دار النهضة العربية، 1978)، ص 73-74.

خامسا: دعم مشرعات البنية التحتية

يقع على مسؤولية الدولة إنشاء قاعدة للبنية التحتية ودعم المشروعات المتعلقة بها، وتنظيم استخدام الموارد في المجالات الاقتصادية المختلفة من صناعية وزراعية وعمرانية وغيرها، ويشير الغزالي إلى إنجازات الدول السابقة لعصره كيف استطاعت أن تبني آثارا خالدة تدل على كفاءتها وقدرتها على البناء والتطوير، ويذكر أن هؤلاء **"عمروا المواضع وبنوا الضياع والمزارع، واستخرجوا القنوات والمصانع، وأظهروا ما كان خافيا من مياه العيون"**[1].

وتقوم الدولة في هذا الجانب بدعم القطاعات الاقتصادية وتشجيع الأفراد على المساهمة فيها مع توفير الضمانات الكافية لهم ومراعاة أوضاعهم في السوق وتقلباته الطارئة، ويلخص الغزالي توجهات الدولة في هذا المجال، فيقول: **"وانظر فيمن امتنع عن الزراعة إن كان لفقر فقوه وإن كان لظلم فانصره"**[2].

ويؤكد مبدأ الضمان لجميع الأفراد لا سيما في المواقف الطارئة غير المخطط لها مثل الكوارث الطبيعية أو الهزات الاقتصادية، ويشير إلى دور الدولة في معالجة هذه الجوانب مما يسهم في تولد مشاعر الاطمئنان والثقة العامة للأفراد بها واستعادة نشاطهم وإحياء قدراتهم وذلك فيما يواجهون من مخاطر، وتأتي ملاحظة الغزالي حول دعم الأفراد في المجالات القطاعية من قبل الدولة في إطار سياساتها المالية تأكيدا منه على مردودها في النهاية بالنفع لأنه استثمار طويل الأجل، فقد بين أن المساعدة من خزائن الأموال لا تنقص منها بينما انتقال الأفراد إلى محلة أخرى يسبب مثل هذا النقص[3]، مما يفهم معه أن المورد البشري له أثره وأهميته في إثراء الحياة الاقتصادية على المستوى الوطني بما يملك من المؤهلات والكفاءات.

هذا بالإضافة إلى ما ناقشه الغزالي تحت بند النفقات التابعة للدولة والتي تشمل كثيرا من مشروعات البنية التحتية مثل إنشاء الجسور والرعاية الصحية والاهتمام بقطاع التعليم وغير ذلك من نشاطات تسهم إلى حد كبير في تطوير

---

(1) التبر المسبوك، ص46.

(2) سر العالمين، ص13.

(3) التبر المسبوك، ص80.

التنظيم الهيكلي للسوق، وتحديث مستوى الخدمات التي تقدمها الدولة مما أشرنا إليها في نفقات بيت المال.

الخلاصة:

ونتيجة لم تقدم من طرح مفاهيم وأفكار اقتصادية تناولها الغزالي في مجال السوق وأحكامه وإجراءاته التنظيمية المختلفة نخلص إلى تحديد حقيقة السوق الإسلامية وفق الحقائق التالية:

أولا: منع أشكال التبادل التي تؤثر على المستوى الطبيعي للأسعار في السوق مثل العائد على رأس المال النقدي (الربا) والاحتكار وبعض أشكال البيوع مثل تلقي الركبان وبيع الحاضر للباد وبيع النجش وما يجري مجراه مما رمزنا إليه بالإجراءات الأولية لتنظيم السوق.

ثانيا: عدم قيام أي شكل من أشكال التبادل في السوق في غياب وضوح المعلومات وشموليتها مثل الترويج الدعائي والإعلاني الزائف للسلع وإخفاء عيوبها والتلاعب بمقدار الكمية المعروضة منها وغيره مما رمزنا إليه بالإجراءات المساعدة لتنظيم السوق.

ثالثا: سيادة مبدأ التعاون في السوق بدلا من المنافسة، لأن مبدأ التعاون مبني على أسس جماعية تخدم مصلحة الأمة وتتجاوز حدود الفردية التي تضر بمصلحة الجماعة، بينما يقوم مبدأ المنافسة على تحقيق الأغراض الفردية بعيدا عن الجوانب الجماعية التي تكفل حقوق المجتمع إضافة إلى أن حقيقة المنافسة ترتكز على فكرة اليد الخفية للوصول إلى سعر السوق العادل مما تعجز عن تطبيقه في ظل الافتراضات المثالية غير الواقعية لشروط المنافسة الكاملة.

وكما أكد الغزالي فإن خاصية تجانس المقاصد ومحدوديتها تحيل فكرة المنافسة إلى عمل تسود فيه أسباب التنافر والتباغض والتحاسد وقد تؤدي بالنهاية إلى التقاتل وسفك الدماء.

رابعا: وفي جانب العرض والطلب قدم الغزالي أفكارا سباقة في تاريخ الفكر الاقتصادي مثل الإشارة إلى منحنى العرض لسلوك المنتج أو البائع وقانون الطلب ومرونة الطلب السعرية وأثر العامل السكاني على كل من منحنى الطلب وعرض العمل.

خامسا: وفي مجال التجارة حدد الغزالي بعض الأدوات التنظيمية لسلوك التاجر في ممارسة النشاط التجاري، مثل الالتزام بالقيم الدينية والأخلاقية كأن يكون التاجر ذاكرا الله تعالى على الدوام، وصادقا وأمينا في تعاملاته، وغير حريص على التجارة، وأن يوظف نيته بالاشتغال في التجارة نحو المقاصد التعبدية بصورتها الشمولية.

ومنها أن تحد الدولة من تجارة الأفراد للسلع الضرورية لئلا تكون مظنة للاستغلال فيستضر به مجموع الأفراد، ومنها الإحساس بالمسؤولية الجماعية القائمة على علاقات التعاون بين المتبادلين فلا يطمع التاجر بالأرباح الفاحشة ولا يتعامل بالزائف من النقود وغيره من الآداب التي ينبغي أن يتحلى بها كل تاجر.

سادسا: أن يشتغل التاجر على قدر كفايته فإن كان من عامة الناس فله أن يشتغل فوق مستوى كفايته على أن يوجه الفاضل من أمواله نحو فعل الخير والتصدق على المحتاجين، فإن لم يفعل كانت الزيادة مذمومة وغير مرغوب فيها لأنها من مطالب الدنيا.

سابعا: يسهم التسهيل الائتماني غير الربوي في تنشيط حركة التبادل في السوق ويدفع علاقات البائعين والمشترين نحو مزيد من الثقة والتعاون، مما يكون له أثر إيجابي على استقرار السوق وتنظيم التعامل فيه.

ثامنا: تباشر الدولة مسؤولية التدخل في تصويب أوضاع السوق في إطار مجموعة من الضمانات المتعلقة بطبيعة الحكم والتي تشكل مرجعية أساسية لقدرة الدولة في فرض رقابتها على السوق، وهي شرعية الحكم ومنهجه وعدالته.

تاسعا: يشترط لتدخل الدولة مراعاة مبدأ السيادة الفردية المعتبرة والحقوق الجماعية على السواء، وعدم توسيع نطاق دائرة التدخل وذلك بالتقيد بأربعة ضوابط تتضمن حفظ المصلحة العامة واستهداف المقاصد الشرعية والانسجام مع المبادىء الأخلاقية وحصر التدخل بمقدار الحاجة.

عاشرا: تشمل مجالات تدخل الدولة توفير المناخ القانوني والتشريعي والأمني للسوق، وضمان الحاجات الأساسية للأفراد فيه، والمحافظة على مستويات الأسعار بأشكالها الطبيعية، وضبط استخدام البيانات والمعلومات حول السلع، ودعم مشروعات البنية التحتية.

الفصل الرابع

الدخل الفردي والإنتاج عند الإمام الغزالي

المبحث الأول
مكونات الدخل الفردي واستخداماته الاقتصادية

فإن دخل الفرد يتضمن مجموع العائد المتحصل من الاكتساب والعمل نتيجة المساهمة في القطاعات الاقتصادية المختلفة، ويتحول هذا الدخل المكتسب إلى جهتين أساسيتين هما جهة الإنفاق وجهة الادخار.

وقد حدد الغزالي هاتين الجهتين على وجه الخصوص فبين أن **"لصاحب المال حال استفادة فيكون مكتسبا، وحال إدخار لما اكتسبه فيكون به غنيا عن السؤال، وحال إنفاق على نفسه فيكون منتفعا، وحال إفادته غيره بالإنفاق فيكون به سخيا متفضلا.."** [1].

ويتناول هذا المبحث أهم الأفكار والمفاهيم الاقتصادية التي تناولها الغزالي في مجال الإنفاق والإدخار بوصفهما أهم جهتين أو قطاعين يتكون منهما دخل الفرد، وذلك في ثلاثة مطالب هي:

المطلب الأول: جانب الإنفاق

المطلب الثاني: جانب الادخار

المطلب الثالث: السمات العامة لجانب الإنفاق والادخار

المطلب الأول
جانب الإنفاق

يحصر الغزالي جانب الإنفاق في ثلاث قنوات أساسية يصب فيها دخل الفرد، تتمثل بالإنفاق على النفس أي الإنفاق على الاستهلاك الشخصيـ والإنفاق على الغير وهو ما يمكن أن يطلق عليه بالتحويلات الاجتماعية الخاصة، والإنفاق على مصالح الجماعة والخير العام وهو ما يمكن أن يطلق عليه بالتحويلات الاجتماعية العامة.

---

(1) ميزان العمل، ص 108، الإحياء، 69/1.

ويركز في طرحه لهذه المسألة على مفهوم البعد الديني كإطار قانوني يضبط السلوك الإنفاقي للفرد، ويوجه قناعات الفرد وتصوراته نحو الحياة الأخروية التي تتميز بوفرة المنفعة ومضاعفة الأجر والثواب.

فبعدما يوضح فوائد المال وغوائله مشيرا إلى أن الفوائد تنقسم إلى دنيوية ودينية، وأن الدنيوية مشتهرة بين أصناف الخلق بما يدل عليه تهالكهم على طلبها والاستزادة منها، فإنه يشرح الفوائد الدينية للمال شرحا وافيا ويحصرها في قنوات الإنفاق الثلاث، فيقول:

"وأما الدينية فتنحصر جميعها في ثلاثة أنواع:

النوع الأول: أن ينفقه على نفسه في عبادة أو في الاستعانة على عبادة.

النوع الثاني: ما يصرفه إلى الناس، وهو أربعة أقسام: الصدقة، والمروءة، ووقاية العرض، وأجرة الاستخدام.

النوع الثالث: ما لا يصرفه إلى إنسان معين ولكن يحصل به خير عام"[1].

فيتضح من هذا النص ثلاثة وجوه للإنفاق تشمل الإنفاق على النفس والإنفاق على الغير والإنفاق على مشاريع الخير العام، ويمكن بيانها في النقاط التالية:

أولا: الإنفاق على النفس (الإنفاق على الاستهلاك الشخصي)

إن غاية الفرد ومقصده الأساسي من الإنفاق على نفسه في مجالات الاستهلاك أو على ما يدخل في حدود مسؤوليات إعالته الأسرية لايتجاوز في إطار التصور الديني معنى النهوض بمهمة العبودية لله تعالى، والتي تشكل هدفا عاما لكافة الممارسات الاقتصادية، لقوله تعالى: ﴿ **وما خلقت الجن والإنس إلا ليعبدون** ﴾[2].

ويستعرض الغزالي هذه الصورة موضحا أن الإنفاق إما أن يكون مباشرا على طلب العبادات التي لا يتوصل إليها إلا بالمال أي العبادات المالية مثل الحج والجهاد

---

(1) الإحياء، 3/250-251.

(2) سورة الذاريات، الآية 56.

في سبيل الله، وإما أن يكون غير مباشر وذلك من خلال استعانة الفرد به على العبادة مثل الإنفاق على ضروريات الحياة كالمطعم والملبس والمسكن والمنكح وسائر ما يتعلق بحاجات الإنسان الأساسية، إذ أن الإنفاق على أي وجه من هذه الوجوه هو عبادة في حد ذاتها لأن كل ما لا يمكن التوصل إلى العبادة إلا به فهو عبادة تخضع لشرط الأجر والثواب[1].

ويرتبط سلوك الفرد الإنفاقي على أية حاجة من حاجاته الأساسية بمدى تحقق المنفعة أو تحصيل مستوى الإشباع اللازم لضمان استمرارية البقاء، وموافقة الفرد للفرص المتاحة في سلم الارتقاء والكمال[2].

ويقود ربط الإنفاق المبرر على أهداف معيشية محددة إلى تحرير سلوك الفرد في عمليات الإنفاق على الاستهلاك من سيطرة الأشياء المادية والتعلق بها لأن الغرض من الاستهلاك غير مقصود لذاته وإنما هو تلبية لاستعدادات الفرد العضوية مما يوازن بين حركته في الحياة وبين أهدافه وغاياته فيها.

ويعني ذلك أن اهتمام الفرد بالإنفاق على الاستهلاك من الحاجات الأساسية فوق الحدود الطبيعية لاشتقاق المنفعة أو الإشباع يعكس تبريرا غير منطقي في فهم حقائق الحياة ومقاصدها الفطرية.

ثانيا: الإنفاق على الغير (التحويلات الاجتماعية الخاصة)

يعرض الغزالي في هذا الجانب بعض وجوه الإنفاق المتعلقة ببعض الشرائح الاجتماعية، والتي يمكن أن تحقق عائدا محدودا على كل شريحة من هذه الشرائح ويحصرها بأربعة أقسام هي: الصدقة والمروءة، ووقاية العرض وأجرة الاستخدام[3]:

فأما الإنفاق على باب الصدقات فلا يخفى أثره في سد خلة المحتاجين والفقراء والوصول بهم إلى مستوى أفضل من الإشباع وبخاصة ما يدخل في باب ضمان

---

(1) الإحياء، 250/3، 3 / 279.

(2) المصدر نفسه، 315/4.

(3) المصدر نفسه، 250/3-251 ، الأربعين في أصول الدين، ص 102.

السلع والحاجات الأساسية الممكنة، فيشترط للإنفاق على هذا الباب وجود الحاجة والفقر وسد العوز.

وأما الإنفاق على ما يطلق عليه الغزالي "بالمروءة" فيعني به صرف المال إلى بعض الشرائح الاجتماعية المقتدرة من باب الضيافات وإعطاء الهدايا وإطعام الطعام ويدخل فيه الأغنياء والأشراف وغيرهم، ولا يشترط للإنفاق في هذا الباب دفع الحاجة أو الفقر وسد العوز.

وأما وقاية العرض، فيقصد به صرف المال وبذله لأية جهة تسهم في استقرار وحفظ التركيب الاجتماعي من حيث صيانة الأنساب والأخلاط، والإبقاء على نسيج الأرحام متماسكا وعدم التعريض به أو الاعتداء عليه، ويشير الغزالي في هذا الباب إلى بعض الأمثلة مثل بذل الأموال وإنفاقها لدفع هجو الشعراء وثلب السفهاء وقطع ألسنتهم ودفع شرهم، حتى أنه يعتبر أن صرف المال إلى مثل هذه الجهات وما يجري مجراها أهم من تعظيم الإشباع والتنعم بالأكل الكثير، لأنه بالإضافة إلى فائدته الدنيوية يتخذ بعدا دينيا يثاب عليه الفرد، فقد قال الرسول صلى الله عليه وسلم: "ما وقى به المرء عرضه كتب له به صدقة"[1].

فيدل هذا النص على موقف الفرد الإيجابي من الاهتمام بصيانة الأعراض، ولو أدى ذلك إلى الإنفاق وصرف الأموال لسد باب الفساد وعدم ترويج المعصية وتناقلها، والاحتراز عما يثور من العداوة والبغضاء وتجاوز حدود الشريعة.

وأما أجرة الاستخدام فهي النفقات التي يدفعها أصحاب العمل إلى الأشخاص المستخدمين مكافأة على ما يبذلونه من جهد وعمل، وتمثل النفقات المصروفة على استخدامات العمل أجرا عادلا لهذا القطاع، إذ أن السلع المنتجة تعكس قيمة اقتصادية وسعرا سوقيا يتحدد من خلال تفضيل المستهلك وتقييمه للعمل المخزون في السلع أثناء عمليات التبادل.

---

(1) محمد ناصر الدين الألباني، ضعيف الجامع الصغير وزيادته، ط2 (بيروت، المكتب الإسلامي، 1979). 155/4، رقم الحديث: 4259، وقال: ضعيف.

ثالثا: الإنفاق على مشاريع الخير العام (التحويلات الاجتماعية العامة)

يدخل هذا الجانب مـن الإنفاق تحـت بنـد مسـاهمة الأفـراد في مشاريـع الخيـر العامـة وتحقيق أهـداف المصلحـة الجماعيـة التي يعـود مردودها وفائدتها على سائر أفراد المجتمع.

ومن مجالات الإنفاق الممكنة التي يطرحها الغزالي في هذا الجانب بناء الجسـور والقنـاطر وتشييد دور الرعاية الصحيـة للمرضى والمراكـز التعليميـة كالمـدارس وبناء المسـاجد والرباطات، ويقاس عليه كل ما يمكن أن يخدم أغراض النفع العام[1].

ويستدل مـن ذلـك إمكان مسـاندة الأفـراد ومسـاهمتهم في مشاريـع البنيـة التحتيـة والمشروعات العامة التي تقوم بها الدولة إذ تنطلق هذه المساهمة من مسؤولية الفرد ومشاركته في الحياة الاقتصادية بروح الفريق الواحد، وحرصا منه عـلى تحقيـق الثـواب الأخـروي إضافـة إلى المنفعة الحاضرة في الدنيا والتي يصفها الغزالي بأنها "من الخيرات المؤبـدة بعـد المـوت المستجلبة بركة أدعية الصالحين إلى أوقات متمادية"[2].

ويؤكد في موضع آخر بأن الإنفاق في هذه الوجوه ينبغي أن لا يخالف مقصد الخير العـام والإخلاص فيه لأن مخالفة النية للعمل ولو كان العمل صالحا يذهب بقبول العمل، ويضيع فـرص الحصول على الثواب إذ أن المقصود هو المشاركة الحقيقية الفاعلة بعيدا عن حب الظهور وطلـب التمجيد والثناء[3].

وعلى هذا الأساس فإن مشاركة الأفراد في مشروعات المصـلحة العامـة يمكن أن تسـاعد في تخفيف العبء عن كاهل الدولة، وتعتبر رديفا مساندا في تحمل مسؤوليات التكافـل الاجتماعـي وذلك بشكل طوعي واختياري.

ويتميز تطبيق هذا المبدأ عن التطبيقات الرأسمالية القائمة على فرض الضرائب والاستيلاء على أموال الناس كمورد أساسي لخزينة الدولة حتى تـتمكن مـن تنفيـذ سياسـتها الماليـة لتغطيـة الأوجه المختلفة للإنفاق على المشاريع العامة.

---

(1) الإحياء، 251/3.

(2) المصدر نفسه ، نفس الصفحة .

(3) الكشف والتبيين، ص 61.

ومن جانب آخر يدعم تطبيق هذا المبدأ موقف الغزالي الرامي إلى الإقلال من الاستهلاك على السلع غير المعمرة وتعظيم العمل ليتمكن الفرد من القيام بواجباته نحو المجتمع خير قيام، بعكس تصورات النظام الرأسمالي الرامية لتعظيم الاستهلاك والتركيز على الإشباع الفردي دون مراعاة الجوانب الجماعية في سلوك المستهلك، علاوة على فلسفة هذا النظام المتضمنة لمبدأ تعظيم الراحة والفراغ وتفضيلها على العمل والإنتاج لأن الفرد في هذا النظام ينتهي دوره ومسؤوليته بمجرد اكتفائه ذاتيا وسد حاجاته الشخصية.

المطلب الثاني

جانب الادخار

يتفاوت مدلول الادخار عند الغزالي بين معنيين يختص كل منهما بحالة من التقييم والحكم من وجهة النظر الاقتصادية.

فأما المعنى الأول فيدل على أن الادخار لا يراد به إلا حفظ الأموال وتخزينها وحجزها عن عمليات التداول، ويفهم من هذا المعنى أن الادخار مقصود لذاته ولا غاية من القيام به إلا ترصد الحاجات الخاصة خوفا على فوات الفرص المنتظرة أو ضياعها.

وأما المعنى الثاني فيدل على أن الادخار غير مقصود لأغراض التخزين والحفظ ولو اتخذ طبيعة هذا الشكل، وإنما هو مقصود به للانتفاع والإنفاق على الغير وعلى مشروعات الخير العام. ويندرج تقييم الغزالي للمعنى الأول للادخار من خلال مناقشاته لبعض القيم العقدية وأهمها التوكل وذلك لأنه معنى التوكل يعارض في محتواه حرص الإنسان على ادخار حاجياته وتخزينها وطول أمله في البقاء، ومع ذلك فإن الغزالي يرى بوجه عام أن الادخار وفق هذه الصورة جائز ولو عارض مبدأ التوكل، فيقول: **"وحفظ المال وادخاره مع كونه مناقضا للتوكل لا نقول أنه منهي عنه"**[1] غير أنه يوضح في مواضع متعددة أن سلوك الفرد المتمثل بتوجيه دخله

---

(1) الإحياء، 58/2.

نحو الادخار وفق المعنى المقصود لذاته يتعدى حدود الاستخدام الرشيد والعقلاني للمال، والذي وجد أصلا للانتفاع به بدلا من إمساكه وحجزه عن إفادة الغير مثلما هو متحقق في عملية الإنفاق، ويبين "أن الإنفاق فيه الترياق، وفي الإمساك السم، ولو فتح للناس باب كسب المال ورغبوا فيه لمالوا إلى سم الإمساك ورغبوا عن ترياق الإنفاق، فلذلك قبحت الأموال، والمعني به تقبيح إمساكها"[1].

وبالإضافة إلى ذلك يوضح أن المدخر يتحمل تكاليف جديدة على ادخار الأموال، وأن هذه التكاليف إما أن تكون معنوية أو تكون مادية، فالمعنوية تتمثل بما "يقاسيه أرباب الأموال في الدنيا من الخوف والحزن والغم والهم والتعب في دفع الحساد وتجشم المصاعب في حفظ المال وكسبه"[2]، والمادية تتمثل بكون "المال لا يحفظ إلا بالخزائن والحراس، والخزائن والحراس لا يمكن تحصيلهما إلا بالمال وهو بذل الدراهم والدنانير"[3].

ونتيجة لذلك فإن الغزالي يعتبر الادخار من جهة كونه عملية مقصودة لتخزين الأموال عملا مذموما وآفة من الآفات ولو كان غير منهي عنه.

وفي المقابل فإن المعنى الثاني للادخار المتضمن توجيه الأموال عبر قنوات الإنفاق يكتسب أهمية اقتصادية تتبلور من خلال توسيع قاعدة الاستفادة من الأموال وتنميتها، وهو ما أشار إليه بان المال له تكلفة ذاتية أثناء تجميده وحجزه عن عمليات التداول مما يفيد من أهمية تصريف المال في الوجوه الإنفاقية المختلفة ومنها البر والإحسان، خاصة وعامة.

وقد بين الغزالي أن العملية المخططة للادخار، أي ادخار الأموال من أجل صرفها في مواقيتها وأحوالها المعتبرة، تعني أن الفرد يخرج عن ماله متجاوزا الحدود المقررة شرعا مثل الزكاة[4]، وهو منهج يعكس حالة متوازنة في التكافل الاجتماعي

(1) الإحياء، 12/4.

(2) المصدر نفسه، 252/3.

(3) المصدر نفسه، 278/3.

(4) الأربعين في أصول الدين، ص 28، الإحياء 253/1.

العام عن طريق تحريك الأموال بين أيدي المنتفعين والمحتاجين إليها مما يضمن قدرا أعلى من الارتقاء والنهوض بالحياة المعاشية وتحقيق فرص العيش الكريم.

وفيما يتعلق بسلوك الفرد الإنفاقي للأموال المدخرة في ضوء علاقته بمستوى الخروج من الأموال فإن الغزالي يطرح الحالة السابقة كمرتبة متوسطة بين مرتبتين، ويصف المرتبة الأولى بأنها مرتبة الأقوياء من أهل التوحيد الذين نزلوا عن جميع أموالهم وأنفقوا جميع ما ملكوا ولم يدخروا درهما ولا دينارا، أي أنهم خرجوا عن أموالهم كلية، ويلاحظ أن هذا المستوى يتعلق بمرتبة الخاصة حسب تقسيمات الغزالي لأصناف الخلق، ويقصد بهذه المرتبة طائفة الأنبياء ومن حذا حذوهم من الأولياء والصديقين إذ يجمع بينهم أنهم صرفوا أنفسهم عن الدنيا ولم تشغلهم زخارفها وانقطعوا للعبادة والتبليغ.

ويصف المرتبة الثانية بأنها مرتبة الضعفاء وهم الذي يمسكون أموالهم ولا ينفقون منها إلا القدر الواجب في الزكاة فلا يزيدون عليه ولا ينقصون، وهذا يفسر حالة العامة من الناس والسواد الأعظم منهم إذ يتحدد سلوك الغالبية على هذا الأساس بسبب بخلهم بالمال وميلهم إليه وضعف حبهم للآخرة[1].

ويتضح منهج الغزالي وموقفه من طبيعة السلع الاستهلاكية المدخرة بتفريقه بين السلع الاستهلاكية المعمرة والسلع الاستهلاكية غير المعمرة، ففي حين يذهب إلى اعتبار أن السلع غير المعمرة هي سلع متكررة الحدوث على مدار الأيام وأنها معنية بالصور السابقة، أي اختلاف مواقف الأفراد من ادخارها بين أقوياء وضعفاء ومتوسطين، فإنه يرى أن مفهوم السلع الاستهلاكية المعمرة لا يسمح بوجود مثل هذا التقسيم لأنها غير متكررة الحدوث وتقتضيها الحاجة باستمرار مما يعني تساوي الناس في ادخارها، ويعرض الغزالي هذا المعنى بقوله: **"فأما ادخار الكوز وأثاث البيت فذلك جائز، لأن سنة الله تعالى لم تجر بتكررها كتكرر الأرزاق، ويحتاج إليها في كل وقت، وليس كثوب الشتاء، فإنه لا يحتاج إليه في الصيف، وادخاره على خلاف التوكل"**[2].

---

(1) الأربعين في أصول الدين، ص 28، الإحياء، 253/1.

(2) الأربعين في أصول الدين، ص 188.

وعلى هذا فإن السلع المعمرة لا تدخل في نطاق المعنى المتضمن للادخار، لأن توفر هذه السلع يتصل بالحاجات الأساسية اللازمة لكل إنسان علاوة على أن منفعتها المرجوة متحققة من جهة الاستفادة منها وغير معطلة أو محجوزة عن الانتفاع.

المطلب الثالث

السمات العامة لجانب الإنفاق والادخار

تبرز بعض القضايا الهامة في فكر الغزالي في مجال الإنفاق والادخار، والتي تحدد الاتجاهات الرئيسة لسلوك الفرد وكيفية تصرفه بالدخل المتاح، ويمكن بيان أهم السمات المتعلقة بهذا الجانب، وهي:

أولا: أولوية الإنفاق

فقد تبين أن دخل الفرد يشمل كلا من الإنفاق والادخار، ويترتب على الفرد أن يتخذ قراره في أي من الخيارين وفق تقييمه للمردود الحاضر من عملية الاستهلاك أو الفرص المنتظرة من عملية الادخار.

وفي هذا الجانب يذكر الغزالي أن تفضيل المستهلك ينبغي أن يتعدى حدود الاستخدامات المنتظرة من عملية الادخار ليتوجه نحو الاستهلاك الشخصي المتضمن للحاجات والسلع الأساسية.

ويضيف إلى جانب ذلك أن ما يزيد عن حاجة الفرد من دخله المكتسب يجب أن يصرف للاستهلاك أيضا، ولكن في دائرة أوسع تشمل جميع الأفراد داخل المجتمع الإسلامي، وتتجاوز بعد ذلك إلى الإنفاق على الأغراض الجماعية ومشروعات الخير العام.

ومما شرحه الغزالي في هذا المجال مبينا أولوية الإنفاق على الادخار قوله: "ولا خلاف في تفرقة المال في المباحات فضلا عن الصدقات أفضل من إمساكه"[1]. ويؤكد هذه العبارة بقوله: "فأما المال الحاصل من الحلال فتفرقته أفضل من إمساكه بكل حال"[2].

---

(1) الإحياء، 346/3.

(2) المصدر نفسه، نفس الصفحة.

فالإنفاق أولى من الادخار مطلقا، وكذلك فإن الإنفاق العاجل أولى من الإنفاق الآجل والمتضمن للمدلول الثاني للادخار لأن المردود الاجتماعي والاقتصادي المتحقق في الإنفاق العاجل تعم فائدته في الحال بسبب سرعة تداوله وانتفاع الناس به.

ولا يخفى في هذا السياق أن مفهوم الادخار يختلف عند الغزالي عن مدلولات الاستثمار كما طرحته المدرسة الكينزية فيما بعد، والتي افترضت أن ادخار الأموال في البنوك يؤدي حتما إلى استثمارها لتحقيق فوائد عالية للمدخرين[1].

وفي نفس الوقت فإن قدرة الفرد المسلم على الإنفاق في ظل اعتبار الدخل مساويا لمجموع الإنفاق على الاستهلاك والادخار أعلى من قدرة الفرد على الإنفاق في ظل الفرضية الرأسمالية المتمثلة بتخصيص جزء مهم من دخل الفرد للإنفاق على الضرائب الحكومية[2]، وبذلك فإن موقف الغزالي من الإنفاق على الاستهلاك يبرر الاستفادة الكلية من الدخل المتاح على مستوى الفرد وعلى مستوى الجماعة، لأن تمرير جزء مهم من الدخل إلى الأشخاص العاجزين عن الكسب والعمل والإنتاج من شأنه أن يوفر لهم الخيارات والفرص الممكنة للعمل والإنتاج، ومنه تتضح رؤية الغزالي ومفهومه لهذه الأهداف التي يترجمها في قوله: **"فإذن ترياق المال أخذ القوت منه وصرف الباقي إلى الخيرات وما عدا ذلك سموم وآفات"**[3].

ثانيا: الاعتدال في الإنفاق

يطرح الغزالي مفهوم الاعتدال أو التوسط في الإنفاق كمنهج سلوكي يلزم الفرد المسلم ويلتزم به كنتيجة تابعة لتوجيه الإنفاق نحو الغايات والأسس التعبدية.

فيذكر أن **"من يقدم على الأكل ليستعين به على العلم والعمل ويقوى على التقوى فلا ينبغي أن يترك نفسه مهملا سدى، يسترسل في الأكل استرسال البهائم في المرعى"**[4].

---

(1)See :Gordon, Macro Economics, P38 .

(2) Ibid, , P40 .

(3) الإحياء، 252/3.

(4) المصدر نفسه، 3/2.

وفي موضع آخر يبين أن منهج الفرد الوسطي في الإنفاق على الاستهلاك من جهة كونه مقصدا إيمانيا يؤدي إلى التقوي على العبادة يعتمد ابتداء على فهم الفرد لطبيعة الشهوة الدافعة للاستهلاك أو الرغبة في تناول الأطعمة بأنها لم تتولد عند الإنسان إلا من أجل حفظ البدن ليبقى قادرا على القيام بواجباته التعبدية، إلى جانب اعتباره حالة من الاقتداء والتشبه برتبة الملائكة التي تمثل الطبقة العليا في العبادة وفعل الطاعات مما يسهم في كبح جماح الإنسان نحو الإنفاق الترفي ويحد في نفس الوقت من نهمه الاستهلاكي [1].

وبالإضافة إلى ذلك فإن الغزالي يوضح أن الاعتدال في الإنفاق يضمن للفرد عدم الوقوع في بعض المنهيات، مثل تضييق دائرة الاستهلاك (التقتير) و توسيع هذه الدائرة (التبذير)، ويبين أن كلا من هاتين الدائرتين يتصل بصفات مذمومة أخرى تتولد عن البخل والشح واللؤم والحرص والطمع وغير ذلك [2].

وفي هذا الجانب يركز على أن الإنفاق على الاستهلاك في إطار الحدود الوسطية من شأنه أن يهذب سلوك الأفراد حسب اتجاهات القناعة في الحياة المعيشية، وأنه مهما قنع الفرد في معيشته "فيمكن معه الإجمال في الطلب والاقتصاد في المعيشة وهو الأصل في القناعة" [3].

وحسب هذا المضمون فإن التوسط في الإنفاق والاعتدال والرفق فيه يؤدي إلى ضبط مستويات الطلب الاستهلاكي، ويصحح قرارات الإنفاق الفردية فوق حدود الكفاية، ويساعد في حفظ توازن السوق وحمايته من الاختلالات وتقلبات الأسعار.

وعلى الجملة فإن الغزالي يحدد الأصل العام للاعتدال الإنفاقي على الاستهلاك بأنه محصلة طبيعية متوازنة بين رغبات الفرد الجامحة نحو طلب غاية الشبع وبين سياسة الشرع الرامية إلى مدح غاية الجوع، وأنه بسبب ذلك "يكون الطبع باعثا والشرع مانعا فيتقاومان ويحصل الاعتدال" [4].

---

(1) ميزان العمل، ص 58، معارج القدس، ص 89.

(2) ميزان العمل، ص 66.

(3) الإحياء، 255/3.

(4) المصدر نفسه، 104/3.

ويعكس المستوى الوسطي مبدأ الاتجاه العام في الإنفاق عند غالبية الأفراد وذلك حسبما يذكر الغزالي أن يكون كـل فرد **"غير مائـل إلى الترفـه في المطعـم والمشرب والتنعم في الملبس والتجمل في الأثاث والمسكن بل يؤثر الاقتصاد في جميع ذلك"**[1]، فيقع هذا المستوى ضمن حـدود الحاجيات، أي دون مستوى التحسينيات وهو مستوى التنعم، وفوق مستوى الضروريات الـذي لا يقوى عليه إلا خاصة الخاصة من الناس.

ثالثا: التفاوت في مستويات الإنفاق

يصنف الغزالي مستويات الإنفاق الاستهلاكية إلى ثلاثة أصناف يعتمد كل منهـا عـلى حـال الشخص ورتبته بين الرتب الثلاثة أي رتبة العامة ورتبة الخاصة ورتبة خاصة الخاصة، وهي الرتب التي أفاض الحديث عنها مبينا وشارحا لكثير من المفاهيم والتحليلات الاقتصادية.

والإنفاق عـلى الاسـتهلاك في إطار هـذا التصـنيف يميز بـين الحاجـات الإنسـانية وكيفيـة إشباعها، ويضع ترتيبا خاصا للمستوى المطلوب من عملية الإشباع لكل حالة من الحـالات الثـلاث، وبعبارة أخرى فإنه لم يتعامل مع الحاجة الإنسانية كوحدة واحدة وإنما يضع حـدودا وتقسيمات اعتبارية للمعنى المراد من إطلاق الحاجة لكل مستوى من المستويات الثلاثة.

وقد تعرض الغزالي إلى بيان هذا المعنى في مواضع كثيرة فبين أن إنفاق الفرد لتلبية رغباتـه الشخصية يدخل في مستوى الضرورة ومستوى الحاجة (الكفاية) ومستوى التنعم، وأن الوصول إلى حد الإشباع اللازم لكل مستوى يتضمن أنواعا ومقادير مختلفة مـن السـلع المعمـرة مثل المسـكن وأثاث البيع وما شابه ذلك، وهي أشد تباينا واختلافا في مجال السلع غير المعمرة وبالأخص الإنفاق على استهلاك الأطعمة، حتى ذهب إلى أن هذا الجزء من الاستهلاك يمثل **"الأصل العظيم إذ المعدة**

---

(1) الإحياء ، 81/1.

مفتاح الخيرات والشرور"[1]، ثم تعرض إلى أدنى مستويات الإنفاق على هذا الجانب، فقال: **"ولهذا أيضا ثلاث مراتب أدناها قدر الضـرورة وهـو مـا يسـد الرمـق ويبقـى معـه البـدن وقـوة العبادة فإن لم يقدر عليه فالدرجة الوسطى وهي في ثلث البطن"**[2]، فالإنفاق على هـذا الوجـه يتضمن ترتيبا هرميا يحدد الدرجات النسبية للحاجات اللازمة للأفراد، ويعكس في ضوء ذلك قدرا من التفاوت في الإنفاق على عمليات الاستهلاك.

ولما كان جانب الادخار يمثل الصورة المقابلة للإنفاق على الاستهلاك لأن دخل الفرد يساوي حاصلهما فإن الادخار أيضا يشمل الحديث عن المستويات الثلاثة، وفي هذا الجانب يعرض الغزالي بصفة عامة موقف الأفراد من عملية الادخار حسب هذه المستويات، فيوضح أن ادخار خصوص الخصوص لا يتجاوز كفايـة يـوم وليلـة وأن ادخار الخصـوص لا يتجـاوز أربعين يومـا وأن ادخار الصالحين لا يتجاوز كفاية سنة وهي أقصى مراتب وحدود التوكل، وما بعدها أي الادخار لأكثر من سنة فإن الفرد يدخل في غمار العموم الذي يسقط فيه اعتبار التوكل لأن الأسباب تتكرر عند تكرر السنين[3]، ولكن إذا كان الشخص معيلا فإن مسؤوليته اتجاه القيام بواجبات الإعالة الأسرية تجعل موقفه مختلفا بحيث لا ينتهي دوره عند ادخار قوت يوم وليلة أو أربعين يوما ولكن له أن يـدخر لعياله لمدة سنة وهو الأصل، جبرا لضعفهم وتسكينا لقلوبهم مع تحصيله لدرجة كبيرة مـن الأجـر والثواب[4].

رابعا: تعظيم الجوع

ومن خلال المعطيات والاعتبارات السـابقة المحـددة لشـكل وطبيعـة الإنفـاق والتـي تـبرر أولوية الإنفاق والاعتدال فيه وإمكان التفاوت في مستوياته حسب الحاجات

---

(1) ميزان العمل، ص 117.

(2) المصدر نفسه، ص 117-118.

(3) الإحياء 219/4، 293/4- 294.

(4) المصدر نفسه، 294/4.

النسبية القابلة للإشباع، فإنه يمكن الوقوف على حقيقة تصور الغزالي ونظرته الاقتصادية في مجال الاستهلاك والتي ترمي ببعدها الديني إلى تحرير الإنسان من سيطرة أشكال الحياة المادية من أجل الوصول إلى أعلى درجات ومراتب العبودية الخالصة لله تعالى.

وعلى أساس هذا الاعتبار فإن الغزالي يتناول مفهوم الاستهلاك بوصفه عملية اقتصادية يتوصل بها إلى تحقيق الغايات وليست هي الغاية بحد ذاتها، فكلما اتجه سلوك الفرد نحو تضييق دائرة الإنفاق على الاستهلاك ولا سيما الإنفاق على السلع غير المعمرة وأهمها ما يقتاته من الطعام، فإنه يترقى للوصول إلى الغاية الحقيقية من وجوده وهي غاية العبودية، ويعني ذلك من وجهة نظر الغزالي أن تعظيم الجوع هو الأصل وأن توجيه الهدف نحو تعظيم الاستهلاك هو خلاف للأولى.

ويؤكد الغزالي مبدأ تعظيم الجوع من جهة كونه عملية استهلاكية لا تقصد لذاتها ولا يعتد بها كوظيفة اقتصادية تحدد سلوك الفرد نحو تعظيم الإشباع، فيشير إلى "أن مقصود الأكل بقاء الحياة وقوة العبادة، وثقل المعدة يمنع من العبادة، وألم الجوع يشغل القلب ويمنع منها، فالمقصود أن يأكل أكلا لا يبقى المأكول فيه أثر ليكون متشبها بالملائكة، فإنهم مقدسون عن ثقل الطعام وألم الجوع، وغاية الإنسان الاقتداء بهم، وإذا لم يكن للإنسان خلاص من الشبع والجوع فأبعد الأحوال عن الطرفين الوسط وهو الاعتدال"[1].

غير أن الغزالي يعرض في موضع آخر بعض الفوائد الكامنة وراء تعظيم الجوع، فيوضح موقفه بشكل صريح من ضرورة الأخذ بهذا المبدأ بإقراره لهذه الفوائد التي يعزيها إلى أصول سبعة فيقول:

"لعلك تشتهي أن تعلم السر في تعظيم الجوع ومناسبته لطريق الآخرة فاعلم أن له فوائد كثيرة، ولكن يرجع أصولها إلى سبع:

إحداها: صفاء القلب ونفاذ البصيرة، فإن الشبع يورث البلادة ويعمي القلب.

---

(1) الإحياء، 104/3.

<u>الثانية</u> : رقة القلب، حتى يدرك به لذة المناجاة ، ويتأثر بالذكر والعبادة.

<u>الثالثة</u> : ذل النفس وزوال البطر والطغيان منها، فلا تكسر النفس لشيء كالجوع.

<u>الرابعة</u>: أن البلاء من أبواب الجنة، لأن فيه مشاهدة طعم العذاب، ولا يقدر الإنسان على أن يعذب نفسه بشيء كالجوع.

<u>الخامسة</u>: وهي من كبار الفوائد كسر شهوات المعاصي، وكسر سائر الشهوات التي هـي منابع المعاصي.

<u>السادسة</u>: خفة البـدن للتهجد والعبـادة وزوال النـوم المـانع مـن العبـادة فـإن رأسمال السعادة العمر، والنوم ينقص العمر إذ يمنع من العبادة وأصله كثرة الأكل.

<u>السابعة</u>: خفة المؤنة وإمكان القناعة بقليل من الدنيا"[1].

فيظهر من هذا النص طرح الغزالي الواضح والمحدد لسلوك المستهلك ضمن هدف تعظيم الجوع- كما هو واضح من الشكل المجاور- الذي يحدد سلوك المستهلك وعلاقته بدرجة الـرضى أو المنفعة (درجة الثواب)، ويظهر أن درجة الثواب تصل إلى أقصى نقطة عند حـد الضرورة النقطـة (أ)، ومع زيادة الاستهلاك تبدأ درجة الثواب بالتناقص عند النقطة (ب) وحتى النقطة (جـ)، وبعد النقطة (جـ) تعكس الزيادة في الاستهلاك زيادة مطردة في درجة العقاب لأن منطقـة الاستهلاك تدخل في معنى الإسراف والتبذير مما يحرمه الشرع، وبشكل عام فإن السـلوك الاستهلاكي يـرتبط بمبدأ تعظيم الجوع الذي يفسر زيادة حقيقية في درجة الثواب كلما تنـاقص الاستهلاك، وزيادة مطردة في درجة العقاب إذا تجاوزت الزيادة في الاستهلاك حدود منطقة التنعم أي الحدود المؤدية إلى منطقة الإسراف المحرمة، فيصور من خلال هذا الطرح طبيعة القاعدة التي يرتكز عليها سـلوك المستهلك وهي القاعدة العقدية والتصور الإيماني المطلق الذي يعنى بتهـذيب الجانب الأخلاقـي إضافة إلى المفاهيم الأخرى المطروحة في جانب الإنفاق والتي تسهم في ترسيخ علاقة الفـرد مـع خالقه

---

(1) الأربعين في أصول الدين، ص 79-81.

من جهة وعلاقته مع المجتمع من حوله من جهة أخرى، وهو ما تؤكده مشاركة الفرد على طريق تخصيص جزء من الدخل لأغراض لتحويلات الاجتماعية الخاصة والعامة.

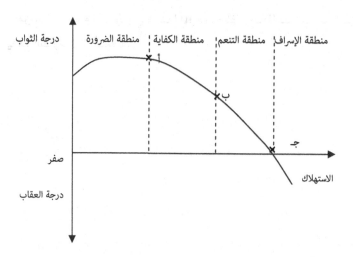

ويلاحظ مدى الاختلاف الفاصل بين ما يعرضه الغزالي من تحليلات واجتهادات حول المنفعة والإشباع المتحقق من الإنفاق على الاستهلاك وبين الطروحات الرأسمالية في هذا المجال.

ففي حين أن رؤية الغزالي لأهمية المنفعة لا يتعدى اعتبارها وسيلة من الوسائل المقصودة في ممارسة النشاط الاقتصادي من أجل تحقيق القدر الأدنى من ضروريات الحياة في حدود ما يضمن ارتقاء الإنسان وتحريره من أوهاق الحياة المادية ليعيش متجردا في تصوره وفهمه لأبعاد الحياة الدنيوية وحقيقة منزلتها من الحياة الأخروية، فإن النظرة الرأسمالية لأهمية المنفعة تتعدى إلى اعتبارها الغاية الأساسية لسلوك المستهلك الذي يسعى دوما إلى تعظيم المنفعة (Utility Maximization) ، والذي يجتهد في تخصيص جزء من دخله للحصول على أكبر قدر ممكن من الإشباع بين البدائل الاستهلاكية المتاحة.

وبعبارة أخرى، فإن تحليلات النظرية الرأسمالية في مجال المنفعة المشتقة من عملية الاستهلاك مثل تحليلات المنفعة الحدية أو تحليلات منحنيات السواء تصب

جميعها في اتجاه مبدأ تعظيم المنفعة وكيفية توازن المستهلك عند نقاط محـددة للإشـباع في ضوء الدخل المتاح[1]، وفي نفس الوقت تربط مقياس الرشد الاقتصادي بمدى تحقيـق المسـتهلك لغرضه من الإشباع.

ومن هنا فإن طروحات الغزالي في هذا المجال تختلف اختلافا كليـا بـل تتنـاقض في أصـولها ومبادئها مع الطروحات الرأسمالية.

(1)See Michael Bradley, Micro Economics , second Edition U.S.A Scott Fores man and company, P.100 - 101 .

المبحث الثاني

مفهوم الإنتاج وعناصره وقطاعاته

تناول الغزالي موضوع الإنتاج بشكل عام من خلال مناقشاته لضرورة الاجتماع الإنساني وتطورات الحياة البشرية المتلاحقة، وكيف ابتدأت من طلب الإنسان للموارد الاقتصادية المتاحة ولا سيما مورد الأرض، وما يتضمنه من ثروات وخيرات، إلى أن انتهى الإنسان من استغلال هذه الموارد وتهيئة الفرص الإنتاجية اللازمة للاستفادة من منافعها.

وقد جاء هذا المبحث مبينا في ضوء هذه الاعتبارات لأهم المسائل المتعلقة بمجال الإنتاج، وذلك في ستة مطالب هي:

المطلب الأول: مفهوم الإنتاج

المطلب الثاني: أهمية الإنتاج

المطلب الثالث: عناصر الإنتاج

المطلب الرابع: قطاعات الإنتاج

المطلب الخامس: التخصص والتقسيم الفني للإنتاج

المطلب السادس: تقسيم العمل بين الغزالي وآدم سميث

المطلب الأول

مفهوم الإنتاج

دأبت الدراسات الاقتصادية المعاصرة حين الحديث عن مفهوم الإنتاج ومضمونه على الإشارة إلى البدايات التي طرحتها المدرسة الطبيعية حول التفريق بين العمل المنتج والعمل غير المنتج، فقد نظر رواد هذه المدرسة إلى مفهوم الإنتاج على أنه خلق للمادة، أي أنه عملية استحداث للمادة المنتجة بعد أن كانت عدما ليس لها وجود أصلا، ولذلك اعتبروا أن قطاع الزراعة هو القطاع الوحيد الذي

يقوم بدور العمل المنتج لأن الأرض حسب رأيهم تعطي الكثير من الطيبات من بذور قليلة بينما قطاع التجارة والخدمات مثلا لا يقوم بمثل هذا الدور ولذا فهو عمل غير منتج[1].

ولكن مع التطور الذي واكبه تاريخ الفكر الاقتصادي الحديث فإن مفهوم الإنتاج أخذ منحى آخر في دلالته ومضمونه، فأصبح يرمز إلى "خلق المنفعة" حسب التعبيرات الرأسمالية أو إضافة منفعة جديدة، ولا يعني بالمفهوم السائد قديما والمتضمن لعملية خلق المادة واستحداثها.

ومن هذا المنطلق، فإن الاقتصاديين المعاصرين يطلقون مصطلح الإنتاج على خمسة عمليات أساسية هي[2]:

أولا: العمليات المستخدمة لإيجاد "المنفعة الشكلية" والتي تتضمن تغيير شكل المادة عن طريق خلق المنفعة أو إضافة منفعة جديدة.

ثانيا: العمليات المستخدمة لإيجاد "المنفعة المكانية" والتي تتضمن نقل المنفعة من مكان إلى آخر للحصول على مستويات أعلى من الإشباع.

ثالثا: العمليات المستخدمة لإيجاد "المنفعة الزمنية" والتي تتضمن إضافة المنفعة للسلعة عن طريق حجزها والمحافظة عليها من الضياع كما في عمليات التخزين.

رابعا: العمليات المستخدمة لإيجاد "المنفعة المكانية" والتي تتضمن إضافة المنفعة عن طريق تبادل السلع بين الأفراد.

خامسا: العمليات المستخدمة لإيجاد "منفعة الخدمة" والتي تتضمن إضافة المنفعة في صورة خدمات مثل الأعمال المنتجة في قطاع السياحة والنقل وما شابه ذلك، وفي مقابل هذه المعطيات، فإن الغزالي يناقش مفهوم الإنتاج وفق دلالة أكثر دقة وأوسع شمولا، فهو يعبر عن عملية الإنتاج بلفظ "الإصلاح" ويفهم من مراده في إطلاق هذه العبارة ما يبذل من جهد بشري لإيجاد منفعة في الشيء ليكون صالحا للإشباع.

ومن عباراته الدالة على هذا المعنى ما يوضحه من عملية "إصلاح" رأس

---

(1) اسماعيل هاشم، الاقتصاد التحليلي، ص 193.

(2) المصدر نفسه، ص 194.

المال الإنتاجي مـن الآلات والأدوات الإنتاجيـة اللازمـة لمباشـرة أنـواع الحـرف والصـناعات فيقول: "وانظر إلى أعمال الصناع في إصلاح آلات الحراثة والطحن والخبز مـن نجار، وحـداد وغيرهما"[1]، ويقول أيضا في نفس السياق: "فالخباز يخبز العجين والطحان يصلح الحـب بـالطحن والحراث يصلحه بالحصاد، والحداد يصلح آلات الحراثة والنجار يصلح آلات الحداد"[2].

وفي نفس الوقت فإنه يستعرض كثيرا من الأمثلة التطبيقية على السلع المعمرة والسلع غير المعمرة التي مرت بعمليات إنتاجية متتابعة إلى أن أصبحت في مرحلتها النهائية قابلة للإشباع، ومما ذكره في مجال السلع غير المعمرة قوله في إنتاج رغيف الخبز: "فإن علمت أن رغيفا واحدا لا يستدير بحيث لا يصلح لأكلك يا مسكين ما لم يعمل عليه أكثر من ألف صانع"[3]. وفي موضع آخر يوضح المراحل الإنتاجية المتتابعة لاستصلاح الرغيف حتى تحول إلى منفعة نهائية قابلة للاستهلاك، فيذكر أنه "قد تعاون على إصلاحها خلق لا يحصى عددهم، مـن مصلح الأرض وزارعها وسـاقيها وحاصدها ومنقيها وطاحنها وعاجنها وخابزها إلى غير ذلك"[4].

وأما ما ذكره في مجال السلع المعمرة فإنه يشير إلى إصلاح الإبرة وإصلاح المنجل وإصلاح المقراض[5]، إلى جانب إصلاح الآلات اللازمة للحداد والنجار وغيرهما.

وواضح من هذه الشـواهد والأدلـة مـدى إدراك الغـزالي وفهمـه الواسـع لـدلالات الإنتـاج ومضامينه التي عبر عنها بمفهوم "الإصلاح" بدلا من خلـق المـادة أو استحداثها، وفي هـذا الجانـب تبرز بعض المفاهيم والأفكار الهامة التي من شأنها أن تحدد شكلا مـن المفارقـات الموضوعية بـين المعالجة الراقية التي تناولها الغزالي في هذا الباب، وبين التفسير الرأسمالي، وأهـم هـذه المفارقـات هي:

---

(1) الإحياء، 124/4.

(2) المصدر نفسه، 125/4.

(3) المصدر نفسه، 124/4.

(4) المقصد الأسنى، ص 102.

(5) الإحياء، 124/4.

أولا: إن إطلاق مصطلح "الإصلاح" على عملية إنتاج السلع يدل على أن المادة موجودة أصلا، وليس للفرد أية علاقة في إيجادها أو خلقها، وأن دوره ينحصر في إعادة تشكيلها في أغراض محددة، وهذا يبرر رفض الغزالي الضمني لأفكار المدرسة الطبيعية التي نسبت عملية الخلق والإيجاد للجهد المبذول من قبل الأفراد.

وقد سبق وأن بين الغزالي أن عملية الخلق والإيجاد لا يجوز أن تنسب بحال الا لمن أوجدها ابتداء بعد أن كانت عدما، وهذه الصفة تختص بأفعال الله تعالى لأنه أوجد الإنسان، وأوجد معه كل شيء يصلح للحياة، وقد ذهب الغزالي إلى أبعد من هذا فأوضح أنه لا يجوز أيضا ادعاء نسبة خلق المنفعة للإنسان علاوة على خلق المادة لأن عملية الخلق بشكل عام لا تتناسب مع قدرات البشر على الإيجاد والتصوير.

ويفهم من هذا الاستنتاج أن الغزالي يطرح مفهوما دقيقا وتصويبا سليما للاستخدام الخاطىء لفكرة الإنتاج التي تطلق على خلق المنفعة كما تشرحها المفاهيم والأفكار الاقتصادية المعاصرة، لأن معنى "الإصلاح" يفيد في ضوء هذا التبرير مفهوما حيا يدل على إضافة منفعة جديدة أو زيادة المنفعة الأصلية للسلع المنتجة.

ثانيا: يدل مفهوم "الإصلاح" على المضمون الإيجابي للمنفعة المقصودة من عملية الإنتاج، لأن "الإصلاح" نقيض "الإفساد"[1] وهذه الصورة لا تحتمل وجها ثالثا، مما يقيد اتجاهات الطلب على المنفعة في باب الطيبات التي تدر نفعا وخيرا وإشباعا فعليا يعكس فكرة "الإصلاح" إضافة إلى عدم إمكانية إنتاج السلع الضارة، أي السلع المشتملة على منفعة سلبية تدخل في باب الخبائث أو المنهيات، سواء أكانت تنتمي هذه السلع إلى أصناف السلع المعمرة أم إلى أصناف السلع غير المعمرة.

وتبرز من خلال هذه الرؤية المحددة لمضمون السلع المنتجة المفارقة الثانية بين مراد الغزالي من إطلاق لفظ "الإصلاح" وبين المفهوم الرأسمالي للمعنى المراد من دلالة المنفعة على إطلاقها، ففي حين أن "الإصلاح" ينحصر في إنتاج الطيبات وبالتالي تهيئة الفرص المناسبة للحصول على المنافع الإيجابية غير الضارة فإن إطلاق المنفعة في المفهوم الغربي لم يرتق إلى هذا التفصيل بين ما هو مضر وما هو نافع،

---

(1) لسان العرب، باب الحاء فصل الصاد، 517/2.

وإنما تدور فكرته حول تعظيم المنفعة للوصول إلى أقصى درجة ممكنة من الإشباع بين البدائل المتاحة من السلع والخدمات[1].

ويعتبر سلوك المستهلك في هذه الحالة سلوكا رشيدا حسب مفهوم النظرية الرأسمالية ولو تضمن تحقيق أقصى قدر من الإشباع الضار والمنفعة غير الإيجابية أو الصالحة.

ثالثا: ويقود هذا التحليل المتضمن لفكرة "الإصلاح" إلى إبراز حقيقة الدور الاجتماعي لعملية الإنتاج وذلك على مستوى المنتج وعلى مستوى المستهلك على السواء، فالمنتج لا يستطيع إلا إنتاج السلع الطيبة لان إنتاج السلع غير الطيبة لا يدخل في نطاق "الاستصلاح" إضافة إلى أن اتجاهات الطلب الاستهلاكي وقرارات المستهلك المفروضة من جهة السيادة على قرارات المنتج هي محددة أيضا في نطاق الأذواق الاستهلاكية المقبولة شرعا مما يعني عدم وجود رغبات ودوافع استهلاكية لدى المستهلك للحصول على منافع سلبية محرمة أصلا.

وعلى هذا فإن المنتج هو أيضا "مصلح" لأنه يقوم بدور اجتماعي مهم لا يقل عن أي عمل إصلاحي آخر تقوم به أية شريحة اجتماعية، وذلك أن دوره لا ينتهي عند تحقيق مستويات معينة من الأرباح، وإنما تنطلق مسؤوليته ودوره من واقع علاقته العضوية بالمجتمع وتكالفه مع جميع القطاعات الموجودة فيه، ويعرض الغزالي هذه الصورة بشكل دقيق يوضح فيه أن لكل فرد أو قطاع دور خاص في تحقيق شكل معين من الإصلاح داخل المجتمع وفق تسلسل وتوزيع الترتيبات الاجتماعية السائدة، فيقول: "**وكذا أرباب الصناعات المصلحين لآلات الأطعمة، والسلطان يصلح الصناع، والأنبياء يصلحون العلماء الذين هم ورثتهم، والعلماء يصلحون السلاطين والملائكة يصلحون الأنبياء**"[2].

ومن هنا فإن الغزالي ومع إدراكه لهدف المنتج في طلب الأرباح التي يوضح أنها ترتبط به من خلال علاقتين إحداهما من جهة القلب أي ميله ورغبته في

---

(1)See: Mechael Bradly, Micro Economics, P43.

(2) الإحياء، 125/4.

الحصول على أكبر قدر ممكن منها، والأخرى من جهة البدن أي اشتغاله بإصلاح الموارد[1]، فإنه يقدم مفهوما راقيا لما ينبغي أن يكون عليه مضمون وفكرة العمل الإنتاجي إذ أشار إليه في جميع المواضيع بلفظ "الإصلاح" ليدل دلالة واضحة على مدى مساهمة الفرد ومشاركته في بناء الحياة الاجتماعية على أسس أخلاقية وإيمانية كافية لتحريره من سيطرة النزعة المادية المجردة وقادرة على تهذيب مقاصده وأهدافه المرجوة في عمليات الإنتاج.

المطلب الثاني
أهمية الإنتاج

يتناول الغزالي أهمية الإنتاج من حيث علاقته بتوفير الضمانات الأساسية للحياة المعاشية، وبخاصة حاجة الإنسان الملحة إلى القوت والملبس والمسكن بوصفها مقومات ضرورية لازمة لبناء الحياة واستمراريتها بشكل سليم.

ولذلك فإن أهمية الإنتاج تظهر بوضوح من خلال دعم أسباب البقاء لوجود الحياة الإنسانية وحفظها من الزوال والهلاك وذلك بضمان الحاجات الأساسية الثلاث، وقد أوضح الغزالي بأن ضمان هذه الحاجات وتوفيرها لحياة الإنسان يتصل اتصالا وثيقا بعملية الإنتاج لأنه لم تتهيأ فرص الانتفاع والاستفادة منها إلا بعد شغل الإنسان في طلب الموارد "واستصلاحها" فيقول: **"وسبب كثرة الأشغال هو أن الإنسان مضطر إلى ثلاث: القوت والمسكن والملبس، فالقوت: للغذاء والبقاء، والملبس: لدفع الحر والبرد، والمسكن لدفع الحر والبرد ، ولدفع أسباب الهلاك عن الأهل والمال ، ولم يخلق الله القوت والمسكن والملبس مصلحا بحيث يستغنى عن صنعة الإنسان فيه"**[2].

ونتيجة لذلك فإن القيام بالعمل الإنتاجي لتلبية الحاجات الضرورية يعد مطلبا أساسيا ومهما يلزم مجموع أفراد الأمة بعدم التقصير فيه لأنه يرتقي إلى

---

(1) الأربعين في أصول الدين، ص 109، الإحياء، 239/3.

(2) الإحياء، 239/3.

مستوى فروض الكفايات الواجبة على الأمة كلها مما يجر الآثام على جميع الأفراد إذا لم يوجد من يقوم به ويسد الحاجة المترتبة عليه.

وقد أبرز الغزالي هذه الدرجة العالية من الأهمية لقطاع الإنتاج وقرنها من حيث دورها في صيانة الحياة بقطاعات أخرى أكثر تعلقا بالمحافظة على حياة الإنسان مثل قطاع الصحة ممثلا في ممارسة الطب، ومنه قوله: "فلا يتعجب من قولنا إن الطب والحساب من فروض الكفايات فإن أصول الصناعات أيضا من فروض الكفايات كالفلاحة والحياكة والسياسة بل الحجامة والخياطة، فإنه لو خلا البلد من الحجام تسارع الهلاك اليهم وحرجوا بتعريضهم أنفسهم للهلاك"[1].

وللغزالي في هذا المجال آراء وعبارات وافية تشير إلى أهمية الإنتاج في صيانة الحياة مما يعزز من مكانته وضرورة القيام به كفرض من فروض الكفايات والتي من شأنها أن تعكس مقياسا اعتباريا لتوزيع المهام والوظائف المتفاوتة بين الأفراد حتى تنتظم شؤون الحياة وتصلح عمارتها، ومن أهم العبارات التي طرحها في هذا المجال:

- قوله: "فانظر الآن لو خلا بلدك عن الطحان مثلا، أو عن الحداد، أو عن الحجام الذي هو أخس الأعمال أو عن الحائك أو عند واحد من جملة الصناع ماذا يصيبك من الأذى وكيف تضطرب عليك أمورك كلها"[2].

- وقوله: " فإن الصناعات والتجارات لو تركت بطلت المعايش وهلك أكثر الخلق، فانتظام أمر الكل بتعاون الكل وتكفل كل فريق بعمل ولو أقبل كلهم على صنعة واحدة لتعطلت البواقي وهلكوا"[3].

- وقوله: "فلو كلف الناس كلهم أن يتقوا الله حق تقاته لتركوا المعايش ورفضوا الدنيا بالكلية ثم يؤدي ذلك إلى بطلان التقوى بالكلية، فإنه مهما فسدت المعايش لم يتفرغ أحد للتقوى، بل شغل الحياكة والحراثة والخبز يستغرق جميع

---

(1) الإحياء، 27/1.

(2) المصدر نفسه، 124/4.

(3) المصدر نفسه، 94/.

- 335 -

العمر من كل واحد فيما يحتاج إليه"[1].

- وقوله: "**إذ لو اشتغل أهل البلد بالحرب مع الأعداء مثلا تعطلت الصناعات ولو اشتغل أهل الحرب والسلاح بالصناعات لطلب القوت تعطلت البلاد عن الحراس واستضر الناس**"[2].

وواضح من هذه الشواهد أن الأهمية المترتبة على مباشرة الأعمال الإنتاجية هي أهمية نسبية تتفاوت في درجاتها ومستوياتها حسب طبيعة الأعمال المنتجة، وقد تكون هذه الأعمال أصولا للصناعات أو مهيئة لها أو متممة لها، والأعمال الممثلة لأصول الصناعات وهي الزراعة والحياكة والبناية والسياسة أهم من الأعمال الأخرى المهيئة أو المتممة لها مثل عملية الخبز للزراعة أو الخياطة للحياكة وما شابه ذلك، وهذا يعود لعموم النفع المترتب على كل منها.

وعلى المستوى القطاعي فإن الأصول تتفاوت أيضا في أهميتها وذلك حسب مساهمتها في تلبية الحاجات الأساسية اللازمة للأفراد وسبب هذا التفاوت أن الحاجات الأساسية تعكس مستويات نسبية في درجة إلحاحها ومدى الرغبة في الحصول عليها، وفي هذا الجانب بين الغزالي "**ان القوت ضروري وأمر المسكن والملبس أهون**"[3].

ووجه الدلالة في ذلك أن الضرورة النسبية بين حاجة الإنسان إلى القوت وبين حاجته إلى المسكن والملبس تبرز أهمية العمل الإنتاجي في قطاع الزراعة أكثر من أهميته في القطاعات الأخرى مما يترتب عليه توجيه الموارد المتاحة للعمل في قطاع الزراعة بوصفه أكثر الحاحا لإنتاج القوت ضمن القدر الذي يسد حاجة الإنسان.

ويفهم من هذا السياق أن أهمية الإنتاج وأولويته في قطاعات محددة لا يؤخذ على إطلاقه لأن المقصود هو سد الحاجات حسب درجة إلحاحها، فلا يتصور أن يتركز

---

(1) الإحياء ، 12/4.

(2) المصدر نفسه ، 241/3.

(3) المصدر نفسه ، 239/3.

الإنتاج على توجيه الموارد نحو قطاع الزراعة بعد تحقيق القدر اللازم مـن الغـذاء في حـين تترك مساهمة الأفراد في القطاعات الأخرى دون الاهتمام بها مع أنها تنزل منزلة الفروض الكفائيـة الهامة، وفي بيان هذه الحقيقة يؤكد الغزالي في عبارته: **"فليشتغل بصناعة مهمـة ليكـون في قيامـه بها كافيا عن المسلمين مهما في الدين"**[1].

وفي هذا الجانب أوضح أن أهمية الحصول على المادة المنتجة تعود ابتداء إلى طبيعة المنفعة ومدى مساهمتها النسبية في تحقيق الإشباع، وهذا يفسر أن الحصول على القوت ليس أفضل مطلقا، وأن توجيه الموارد للعمل في قطاع الزراعة ليس كذلك أفضل على إطلاقه، وقد جاء نص الغزالي صريحا في تحديد هذا المعنى، فقال: **"إذ لو قال لنا قائل: الخبز أفضل أم الماء؟ لم يكن فيه جواب حق إلا أن الخبز للجائع أفضل والماء للعطشان أفضل، فإن اجتمعا فلينظر إلى الأغلب، فإن كان العطش هو الأغلب فالماء أفضل، وإن كان الجوع أغلب فالخبز أفضل، فإن تساويا فهما متساويان"**[2].

ونتيجة لذلك فإن أهمية الإنتاج تبدو أكثر وضوحا في فهم الغزالي مـن خـلال التركيـز علـى توفير الضمانات الأساسية اللازمة لاستمرارية الحياة ، والتي يترتب عليها ضبط استخدامات المـوارد وتهيئتها لفرص إنتاجية أكثر نفعا في حياة الإنسان، وهذا يتأتى عن طريق مباشرة العمل الإنتاجي في القطاعات الاقتصادية الرئيسة التي يطلق عليها "أصول الصناعات" ، والتي تغطي إلى حـد كبـير حاجات الإنسان الأساسية من السلع المعمرة والسلع غير المعمرة.

المطلب الثالث

عناصر الإنتاج

تتشكل عناصر الإنتاج مـن مجموعـة المـدخلات الاقتصادية اللازمة لمباشرة العمليـات الإنتاجية، والتي لا تتجاوز في مجموعها ثلاثة عناصر رئيسة هـي: عنصر ـ الأرض وعنصر ـ العمـل، وعنصر رأس المال.

---

(1) الإحياء، 144/4.

(2) المصدر نفسه، نفس الصفحة.

وبطبيعة الحال فإن الغزالي لم يصرح بهذه العناصر بشكل مباشر على أنها العوامل المحددة للعمل الإنتاجي، وأيضا لم يسمها بمصطلحاتها ومسمياتها كما هو سائد في الدراسات الاقتصادية المعاصرة.

إلا أنه يلاحظ إدراك الغزالي لطبيعة وجود العناصر الإنتاجية وإحاطته بهذا المعنى من خلال مناقشاته لعملية الإنتاج بوجه عام والتي أطلق عليها مصطلح "الإصلاح" للدلالة على استصلاح الموارد والسلع المنتجة لتكون قابلة للإشباع وانتفاع الناس بها.

وفي هذا الإطار، يحدد أن غرض الإنسان من الحصول على منافع مخصوصة لا يتعدى حدود الاستجابة للدوافع الفطرية وما يلحق بها من رغبات وشهوات إنسانية، ويبين أن هذه المسألة مطروحة على وجه العموم في الآية الكريمة : ﴿ **زين للناس حب الشهوات من النساء والبنين والقناطير المقنطرة من الذهب والفضة والخيل المسومة والأنعام والحرث** ﴾ [1].

فهذا النص حسب تعبير الغزالي يدل على طبيعة الموارد المتاحة التي يمكن للإنسان الاستفادة منها في حياته المعيشية، وأنها جاءت في سياق الحديث عن الشهوات الدنيوية المحدودة الناضبة، وهي العنصر البشري، وإليه الإشارة بقوله تعالى: من النساء والبنين، والموارد الطبيعية من الجواهر والمعادن وكل ما يمكن أن يدخل في باب القياس من خيرات الأرض الظاهرة والباطنة، وإليه الإشارة بقوله تعالى: والقناطير المقنطرة من الذهب والفضة، والثروات الحيوانية مثل الخيل والبهائم وسائر الحيوانات، وإليه الإشارة بقوله تعالى: والخيل المسومة والأنعام، والثروات الزراعية المتمثلة في شتى أنواع الزروع والنباتات والثمار، وإليه الإشارة بقوله تعالى: والحرث [2].

فهذه الموارد، حسب هذا الاتجاه من التفسير، تشكل مجتمعة حقيقة أعيان الدنيا وأصولها، والتي يمكن بها الحصول على منافع كثيرة يحتاجها الإنسان في حياته

---

(1) سورة آل عمران، من الآية 14.

(2) الإحياء، 238/3.

المعيشية، ويؤكد الغزالي حقيقة ما ذهب إليه بقوله: "أما الأعيان الموجودة التي الـدنيا عبارة عنها فهي الأرض وما عليها، ويجمع ما على الأرض ثلاثة أقسام: المعادن والنبات والحيوان، أما النبات: فيطلبه الآدمي للاقتيات والتداوي، وأما المعادن: فيطلبها للآلات والأواني، كالنحاس والرصاص، وللنقد كالذهب والفضة، ولغير ذلك من المقاصد، وأما الحيوان فينقسم إلى الإنسان والبهائم، أما البهائم: فيطلب منها لحومها للمآكل وظهورها للمركب والزينة، وأما الإنسان فقد يطلب الآدمي: أن يملك أبدان الناس ليستخدمهم ويستسخرهم كالغلمان"[1].

ففي هذا النص تبرز ثلاث قضايا أساسية:

الأولى: أن الإنسان لا يمكنه تحقيق أي نوع من الإشباع سـواء في مأكلـه أو ملبسـه أو مسكنه مـا لم يستغل فرص الإنتاج أو "الاستصلاح" المتاحة في خلق الأصول بحالتها الطبيعية، مـما يعني أهميـة توافر هذه الأصول أو المواد الإنتاجيـة للقيـام بـأي عمل إنتاجي يترتب عليه إيجاد المنفعة أو إضافتها.

الثانية: أن كل مورد من الموارد الإنتاجية يسهم إلى جانب الموارد الأخرى في إيجاد المنفعة الكليـة، لأن الإنسان لا يمكنه الاستغناء عـن تحقيـق الإشباع اللازم في أي مجـال مـن المجـالات الضروريـة المتعلقة بطلب الغذاء أو الكساء أو المسكن، مما يعني ضرورة تضافر المواد الإنتاجية مع بعضها البعض من أجل إيجاد المنفعة الكلية المشتملة على تلبية حاجات الإنسان الضرورية الثلاث.

الثالثة: أن تقسيم العناصر الإنتاجية في هذا السياق لم يختلف في خطوطه العريضة عـن التقسيم المتبع في الدراسات الاقتصادية المعاصرة والتي تتضمن عنصر- الأرض وعنصر- العمل وعنصر- رأس المال، وإنما تختلف طريقة العرض وفلسفتها في تقيـيم المـردود الـدنيوي لهـذه العنـاصر في ضـوء صلتها بالمردود الأخروي، وهذا يعكس مبدأ الحوار العام عند الغزالي الذي يناقش فيه جميع القضايا والمسائل على أساس التصور الشمولي للحياة الدنيوية وعلاقته بالحياة الأخروية مما سبق بيانه في كثير من المواضع.

---

(1) الإحياء، 238/3، الأربعين في أصول الدين، ص 109.

فالتشابه من الناحية التقسيمية العامة واضح في ضرورة توفر العناصر الإنتاجية الثلاثة ، فالإشارة إلى عنصر الأرض واردة من خلال احتواء الأرض لكثير من الموارد المعدنية والخيرات الواسعة، والإشارة إلى عنصر العمل واردة في سعي الإنسان وطلبه حتى "يملك أبدان الناس ليستخدمهم ويستسخرهم"، والإشارة إلى عنصر رأس المال واردة من حيث طلب الإنسان للمعادن من أجل استصلاحها وتحويلها إلى آلات وأشكال مختلفة من رأس المال الإنتاجي.

ومن هنا فإن مناقشات الغزالي وآرائه الاقتصادية في مجال تحديد عناصر الإنتاج تنحصر في ثلاثة عناصر لا تختلف من حيث الإجمال مع الطروحات المعاصرة، وهي الموارد الطبيعية والعنصر البشري وعنصر رأس المال، وقد أفاض الحديث عنها في مواضع كثيرة من مصنفاته ولا سيما مصنفه "الحكمة في مخلوقات الله".

فأما الموارد الطبيعية فيشير إلى اشتمالها على الأرض وما تحويه من خيرات ظاهرة وباطنة مثل المعادن على اختلافها والنفط والثروات المائية وما شابه ذلك، وقد ربط وجود هذه الموارد بفرص الانتفاع والاستصلاح وعمارة الحياة، فذكر أن عملية خلق الأرض لم تكن مصادفة وعبثا وإنما هيأ الله تعالى في إيجادها وتكوينها خاصية الانتفاع ، وبخاصة في مجال الإنتاج الزراعي، فقال: **"ثم انظر إلى إرادة إجادة عمارتها وانتفاع العباد فيها: يجعلها هشة سهلة، بخلاف ما لو كانت على نحو خلق الجبال، فلو يبست كذلك لتعذرت، فإن الحرث لا يستقيم إلا مع رخو الأرض لزراعة الأقوات، والثمر، وإلا فلا يتعدى الماء إذا صلبت إلى الحب، مع أن الحب لا يمكن دفنه إلا بعد أن تلين الأرض بالنداوة"** [1].

وفي موضع آخر: **"ثم إن الأرض طبعها الله باردة يابسة بقدر مخصوص: أرأيت لو أفرط اليبس عليها حتى تكون بجملتها حجرا صلدا، لما كانت تنبت هذا النبات الذي به حياة الحيوانات ، ولا كان فيها حرث ولا بناء، فجعل لينها لتتهيأ لهذه الأعمال"** [2].

<hr />

(1) الحكمة في مخلوقات الله، ص 34.

(2) المصدر نفسه، ص 33.

والناحية الاستدلالية المستفادة من هذين النصين تبرر وجود عنصر الأرض كمورد إنتاجي لا يستغنى عنه إلى جانب العوامل الأخرى في عمليات الإنتاج للوصول إلى المنافع الضرورية اللازمة للحياة، والمعنى المقصود بعنصر الأرض في هذا السياق يدل على ذات الأرض وطبيعتها المتمثلة بالتربة إذ أودع الله تعالى فيها خصائص تكوينية صالحة لاستخدامات الإنسان في القطاعات الاقتصادية المختلفة.

ومن جهة أخرى فإن الأرض تشمل كثيرا من الموارد الطبيعية التي تسهم في عمليات الإنتاج وإيجاد لمنافع، ويذكر الغزالي في هذا المجال أصنافا من الثروات المعدنية مثل الذهب والفضة والنحاس والحديد والرصاص والقصدير والكبريت[1]، إلى جانب وجود النفط[2] المستخدم في مجال إنتاج الطاقة وكثيرا من الاستعمالات الصناعية الهامة.

ويحدد الغزالي الدور المهم الذي تلعبه هذه الثروات بوصفها موارد إنتاجية أساسية في عمارة الحياة وإصلاح أعيانها، فيقول: **"وقد ألهمهم استخراج ما فيها من ذهب وفضة وغير ذلك، لمنافعهم وما يحتاجون إليه في معايشهم، وفي اتخاذ أوانيهم، وفي ضبط ما يحتاجون إلى ضبطه وتقويته"**[3]، ويؤكد هذا المعنى في عبارة أخرى بقوله: **"وأنواع لو عددت لطال ذكرها وهو ما ينتفع به الناس وينصرف فيما يصلحهم فهذه نعم يسرها سبحانه لهم لعمارة هذه الدار"**[4].

وواضح من قوله: "وقد ألهمهم استخراج ما فيها لمنافعهم"، ومن قوله: "ويصرف فيما يصلحهم"، أن ثمة علاقة مباشرة تربط بين هذه الموارد بوصفها عناصر إنتاجية أساسية وبين إمكان الحصول على منفعة إنتاجية صالحة للإشباع من خلال معالجة هذه الموارد بالأساليب الفنية المتبعة، إذ يفهم إدراك الغزالي الضمني

---

(1) الحكمة في مخلوقات الله، ص54، 34.

(2) المصدر نفسه ، ص 34.

(3) المصدر نفسه، ص 36.

(4) المصدر نفسه، ص 34.

لهذه الحقيقة بتأكيده على أنه يجب على الإنسان (عنصر العمل) أن "**يحسـن استعمالها وتأليفها وإيقاع الازدواج المفضي إلى النتاج فيها**"[1].

وأيضا، فإنه يلحق بثروات الأرض الباطنة - الصلبة والسائلة- ما تحويه الأرض مـن ثروات بحرية ومائية من شأنها أن تلعب دورا مهمـا في رفد خطط التنمية وأهدافها الإنتاجيـة، ولعل الغزالي كان من أوائل العلماء الذين لفتوا الانتباه إلى هذه المسألة الهامـة[2]، وفي وقت مبكر مـن التطورات الكبيرة التي شهدها العصر- الراهن في استغلال ثروات البحار واستثمار خيراتها في مجالات اقتصادية حيوية تعود بالوفورات والعوائد المرتفعة على الاقتصادات الوطنية.

ومما جاء عنه في بيان هذا المعنى قوله: "**وقد شاهدت عجائب الأرض وما فيها، فتأمـل الآن عجائب البحر، فإن عجائب ما فيه من الحيوان والجواهر، أضعاف مـا تشاهده عـلى وجـه الأرض، كما أن سعته أضعاف سعة الأرض**"[3].

وعلى أساس ذلك، فإن إحاطة الغـزالي بمفهـوم عنصر- الأرض كمـورد إنتاجي لا ينحصر- في مفهوم التربة الخصبة الصالحة للزراعة والحرث، وإنما يتجـاوز هـذا المفهـوم ليشمل كافة المـوارد الطبيعية التي تحويها الأرض في ظاهرها وباطنها، صلبة كانت أو سـائلة، وأهمها المعادن والنفط والماء إضافة إلى الكائنات الحية المسخرة على سطح الأرض وفي جو السماء وفي قيعان البحار، إذ أن كل هذه الثروات تدخل في نطاق مفهوم الأرض كواحـد مـن العنـاصر الإنتاجيـة الصالحة لمبـاشرة أنواع الحرف والصناعات وسائر الاستخدامات الإنتاجية.

وأما العنصر البشري أو عنصر العمل فيتضمن أي جهد مبذول من قبل الأفراد في عمليـات الإنتاج، وهو ليس بالضرورة أن ينحصر بالمهارات المادية أو الفنية وإنما يتخذ مفهومـا أوسـع يضـم كل ما يمكن أن يستخدمه الإنسان في مجالات

---

(1) الإحياء، 4/ 452 .

(2) محمد الشحات الجندي، قواعد التنمية الاقتصادية في القـانون الـدولي والفقـه الإسـلامي (القـاهرة ، دار النهضة العربية 1985)، ص 345.

(3) الإحياء، 100/1.

الإنتاج مثل قدراته الذهنية وقواه العقلية وتجاربه وخبراته التراكمية المختزنة.

ويتجلى هذا المفهوم عند الغزالي بشكل واضح إذ يبين فيه الصلة المباشرة بين استخدام الإنسان لمواهبه الفكرية وبين استعداداته للقيام بأية أعمال إنتاجية مطلوبة، فيقول: **"انظر في خلق أصناف من الحيوان، وتهيئتها لما فيه صلاح كل صنف منها: فبنو آدم لما قدروا أن يكونوا ذوي علاج للصناعات واكتساب العلوم وسائر الفضائل، ولا غنى لهم عن البناء والحياكة والنجارة وغير ذلك، خلقت لهم العقول والأذهان والفكر"**[1].

ويبرز الغزالي أهمية عنصر العمل كأحد المدخلات الرئيسة للإنتاج من خلال التركيز على تعاون الأفراد واجتماعهم ومخالطة بعضهم لبعض في "إصلاح" الأطعمة والأقوات وكل ما يحتاجونه في حياتهم، ويعتبر أن دافع العمل التعاوني ضرورة لازمة لبناء الحياة المعيشية وممارسة أية نشاطات اقتصادية فيها لأنه يعتمد على توزيع المهام وترتيب الوظائف والاستفادة من الخبرات والتجارب المتراكمة[2]، مما يعجز معه أي فرد أن يستقل بالاشتغال وحده دون الاستعانة أو التعاون مع الآخرين.

وأما رأس المال فقد تنبه له الغزالي في معرض حديثه عن الحرف والصناعات والوسائل اللازمة للنهوض بالقطاعات الاقتصادية، فأشار إلى رأس المال بمصطلح "الآلات" ، وبين مساهمته في القطاع الإنتاجي وصلته بالموارد الأخرى مثل الموارد الطبيعية متمثلة بالثروات المعدنية وعنصر ـ العمل متمثلا بجهد الإنسان المبذول في إنتاج الآلات.

ومما ذكره في هذا المجال قوله: **"فهذه هي الحرف والصناعات إلا أنها لا تتم إلا بالأموال والآلات، وقد يكون في الآلات ما هو حيوان كالكلب آلة الصيد، والبقر آلة الحراثة، والفرس آلة الركوب في الحرب"**[3]، وقوله: **"ثم هذه الصناعات تفتقر**

---

(1) الحكمة في مخلوقات الله، ص 97.

(2) المقصد الأسنى، ص 102، الإحياء 68/1، 240/3.

(3) الإحياء، 341/3.

إلى أدوات وآلات كالحياكة والفلاحة والبناء والاقتناص"[1].

فالدلالة الظاهرة من هذا السياق توضح مساهمة رأس المال المتمثل بالآلات في رفد النشاطات الصناعية والحرفية التي تحتاجها كافة القطاعات المشار إليها بالحياكة والفلاحة والبناء والاقتناص.

وفي إشارته إلى تكوين رأس المال فإنه يحدد علاقته التبادلية مع الموارد الأخرى فيذكر أن : "الآلات إنما تؤخذ إما من النبات وهو الأخشاب أو من المعادن كالحديد والرصاص وغيرهما، أو من جلود الحيوانات"[2].

وفي موضع آخر يؤكد هذا المعنى من خلال توضيحه للنص القرآني : ﴿ اعملوا آل داود شكرا ﴾[3]، إذ يذهب إلى أن المقصود من هذا النص هو استخدام المورد الطبيعية في صناعة الآلات اللازمة لقطع الجبال، فيقول: "فيعملون به (الحديد) أنواعا من المنافع والآلات للحروب، مثل الدروع والسيوف، إلى غير ذلك مما يطول مقداره ومن الحديد يعمل آلات للحرث والحصاد وآلات لا تتأثر بالنار وآلات يطرق بها وآلات لقطع الجبال الصماء وآلات لنجارة الأخشاب مما يكثر تعدادها"[4].

ومن جهة علاقة رأس المال بعناصر الإنتاج الأخرى مثل عنصر ـ العمل وعنصر ـ الأرض فإن فهم الغزالي لهذه المسألة يتضح بصورة ضمنية في معرض حديثه عن جهد الإنسان المبذول في صناعة الآلات، والذي يقول فيه: "وانظر إلى أعمال الصناع في إصلاح آلات الحراثة والطحن والخبز من نجار، وحاد وغيرهما، وانظر إلى حاجة الحداد إلى الحديد والرصاص والنحاس، وانظر كيف خلق الله تعالى الجبال والأحجار والمعادن، وكيف جعل الأرض قطعا متجاورات مختلفة"[5].

---

(1) الإحياء ، 240/3.

(2) المصدر نفسه، نفس الصفحة.

(3) سورة سبأ، من الآية 13.

(4) الحكمة في مخلوقات الله، ص 53.

(5) الإحياء، 124/4.

وثمة شكل آخر للعلاقة القائمة بين عناصر الإنتاج يوضحه الغزالي بالمشاركة الإنتاجية لـرأس المال أو الآلات بعـد استصلاحها مـع عنصرـ العمـل إذ لا يتصور بشـكل عـام اسـتقلالية العنـاصر الإنتاجية عن بعضها البعض، مما يعني أن الإنسان وهو يستثمر الموارد الطبيعيـة ويسـتغل عنصرـ الأرض في عمليات الإنتاج لا يمكنه الاستغناء عن الآلات المنتجة أو رأس المال في أية عملية إنتاجيـة يقوم بها، وفي نفس الوقت فإن عنصر رأس المال يقترن بصفة ملازمة بنشـاطات العمـل الإنتاجيـة، وفي هذا الباب يؤكد الغزالي حقيقة التكامل بين عناصر الإنتاج، فيقول: **"وتحتـاج الآلـة إلى حـداد ونجار، ويحتاج الطعام إلى طحان وخباز، وكذلك كيـف ينفـرد بتحصيل الملبس وهـو يفتقـر إلى حراسة القطن وآلات الحياكة والخياطة وآلات كثيرة"** [1].

مما تقدم فإن الشواهد والنصوص الكثيرة التي يعرضها الغزالي في مجال مناقشته لعنـاصر الإنتاج تدل بصورة لا لبس فيها على حقيقة إدراكه للأبعاد الاقتصادية الهامة لوجود هـذه العنـاصر وتفاعلاتها التبادلية للحصول على أنواع المنافع والسلع المنتجة.

المطلب الرابع

قطاعات الإنتاج

لم يختلف تقسيم الغزالي للقطاعات الإنتاجية من الناحية الإجمالية عن التقسيم المتبع في الشروحات المعاصرة، والتي تصنف قطاعات الإنتاج إلى ثلاثة أصناف هي:

1- قطاع الزراعة.

2- قطاع الصناعة.

3- قطاع الخدمات.

إلا أن الغزالي وهو يناقش مسألة التوزيع القطاعي للإنتاج فإنه يحدد أبعاد هـذه المسـألة في ضوء الحدود الضرورية لمتطلبات الحياة المعاشية مثل حاجة الإنسان إلى

---

(1) الإحياء ، 240/3.

المطعم وحاجته إلى الملبس وحاجته إلى البناء، مما يدل على حقيقة إدراكه لتصنيف القطاعات الإنتاجية وتوزيعها حسب معيار الحاجة الضرورية وإحاطته بمفهوم الأولوية الإنتاجية وتوجيه الموارد نحو الاستخدامات المفضلة.

وهو إلى جانب ذلك يقترح شكلا للترتيب الإنتاجي القطاعي يوضح من خلاله أهمية المشاركة الإنتاجية وأولويتها في تلبية الحاجات الضرورية وذلك في ثلاثة مراحل إنتاجية هي[1]:

1- مرحلة الإنتاج الأساسية.

2- مرحلة الإنتاج المساعدة.

3- مرحلة الإنتاج المكملة.

ويمكن الوقوف على حقيقة الأفكار الاقتصادية التي طرحها الغزالي في ضوء هذه المعطيات من واقع الاستقراء الموضوعي للكثير من عباراته التي تجمعها عبارتين أو نصين هامين هما:

النص الأول: قوله في الإحياء: "**وأعمالهم وحرفهم وصناعاتهم تنحصر في ثلاثة أقسام:**

أحدهما: **أصول لا قوام للعالم دونها، وهي أربعة: الزراعة، وهي للمطعم . والحياكة، وهي للملبس . والبناء وهو للمسكن . والسياسة، وهي للتأليف والاجتماع والتعاون على أسباب المعيشة وضبطها.**

الثاني: **ما هي مهيئة لكل واحدة من هذه الصناعات وخادمة لها: كالحدادة فإنها تخدم الزراعة وجملة من الصناعات بإعداد آلاتها كالحلاجة والغزل فإنها تخدم الحياكة بإعداد عملها.**

الثالث: **ما هي متممة للأصول ومزينة، كالطحن والخبز للزراعة، وكالقصارة والخياطة للحياكة**"[2].

---

(1) Economic Thought of Al- Ghazali, P9.

(2) الإحياء/ 23/1.

النص الثاني: قوله في موضع آخر من الإحياء: "**فحدثت الحاجة لذلك إلى خمس صناعات هي أصول الصناعات، وأوئل الأشغال الدنيوية، وهي الفلاحة، والرعاية، والاقتناص، والحياكة، والبناء، أما البناء فللمسكن، والحياكة وما يكتنفها من أمر الغزل والخياطة فللملبس، والفلاحة للمطعم، والرعاية للمواشي والخيل أيضا للمطعم والمركب، والاقتناص نعني به تحصيل ما خلقه الله من صيد أو معدن أو حشيش أو حطب فالفلاح يحصل النباتات والراعي يحفظ الحيوانات ويستنتجها، والمقتنص يحصل ما نبت ونتج بنفسه من غير صنع آدمي، وكذلك يأخذ من معادن الأرض ما خلق فيها من غير صنعة آدمي، ونعني بالاقتناص ذلك ويدخل تحت صناعات وأشغال عدة**"[1].

ففي هذين النصين إشارة واضحة إلى بعض الدلالات والمفاهيم الاقتصادية الخاصة باتجاهات التوزيع القطاعي للإنتاج ، والتي تحدد أهم العمليات الإنتاجية المنوطة به، وهذه الدلالات هي:

أولا: تبدو الصورة جلية في تقسيم الأعمال والصناعات حسب مراحلها الإنتاجية إلى صناعات أساسية، وصناعات مساعدة، وصناعات مكملة، وقد عبر الغزالي عن الصناعات الأساسية "بأصول الصناعات" وأحيانا "بأمهات الصنائع"[2]، وعبر عن الصناعات المساعدة "بالصناعات المهيئة" للأصول السابقة، وعبر عن الصناعات التكميلية "بالصناعات المتممة" للأصول، وقد أكد هذا التقسيم المرحلي للإنتاج على نفس الشاكلة في كتابه "ميزان العمل"[3].

ثانيا: تشمل الصناعات الأساسية - أصول الصناعات أو أمهات الصنائع- كافة الصناعات الضرورية التي لا يمكن الاستغناء عنها لأنها حسب السياق تمثل قوام العالم وقد حصرها الغزالي في النص الأول في أربع صناعات وهي: الزراعة والحياكة والبناء والسياسة.

---

(1) الإحياء، 3/239-240.

(2) المصدر نفسه، 3/240.

(3) ميزان العمل، ص 88.

ولكنه حصرها في النص الثاني في خمس صناعات هي الفلاحة والرعاية والاقتناص والحياكة والبناء.

وبالرغم من وجود التفاوت الكمي والنوعي من الناحية الشكلية في وصف الصناعات الأساسية ، فإنها ترد إلى ثلاثة قطاعات مشابهة في إطارها العام للطروحات المعاصرة ، وهي- كما أشرنا إليها سابقا- قطاع الزراعة وقطاع الصناعة وقطاع الخدمات.

ثالثا: وعلى أساس هذا التوزيع القطاعي فإن الزراعة والفلاحة تشير إلى القطاع الزراعي بينما تشير الحياكة والبناء إلى القطاع الصناعي، وتدخل باقي المفردات في قطاع الخدمات الذي يعنى بجانب تحصيل المنافع وتبادلها وليس إيجادها أو استحداثها، مثل مفهوم السياسة المتضمن لمبدأ تعاون الناس على ضبط أسباب المعيشة، ومعنى الاقتناص المتضمن تحصيل كل ما خلقه الله تعالى على حالته الطبيعية دون بذل أي جهد للإنسان في تغييره أو تحويله إلى أي شكل آخر.

رابعا: تمثل الصناعات الأساسية المحور المهام الذي تقوم عليه سائر العمليات الإنتاجية اللاحقة، لمنزلته التي لا يستغنى عنها في ضمان الحاجات الأساسية من مطعم وملبس ومسكن وما شابه ذلك، وقد أدرك الغزالي هذا المعنى باعتبار أن الصناعات الأساسية ممثلة لأصول الصناعات وأمهاتها.

ونتيجة لذلك فإن مباشرة أنواع الحرف والصناعات وشتى الأعمال في مجال الصناعات الأساسية يعد فرضا من فروض الكفايات، ويجب على الدولة حينئذ في ضوء الاعتبارات والمزايا الحقيقية المترتبة على المنافع المرجوة من الصناعات الأساسية أن تتبنى سياسة التخطيط الاقتصادي كأداة مثلى في تحقيق فرص النهوض بهذه الصناعات[1].

خامسا: ولعل من أهم مبادئ السياسة التخطيطية المتبعة في هذا المجال هو دعم الدولة للمشروعات الإنتاجية في سبيل تحقيق قدر متوازن من الضروريات المستحقة

---

(1) شوقي دنيا ، الإسلام والتنمية الاقتصادية، ص 243.

لكل فرد، وبعبارة أخرى أن تتبنى الدولة سياسة اقتصادية عادلة للنهوض بكل قطاع إنتاجي على حدة مع الأخذ بعين الاعتبار طبيعة الموارد المتاحة وأولوياتها في تحقيق فرص مقبولة من التكافؤ والمساواة بين الأفراد.

سادسا: ويستفاد من تقسيم الغزالي للصناعات إلى ثلاث مراحل مدى إدراكه الضمني للعملية الإنتاجية وتسلسل مراحلها من مراحل أولية تعنى بمعالجة المواد الخام والموارد الطبيعية إلى مراحل نهائية تكون فيها السلع المنتجة قابلة للإشباع، ويتضح هذا المعنى على سبيل المثال في عملية إنتاج رغيف الخبز الذي يمر في أكثر من مرحلة تبدأ بالزراعة وهي الأصل ، وتنتهي "بالطحن والخبز" وهي المرحلة التي يعتبرها الغزالي "متممة للأصول ومزينة".

وقد أشار في كتابه "المقصد الأسنى" إلى جميع المراحل الإنتاجية التي تربط بين الصناعات الأصلية والصناعات المتممة في مجال إنتاج الرغيف الواحد، فذكر مصلح الأرض وزارعها وساقيها وحاصدها ومنقيها وطاحنها وعاجنها وخابزها إلى غير ذلك[1]، وهذا يؤكد معرفة الغزالي وإحاطته التامة بما يعرف في الفكر الاقتصادي المعاصر بمبدأ تقسيم العمل والإنتاج وحسابات القيم المساوية لمجموع الدخول، وهو ما سيبحث تاليا.

المطلب الخامس

التخصص والتقسيم الفني للإنتاج

تدخل فكرة التخصص والتقسيم الفني للأعمال الإنتاجية في نطاق رفع كفاءة القوة الإنتاجية لعمل الأفراد من أجل زيادة الخدمات والسلع المنتجة، فبالمقارنة بين جهد العمل المبذول على أساس الأخذ بمبدأ تقسيم الإنتاج وبين جهد العمل المبذول دون الأخذ بهذا المبدأ، أي توزيع الجهد على جميع مراحل العملية الإنتاجية، فإنه يلاحظ أن هنالك فرق واسع في حجم الكميات المنتجة بين الحالتين، إذ يزيد فائض العمل بمقدار كبير في حالة التخصص وتقسيم الإنتاج عن الحالة الأخرى وذلك بسبب تحرير القوة الإنتاجية لجهد الفرد، وتركزها في مرحلة إنتاجية محددة مع

---

(1) المقصد الأسنى ، ص 102.

أن جهد العمل المبذول في الحالتين لا يتغير.

ومع أن فكرة التخصص وتقسيم العمل المنتج تنسب تاريخيا في الفكر الاقتصادي إلى عالم الاقتصاد المشهور "آدم سميث" المتوفى عام 1790، في نظريته حول تقسيم العمل التي ابتدأ بها كتابة "ثروة الأمم" فإنه يلاحظ بحث الغزالي لهذه المسألة وتحديد أبعادها منذ زمن بعيد سابقا بذلك آدم سميث بسبعة قرون.

ويتناول الغزالي مبدأ التخصص وتقسيم العمل الإنتاجي في كثير من الأمثلة التي تدل على سعة أفقه الاقتصادي وفهمه لكثير من القضايا الاقتصادية في مجال الإنتاج.

ومن هذه الأمثلة:

أولا: إصلاح رغيف الخبز

فيشير إلى أهمية تقسيم العمل من خلال عملية إنتاج "رغيف الخبز"، ويوضح المراحل الإنتاجية المتتابعة وتقسيمات العمل اللازمة لإنتاج وحدات إضافية من المنفعة حتى يكون "الرغيف" صالحا للاستهلاك في مرحلته النهائية، وفي هذا السياق يقدم وصفا كاملا للاعتماد المتبادل في علاقات الإنتاج بين طبيعة العمل المبذول في مرحلة إنتاجية معينة وبين الأدوات والآلات الممثلة لرؤوس الأموال الإنتاجية اللازمة للقيام بالعمل المطلوب، وقد جاء تعبيره واضحا للدلالة على أثر النعمة الإلهية في خلق كثير من أشكال السلع الاستهلاكية التي يطلبها الأفراد كمرتكز عقدي تقوم عليه مناقشاته وطروحاته الاقتصادية، ومما جاء عنه في إيراد هذه الحقائق قوله:

"فلنعين رغيفا واحدا، ولننظر إلى ما يحتاج إليه الرغيف الواحد حتى يستدير ويصلح للأكل من بعد إلقاء البذر في الأرض، فأول ما يحتاج إليه الحارث ليزرع ويصلح الأرض، ثم الثور الذي يثير الأرض والفدان وجميع أسبابه، ثم بعد ذلك التعهد بسقي الماء مدة، ثم تنقية الأرض من الحشيش، ثم الحصاد، ثم الفرك والتنقية، ثم الطحن، ثم العجين ثم الخبز، فتأمل عدد هذه الأفعال التي ذكرناها وما لم نذكره، وعدد الأشخاص القائمين بها، وعدد الآلات التي يحتاج إليها من الحديد

والخشب والحجر وغيره، وانظر إلى أعمال الصناع في إصلاح آلات الحراثة والطحن والخبز من نجار، وحداد وغيرها، فإن فتشت علمت أن رغيفا واحدا لا يستدير بحيث لا يصلح لأكلك يا مسكين ما لم يعمل عليه أكثر من ألف صانع، فإذا استدار طلبه قريب من سبعة آلاف صانع ، كل صانع أصل من أصول الصنائع التي بها تتم مصلحة الخلق"(1).

فدلالة التقسيم الفني لوحدات العمل الإنتاجية الواردة في سياق هذا النص تبرز بوضوح فكرة القيمة المضافة لكل مرحلة من مراحل إنتاج "الرغيف"، فالمزارع يضيف قيمة إنتاجية أو منفعة قابلة للاستهلاك فيما بعد حينما يقوم بدور الإنتاج الأولي بإصلاح الأرض وتهيئتها للزراعة مثل حرثها وإلقاء البذر فيها والتعهد بسقيها وتنقيتها، بإصلاح "القمح" الذي تخرجه الأرض وذلك عن طريق تهيئته لفرص إنتاجية تالية بفركه وتنقيته، ويقوم كل من الطحان الذي يطحن القمح والعجان الذي يعجنه بإضافة قيم جديدة في مراحل إنتاجية وسيطة متتالية حتى تصل إلى الخباز الذي يضيف قيمة نهائية حينما يخبز العجين، ليتشكل منه استدارة الرغيف المتضمن لوحدات المنفعة الصالحة للاستهلاك.

وأيضا فإن النص يشير إلى العلاقة الإنتاجية التبادلية بين كل مرحلة من مراحل الإنتاج وبين الآلات والأدوات اللازمة للنهوض بها، إضافة إلى الاعتماد المتبادل بين رؤوس الأموال الإنتاجية من الآلات والأدوات وبين المواد الخام مثل الحديد والخشب التي لا يمكن الاستغناء عنها لإصلاح رغيف واحد، والتي يوضح الغزالي أنها تصل إلى ألف صنعة من أعمال الصناع.

ووجه الدلالة في ذلك أن الإنسان لا يمكنه أن يستقل وحده في ضمان حاجاته وإصلاحها، لأنه لا يتصور أن يكون قادرا على "تحصيل طعامه بالحراثة والزراعة والخبز والطبخ، وفي تحصيل الملبس والمسكن، وفي إعداد آلات ذلك كله"(2). بل إن

_____

(1) الإحياء، 124/4.

(2) المصدر نفسه، 68/1.

الإنسان لو أوتي أكمل العقول وبقي معمرا في الحياة الدنيا لما تغير واقعه كفرد واحد، وسيظل عاجزا وقاصرا عن إدراك الوسيلة الموصلة إلى إنتاج آلة بسيطة واحدة فضلا عن غيرها[1]، وهذا يقود إلى حتمية اجتماع الأفراد وتعاونهم على تقسيم الأعمال المنتجة بينهم، وعدم استغنائهم عن مخالطة بعضهم لبعض للوصول إلى مقاصدهم وأغراضهم المعاشية.

ويستفاد من تقسيم مجهودات العمل الكلية إلى وحدات إنتاجية مضافة في معرفة مقادير قيم الدخول الكلية المتحصلة من مجموع القيم المضافة، وفي هذا الجانب دأبت الأدبيات الاقتصادية المعاصرة على توضيح الفكرة محل البحث باستخدام نفس الأسلوب المثالي التوضيحي الذي تناوله الغزالي في عملية إصلاح الرغيف، فبينت أن القيمة المضافة التي يضيفها المزارع (Farmer) من الكميات المنتجة من القمح، يتلقاها الطحان (Miller) مضيفا عليها منفعة جيدة، ليتلقاها الخباز (Baker)، وهكذا إلى أن تصل إلى المستهلك (Consumer) الذي يساوي مجموع إنفاقه على السلعة المنتجة مجموع الوحدات المضافة في عمليات إنتاجها وهي بالتالي تساوي مجموع الدخول المنتجة[2].

ثانيا: إصلاح الإبرة

ويعرض الغزالي مثالا ثانيا للدلالة على أهمية تقسيم العمل الإنتاجي بالإشارة إلى إصلاح "الإبرة" التي تمثل آلة صغيرة قياسا على الآلات المنتجة الأخرى، غير أنه يؤكد مبدأ التخصص في الإنتاج وتقسيم العمل بين الأفراد ولو كانت السلعة المنتجة ذات منفعة محدودة نسبيا، فيقول: **"حتى إن الإبرة التي هي آلة صغيرة فائدتها خياطة اللباس الذي يمنع البرد عنك لا تكمل صورتها من حديدة تصلح للإبرة إلا بعد أن تمر على يد الإبري خمسا وعشرين مرة، ويتعاطى في كل مرة فيها عملا"[3].**

---

(1) الإحياء، 124/4.

(2) See: Gordon, Macro Economics, P 36.

(3) الإحياء، 124/4.

ويستدل من هذا النص على أن الآلة المنتجة ممثلة بالإبرة لا تصل إلى مرحلتها الإنتاجيـة النهائية لتكون قابلة لاشتقاق المنفعـة وصـالحة للاسـتخدام إلا بعد مرورها في عمليات إنتاجيـة متالية ابتداء من عملية معالجتها بالمادة الخام (الحديد) ثم مرورها بين يدي "الإبري" - وهو كل عامل أو منتج يمارس عملا ما في إنتاج الإبرة- في خمس وعشرين مرحلة إنتاجية، تمثل كـل مرحلـة منها وحدة مضافة إلى ما بعدها، مما يعني أن "الإبري" لا يمكنه أن يستقل وحده منفردا في إنتاج هذه الآلة البسيطة ما لم تتكافل جميع وحدات الإنتاج على أساس مبدأ التخصص وتقسيم العمـل من أجل الوصول إلى المنفعة النهائية.

وفي مقابل مثال صناعة الإبرة التي يشير إليها الغزالي للدلالة عـلى أهميـة تقسـيم الإنتـاج، فإن عالم الاقتصاد "آدم سميث" يطرح مثالا مشابها وهو صناعة "الدبابيس" الـذي يوضح فيـه أن كل عشرة عمال لديهم القدرة باعتماد مبدأ التخصص على إنتاج (48000) دبوسا في اليوم الواحد، في حين أن عاملا واحدا لا يمكنه منفردا إنتاج عشرين دبوسا في اليوم الواحد[1]، ويؤكد ذلك سـبق الغزالي في طرح هذه المسألة الاقتصادية الهامة التي تنسب دوما إلى الفكر الاقتصادي الغربي ممثلا بآدم سميث دون الإشارة إلى إسهامات الفكـر الاقتصـادي الإسلامي وبخاصة آراء الغزالي في هـذا المجال.

ثالثا: إصلاح آلة المقراض والمنجل

ويستطرد الغزالي في بيان أثر تقسيم الإنتاج وعلاقتـه التبادليـة مـع بعـض عوامـل الإنتـاج الأخرى، مشيرا إلى بعض الآلات المساعدة في عمليات الإنتاج مثل "المقراض" و "المنجل"، وهي التي تسهم بشكل ما في دعم المراحل الأولى لإنتاج رغيف الخبز المشار إليه في المثال الأول.

ويبين في هذا الصدد أن هداية اللـه تعـالى للإنسـان للاجـتماع والتعاون وتسخير العبـاد بعضهم لبعض في عمليات الإنتاج، ولو كانت عمليات بسيطة،

---

(1) See: Adam Smith , The wealth of Nations, Chicago. The University of Chicago Press, 1976, 1/8-9.

تشكل عاملا حاسما في تطور عمل الإنسان وارتقائه في مباشرة أنواع شتى من الصنائع، فيقول: "فلو لم يجمع الله تعالى البلاد ولم يسخر العباد وافتقرت إلى عمل المنجل الذي تحصد به البُر مثلا بعد نباته لنفذ عمرك وعجزت عنه، أفلا ترى كيف هدى الله عبده الذي خلقه من نطفة قذرة لأن يعمل هذه الأعمال العجيبة والصنائع الغريبة، فانظر إلى المقراض مثلا وهما جلمان متطابقان ينطبق أحدهما على الآخر فيتناولان الشيء معا ويقطعانه بسرعة، ولو لم يكشف الله تعالى طريق اتخاذه بفضله وكرمه لمن قبلنا وافتقرنا إلى استنباط الطريق فيه بفكرنا ثم إلى استخراج الحديد من الحجر والى تحصيل الآلات التي بها يعمل المقراض، لقصره عمره عن استنباط الطريق في إصلاح هذه الآلة فضلا عن غيرها"[1].

فهذه الأمثلة الثلاثة الموضحة لأهمية تقسيم العمل الإنتاجي وتخصص الأفراد في أعمال إنتاجية محددة تؤكد حقيقة الطروحات والأفكار السباقة التي تناولها الغزالي في تفسير كثير من الظواهر والوقائع ، ومنها الظاهرة محل البحث ، إذ قدمها على نحو يماثل ما توصل إليه الفكر الاقتصادي المعاصر بعد عدة قرون.

المطلب السادس

تقسيم العمل بين الغزالي وآدم سميث

يمكن الوقوف على بعض الفروقات والاختلافات الجوهرية بين طبيعة طرح الغزالي لفكرة تقسيم العمل وبين آدم سميث، وذلك من خلال النقاط التالية:

أولا: يأتي تركيز الغزالي على مبدأ تقسيم العمل الإنتاجي ضمن إطار البعد الديني والتصور الشمولي لواقع الحياة الإنسانية، فيعتبر أن ممارسة السلوك الاقتصادي جزءا لا يتجزأ من الوظيفة الدينية التي ترد مفهوم العمل بصفة عامة إلى معنى العبودية الخالصة لله تعالى، بل يؤكد في هذا الجانب أن مبدأ تقسيم العمل في مجالات الإنتاج المختلفة يشكل ركيزة أساسية لا بد من توافرها لضمان الحياة المعيشية الكريمة اللازمة لممارسة شعائر العبادة ، مما يسهم في تحقيق مبدأ التوازن بين

---

(1) الإحياء، 124/4.

انصراف الناس واشتغالهم بعمارة الدنيا وبين انصرافهم واشتغالهم بطلب العبادات، فيقول: "**فلو كلف الناس كلهم أن يتقوا الله حق تقاته لتركوا المعايش ورفضوا الدنيا بالكلية، ثم يؤدي ذلك إلى بطلان التقوى بالكلية، فإنه مهما فسدت المعايش لم يتفرغ أحد للتقوى، بل شغل الحياكة والحراثة والخبز يستغرق جميع العمر من كل واحد فيما يحتاج إليه**"[1].

ويرد الغزالي في نفس الوقت تصرفات الإنسان وسعيه في الحياة الدنيا إلى هداية الله تعالى وتيسيره على العباد ، ويذكر في مثاله في مجال إصلاح "رغيف الخبز" أن كل وحدة مستهلكة من وحدات الإشباع، أي اللقمة الواحدة التي يتناولها المستهلك من رغيف الخبز المستصلح لم تكن موجودة لولا لطف الله تعالى بهداية الإنسان إلى ممارسة أعمال إنتاجية متعددة لإصلاحها، فيقول: "**ولو ذكر لطفه في تيسير لقمة يتناولها العبد من غير كلفة يتجشمها، وقد تعاون على إصلاحها خلق لا يحصى عددهم، من مصلح الأرض وزارعها وساقيها وحاصدها ومنقيها وطاحنها وعاجنها وخابزها إلى غير ذلك**"[2].

وفي المقابل فإن آدم سميث يعرض تحليلاته لفكرة تقسيم العمل في إطار الهدف العام للنظام الاقتصادي الغربي الذي يقوم ابتداء على تنمية الثروة وزيادتها من أجل الوصول إلى أقصى درجات الرفاهية بمعزل عن أثر البعد العقدي وعلاقته بنشاطات الإنسان الاقتصادية.

ولذا فإن تحليلات آدم سميث تتخذ اتجاها ماديا بحتا في تفسير الوقائع الاقتصادية شأنها في ذلك شأن المدارس الاقتصادية الغربية على اختلاف مذاهبها ومشاربها، بخلاف ما تبناه الغزالي في دعم أفكاره وتفسيراته للوقائع والظواهر الاقتصاية على أساس البعد الديني والمرتكز العقدي.

ثانيا: يدخل تبرير الغزالي في عرض أفكاره حول أهمية تقسيم العمل الإنتاجي في نطاق مفهوم التعاون الذي يمثل مرتكزا فكريا تنطلق منه جميع تصوراته ومفاهيمه

---

(1) الإحياء، 12/4.

(2) المقصد الأسنى، ص 102.

الاقتصادية، وفي المثال الذي تناوله في إصلاح رغيف الخبز يعرض مفهوم التعاون بين الأفراد كأساس عضوي لا يقل في أهميته عن تعاون أعضاء الجسد الواحد، فيبين أنه "ينتفع كل واحد بسبب ترتيبهم واجتماعهم، كما يتعاون جميع أعضاء البدن وينتفع بعضها ببعض، فالخباز يخبز العجين، والطحان يصلح الحب بالطحن، والحراث يصلحه بالحصاد، والحداد يصلح آلات الحراثة، والنجار يصلح آلات الحداد، وكذا جميع أرباب الصناعات المصلحين لآلات الأطعمة"[1]، وفي موضع آخر يقول: "بل لا يمكنه أن يعيش كذلك ما لم تجتمع طائفة كثيرة ليتكفل كل واحد بصناعة"[2].

فمبدأ التعاون يدل على مضامين أخلاقية وإنسانية معنية بعلاقات التكافل والتضامن بين جميع الأفراد في قطاعات الإنتاج المختلفة، وهذه الصيغة الواضحة في إشارات الغزالي ونصوصه من شأنها أن تعزز فرص تحقيق الأهداف المرجوة للمشروعات الإنتاجية التي تقوم على التعامل مع المجموع على أساس أنه يشكل وحدة واحدة، تسعى نحو هدف واحد دون سيطرة النزعة المادية المجردة على سلوك الفرد أو عدم استعداده للمشاركة الجماعية وبذل الجهد المطلوب فيها.

إلا أن آدم سميث يبرر سلوك المنشأة في تقسيم وحدات الإنتاج على أساس عنصر ـ العمل كمورد وحيد يضمن نجاح فكرة التخصص والتقسيم الفني للإنتاج، ويستخدم في ذلك تعبير القوة الإنتاجية المصاحبة لفكرة التقسيم في تفسير بعض أوجه التناقض للمفاهيم التي يطرحها، والمتمثلة بوجود بلدان كثيرة تعاني حالات الفقر والتخلف مع أنها تمتلك وفرة في العمالة المنتجة أكثر من بعض الدول الغنية[3]، ويعني ذلك نفيه القاطع لدور عناصر الإنتاج الأخرى في تحصيل الثروة أو المردود الناتج عن تقسيم العمل[4].

---

(1) الإحياء، 125/4.

(2) المصدر نفسه، 240/3.

(3) Adam Smith , the wealth, of Nations, 1/10-14.

(4) عادل أحمد حشيش، تاريخ الفكر الاقتصادي (بيروت، دار النهضة العربية، 1974)، ص 160.

وواضح مدى الاختلاف الجوهري في تفسير كفاءة الأداء الفني لتقسيم الإنتاج بين الغزالي وآدم سميث، فحين أن الغزالي يطرح مبدأ تقسيم العمل الإنتاجي المتضمن تلقائيا لمفهوم القوة الإنتاجية ويقدم صيغة أكثر قبولا في توضيح مبدأ تقسيم الإنتاج من خلال مفهوم التعاون، إضافة إلى أنه يقرر أثر الاعتماد المتبادل بين عنصر العمل والعناصر الإنتاجية الأخرى ، إذ يذكر كثيرا دور الآلات والموارد الطبيعية ويؤكد مشاركتها في عمليات الإنتاج، فإن آدم سميث لا يعرض مثل هذه الأفكار الموضوعية التي لا تسمح فيها أصول الفلسفة الرأسمالية الرامية إلى تكريس مبدأ الفردية في ممارسة النشاطات الاقتصادية، ويغض النظر عن مزايا المشاركة الجماعية مما حمله على عدم الإقرار بمشاركة عناصر الإنتاج الأخرى غير العمل ، انسجاما مع المبدأ الرأسمالي "دعه يعمل دعه يمر".

ثالثا: ولا يخفى أن سرد الغزالي للوقائع الاقتصادية غير مقصود لذاته، وإنما جاء بيانا لحقائق أخرى مختلفة في موضوعاتها ومتباينة في مصنفاتها التي عولجت بها، فأحيانا كان يكتفي بملاحظة الظاهرة الاقتصادية دون مناقشتها، أو تسليط الضوء عليها، ولا سيما في المصنفات البعيدة في طروحاتها عن مجال الاقتصاد مثل الفلسفة والمنطق والكلام، وأحيانا كان يناقش الفكرة الاقتصادية للوصول إلى مراده من الحقيقة التي يطرحها كما في كتابه الإحياء وشفاء الغليل وغيرهما.

ويستدل من ذلك على أن الغزالي لم يصرف تفكيره في معالجة مسائل الاقتصاد بصورة مجردة كما فعل آدم سميث في كتابه "ثروة الأمم" الأمر الذي يقيد مجال المقارنة بينهما ضمن حدود التقاطعات الاقتصادية المطروحة في مجال تقسيم العمل وهو الموضوع محل البحث والمناقشة.

وتجدر الإشارة في هذا الباب إلى أن الغزالي يشكل مدرسة متكاملة في أبحاثه الموسوعية لكثير من المفكرين الغربيين الذين تأثروا به واستفادوا منه ولا سيما الفلاسفة منهم على ما بيناه في موضعه، وهذا من شأنه أنه يطرح مداخلة جديرة بالبحث بين الغزالي وآدم سيمث الذي تأخر عنه نحو سبعة قرون إذ تعزز بعض المؤشرات من جدية هذه المداخلة، مثل:

- أن آدم سميث اعتنق الفلسفة أولا [1]، قبل الاقتصاد، وقد سبقه الغزالي إليها باحثا ومحللا لكثير من تناقضاتها حتى اعتبر رائدا من روادها.

- ومن بوابة الفلسفة دخل العديد من الفلاسفة الغربيين الذين طرحوا فيما بعد مفاهيم اقتصادية، وأهمهم "توما الأكويني" الذي تأثر بالغزالي تأثرا واضحا في كتاباته، ولا يمنع استفادة غيره منه مثل آدم سميث إذ ابتدأ بالفلسفة وانتهى بالاقتصاد.

- إن آدم سميث يطرح مثاله "صناعة الدبابيس" للدلالة على مبدأ تقسيم العمل، وقد سبقه الغزالي في مثال صناعة "الإبرة" ، ولا فرق بين الدبوس والإبرة للدلالة على مبدأ التقسيم.

- وقد تبين سابقا أن الغزالي ترك تراثا إنسانيا من خلال ما عكسته الترجمات العديدة لمصنفاته ، والتي وصلت إلى (41) ترجمة، توزعت على (12) لغة من أهم اللغات العالمية، مما يعزز استفادة علماء الغرب من مصنفاته المترجمة وما تضمنت من أفكار ومفاهيم اقتصادية.

وعلى أننا إذ لا نذهب بعيدا في تقرير الافتراضات الممكنة في تأثر الفكر الاقتصادي الغربي من الزاوية التاريخية بطروحات الغزالي دون بحث أو تحقيق علمي قائم على الحيادية والموضوعية، فإن ثمة اختلافات وفروقات جوهرية بين الغزالي وآدم سميث في مجال الحديث عن فكرة العمل الإنتاجي حسب ما تقدم، والتي تشير إلى تمكن الغزالي من مفهوم التخصص والتقسيم الفني للوحدات الإنتاجية مقارنة مع آدم سميث الذي تنسب إليه شهرة اقتصادية واسعة الآفاق نالها بعد الغزالي بفترة متأخرة من الزمن.

---

(1) أنظر: جورج سول، المذاهب الاقتصادية الكبرى، ترجمة راشد البراوي (القاهرة: مكتبة النهضة المصرية، ص (65) .

الفصل الخامس

الفقر وأبعاده الاقتصادية في فكر الإمام الغزالي

المبحث الأول

مفهوم الفقر

يعد موضوع الفقر من الموضوعات الرئيسة التي عنيت بها الدراسات الاجتماعية والاقتصادية وغيرها، وذلك بسبب أهميته ودوره في صياغة أشكال التنظيم الاجتماعي وتحديد المستويات المعيشية السائدة والتي تترك آثارا بالغة الخطورة في حياة المجتمعات. ويأتي الحديث عن مفهوم الفقر في هذا السياق ضمن البعد الاقتصادي الذي شرحه الغزالي وبين كثيرا من دلالاته ومعانيه، وذلك في مطلبين هما:

المطلب الأول: معنى الفقر

المطلب الثاني: معنى الفقر في ضوء المشكلة الاقتصادية

المطلب الأول

معنى الفقر

يشمل مدلول الفقر ثلاثة معان هي المعنى اللغوي ، والمعنى العقدي ، والمعنى الاصطلاحي:

المعنى اللغوي: يقال في اللغة فَقر ويَفْقَرُ إذا قلّ ماله، ويجمع الفقير على فقراء وفُقُر، والفقير عند العرب بمعنى المحتاج، فيقال: افتقر إلى الأمر أي احتاج إليه، وشكا إليه فقوره أي حاجته[1].

وواضح من الدلالة اللغوية لمعنى الفقر أن "الحاجة" هي الأساس في تحديد هذا المعنى، فحيثما قامت حاجة الإنسان إلى شي فهو فقير بالنسبة إليه، وبالمقابل فإن غنى الإنسان في شيء هو استغناؤه عن طلب الحاجة المقصودة منه.

---

(1) لسان العرب ، باب الراء، فصل الفاء، 50/60-61. أحمد بن محمد الفيومي، المصباح المنير (بيروت، المكتبة العلمية، د.ت)، 478/2.

المعنى العقدي: يعرض الغزالي المعنى العقدي لمفهوم الفقر في سياق معنى الحاجة المحددة له، ويقدم في ذلك تصورا عقديا يحدد به أبعاد علاقة الفقر والغنى بين الناس وخالقهم، فيذكر نوعا من الحاجات يطلق عليه لفظ "الحاجة المطلقة" للدلالة على حاجة الإنسان الأبدية والدائمة إلى الله تعالى، فيقول: "**أما المطلق: فهو احتياج العبد إلى موجد يوجده وإلى بقاء بعد الإيجاد وإلى هداية إلى موجده**"[1].

ويستدل من هذا المضمون أن الإنسان يعتريه حالة فقر مطلقة لأنه عاجز عن إيجاد نفسه دون الحاجة إلى غيره، وأن وجوده مستمد من إرادة الله تعالى في الخلق والإيجاد، والعطاء والمنع، والهداية والضلالة وغير هذا، مما يدل على "**ان كل موجود سوى الله تعالى فهو فقير، لأنه محتاج إلى دوام الوجود في ثاني الحال، ودوام وجود مستفاد من فضل الله تعالى وجوده، هذا معنى الفقر مطلقا**"[2].

وفي المقابل فإن كل من كان فقيرا على إطلاقه فلا يتصور أن يكون غنيا على الحقيقة، وإنما يكون غنيا مجازا، لأن الغني اسم من أسماء الله معناه المنزه عن الحاجات والضرورات في ذاته[3]، وهذا هو الغنى المطلق، أي حسب تعبير الغزالي: "**ليس في الوجود إلا غني واحد، وكل ما عداه فإنهم محتاجون إليه ليمدّوا وجودهم بالدوام**"[4].

فإطلاق معنى الغنى على الأفراد لا يراد به إلا المعنى المجازي الذي لا يتجاوز حدود الاستغناء عن غير الله تعالى، ولا يراد به الحقيقة الثابتة لوصف الغنى لأن حقيقة الغنى تختص بصفات الله تعالى الذي ليس له حاجة إلى أحد أصلا[5]، وإلى هذا الحصر الإشارة بقوله تعالى: ﴿ **و الله الغني وأنتم الفقراء** ﴾[6]، وقوله تعالى: ﴿ **يا أيها الناس أنتم الفقراء إلى الله و الله هو الغني الحميد** ﴾[7].

---

(1) روضة الطالبين، ص 106

(2) الإحياء، 202/4.

(3) أيوب بن موسى الكفوي، الكليات (دمشق، وزارة الثقافة والارشاد القومي، 1974)، 355/3.

(4) الإحياء 202/4.

(5) المقصد الأسنى، ص 144.

(6) سورة محمد، من الآية 38.

(7) سورة فاطر، الآية 15.

فالاستفادة الحاصلة من المفهوم العقدي للفقر، كما يطرحه الغزالي من خلال معنى الفقر المطلق والغنى المطلق، يسهم في تصويب الأشكال الخاطئة لممارسات الإنسان وعلاقاته الجائرة القائمة على أساس التقسيمات الطبقية التي تفصل الناس إلى فقير محروم وإلى غني مترف، ولذا فإن المعاني الإيمانية أو العقدية المطروحة في هذا الجانب من شأنها رد جميع الأشكال والعلاقات الخاطئة إلى أساس التصور الإيماني المطلق الذي لا يعترف بالطبقات بين الناس، وإنما بالدرجات الدنيوية التي تتحصل فيها مكاسب الجميع من الغني الواحد والرازق الواحد دون سواه، فينفي هذا التصور شعور الإنسان بالاستعلاء والاستكبار المادي، ويحد من طغيان الأفراد بعضهم على بعض، وينمي أواصر المحبة والتعاون بينهم، وعلى الجملة يؤدي هذا المفهوم إلى إعادة صياغة وتشكيل الحياة الاجتماعية على أسس إيمانية وأخلاقية صالحة للتعايش الإنساني السليم.

المعنى الاصطلاحي: وفي الاصطلاح فإن معنى الفقر يدور مدار الحاجة أيضا، وقد حدده الغزالي بقوله: **"اعلم أن الفقر عبارة عن فقد ما هو محتاج إليه، أما فقد ما لا حاجة إليه فلا يسمى فقرا"**[1]، وفي روضة الطالبين، يقول: **"أما الفقر فهو الفقد والاحتياج"**[2]، وهذا المعنى قد أخذ به صاحب كتاب "التعريفات" في تحديده لمفهوم الفقر من الوجهة الاصطلاحية[3].

ولما كان من غير السهل ضبط مدلول الحاجة المعتد بها لتقرير حالة عجز الفرد عن إشباع رغباته وتحصيل المستوى اللائق بكفايته المعيشية، واستنادا إلى نصوص متفاوتة في فهمها ومدلولاتها، فقد اختلف الفقهاء في تقدير المدى المطلوب لاعتبار الحاجة، وبالتالي من هو فقير ومن هو غير فقير.

ويمكن تصنيف أهم الآراء والنقول الفقهية في هذه المسألة التي ينبغي بحثها فقهيا، للترابط الوثيق بينها وبين المضمون الاقتصادي، باستخدام ثلاث أدوات

---

(1) الإحياء، 202/4.

(2) روضة الطالبين، ص 106.

(3) التعريفات، ص 168.

رئيسة من شأنها أن تقدم إطارا مرجعيا للوقوف على معنى الفقر من حيث المصطلح ، وفي ضوء صلته بدرجة الإشباع المطلوبة للنهوض بالحاجات، وهذه الأدوات هي:

الأداة الأولى: نصاب الزكاة

يتحدد مستوى الفقر حسب هذه الأداة بالقدر المفروض من نصاب الزكاة، وهو ما يعادل مائتي درهم من نصاب النقدين أو أي نصاب من الأنصبة الزكاتية الأخرى، بمعنى أن الفقير هو كل من ملك دون نصاب فارغ عن حاجته الأصلية من أي مال كان[1]، وبمقتضى ذلك يستحق الزكاة، ومن ملك نصابا أو فوقه فليس فقيرا لانتفاء حاجته الأصلية الموجبة للزكاة[2].

ويقول بهذا الرأي الحنفية وجماعة من أهل العراق[3]، وحجتهم في ذلك حديث الرسول صلى الله عليه وسلم حين بعث معاذا إلى اليمن، وأمره أن يأخذ الصدقة، فقال: "تؤخذ من أغنيائهم وترد على فقرائهم"[4]، فاعتبروا النصاب هو الأداة الطبيعية التي تفرق بين الغني والفقير[5] من حيث موقف كل منها من الزكاة، إذ يقوم المالك للنصاب بدفع الزكاة بوصفه غنيا بينما يأخذ الزكاة المالك دون النصاب بوصفه فقيرا.

الأداة الثانية: الدخل النقدي

وحسب هذه الأداة يتحدد مستوى الفقر بما يملك الفرد من رصيد نقدي يقدر بخمسين درهما في قول، أو بأربعين درهما في قول آخر، ويعني هذا المفهوم في ضوء صلته بأداة النصاب أن الفقير هو من يملك ربع النصاب (خمسين درهما) حسب القول الأول ، أو من يملك خمس النصاب (أربعين درهما) حسب القول الثاني.

---

(1) ابن عابدين، حاشية رد المحتار على الدر المختار، دار إحياء التراث العربي، 64/2.

(2) الصنعاني، بدائع الصنائع، 48/2.

(3) الأموال، ص 668.

(4) البخاري، 507/2، رقم الحديث: 1331.

(5) الأموال، ص 668.

فأما القول الأول؛ فيقول به الحنابلة في إحدى الروايتين، وجماعة من التابعين، مثل سفيان الثوري وابن المبارك والنخعي وغيرهم، وحجتهم في ذلك ما رواه ابن مسعود مرفوعا "أنه قيل يا رسول الله وما الغنى؟ قال خمسون درهما أو قيمتها من الذهب"[1].

وأما القول الثاني فقد أخذ به الحسن البصري وأبو عبيد[2]، وحجتهم في ذلك ما روي عن الرسول صلى الله عليه وسلم أنه قال: "لا يسأل رجل وله أوقية[3] أو عدلها، إلا سأل الحافا"[4]، فاعتبروا أن الأوقية من الفضة وهي تعدل أربعين درهما تعكس الأداة الحقيقية لمستوى الفقر لأنه يتعلق بها جواز السؤال خلافا للقول الأول المتمثل بخمسين درهما.

الأداة الثالثة: حد الكفاية

يتحدد حد الفقر بهذه الأداة عند المستوى الذي يعجز فيه الفرد عن تحقيق الإشباع الأمثل لحاجاته الأساسية وهو مستوى الكفاية، وهذا مذهب جمهور الفقهاء من المالكية والشافعية والحنابلة في الرواية الأخرى.

وهذا الرأي قد أخذ به الغزالي موافقا للجمهور، ولا سيما مذهب الشافعية الذي يعكس آراءه واجتهاداته الفقهية، إذ صرح بأن دافع الحاجة هو الأساس في تقييم وجود ظاهرة الفقر من عدمها[5]، والحجة في ذلك قول الرسول صلى الله عليه

---

(1) صحيح الجامع الصغير وزيادته، 1076/2-1077، رقم الحديث: 6279.

(2) ابن قدامه، المغني، 277/2. الأموال، ص 664 .

(3) الأوقية: معيار للوزن يساوي أربعين درهما. انظر: قلعجي، معجم لغة الفقهاء، ص97.

(4) أحمد بن حنبل، المسند، دار الفكر، 430/5. وصححه الألباني، انظر: محمد ناصر الدين الألباني، صحيح النسائي، ط1 (بيروت: المكتب الإسلامي 1988)، 549/2. رقم الحديث: 2433.

(5) وهنا ينبغي الإشارة إلى أن الغزالي سبق وأن حدد الغنى بخمسين درهما وذلك من باب جواز المسألة التي يستغني بها صاحبها عن الآخرين وليس الوصول إلى حالة السداد أو القوام عند مستوى الكفاية ، أي الخروج من الفقر.

وسلم: "إن المسألة لا تحل إلا لأحد ثلاثة -وذكر منها- ورجل أصابته فاقة حتى يقول ثلاثة من ذوي الحجا من قومه لقد أصابت فلانا فاقة فحلت له لمسألة حتى يصيب قواما من عيش أو قال سدادا من عيش"[1]

المناقشة:

تبرز أهم القضايا المطروحة في جانب تحديد مفهوم الفقر الاصطلاحي من خلال النقاط التالية:

أولا: أن أداة النصاب لا تصلح لقياس مستوى الفقر والتعبير عنه، وذلك لأنها تعتبر الرجل الذي يملك الثروات الطائلة مما يعد من قبيل الحاجات الشخصية من الأثاث والرياش والمسكن وأدوات الركوب وغير ذلك هو رجل فقير يستحق الزكاة إذا لم يكن لديه مائتي درهم حال عليها الحول، فمثل هذا القياس يعكس حالة التناقض في استخدام النصاب الزكاتي كأداة مثلى تعبر فعليا عن مفهوم الفقر.

ثانيا: وأيضا فإن أداة الدخل النقدي لا تصلح للتعبير عن مفهوم الفقر حيث لا تختلف عن الأداة السابقة في شيء، بل أنه من باب أولى يجب ردها وعدم اعتبارها لأنها تشكل جزءا من النصاب لا يزيد عن الربع أو الخمس على القولين، أي أن الفرد إذا ملك ما يزيد على خمسين درهما حسب القول الأول أو ما يزيد على أربعين درهما حسب القول الثاني فهو ليس بفقير، وهذا يخالف بحد ذاته مبدأ توزيع الزكاة لمن يملك دون مائتي درهم، وقد رد كثير من الفقهاء الأدلة التي استند إليها أصحاب هذا الرأي وتأولوها بأحوال مخصوصة لا علاقة لها بمفهوم الفقر.

ثالثا: وتعتبر الأداة الثالثة المتمثلة بحد الكفاية هي الأنسب والأكثر ملاءمة لتفسير معنى الفقر والوقوف على حقيقته في ضوء الحاجات الشخصية المعتبرة، وذلك بالرغم من وجود صعوبة ضبط الحاجة وتقديرها بسبب التأثيرات الناتجة عن تغير المكان والزمان بالإضافة إلى تفاوت الأشخاص وأحوالهم وما شابه ذلك.

---

(1) مسلم، 3/97-98.

وقد أشار الغزالي إلى ظاهرة التفاوت النسبي في تقدير الحاجات الشخصية ، فأوضح صعوبة تحديد مفهوم الفقر أو الغنى في إطار استمرارية التغير الحاصل من تقييمات الأفراد لطبيعة حاجاتهم الحقيقية، والمتضمنة لحدود التضييق وحدود التوسيع ضمن نطاق غير منضبط أو دقيق، فيقول: **"ولكن حد الغنى مشكل وتقديره عسير، وليس إلينا وضع المقادير، بل يستدرك ذلك بالتوفيق"**[1].

ويقول **"وللمحتاج في تقدير الحاجات مقامات في التضييق والتوسيع ولا تحصر ـ مراتبه، وميل الورع إلى التضييق وميل المتساهل إلى التوسيع حتى يرى نفسه محتاجا إلى فنون من التوسع وهو ممقوت في الشرع"**[2].

ويقول أيضا: **"والمطلع على الحاجات هو الله تعالى وليس للبشر ـ وقوف على حدودها"**[3].

إذن فمفهوم الفقر عند الغزالي يختلف نسبيا من شخص إلى آخر، ويتوقف على تقييم الفقير لحاجته الملحة وفق ظروفه الشخصية ومدى قناعته وتوكله وورعه وثقته بعطاء الله تعالى[4]، ويعكس في نفس الوقت تيارا متجددا من الدخل يتماشى مع الحاجات المتجددة والمتنامية[5]، وذلك بغض النظر عن الأرصدة الثابتة، وإنما بالتركيز على الأدوات الإنتاجية المساعدة لأن الشخص حسب تعبير الغزالي **"قد يملك ألف درهم وهو مسكين وقد لا يملك إلا فأسا وحبلا وهو غني"**[6].

وعلى أساس الاعتبارات السابقة فإن الشخص قد يكون فقيرا في بلد ما بينما يكون غنيا في بلد آخر لاختلاف المكان بينهما ، وبالتالي اختلاف المستوى

---

(1) الإحياء، 227/4 .

(2) المصدر نفسه، 264/1.

(3) المصدر نفسه، 131/2.

(4) محمد فتحي صقر، تدخل الدولة في النشاط الاقتصادي ص 77- 78.

(5) يوسف إبراهيم، النفقات العامة في الإسلام، ص201 ، 385.

(6) الإحياء، 261/1.

المعيشي، وقد يكون الشخص فقيرا وهو يملك رصيدا نقديا ثابتا بينما يكون غنيا وهو لا يملك مثل هذا الرصيد ، بسبب التفاوت الحاصل بين الحالتين في درجة الكسب اللازمة لبلوغ مستوى الكفاية المطلوب[1]، وقد يكون الرجل مسرفا بالإنفاق على نفسه بينما لا يكون مسرفا بنفس درجة الإنفاق إذا اختلفت الحال، فيقول الغزالي: **"وكذلك لو صرف جميع ماله إلى نقوش حياطنه وتزيين بنيانه فهو أيضا إسراف محرم، وفعل ذلك ممن له مال كثير ليس بحرام ، لأن التزيين من الأغراض الصحيحة، وكذلك القول في التجمل بالثياب والأطعمة فذلك مباح في جنسه، ويصير إسرافا باعتبار حال الرجل وثروته"**[2].

ومن هنا فإن مفهوم الفقر يعتمد على عاملين أساسيين هما:

العامل الأول: طبيعة المستويات المعيشية السائدة: فيمكن بها تحديد خطوط الفقر، وهو ما يسمى "الرقم القياسي لتكاليف المعيشة" أو "مؤشر الأسعار" حيث تضبط بهذه الآلية الاختلافات المترتبة على تأثير الزمان والمكان والأحوال والأشخاص.

العامل الثاني: تكلفة سلة الاحتياجات الأساسية: فتترجم حاجة الإنسان من السلع والخدمات إلى سلة حاجات أساسية للمساعدة بعد معرفة تكاليفها في تحديد الحد الفاصل بين الفقر والغنى، وهو ما يعبر عنه بمستوى الكفاية.

ولذا فإن الوقوف على التكلفة الحقيقية لسلة الاحتياجات الأساسية لا يترك لأمزجة الأفراد وقراراتهم ، أو التقييم إلى خبراء من أهل الاختصاص والمشورة[3]، وقد أوضح الغزالي هذه المسألة بقوله: "وتقدير ذلك بالاجتهاد"[4]، والمعلوم أن الاجتهاد

---

(1) الخطابي، معالم السنن، 56/2-57. النووي المجموع 190/6. الأموال ص666.

(2) الإحياء، 370/2.

(3) يوسف إبراهيم، المنهج الإسلامي في التنمية الاقتصادية، ص385. وانظر لنفس المؤلف: النفقات العامة في الإسلام، ص 201.

(4) الإحياء، 264/1 .

من الأعمال التخصصية التي يخضع أهلها لشروط مخصوصة لا تتوافر في كـل فـرد مـن الأفراد، وعلى ضوء ما تقدم، يعرف الفقر بأنه "المستوى المعاشي الذي يعجز فيه الفرد عـن إشباع حاجاته الأساسية من السلع والخدمات حسب دلالة مؤشر الأسعار".

المطلب الثاني

معنى الفقر في ضوء المشكلة الاقتصادية

أولا: المشكلة الاقتصادية

تفسر الشروحات الاقتصادية المعاصرة مفهوم المشكلة الاقتصادية حسـب مصطلح النـدرة النسبية[1]، ويقصد بهذا المصطلح وجود فجوة بين حاجات الإنسان وكمية المـوارد اللازمـة لإشباع هذه الحاجات، أي عدم وجود القدر الكافي مـن المـوارد المتاحـة ليسـد حاجـات الإنسـان ورغباتـه المتزايدة، وتعتبر هذه المشكلة والاهتمام بحلولها وعلاجاتها من أهم الأهداف التـي يسـعى إليها الاقتصاد المعاصر ، محللا وشارحا لكثـير مـن المفاهيم الاقتصادية اللازمة لوضع صيغة مقبولة للاستخدام الأمثل للموارد النادرة ، وكيفية اتخاذ القرارات الرشيدة للاستفادة منها، وهو مـا يطلق عليه بالفكر الغربي بمصطلح الندرة والاختيار (Scarcity and choice).

غير أن الغزالي في هذا الجانب وإن لم يقدم مصطلحات ذات دلالة مبـاشرة للتعبـير عـن المشكلة الاقتصادية كما قدمتها النظرية الاقتصادية المعاصرة فإنه أسهم بطرح بعض الموضـوعات المتصلة بها والتي تختلف تماما عن الطروحات المعاصرة.

فهو ابتداء يتعرض لفكرة الوفرة كأصل من أصول الخلق، وذلك بإشارته إلى زيادة الأطعمـة والأقوات عن حاجات البشر أضعافا مضاعفة، فيقول:**"إن الذي خلقه اللـه من الفواكه والحبوب زائد عن قدر توسع الخلق وترفههم فكيف على قدر حاجتهم"**[2].

---

(1) اسماعيل هاشم، الاقتصاد التحليلي، ص18-19 ، عبد العزيز فهمي هيكل ، مدخل إلى الاقتصاد الإسلامي (الإسكندرية، الدار الجامعية، 1988) ، ص 41.

(2) الإحياء، 121/2.

فدلالة النص تؤكد على عدم وجود فجوة حقيقية بين حاجات الإنسان واختياراته المفضلة وبين ما هو متاح في الطبيعة من نعم وخيرات أسبغها الله تعالى على الإنسان ظاهرة وباطنة.

ويدل هذا القول من الناحية الضمنية على وجود مخالفة قطعية لقبول فكرة "الندرة النسبية" كأصل من أصول الخلق، والتي تبنتها الدراسات المعاصرة لتبرير وجود علم الاقتصاد، وكما ذهب "روبنز" وهو أحد أهم رواد الفكر الاقتصادي المعاصر إلى وصف علم الاقتصاد بأنه "العلم الذي يدرس السلوك الإنساني كعلاقة بين أهداف، وبين وسائل نادرة ذات استعمالات بديلة"[1].

وفي مجال إمكانية الأخذ بمبدأ الوفرة يقول الدكتور عيسى عبده وهو من المعاصرين الذين تبنوا فكرة الوفرة في كتابه الاقتصاد الإسلامي: "نريد بالوفرة من حيث أنها ضابط من ضوابط الخلق أن ما في الأرض من أرزاق طيبة أو مورد جامد أو سائل وما فيها من طاقة يتواجد بكثرة تزيد عن الحاجة"[2]، ومبدأ الوفرة لا يدخل بوضع التوازن الذي وجدت عليه حياة الإنسان أصلا، ولا يدل على عدم محدودية بعض الموارد ، وبخاصة موارد الأرض الباطنة والتي لا يشك بأنها ناضبة وقابلة للنفاد مثل الحديد والنفط وغيره، ولكن مع محدودية بعض الموارد تبقى الوفرة قائمة ومهيأة لاستعدادات الإنسان من أجل استغلالها حتى تبقى الحياة صالحة للمعاش ، لأنه حسب التصور الإسلامي قد تكفل الله تعالى برزق الإنسان أولا وأخيرا، ويؤكد الغزالي الصورة التوازنية بالمقارنة بين سلعتي "الخبز" وهي سلعة تحويلية مصنعة "والماء" وهي سلعة غير مصنعة، فيقول: **"الخبز والماء واحد في الحاجة، وإنما الفرق بينهما في قلة أحدهما وكثرة الآخر، وإذا عرفت الله تعالى ووثقت بتدبيره الذي دبر به العالم: علمت أن قدر حاجتك من الخبز يأتيك لا محالة ما دمت حيا كما يأتيك قدر حاجتك من الماء"**[3].

---

(1) إسماعيل هاشم، الاقتصاد التحليلي، ص8.

(2) عيسى عبده، الاقتصاد الاسلامي: مدخل ومنهاج، دار الاعتصام، ص49.

(3) الإحياء، 204/4.

فالدلالة الظاهرة من قوله "قدر حاجتك من الخبز" و "قدر حاجتك من الماء" تفيد بأن الحاجة مقدرة ، أي متوازنة مع الموارد المتاحة ولو اختلفت نسبها وكمياتها، كقوله عن وجود الذهب والفضة في باطن الأرض: "**وقدرهما بتقدير مخصوص، ولم يجعل ذلك ميسرا في الوجود والقدر مع سعة قدرته وشمول نعمته**"[1]، وهذا ما أيدته الشواهد القرآنية في مواضع عديدة، كقوله تعالى: ﴿ **وكل شيء عنده بمقدار** ﴾[2]، **وقوله تعالى:** ﴿ **إنا كل شيء خلقناه بقدر** ﴾[3]، وقوله تعالى: ﴿ **وخلق كل شيء فقدره تقديرا** ﴾[4]، وقوله تعالى: ﴿ **وإن من شيء إلا عندنا خزائنه وما ننزله إلا بقدر معلوم** ﴾[5].

وجاء عن القرطبي في تفسير "القدر المعلوم" أن الأشياء التي خلقها الله تعالى وبثها في الطبيعة تتناسب مع حاجات البشر دون إخلال بها، وأن خزائن الله تعالى مقدرة ومعلومة دون أن يعتريها نقص أو خسران[6].

ومن الشواهد القرآنية الدالة على مبدأ التوازن قوله تعالى: ﴿ **والأرض مددناها وألقينا فيها رواسي وأنبتنا فيها من كل شيء موزون** ﴾[7]، وقوله تعالى: ﴿ **و الله أنبتكم من الأرض نباتا** ﴾[8]، فهذا يدل على أن الإنسان وما يحتاجه

---

(1) الحكمة في مخلوقات الله، ص39.

(2) سورة الرعد، من الآية 8.

(3) سورة القمر، الآية 49.

(4) سورة الفرقان، من الآية 2.

(5) سورة الحجر، الآية 21.

(6) محمد بن أحمد القرطبي، الجامع لأحكام القرآن (بيروت، دار إحياء التراث العربي، د.ت) 10/14-15.

(7) سورة الحجر، الآية 19.

(8) سورة نوح، الآية 17.

من موارد جزء لا يتجزأ من الدورة الطبيعية المتوازنة للحياة بشكل عام، فالتوازن الذي يعكس حالة التعادل بين الحاجات والموارد يمكن أن يتحقق في تزايد المعدلات النسبية لكل من الموارد والحاجات خلال الزمن، والنبات - مثلا- كائن حي لا يمكن أن تتوفر له استمرارية البقاء ما لم تتجدد الموارد اللازمة لوجوده أي مقومات حياته وتنمو بصورة متوازنة مع حاجات النبات إلى الغذاء ومن ثم البقاء، وهكذا فإن الموارد في أغلب صورها تتخذ شكل تيار متدفق يسهم في ازدياد الثروات وتراكمها مثل الثروات المائية والنباتية والحيوانية وغيرها[1].

ومما يشهد لهذه الحقيقة الدالة على قدرة الله تعالى في إيجاد العالم المتوازن والحاجات المتوازنة، مما تمخضت عنه الدراسة الميدانية الواسعة لكل من "كولينز" و "مورلاييه" لأنحاء متفرقة من بلدان العالم الفقير وغير الفقير، إذ جاءت نتيجة الدراسة بقولهما: "وإذا نظرنا للعالم بصورة شمولية يتبين لنا أنه لا وجود لفكرة عدم وجود القدر الكافي من الغذاء ليسد حاجات البشر"[2].

ثانيا: الفقر والمشكلة الاقتصادية

وبالرغم من وجود ظاهرة الوفرة النسبية وليس الندرة النسبية كأصل من أصول الخلق، فإنه بالإمكان ظهور فجوة بين الحاجات المطلوبة وبين القدرة على إشباعها من الموارد الطبيعية، وذلك على مستوى جزئي محدود وليس على المستوى الكلي، لأن الواقع المعاش في هذه الحالة تخضع فيه الموارد ومدى ضمان توافرها إلى تأثيرات المكان والأساليب السائدة في عمليات الإنتاج وما شابه ذلك[3].

وقد أشار الغزالي إلى تأثير مثل هذه العوامل على الحياة الاقتصادية واحتمالية

---

(1) حسين غانم "ليس الاقتصاد علما للندرة" مجلة الاقتصاد الاسلامي، العدد (8) مجلة الاقتصاد الإسلامي، العدد (103)، 1990 ص 38-39.

(2) كولينز، صناعة الجوع، ص14-18.

(3) سعيد سعد مرطان، مدخل للفكر الاقتصادي في الإسلام، ط1 (بيروت، مؤسسة الرسالة، 1986)، ص69.

نشوء المشكلة في الموارد ضمن نطاقات اقتصادية محددة، والتي تنشأ في الغالب بفعل الممارسات البشرية والأساليب الخاطئة في التعامل مع الموارد واستخداماتها الممكنة، ومن عباراته المستفادة في بيان هذا المعنى:

- قوله في "الإحياء": "**وأما أهل البلد أيضا فيتعاملون في الحاجات ويتنازعون فيها، ولو تركوا كذلك لتقاتلوا وهلكوا، وكذلك الرعاة وأرباب الفلاحة يتواردون على المرعى والأراضي والمياه وهي لا تفي بأغراضهم فيتنازعون لا محالة**"[1].

فالمعنى المستفاد من هذه العبارة يدل على أن أساليب الأفراد المتبعة في استغلال ما سخره الله تعالى لهم من موارد الأرض والمياه والمراعي هي أساليب غير مخططة وغير قائمة على أشكال تعاونية لتستوعب تنافسهم وتزاحمهم على نفس المقاصد.

وقوله: "لا تفي بأغراضهم" لا يؤخذ على إطلاقه لأن سياق العبارة ينحصر في نطاق جزئي محدود عبر عنه بقوله: "وأما أهل البلد"، مما يعني في الوجه المقابل أن هذه الموارد تفي بأغراض الناس على المستوى الكلي، وفي نفس الوقت تؤكد أن أشكال التوزيع العادلة للموارد والتضييق على صور التنافس غير المخططة أو المنظمة تحد من قصور الإنسان وعجزه للاستفادة من الموارد وتحصيل حاجاته المتنازع عليها.

وقوله: "المقصد الآسنى": **فإنه - أي الله تعالى- يعلم حاجة المحتاجين قبل سؤالهم، وقد علمها في الأزل، فدبّر أسباب كفاية الحاجات بخلق الأطعمة والأقوات، وتيسير الأسباب والآلات الموصلة إلى جميع المهمات**"[2].

فيستدل من هذا النص أيضا أن الله تعالى: "دبّر أسباب كفاية الحاجات بخلق الأطعمة والأقوات"، على المستوى الكلي، وأن ذلك مرهون حسب دلالة النص بقدرة الأفراد على استخدام الموارد في الأغراض الإنتاجية علاوة على اتباع العدالة في التوزيع المشار إليها آنفا، لأنه تهيأت لهم "الآلات الموصلة" أو المساعدة لتحقيق

(1) الإحياء، 240/3.

(2) المقصد الأسنى، ص118.

أهدافهم، ويفسر ذلك وجود علاقة عضوية بين عجز الإنسان عن إشباع حاجاته وبين قصور إرادته في استصلاح الموار واستخدام الآلات وعوامل الإنتاج الأخرى للقضاء على أية مشاكل اقتصادية محتملة.

- وقوله في "الحكمة في مخلوقات الله": **"ألا ترى إلى الأمطار إذا توالت وكثرة عفنت البقول والخضروات، وكثيرا من الحرف والصناعات ولو دام الصحو لجفت الأبادن والنبات وعفن الماء الذي في العيون والأودية، وغلت بسببه الأقوات، وبطل المرعى"**[1].

فيفهم من هذه العبارة أن العوامل الطبيعية تلعب دورا في خلخلة الأوضاع الاقتصادية وحدوث الأزمات المؤدية إلى الفقر والمجاعات من خلال غلاء الأسعار وانخفاض المستويات المعيشية وغير ذلك.

إلا أنه من الممكن تفسير اضطراب كثير من الظواهر الطبيعية أو حدوث الأزمات والتقلبات الاقتصادية نتيجة طغيان الإنسان وظلمه في تبديد الموارد والخيرات، وخرقه للقوانين الطبيعية وعدم التزامه بالمبادىء والقيم الأخلقية والدينية المفترض تعامله بها مما يبرر إيقاع العقوبة الإلهية، والتي تتخذ أشكالا مختلفة في واقع الحياة مثل الجدب وحبس الأمطار وانتشار الأمراض وغير ذلك من المؤشرات المحددة لظاهرة الفقر والتخلف.

وقد صرحت آيات قرآنية عديدة بلعقاب الإلهي الصارم والمتمثل بالفقر، كقوله تعالى: ﴿ **وضرب الله مثلا قرية كانت آمنة مطمئنة يأتيها رزقها رغدا من كل مكان فكفرت بأنعم الله فأذاقها الله لباس الجوع والخوف بما كانوا يصنعون** ﴾[2]، وقوله تعالى: ﴿ **ولقد أخذنا آل فرعون بالسنين ونقص من الثمرات لعلهم يذكرون** ﴾[3]، وقوله

---

(1) الحكمة في مخلوقات الله، ص51.

(2) سورة النحل، الآية 112.

(3) سورة الأعراف، الآية 130.

تعالى: ﴿ **ولو أن أهل القرى آمنوا واتقوا لفتحنا عليهم بركات من السماء والأرض ولكن كذبوا فأخذناهم بما كانوا يكسبون** ﴾[1]. وفي هذا الباب نصوص عديدة بعيدة عن الحصر[2].

ونتيجة لما تقدم، يتضح أن مفهوم الفقر يعكس وضعا ملازما لوجود المشكلة الاقتصادية في نطاق جزئي محدود، سواء أكان ذلك في جانب الإنتاج أم في جانب التوزيع، ويعزى كل ذلك حسب تعبيرات الغزالي إلى قصور الإنسان أولا وآخرا عن إطلاق إرادته في تنمية الموارد وإصلاحها في الاستخدامات الإنتاجية الممكنة، وإلى سعيه للانفراد بمقصوده من الحاجات على أسس وعلاقات غير متعاونة أو أشكال غير عادلة في عمليات التوزيع، مما يؤدي في النهاية إلى عجزه عن إشباع رغباته وحاجاته ضمن المستويات المعيشية السائدة.

---

(1) سورة الأعراف، الآية 96.

(2) الحوراني، اقتصاديات الفقر، ص63-65.

المبحث الثاني

موقف الغزالي من الفقر

يتفاوت موقف الفقهـاء ولا سيما فقهـاء الصوفية مـن الفقـر تفاوتـا نسـبيا بـين الـرفض
والقبول، ويأتي موقف الغزالي في هذا الإطار محددا لبعض الشروط المعتبرة في قياس مـدى الـرفض
أو القبول لهذه الظاهرة، وبالتالي تحديد المستوى المعاشي الأكثر قبولا من غيره، وهو ما يبينه هذا
المبحث من خلال ثلاثة مطالب، وهي:

المطلب الأول: نظرة الغزالي إلى الفقر.

المطلب الثاني: أفضلية حد الكفاية.

المطلب الثالث: كفاية الفقراء من أموال الأغنياء.

المطلب الأول

نظرة الغزالي إلى الفقر

ترتبط نظرة الغزالي العامة إلى قضية الفقر بالاتجاه العام لخطاباته المتعلقة بتوزيع شرائح
المجتمع إلى ثلاث فئات متفاوتة بين الخصوص والعموم كما مر في مواضع سابقة.

وتتصل طبيعة هذه النظرة وشموليتها بمـدى تـأثير بعض العوامـل العقائديـة في تقيـيم
ظاهرة الفقر مثل عامل الرضا والقناعة والزهد والصبر وما شـابه ذلـك، إضـافة إلى تـأثير العلاقـة
المتبادلة بين الإنسان وبين طلبه المتزايد على المال الـذي يعتـبر في بعض صـوره آفـة مـن الافـات،
ويعتبر أيضا غرضا من أغراض الدنيا التي يعتبرها الغزالي مقصودة لغيرها وأنها مطيـة للوصـول إلى
الحياة الآخروية المتضمنة للمفهوم الحقيقي لمعنى الفقر ومعنى الغنى.

فهذه الاعتبارات الهامة تشكل منطلقـا أساسيا وضروريا لفهـم حقيقـة موقـف الغزالي
ونظرته إلى الفقر، وتأكيد شمولية هذه النظرة من زواياها المتعددة، وليس

حصرها في زاوية واحدة والتعميم غير الموضوعي على أساسها، كما وقع فيه كثير ممن غلطوا في فهم حقيقة موقف الغزالي من الفقر ومدحه لهذه الظاهرة تأويلا لبعض النصوص إلى جانب موقفه العام من ذم حالة الغنى[1].

فقد تناول الغزالي الحديث مفصلا عن الفقر في كتاب مستقل من "الإحياء" سماه كتاب "الفقر والزهد"، واستعرض فيه تحت عنوان "بيان فضيلة الفقر مطلقا" كثيرا م الشواهد القريبة والبعيدة لتوضيح منزلة الفقر وفضل الفقراء، واتبع نفس المنهج والأسلوب في كتابه "مكاشفة القلوب" إذ تناول الشواهد والأدلة نفسها مفصلة تحت عنوان "في فضل الفقراء"[2].

وأيا كان، فإنه بالإمكان استجلاء حقيقة نظرة الغزالي للفقر وسبر غورها من خلال سرد الأدلة المطروحة ومناقشتها على نحو من الإحاطة والشمول.

وأهم الأدلة التي طرحها الغزالي في بيان فضل الفقر والفقراء هي:

---

(1) فقد حمل ابن الجوزي على الغزالي في هذه المسألة، واتهمه بدعوته للفقر خلافا للشرع والعقل وجريا على موقف أستاذه المحاسبي، ومما نقله من قول الغزالي: فمن راقب أحوال الأنبياء والأولياء وأقوالهم لم يشك في أن فقد المال أفضل من وجوده.. فينبغي للمريد أن يخرج من ماله حتى لا يبقى له إلا قدر ضرورة. قال ابن الجوزي: فهذا كله خلاف الشرع والعقل. ونحن نرى أن ابن الجوزي على سعة علمه واطلاعه لم يميز بين موقف الغزالي العام وموقفه الخاص من الفقر إذ أن هذا النص لا يدخل في العموم وإنما يقتصر على الخصوص من الصوفية والأولياء، أو خصوص الخصوص من الأنبياء، فقوله: "للمريد" يدل على الصوفية، وقوله: "قدر الضرورة" لا يعني الخروج عن جميع الأموال وإنما الوصول إلى حد الكفاية وهو ما سنبينه في المطلب الثاني. للمزيد من التفصيل حول موقف ابن الجوزي، انظر: محمد بن بير البيركلي، المفاضلة بين الغني الشاكر والفقير الصابر، تحقيق محمد خير يوسف، ط1 (بيروت، دار ابن حزم، 1994)، ص 20 وما بعدها. نقلا عن كتاب كشاف الناموس لابن الجوزي وهو مخطوط.

(2) الإحياء، 4/205-217 ، أبو حامد الغزالي ، مكاشفة القلوب المقرب إلى حضرة علام الغيوب، ط 1 (بيروت دار الكتب العلمية، 1982)، ص173-181.

أولا: من الكتاب:

- قوله تعالى : ﴿ **للفقـراء المهـاجرين الـذين أخرجـوا مـن ديـارهم وأمـوالهم يبتغون فضلا من اللـه ورضوانا** ﴾[1].

- وقوله تعالى: ﴿ **للفقراء الذين احصروا في سبيل اللـه لا يسـتطيعون ضربـا في الأرض يحسبهم الجاهل أغنياء من التعفف** ﴾[2].

ويستفاد من هذين النصين أن تقديم الفقر على الهجرة والإحصار يدل "**دلالة ظاهرة عـلى مدح الفقر**"[3].

ثانيا: من السنة النبوية

- قول الرسول صلى اللـه عليه وسلم: "إن اللـه يحب عبده الفقير المتعفف أبا العيال"[4].

- وقوله صلى اللـه عليه وسلم: "يدخل الفقراء الجنة قبل الأغنياء بخمسمائة عام، نصـف يوم"[5].

- وقولـه صلـى اللـه عليـه وسلم: "طوبى لمن هدي للإسلام وكان عيشه كفافا وقنع"[6].

---

(1) سورة الحشر، من الآية 8.

(2) سورة البقرة، من الآية 273.

(3) الإحياء، 205/4.

(4) أبو عبد اللـه بن يزيد القزويني، سـنن أبـن ماجـه، تحقيـق محمـد فـؤاد عبـد البـاقي (بـيروت، المكتبـة العلمية، د.ت)، 1380/2، رقم الحديث: 4121. محمد ناصر الدين الألباني، سلسلة الأحاديـث الضـعيفة، ط4 (دمشق، المكتب الإسلامي، 1398)، 67/1. رقم الحديث: 51. وقال الألباني: حديث ضعيف.

(5) محمد بن عيسى الترمذي، سنن الترمذي، تحقيـق عبـد الوهـاب عبـد اللطيـف، ط3 (بـيروت، دار الفكـر، 1978)، 8/4، رقم الحديث 2458. وقال حديث حسن صحيح .

(6) المصدر نفسه: 4/6-7. رقم الحديث: 2453، وقال الترمذي: حديث صحيح

ويذكر الغزالي في هذا الباب أحاديث كثيرة يستدل بها على فضـل الفقـر وتكـريم الفقـراء والثناء عليهم [1].

ثالثا: من أقوال الصحابة

- قول أبي هريرة: "ثلاثة يدخلون الجنة بغير حساب: رجل يريد أن يغسل ثوبه فلـم يكـن له خلق يلبسه، ورجل لم ينصب على مستوقد قدرين، ورجل دعا بشربه فلم يقال له أيها تريد" [2].

- وقول أبي الدرداء: "ذو الدرهمين أشد حبسا أو قال أشد حسابا من ذي الدرهم" [3].

- وقول ابن عباس: "ملعون من أكرم بالغنى وأهان بالفقر" [4].

المناقشة:

فمن واقع الأدلة السابقة، وسواها مما يجري نفس المجرى، يتضح أن هذه الأدلة لا تعطي تبريرا كافيا للدلالة على موقف الغزالي من الفقر بأنه يدعو إليه، ويرغب فيه، أو أنه يفضل الفقر كمستوى معيشي يصلح لجميع الأفراد بدلا من المستويات المعيشية الأخرى وهي مستوى الكفايـة ومستوى الغنى، وذلك للأسباب التالية:

أولا: لايراد من الآيتين السابقتين الترغيب بالفقر كهدف مقصود لذاتـه، وإنمـا جـاء التعبـير بمدح الفقر لحالات مخصوصة [5] تتعلق بالذين هاجروا والذين أحصروا

---

(1) الإحياء/ 4/205-210 . مكاشفة القلوب ص 173-180.

(2) المصدرين السابقين، 4/210. ص 178 على التوالي.

(3) المصدرين السابقين، 4/210. ص 177 على التوالي.

(4) المصدرين السابقين، 4/211. ص 178 على التوالي.

(5) وهذا خلاف لما جاء به القرضاوي في كتابه مشكلة الفقـر حيـث ذكـر أن الإسـلام ينكـر عـلى المتصوفين قبولهم للفقر وفهمهم المستورد في ذلك من المانوية الفارسـية والصوفية الهنديـة والرهبانيـة النصرانيـة معتبرا أن هذا هو التطرف، لأنه حسب تعبيره ليس في مدح الفقر آية واحدة في كتاب اللـه ولا حـديث واحد صح عن رسول اللـه صلى اللـه عليه وسلم. انظر: القرضاوي، مشكلة الفقر، ص13.

في سبيل الله، ثم دلت الآيتان على ضرورة التخلص من الفقر بالإشارة إلى المهاجرين بأنهم "**يبتغون فضلا من الله ورضوانا**" وبالإشارة إلى الذين أحصروا بأنهم "**لا يستطيعون ضربا في الأرض**" إذ منعهم الإحصار من السعي والضرب في مناكب الأرض.

وتتضمن كلتا الآيتين إشارة واضحة إلى توجيه الإنفاق على الفقراء للفئتين للنهوض بهم، ونقلهم إلى مستوى معيشي أفضل من الفقر، فابتدأت الآية الأولى بقوله "للفقراء المهاجرين" أي ليصرف لهم الفيء والغنائم حسب الآية السابقة لها "كي لا يكون دولة بين الأغنياء"[1]، وابتدأت الآية الثانية بقوله: "للفقراء الذين احصروا" أي ليصرف لهم الصدقات المشار إليها في الآيات السابقة بسبب عجزهم عن التجارة والاكتساب خوفا من الأعداء لأن البلاد كلها كفر مطبق[2]، وقد انتهت الآية بقوله: "وما تنفقوا من خير فإن الله به عليم" مما يؤكد على أن مدلول الفقر في الآيتين لا يقع موقع المدح لذاته وإنما لتوجيه الأنظار لمساعدة الفقراء والتخفيف عنهم.

ثانيا: تشير النصوص النبوية كذلك إلى مدح الفقراء بسبب ما يتحلون به من آداب الصبر والزهد والقناعة والتعفف في مواجهة الفقر، ففي الحديث الأول يقع حب الله تعالى للعبد استجابة لتعففه وصبره على تحمل أعباء إعالته الأسرية، وفي الحديث الثاني يحمل دخول الفقراء الجنة قبل الأغنياء على قلة مساءلتهم ومناقشتهم الحساب عند الله تعالى وذلك لفقدهم المال، وهو ما يؤيده قول أبي هريرة: "ثلاثة يدخلون الجنة بغير حساب"، وقول أبي الدرداء: "ذو الدرهمين أشد حسابا"، بخلاف الأغنياء الذين يحاسبون على أموالهم ويسألون عن النقير والقطمير، وفي الحديث الثالث يستفاد من ربط الكفاف وهو أحد مستويات الفقر بالقناعة للدلالة على زهد المسلم في الدنيا وعدم التكالب عليها.

---

(1) القرطبي، الجامع لأحكام القرآن، 19/18.

(2) المصدر نفسه، 3/340-341 عبد الله بن أحمد النسفي، مدارك التنزيل وحقائق التأويل، (بيروت، دار الكتاب العربي، د.ت)، 1/182.

ثالثا: ويؤكد الغزالي على أن الفقير لا يحقق أية منزلة أو مكانة يؤجر عليها ما لم يتصف بالأخلاق الحميدة ويلتزم بالمبادئ القيمية السامية، مثل القناعة التي ينقطع فيها طمعه عن أموال الناس ويتجنب بها الحرص على طلب ما في أيديهم من أسباب النعم[1]، وأن الفقير لا يرتقي ولا يتحصل على الأجر والثواب لمجرد فقره "**وإنما يعظم ثواب الفقير عن القناعة والصبر والرضى**"[2]، مما يؤهله أن يكون من الزاهدين وبخلاف ذلك، أي بعكس الالتزام بهذه المبادئ والتحلي بهذه الأخلاق، يضيع على الفقراء فقرهم الذي يؤجرون ويثابون عليه، ويفوتهم تخفيف السؤال أو الحساب[3].

رابعا: يوضح الغزالي أن الفقر المعني بهذه المسألة هو فقد الحاجة إلى المال على الخصوص، وليس الفقر بمفهومه الاقتصادي الشامل لحاجات الإنسان الكثيرة، مثل الحاجة إلى التعليم والحاجة إلى الصحة والحاجة إلى الأمن وغير ذلك من الحاجات التي لا يمكن الاستغناء عنها، لأن فقدها أو عدم تحقيقها يمثل مفهوما حقيقيا للتخلف الاقتصادي، فيقول: "**ولكنا لسنا نقصد بيان الفقر المطلق بل الفقر من المال على الخصوص، وإلا ففقر العبد بالإضافة إلى أصناف حاجاته لا ينحصر، لأن حاجاته لا حصر لها**"[4].

وعلى هذا يحمل مدح الفقر على عدم تعلق الإنسان بحب المال والأنس به ، وبالتالي حب الدنيا الذي يشكل عائقا عن الوصول إلى ثواب الآخرة، ويذكر الغزالي أن هذا ليس على إطلاقه لأن كثيرا من الأنبياء والصحابة وغيرهم لم تشغلهم الدنيا وزخرفها، مثل سليمان عليه السلام، وعثمان بن عفان وعبدالرحمن بن عوف رضي الله تعالى عنهما[5]، ولذا فإن "فضل الفقير والغني بحسب تعلق قلبيهما بالمال فقط، فإن تساويا فيه تساوت درجتهما"[6].

---

(1) الإحياء، 252/3. مكاشفة القلوب، ص167.

(2) الأربعين في أصول الدين، ص160.

(3) الكشف والتبيين، ص 55-56

(4) الإحياء، 202/4.

(5) الإحياء، 215/4، 72/3.

(6) الإحياء، 216/4.

خامسا: وإن القول مطلقا بكراهية المال كتبرير لأفضلية الفقر يعكس وضعا غير متوازن في الحياة، فيؤدي إلى انشغال الإنسان بطلب حاجاته وتهيئة أسباب معيشته علاوة على تعذر قيامه بأهم الواجبات الدينية وهي العبادات المالية كالحج والزكاة وهذا ما حذر منه الغزالي بقوله: **"ومن عدم المال صار مستغرق الأوقات في طلب الأقوات وفي تهيئة اللباس والمسكن وضرورات المعيشة، ثم مع ذلك يحرم عن فضيلة كالحج والزكاة والصدقات وإفاضة الخيرات"**[1].

وفي موضع آخر يؤكد على أن رفض حالة الغنى على إطلاقه يؤدي حتما إلى سقوط كثير من الأحكام الشرعية، وبعبارة أخرى يؤدي إلى هدم كل العبادات المالية المترتبة على الأغنياء مما يعده أمرا في غاية الخطورة، فيقول: **"ثم يؤدي ذلك إلى سقوط الحج والزكاة والكفارات المالية وكل عبادة نيطت بالغنى عن الناس إذا أصبح الناس لا يملكون إلا قدر حاجتهم وهو في غاية القبح"**[2].

سادسا: ومدح الغزالي للفقر يفسر حالة تعظيم الجوع ومناسبتها لطريق الآخرة، إذ تنمي في شخصية الفرد كثيرا من الفضائل الوجدانية والنفسية والبدنية، مثل صفاء القلب ورقته وذل النفس وخفة المؤنة وكسر شهوات المعاصي وغير ذلك مما أشرنا إليه في مواضعه.

سابعا: يعزز مبدأ التربية الوجدانية وتهذيب الباطن في تفسير موقف الغزالي ونظرته إلى الفقر بأنه ابتدأ حياته في أسرة فقيرة[3]، ثم تحول إلى الغنى وهو في أوج شهرته العلمية حتى تقومت حياته المعيشية من الملبس والمركب وغيره بخمسمائة دينار مما لا يطيقه أحد، وبعدما سلك طريق التصوف وتزهد في حياته انتقل من حياة الغنى إلى أدنى مستويات الحياة المعيشية إذ صار يقوم ملبوسه بخمسة عشر قيراطا[4].

---

(1) الإحياء، 109/4.

(2) المصدر نفسه، 122/2.

(3) طبقات الشافعية، 102/4.

(4) ابن الجوزي، المنتظم، 127/17.

ويستدل من هذا التغير في حياة الغزالي المعاشية على أن موقفه من الغنى لا يصل إلى درجة الرفض القطعي بدليل أن موقعه الفقهي ومنزلته العلمية الرفيعة لم تمنعه من أن يعيش غنيا كما يعيش المياسير من الناس، ويؤكد انتقاله إلى حالة الفقر مرة أخرى بعد أن عايشها صغيرا على أن تبريراته المتعلقة بمدح الفقر تنحصر إلى حد ما بحياة الزهاد والمشتغلين بتزكية النفس وتصفية القلب لذكر الله تعالى[1]، مما يعني أن ما يدخل في خصوصية بعض الشرائح الاجتماعية مثل المتصوفة أو الخاصة من الناس لا ينسحب إيجابه أو جوازه على كافة الخلق.

ومن هنا يتضح أن الغزالي لم يتبن موقفا إيجابيا من الفقر على العموم، وأن نظرته إلى هذه الظاهرة تختلف باختلاف الوقائع والأحوال، وأنها تأخذ وضعا تفصيليا وشكلا مرنا يوازن بين الأدلة الشرعية الواردة في الفقر، ويعني ذلك عدم صحة ما نسب إليه واتهم فيه بأنه من أنصار الفقر والداعين إليه.

المطلب الثاني
أفضلية حد الكفاية

يبرز موقف الغزالي بوضوح في تحديد المستوى المعيشي الأنسب لحياة الأفراد من خلال ما يعرض من أدلة ومفاهيم متعددة تتعلق بمستوى الكفاية، وهو المستوى الذي يقع بين مستوى الفقر ومستوى الغنى، ويذهب في تحقيق هذه المسألة إلى اعتبار أن حد الكفاية يمثل وضعا معيشيا متوازنا بين حاجات الإنسان وأهدافه في الحياة، وأنه يمثل الوضع الأمثل خلافا لحالة الفقر وحالة الغنى، وأهم الأدلة والمفاهيم التي يستند إليها هي:

أولا: أن نظام الدين لا ينتظم إلا بنظام الدنيا، وأن نظام الدنيا لا ينتظم إلا بضمان الحاجات الأساسية لكل فرد، فيصبح بهذا الوجه تأمين القدر الكافي من الحاجات الأساسية ضرورة دينية ودنيوية على السواء، في حين أن الزيادة على قدر الحاجات يدخل في مفهوم ذم الدنيا وليس انتظامها، أي أن منفعة الإنسان من

---

(1) المنقذ من الضلال، ص82.

الاستفادة المتحصلة في دائرة الضروريات تكون متزايدة ، مما يبرر أهميتها في ملاءمة الدنيا وسعي الفرد فيها نحو الآخرة أكثر من المنفعة المتحصلة في دائرة أوسع تتناقص الرغبة من أجلها ، ولا تأخذ نفس الأهمية الإيجابية للدائرة الأولى، فالمعنى أن المنفعة الضرورية تقع في جانب المدح لتعلقها بانتظام الحياة، بينما المنفعة غير الضرورية تقع في جانب الذم لعدم تعلقها بانتظام الحياة.

وهذه الصورة يعرضها الغزالي مفصلا وجه اللبس فيها ومحللا لأهمية مستوى الكفاية من خلالها، فيقول: "فإن قيل لم قلتم أن نظام الدين لا يحصل إلا بنظام الدنيا، بل لا يحصل إلا بخراب الدنيا، فإن الدين والدنيا ضدان، والاشتغال بعمارة أحدهما خراب الآخر، قلنا هذا الكلام من لا يفهم ما نريده بالدنيا الآن، فإنه لفظ مشترك قد يطلق على جميع ما هو محتاج إليه قبل الموت. وأحدهما ضد الدين والآخر شرطه، وهكذا يغلط من لا يميز بين معاني الألفاظ المشتركة ، فنقول: نظام الدين بالمعرفة والعبادة لا يتوصل إليهما إلا بصحة البدن وبقاء الحياة وسلامة قدر الحاجات من الكسوة والمسكن والأقوات"(1).

وينبغي في هذا السياق توضيح أن جميع الفئات الاجتماعية لا يمكن تساويها وردها إلى حالة الكفاية على إطلاقه، لأن سنة الحياة الفطرية تقتضي وجود جميع شرائح المجتمع من الفقراء والأغنياء كضرورة حاصلة لتحقيق التوازن في الحياة المعيشية، ويعد هذا التفاوت النسبي أيضا من وجوه المصلحة الدنيوية والأخروية، وفي عبارة جلية يقرر الغزالي: "فإنا لا نشك في أن مصلحة الدين والدنيا مراد الشرع وهو معلوم بالضرورة، وليس بمظنون ولا شك في أن رد كافة الناس إلى قدر الضرورة أو الحاجة أو إلى الحشيش والصيد مخرب للدنيا أولا وللدين بواسطة الدنيا ثانيا، فما لا يشك فيه لا يحتاج إلى أصل يشهد له"(2).

---

(1) الاقتصاد في الاعتقاد ص 148.

(2) الإحياء، 122/2.

ثانيا: يمثل حد الكفاية وضعا وسطيا للعلاقة الضدية بين الفقر والغنى، أي العلاقة التي تسمح بوجود ثلاثة مستويات معيشية هي مستوى الفقر ومستوى الكفاية ومستوى الغنى، مما يعني أن حالة الكفاية (منحنى ب) كما في الشكل المجاور تمثل وضعا توازنيا لكل من الفقر والغنى، إذ يميل الفقير إلى تحسين مستواه المعيشي والتخلص من حالة الفقر (منحنى جـ) بالإتجاه نحو الوسط أو حالة الكفاية (منحنى ب)، وفي المقابل فإن الغني يميل إلى الانتقال من حالة الغنى (منحنى أ) بالإتجاه نحو الوسط (منحنى ب) لأن المقصود من المال هو الاستعانة به على سلوك سبيل الدين من خلال الإنفاق في الوجوه المعتبرة شرعا وأهمها سد خلة المحتاجين.

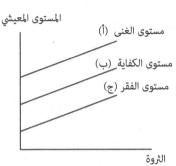

المستوى المعيشي

مستوى الغنى (أ)

مستوى الكفاية (ب)

مستوى الفقر (ج)

الثروة

أثر الكفاية في إعادة التوازن بين حالة الفقر وحالة الغنى

ويفسر الاتجاه العام لسلوك كل من الفقير والغني نحو منطقة التوازن أن حد الكفاية يحمي الفقير من معصية الفقر، وذلك "**ان الفقر يشغله بالطلب ، والمكفي هو القادر ولذلك قال صلى الله عليه وسلم: اللهم اجعل قوت آل محمد كفافا**"[1][2]، ويحمي الغني من معصية الغنى بإمساك المال والحرص على جمعه دون اعتبار حق الغير الواجب فيه لأن الغنى مظنة لطغيان الغني لقوله تعالى: ﴿ **كلا إن الإنسان ليطغى، أن رآه استغنى** ﴾[3]، وعلى الجملة فإن سلوك الغني والفقير المتمثل بالميل نحو حد التوسط المعيشي- يوازن بينهم من حيث دفع الضرر الممكن وقوعه بحقهما، وحسب تعبير الغزالي "ان كل واحد منها ليس يتعرض لمعصية

(1) الإحياء، 27/4.

(2) أخرجه البخاري في روايته بلفظ "أرزق آل محمد قوتا"، وفي رواية مسلم بلفظ: "اجعل رزق آل محمد قوتا". انظر مختصر صحيح البخاري، رقم الحديث: 2103، ص481 مختصر صحيح مسلم، رقم الحديث: 2069، ص551.

(3) سورة العلق، الآيتان 6،7.

بسبب الفقر والغنى"[1].

ثالثا: يمثل مستوى الكفاية المحور العام الذي تدور حوله كثير من الجوانب التشريعية والتنظيمية مثل سياسة الدولة في مجال الإنفاق العام من بيت المال، إذ تتبنى سياسة الإنفاق على المصالح ضمن حدود الكفاية، وفي هذا يشير الغزالي إلى أن "**مال المصالح لا يجوز صرفه إلا إلى ما فيه مصلحة عامة أو هو محتاج إليه عاجز عن الكسب**"[2]، وذكر في موضع آخر إلى أن نفقات بيت المال يمكن صرفها إلى "**محاويج الخلق الذين قصرت بهم ضرورة الحال وطوارق الزمان عن اكتساب قدر الكفاية**"[3].

ويستفاد من توجيه إنفاق الدولة على الفقراء دون الأغنياء في تدعيم قاعدة التوازن الاجتماعي أو المعيشي بين جميع شرائح المجتمع ، وذلك ضمن الحدود الدنيا من الحاجات الكفائية[4].

وينسجم توجيه الإنفاق على هذا الأساس مع مبدأ توزيع الزكاة على مستحقيها من الفقراء إذ يعطوا منها قدر الكفاية لمدة سنة كاملة قياسا لفعل الرسول صلى الله عليه وسلم حيث كان يدخر لأهله قوت سنة، إضافة إلى أن موارد الزكاة دورية ومتجددة كل عام، وهذا المذهب قد رجحه الغزالي ووافق فيه المالكية وجمهور الحنابلة وبعض الشافعية[5] ، وذلك بقوله: **"إذا تحققت حاجته فلا يأخذن مالا كثيرا بل ما يتم كفايته من وقت أخذه إلى سنة، فهذا أقصما يرخص فيه من حيث أن السنة إذا تكررت تكررت أسباب الدخل، ومن حيث أن رسول الله صلى الله عليه وسلم أدخر لعياله قوت سنة، فهذا أقرب ما يحد به الفقير والمسكين"**[6].

---

(1) الإحياء، 217/4.

(2) المصدر نفسه، 153/2.

(3) فضائح الباطنية، ص117-118.

(4) شوقي دنيا، الإسلام والتنمية الاقتصادية، ص277. سيد عبد المولى، الفكر الاقتصادي الإسلامي، ص153.

(5) محمد فتحي صقر، تدخل الدولة في النشاط الاقتصادي ص73.

(6) الإحياء، 264/1.

ومن جهة أخرى تؤيد بعض وجوه الإنفاق وتنسجم مع اتجاه التوزيع بقدر الكفاية مثل الإنفاق على ذوي القربى وذوي الإعالة أي المعالين أسريا من الزوجات والأولاد ، وكذلك الإنفاق على أهل العلم ومن يجري مجراهم، وفي هذا الجانب يقول الغزالي **"فإن مناط الحكم في نفقة القريب الكفاية وذلك معلوم بالنص"**(1)، ويقول: **"وكذلك ما يجب بقدر الكفاية من نفقة الأقارب وكسوة الزوجات وكفاية الفقهاء والعلماء على بيت المال"**(2).

رابعا: يسهم حد الكفاية في إعادة توزيع الفاضل من الأموال إلى الفقراء حتى يصل كل فقير إلى كفايته المعيشية، وبالتالي فإن تقرير حالة التوازن الاجتماعي النسبي بين شرائح المجتمع المتفاوتة أو بين المستويات الدنيا والمستويات العليا يضع حلا نهائيا لمشكلة الفقر وإمكان القضاء عليها.

وفي هذا الجانب، يقدم الغزالي تصورا واضحا لحقيقة المشكلة المتعلقة بعدم كفاية الأفراد، وما يترتب عليها من إفساد للحياة البشرية وتعطيل النشاطات الاقتصادية فيها مما ينذر بالهلاك ويفضي إلى القتل، فيقول: **"إن تحريم التناول يفضي- إلى القتل، وتجويز الترفه تنعم في محرم، وتخصيصه بمقدار سد الرمق، يكف الناس عن معاملاتهم: الدينية والدنيوية، ويتداعى ذلك إلى فساد الدنيا، وخراب العالم وأهله، فلا يتفرغون وهم على حالتهم مشرفون على الموت، إلى صناعاتهم وأشغالهم، والشرع لا يرضى بمثله قطعا"**(3).

وفي نفس المعنى يقول: **"إذا اقتصر الناس على سد الرمق وزجوا أوقاتهم على الضعف فشا فيهم الموتان وبطلت الأعمال والصناعات وخربت الدنيا بالكلية"**(4).

ويقول أيضا: "لو اقتصروا على سد الرمق: لتعطلت المكاسب وانبتر النظام،

---

(1) المستصفى، ص 281.

(2) الإحياء، 131/2.

(3) المنخول، ص369.

(4) الإحياء، 121/2.

ولم يزل الخلق في مقاساة ذلك إلى أن يهلكوا"[1].

فهذه النصوص وغيرها تدل بصراحة على أن الغزالي ينظر إلى واقع الحياة المعاشة نظرة شمولية تجسد ما لديه من أفكار ومفاهيم اقتصادية واجتماعية، خلافا لما يرمي به وينسب إليه من الانطواء على أفكار المتصوفة ، إذ يقدم مشروعا متكاملا للنهوض بالفقراء إلى حد الاكتفاء، والتخلص من شرور الكفاف الذي يلحق بالأفراد الهلاك ويلحق بالحياة الإفساد والخراب، ويبرر نظرته على أساس حفظ المصلحة الدنيوية ليتم بها حفظ مصالح الدين، وهو يعتبر العامل الاقتصادي المتمثل بتمكين الأفراد من ممارسة نشاطاتهم الاقتصادية محورا هاما وركنا أصيلا لحفظ المصلحة الدنيوية مما يعزز من موقفه الرافض لوجود الفقر أو الاقتصار على سد الرمق إذ يعده شكلا من أشكال الموت الذي تنعدم بسببه فرص الحياة.

المطلب الثالث

كفاية الفقراء من أموال الأغنياء

تقوم فكرة الغزالي في القضاء على مشكلة الفقر وتمكين الأفراد من العيش ضمن حدود الكفاية على أساس إقرار حق الفقراء في الكفاية من أموال الأغنياء كعلاج نهائي لمشكلة الفقر، وتبدو اجتهاداته في هذه المسألة قاطعة ولا تحتاج إلى تأويل في تأكيد حق الفقير في أموال الأغنياء، ويفهم منها دعوته إلى اجتثاث الفقر بدلا من إقراره، ما دام يوجد في المجتمع فقير واحد يعيش دون مستوى الكفاية وتعجز عنه أموال الزكاة والأساليب الأخرى، مثل نظام النفقات بين الأقرباء أو نفقات بيت المال أو الأوقاف والوصايا وغيرها.

ومن أهم النصوص التي يعرضها للدلالة على حق الفقير في الكفاية من أموال الأغنياء هي:

- قوله في الإحياء: "من أخذ من أموال الدنيا أكثر من حاجته وكنزه وأمسكه وفي عباد الله من يحتاج إليه فهو ظالم، وهو من الذين يكنزون الذهب والفضة ولا

---

(1)شفاء الغليل، ص245.

ينفقونها في سبيل الله، وإنما سبيل الله طاعته وزاد الخلق في طاعته أموال الدنيا، إذ بها تندفع ضروراتهم وترتفع حاجاتهم"[1].

- وقوله في المنخول: "فيبيح لكل غني من ماله مقدار كفايته من غير ترفه ولا اقتصار على سد الرمق، ويباح لكل مقترفي مال من فضل من هذا القدر مثله"[2].

- وقوله في شفاء الغليل: "إذا أصاب المسلمين قحط وجدب وأشرف على الهلاك جمع، فعلى الأغنياء سد مجاعتهم، ويكون ذلك فرضا على الكفاية، يحرج بتركه الجميع، ويسقط بقيام البعض به التكليف"[3].

- وفي موضع آخر من شفاء الغليل: "فلكل واحد أن يتناول مقدر الحاجة، ولا ينتهي إلى حد لترفه والتنعم والشبع ولا يقتصرون على حد الضرورة، والحاجة العامة في حق كافة الخلق تنزل منزلة الضرورة الخاصة في حق الشخص الواحد ، والحاجة عامة إلى الزيادة على سد الرمق"[4].

ففي هذه النصوص وما شابهها يتجلى موقف الغزالي الصريح بضرورة استئصال شأفة الفقر، ورد الفقراء إلى مستويات الكفاية كحدود دنيا تسمح بها الحياة الكريمة، وذلك عن طريق إقرار مبدأ التوظيفات المالية المتمثلة بفرض تكاليف إضافية على أموال الأغنياء صيانة لحق الفقراء ومراعاة لمصلحة الدين والدنيا على السواء.

والواقع أن هذا الموقف قد أخذ به جماعة من الصحابة مثل علي والضحاك وأبي ذر، ومن الأئمة المجتهدين مالك وابن حنبل وابن عقيل وابن الطوخي وابن القيم وغيرهم ، فقالوا بعدم جواز التفاوت في الثروات بين الأفراد إذا لم تتحقق فرص المجموع في نطاق مستوى الكفاية كحد أدنى[5].

---

(1) الإحياء، 100/4.

(2) المنخول، ص 369.

(3) شفاء الغليل، ص 242.

(4) المصدر نفسه ، ص 245-246.

(5) محمد عبد المنعم الجمال، موسوعة الاقتصاد الإسلامي، ط1 (القاهرة، دار الكتاب، المصري، 1980) ص 44.

وقد دلت الشواهد الكثيرة على تدعيم صحة هذا الرأي والعمل به، ومنها قول الرسول صلى الله عليه وسلم: "من كان معه فضل ظهر فليعد به على من لا ظهر له، ومن كان معه فضل من زاد فليعد به على من لا زاد له" قال أبو سعيد الخدري وهو راوي الحديث: فذكر من أصناف المال ما ذكر حتى رأينا أنه لاحق لأحد منا في فضل[1]، وفي حديث آخر زكى الرسول صلى الله عليه وسلم صنيع الأشعريين[2]، فقال: "إن الأشعريين إذا أرملوا - أي افتقروا- في الغزو أو قل طعام عيالهم في المدينة، حملوا ما كان عندهم في ثوب واحد، ثم اقتسموا بينهم في إناء واحد بالسوية، فهم مني وأنا منهم"[3].

ومن أقوال الصحابة فإنه يروى عن عمر بن الخطاب قوله: "لو لم أجد للناس ما يسعهم، إلا أن أدخل على أهل كل بيت، عدتهم - أي عددهم- فيقاسموهم أنصاف بطونهم، حتى يأتي الله بالحيا- أي المطر- فعلت، فإنهم لن يهلكوا على أنصاف بطونهم"[4]، وقوله أيضا: "إني حريص على أن لا أدع حاجة إلا سددتها ما اتسع بعضنا لبعض فإذا عجز ذلك عنا تأسينا في عيشنا، حتى نستوي في الكفاف"[5]، ويروى عن علي بن أبي طالب أنه كان يقول: "إن الله عز وجل فرض على الأغنياء في أموالهم ما يكفي الفقراء فإن جاعوا أو عروا أو جهدوا فبمنع الأغنياء، وحق على الله تبارك وتعالى أن يحاسبهم ويعذبهم"[6]، وقوله: "ما جاع فقير

---

(1) مسلم، 138/5-139.

(2) الأشعرية: من قبائل كهلان من القحطانية من سبأ. وكانت ديارهم من حدود بني مجيد بأرض الشقاق، وكانوا أول منتقض بعد وفاة الرسول سنة (11) هجرية بتهامة، فقاتلهم أبو بكر فانهزموا، انظر: عمر رضا كحالة، معجم قبائل العرب، ط3 (بيروت، مؤسسة الرسالة، 1982)، 30/1-31,

(3) البخاري، 880/2. رقم الحديث: 2374. مسلم، 171/7.

(4) محمود شلبي، اشتراكية عمر، ط2 (بيروت، دار الجليل، 1974)، 419/2.

(5) المرجع نفسه، ص40.

(6) الأموال، ص 709.

إلا بما شبع غني"[1].

إلا أن موقف أبي ذر كان الأكثر وضوحا من غيره بل إنه كان سباقا في طرح المسألة محل البحث من خلال مفهوم الاكتناز وحجز الأموال عن التداول دون أن ينتفع بها أحد، فقاس فعل الأغنياء في حرمان الفقراء على الإكتناز وجهر بدعوته معتبرا أن كل غني لديه ما يزيد عـن حاجتـه أو كفايته من الأموال مكتنزا وظالما إذا لم يتدارك بماله ما يسد به حاجة الفقراء"[2]، ولعل الغزالي في عبارته الأولى المتضمنة لآية الاكتناز يستند بشكل وثيق إلى رأي أبي ذر غير أنه لا يرى الخروج مـن جميع فضول الأموال وجوبا كأبي ذر وإنمـا عـلى سـبيل التفضيل، وبخاصـة بعـد تحقيـق التـوازن المعيشي بين جميع الأفراد.

ففي ضوء هذه الشواهد والنصوص، يلاحظ مدى إدراك الغزالي لأهمية علاج مشكلة الفقر ونظرته الثاقبة في مجال ترسيخ مبدأ التوازن المعيشي، وعدم استعلاء فئة على فئة أخرى، واستئثار شريحة على حساب شريحة أخرى للاستفادة من الثروات والأموال، وقد استند في بيـان موقفـه إلى أدلة ونصوص مقررة شرعا ليدل عـلى طبيعـة المـنهج الإسلامي ومرونتـه في التعامـل مـع القضـايا الاجتماعية والاقتصادية وغيرها، إذ تمثل سياسة التدخل في أموال الأغنياء لمصلحة الفقراء وضعا استثنائيا وطارئا للتخلص من آفة الفقر التي تمثل خروجا عـلى الحـق الطبيعـي لجميـع الأفـراد بالعيش الكريم الذي يليق بتكريم الإنسان.

ولا يخفى أن دعوة الغزالي قد أخذت مـداها العلمي وأصابت صميم الحياة في عصره، حيث نادى بها بين سلاطين زمانه ووزرائهم لإنقاذ الفقراء وإعطائهم كفايتهم وتخليص المجتمعات من البؤساء والعاجزين مقدرا في ذلك حقهم دون إجحاف أو ظلم، ومن صيحاته المدوية في هذا المجال: "اعلم يا سلطان العالم أن

---

(1) محمد شوقي الفنجري ، الإسلام والمشكلة الاقتصادية، سلسلة الاقتصاد الإسلامي، رقم السلسلة (2)، ط2، (القاهرة، مكتبة السلام العالمية، 1981)، ص 52.

(2) إبراهيم اللبان، "حق الفقراء في أموال الأغنياء"، المؤتمر الأول لمجمع البحوث الإسلامية (القاهرة، مجمع البحوث الإسلامية، 1964)، ص 247-248.

الدنيا منزلة وليست بدار قرار، وإنما العاقل الذي لا يشتغل في دنياه إلا لاستعداده لمعاده، ويكتفي منها بقدر الحاجة ومهما جمعه فوق كفايته كان سما ناقعا"[1] وفي هذا الباب نصوص متعددة سبقت الإشارة إليها.

وينسجم موقف الغزالي الفكري في تقرير هذا المبدأ وتأكيد حق الفقراء وكفايتهم من أموال الأغنياء مع غيره من العلماء ولا سيما العالم والفقيه الفذ "ابن حزم الأندلسي- ت456هـ" الذي يتعبر نموذجا فريدا في تبني هذه الأفكار وحملها محمل التطبيق والتنفيذ، حتى ذهب إلى جواز إشهار السيف واقتتال الفقراء وجها لوجه مع الأغنياء، موضحا بالأدلة من القرآن والسنة وأقوال الصحابة أن انتزاع الفقير لحقه من مال الغني ضرورة لازمة، وأنه إذا قتل الفقير فعلى قاتله القَوَد - أي الدية- وإذا قتل الغني فإلى جهنم وبئس المصير[2].

ومن هنا فإن موقف الغزالي من الفقر يتصل اتصالا وثيقا في هذا السياق، بمنهج الإسلام الرامي إلى تحرير الإنسان وتخليصه من الفقر، وتأكيد كيانه في مجتمع متجانس في تصوراته وأفكاره حول هذه الظاهرة، ولم يكن موقف الغزالي غير الموقف الذي ينظر إلى المشكلة من جميع جوانبها وزواياها، ولم تمنعه صوفيته الصادقة من إطلاق صيحته التاريخية بحق الفقراء في أموال الأغنياء للدلالة على رفضه القاطع للفقر بعدما وضع منهجا في كتابه "الإحياء" حول إصلاح النفس، للدلالة أيضا على أن الفقر يتضمن فقر النفوس من المعاني الإيمانية والفضائل الوجدانية بعيدا عن اعتبارات المال والمتاع، كما صرح بذلك الرسول صلى الله عليه وسلم إذ قال: "ليس الغنى عن كثرة العرض ولكن الغنى غنى النفس"[3].

---

(1) التبر المسبوك، ص30.

(2) علي بن أحمد بن سعيد بن حزم، المحلى، تحقيق لجنة إحياء التراث العربي (بيروت، دار الآفاق الجديدة، د.ت) 159/6.

(3) مسلم، 100/3.

المبحث الثالث

حد الكفاف وحد الكفاية

يتناول هذا المبحث كلا من معيار الكفاف ومعيار الكفاية في ضوء تعلقهما بمشكلة الفقر،
وذلك من خلال ثلاثة مطالب هي:

المطلب الأول: مفهوم ووعاء الكفاف

المطلب الثاني: مفهوم ووعاء الكفاية

المطلب الثالث: تصنيف الحاجات وترتيبها

المطلب الأول

مفهوم ووعاء الكفاف

أولا: مفهوم الكفاف

يطلق مفهوم الكفاف بصفة عامة على الحد الأدنى من متطلبات الحياة المعيشية والتي
تدخل في نطاق الحاجات الضرورية أو ما يعبر عنه الغزالي أحيانا بمستوى "سد الرمق"[1]، وهو
المستوى الذي يمثل الحد الفاصل لإمكانية بقاء الحياة من عدمها، حيث تختل مصالح الدنيا دون
هذا المستوى، وتتعطل معايش الإنسان فيها، وتنعدم فرص الحياة[2].

والواقع أن هذا المفهوم يرتبط إلى حد كبير بمفهوم المصلحة الشرعية المتضمنة لمبدأ
المحافظة على الأصول الخمسة ؛ وهي الدين والنفس والعقل والنسل والمال، ويعكس المستوى
الأدنى في سلم الترتيب الهرمي للمصالح والمتمثل بمستوى الضروريات ومستوى الحاجات ومستوى
التحسينات، حيث تستخدم في العادة للدلالة على مراتب المصلحة لأي أصل من الأصول المشار
إليها والتعرف على

---

(1) ميزان العمل، ص119.

(2) أبو إسحاق الشاطبي، الموافقات (بيروت، دار المعرف، د.ت)، 8/2.

أهميتها ومدى اعتبارها.

والمعروف أنه تنسب نظرية المصلحة إلى طروحات الغزالي المتعلقة بتحقيق القضايا الفقهية الأصولية، إذ ناقشها في كتابيه "المستصفى" و"شفاء الغليل" مستدلا على كل مرتبة من مراتب المصالح بأدلة فقهية كثيرة، وشواهد عقلية متعددة، ومما ورد عنه في بيان هذا المعنى "ان المصلحة باعتبار قوتها في ذاتها تنقسم إلى ما هي في رتبة الضرورات وإلى ما هي في رتبة الحاجات وإلى ما يتعلق بالتحسينات والتزيينات ويتعلق بأذيال كل قسم من الأقسام ما يجري منها مجرى التكملة والتتمة لها"[1].

وفي موضع آخر يذكر "ان المقاصد تنقسم مراتبها:

فمنها: ما يقع في محل الضرورات، ويلتحق بأذيالها ما هو تتمة وتكملة لها.

ومنها: ما يقع في رتبة الحاجات، ويلتحق بأذيالها ما هو كالتتمة والتكملة لها.

ومنها: ما يقع في رتبة التوسعة والتيسير الذي لا ترهق إليه ضرورة، ولا تمس إليه حاجة، ولكن تستفاد به رفاهية وسعة وسهولة"[2].

إلا أنه ما يعنينا في هذا المجال هو تقسيم الحاجات الموازي للتقسيم الأصولي للمصالح، أي تقسيم الحاجات المتبع عند كُتّاب الاقتصاد الإسلامي والذي يختلف من جهة المحل عن تقسيم المصالح المتبع عند الأصوليين، فبينما ينحصر الأول في مقاصد الخلق ومنافعهم فإن الثاني ينحصر في مقاصد الشارع[3].

وعلى أساس هذا الاعتبار، فإن تقسيم الحاجات يشمل ثلاثة أقسام هي: الحاجات الضرورية والحاجات الحاجية والحاجات التكميلية[4].

إذن فمفهوم الكفاف لا يتجاوز حدود المعنى المراد من جلب المنفعة أو دفع

---

(1) المستصفى، ص 174.

(2) شفاء الغليل، ص161.

(3) عبد الله عابد، مفهوم الحاجات في الإسلام، ص20-21.

(4) فالمصلحة المترتبة على هذا التقسيم هي مصلحة عائدة للخلق أي أنها تعني بجانب جلب المنفعة ودفع المضرة خلافا للمصلحة الأصولية التي لا تعنى إلا بجانب المحافظة على مقصود الشرع من الخلق والمتمثلة بالأصول الخمسة. انظر: المستصفى ص174.

المضرة في أقل مراتبها ودرجاتها عند مستوى الحاجات الضرورية، حيث يكون استعداد الفرد لإشباع حاجاته من الضروريات غير كاف للوصول إلى حد الإكتفاء والعيش في مستوى الحياة الكريمة.

ومن هنا فإن مفهوم حد الكفاف يدخل في عموم معنى الفقر، وتبقى العلاقة قائمة ومتلازمة بين الكفاف والفقر حتى يصبح بالإمكان تحقيق قدر أكبر من الإشباع يصل إلى مستوى الحاجات الحاجية أو مستوى الكفاية.

ثانيا: وعاء الكفاف

يتضمن وعاء الكفاف كافة الحاجات الضرورية اللازمة للمحافظة على حياة الإنسان من الانبتار أو الزوال، ويقصد بهذا الوعاء ضمان الحد الأدنى من الحياة المعيشية التي لا يمكن الاستغناء عنها لأية فرصة ممكنة من فرص البقاء والوجود.

ويشتمل وعاء الكفاف على ثلاث حاجات ضرورية هي المطعم والملبس والمسكن، ويعتبر الغزالي هذه الضروريات أصلا مهما من أصول الحاجات قياسا على الحديث: "لا حق لابن آدم إلا في ثلاث: طعام يقيم صلبه، وثوب يواري عورته، وبيت يكنه فما زاد فهو حساب"[1] [2].

وقد قامت الأدلة الشرعية على تأكيد الأصل الهام لهذه الضروريات، وإقرار حق الإنسان في الحصول عليها، ففي القرآن الكريم تثبت أدلة النفقة كافة هذه الحقوق، كقوله تعالى: ﴿ وعلى المولود له رزقهن وكسوتهن بالمعروف ﴾[3]، وقوله تعالى: ﴿ وارزقوهم فيها واكسوهم ﴾[4]، وقوله تعالى: ﴿ اسكنوهن من حيث سكنتم من وجدكم ﴾[5].

---

(1) اخرجه الترمذي من حديث عثمان بن عفان وقال "جلف الخبز والماء" بدلا من قوله "طعام يقيم صلبه". انظر: الترمزي، 3/4، رقم الحديث 2444، وقال: حديث صحيح.

(2) الإحياء 227/4.

(3) سورة البقرة، من الآية 223.

(4) سورة النساء، من الآية 5.

(5) سورة الطلاق، من الآية 6.

فتدل هذه النصوص القرآنية مجتمعة على استيفاء الحقوق الشخصية للأصول الثلاثة دون الإخلال بأي واحد منها، وقد أشار الرسول صلى الله عليه وسلم - إضافة إلى الحديث المتقدم- إلى تأكيد الأهمية المترتبة على هذه الأصول الضرورية، فقال: "ليس لابن آدم حق في سوى هذه الخصال، بيت يسكنه، وثوب يواري عورته، وجلف الخبز والماء"[1].

ويستدل ضمنيا من واقع هذه النصوص، علاوة على حصر الحاجات الضرورية بثلاثة أصول، أنها توضح مستوى الحاجة الدنيا القابلة للإشباع، ويفسر الغزالي مقدار الحد الأدنى لكل أصل من الأصول الثلاثة حتى يكون معتبرا في وعاء الضروريات، قائلا: "**ولا غنى بك عن ملبس ومسكن ومطعم، وفي كل واحد ثلاث مراتب أدنى وأوسط وأعلى، وأدنى المسكن ما يقل من الأرض عن رباط أو مسجد أو وقف كيفما كان وهو قدر الضرورة، إن المقصود من المسكن أرض تقلك يحيط بها حائط يمنع عنك السباع ويظل عليك سقف يمنع المطر وهو الشمس ولن يقنع به إلا المتوكلون، وأما المطعم فهو الأصل العظيم إذ المعدة مفتاح الخيرات والشرور ولهذا أيضا ثلاث مراتب أدناها قدر الضرورة وهو ما يسد الرمق ويبقى معه البدن وقوة العبادة، وأما الملبس فكذلك فيه ثلاث درجات فأدناها من حيث القدر ما يستر العورة أو الجملة المعتاد سترها من أدنى الأنواع وأخشنها**"[2].

فالحدود الدنيا المسموح بها لاعتبار مستوى الضرورة يجري تقديرها تبعا للغاية المقصودة منها، وهي في مجملها لا تتجاوز فكرة الاستخدام لأجل البقاء[3]، والتي يلخصها الغزالي بقوله: "**القوت: الغذاء والبقاء، والملبس: لدفع الحرّ والبرد، والمسكن لدفع الحر والبرد، ولدفع أسباب الهلاك عن الأهل والمال**"[4].

إلا أنه مما ينبغي الإشارة إليه هنا أن وعاء الضروريات المتمثل بالأصول الثلاثة

---

(1) الترمذي ، 4 / 3 : رقم الحديث : 2444 ، وقال : حديث صحيح ..

(2) ميزان العمل، ص 119.

(3) الإحياء، 190/4، 244/3.

(4) المصدر نفسه، 239/3.

لا يتوقف وجوده عليها تحديدا، وإنما يمتد اتساعا حتى يضم كافة الأسباب الموصلة إلى حاجات الإنسان الضرورية.

وعلى أساس هذا المبدأ تعتبر جميع ممارسات الإنسان ونشاطاته الموصلة لمصلحته الضرورية ذات قيمة جوهرية في تكوين وعاء الضروريات، ومن ذلك حاجته إلى أن التعليم والصحة والأمن والاشتغال بالمكاسب وغير ذلك، وقد تناول الغزالي هذه الحاجات بوصفها حاجات اضطرارية وتوسع في بيانها وتفصيلاتها مبينا أهميتها وعدم الاستغناء عنها.

فأما حق التعليم فقد أشار إليه مبينا أن ضمان الكتب لأهلها من لوازم معنى الاضطرار لأنه لا يتمكن العالم من ممارسة عمله بالتعليم دون الاستفادة من الكتب[1]، فصارت منزلة الكتاب بهذا الوجه لا تقل عن منزلة الحوائج الأصلية، وهو ما أكده الغزالي في موضع آخر إذ أوضح أن حكم الكتاب حكم الثوب وأثاث البيت ونحوه من الحاجات المهمة[2].

ويستفاد من أهمية هذا الطرح أن الإنسان يحيا بعلمه وأن الأمة لا تنهض بغير المعرفة والعلم، وقد صرح القرآن بهذا في أكثر من موضع، فقال تعالى: ﴿ **يرفع الله الذين آمنوا منكم والذين أوتوا العلم درجات** ﴾[3]، وقال تعالى: ﴿ **شهد الله أنه لا إله إلا هو والملائكة وأولوا العلم قائما بالقسط** ﴾[4]، وقد ذهب علماء المسلمين وفقهاؤهم إلى إقرار هذا المبدأ، فاعتبروا أن ضمان الكتب لأصحابها من أهل العلم، علماء ومتعلمين، يجري مجرى الحوائج الأصلية، ولذا عدوها من الأصناف المستثناة من وعاء الزكاة[5].

---

(1) الإحياء، 181/3.

(2) المصدر نفسه، 1/261-262.

(3) سورة المجادلة، من الآية 11.

(4) سورة آل عمران، من الآية 18.

(5) الكاساني، بدائع الصنائع، 2/47-48.

وأما الحق الصحي، فإليه الإشارة بقول الرسول صلى الله عليه وسلم:"من أصبح آمنا في سربه، معافى في جسده، عنده قوت يومه، فكأنما حيزت له الدنيا"[1]، فقوله "معافى في بدنه" يدل على أهمية الركن الصحي في وعاء الضروريات كأحد الدعائم الثابتة لتعزيز وجود الإنسان وبقائه[2]، وقد أوضح الغزالي القاعدة الذهبية المتعلقة بصياغة هذا الجانب، فذهب إلى أن تعلم الطب يعد من الفروض الكفائية وأن الإخلال بهذا المبدأ من شأنه تعريض كافة أفراد المجتمع إلى الإثم وتحمل المسؤولية[3].

وتدور مناقشاته لأهمية العنصر الصحي من خلال التركيز على العامل الوقائي في جانب الاستهلاك وبخاصة استهلاك الفرد للأطعمة الضرورية، فيوضح أن تناول الفرد لوحدات قليلة من المنفعة يساعد في تحقيق فرص كافية للاحتماء من الإصابة بالأمراض. ويدعم هذا الاتجاه فلسفته في تعظيم الجوع والإقلال من النهم الاستهلاكي الذي يشكل هدفا أصيلا للوصول إلى مستويات عالية من الإشباع حسب الطروحات والمفاهيم الرأسمالية.

وفي بيان هذا المعنى يقول: "والمطعم ضربان ضروري وغير ضروري، أما الضروري فهو الذي لا يستغنى عنه في قوام البدن كالطعام الذي يغتذى به والماء الذي يرتوى به وهو ينقسم إلى محمود ومكروه، أما المحمود فإنه يقتصر على تناول مالا يمكنه الاشتغال والتقوي على العلم والعمل إلا به، وأما المكروه فهو الإسراف والإمعان من الحلال والزيادة على قدر البلغة، وهو أيضا مضر من جهة الطب فإنه أصل كل داء قال عليه السلام: "البطنة أصل الداء والحمية أصل الدواء"[4] فقال محققوا الأطباء: لم يدع عليه السلام شيئا من الطب إلا وأدرجه تحت هذه الكلمات الثلاث"[5].

---

(1) ابن ماجه، 387/2، رقم الحديث: 4141. الترمذي 5/4 رقم الحديث: 2449، وقال: حسن غريب.

(2) الإحياء، 181/3.

(3) المصدر نفسه، 27/1.

(4) الألباني، سلسلة الأحاديث الضعيفة، 276/1، رقم الحديث: 252.

(5) ميزان العمل ص 79-80.

ويؤيد هذا الشاهد ما روى عن بعض السلف قولهم أن الله عز وجل جمع الطب كله في نصف آية[1]، إشارة إلى قوله تعالى: ﴿ **وكلوا واشربوا ولا تسرفوا** ﴾[2]، وجاء عن القرطبي في تفسيره لهذه الآية أن الضرورة الصحية تقتضي ترشيد الاستهلاك الغذائي وذلك بالقدر الـذي يـدفع الحاجة الضرورية ممثلة بسد الجوع وتسكين الظمأ مما يندب إليه عقلا وشرعا لأنه يحفظ النفس ويحرس الحواس[3].

وأما جانب الأمن وهو الركن الهام لانتظام الحياة المعيشية والمحافظة علـى الضروريـات، فإليه الإشارة بقوله تعالى: ﴿ **الذي أطعمهم من جوع وآمـنهم مـن خـوف** ﴾[4]، وقول الرسول صلى الله عليه وسلم في الحديث المتقدم: "مـن أصبح آمنا في سربه" فابتـدأ الحـديث بلفت الانتباه إلى جانب الأمن والأمان للدلالة على شأنه وعظيم منزلتـه في تثبيـت دعائم الحيـاة البشرية وانتظام أمورها.

وقد أكد الغزالي العلاقة الوثيقة القائمة بين الحاجة الأمنية وبين الحاجات الضرورية الأخرى كأساس يقوم عليه انتظام الدين والدنيا معا، فيقول: "وليس يأمن الإنسان على روحه وبدنه وماله ومسكنه وقوته في جميع الأحوال بل في بعضها، فلا ينتظم الـدين إلا بتحقيـق الأمـن عـلى هـذه المهمات الضرورية"[5].

فالمعنى المستفاد من هذا النص يدل بصراحة على اعتبار حاجة الأمن المحور الهام والركن الأصيل الذي تدول حوله بـاقي الضروريات حتى ضـمان الإنسان لروحـه وبدنـه، ولعل الصـورة المقابلة أي انعدام وجود الأمن تدل بصراحة أكثر وضوحا كيف تتعذر الحياة وتنعدم فرص العـيش الكريم في مجتمعات فوضوية تعتمد على مبدأ السيطرة وغلبة القوة.

---

(1) إسماعيل بن كثير، تفسير القرآن العظيم (بيروت، دار المعرفة، 1969)، 210/2.

(2) سورة الأعراف، من الآية 31.

(3) القرطبي، الجامع لأحكام القرآن، 191/7.

(4) سورة قريش، الآية 4.

(5) الاقتصاد في الاعتقاد، ص 148.

وأما الحاجة المتضمنة للآلات والأدوات الموصلة إلى المكاسب فإنها تشكل سببا جوهريا لاستدامة حصول الإنسان على طعامه وسائر حاجاته الضرورية، إذ أنها مظنة للحصول على الأموال، وبدون الأموال لا يتصور تحصيل القوت علاوة على عدم تحصيل الملبس والمسكن، وإشارة الغزالي إلى هذا الحق واضحة وظاهرة في قوله: **"وكذلك أدوات الصناعات في حق المكتسب الذي لا يمكنه التوصل إلى القوت إلا بها، فإنما هو وسيلة إلى الضروري"** [1].

وعلى الجملة، فإن الغزالي يحدد الأجناس الثلاثة أي المطعم والملبس والمسكن على أنها أصول للحاجات، ويبين في نفس الوقت أن دائرة الضروريات تتسع للمزيد من الحاجات كون الغرض منها يصب في نفس الاتجاه، وهو المحافظة على بقاء الإنسان ووجوده وحماية حياته من الزوال والهلاك، ولم يكتف بالإشارة إلى الحاجات الآنفة الذكر مثل التعليم والصحة والأمن والأدوات الإنتاجية اللازمة للحرف والأعمال وسائر المكاسب وإنما ألحق بها كل ما في معناها حتى اعتبر وسائل الركوب وتحصيل الأجرة المترتبة عليها من الضروريات، فقال: **"فأما الأجناس فهي هذه الثلاث ويلحق بها ما في معناها حتى يلحق بها الكراء للمسافر إذا كان لا يقدر على المشي، وكذلك ما يجري مجراه من المهمات ويلحق بنفسه عياله وولده وكل من تحت كفالته كالدابة أيضا"** [2].

فإشارة الغزالي إلى "الكراء" وإلى وسيلة الركوب السائدة في عصره وهي "الدابة" دليل على إدراكه ووقوفه على أصناف شتى من السلع والخدمات، كعناصر ومدخلات أساسية في وعاء الضروريات ولم يقتصر على الأجناس الثلاثة تحديدا وإنما اعتبرها أصولا للحاجات.

وينسجم هذا الطرح مع المفاهيم الإسلامية العامة التي ناقشها الفقهاء وتوسعوا فيها مثل علماء الحنفية إذ قسموا الحاجات الأصلية من جهة الآثار المترتبة عليها إلى قسمين ؛ يتعلق القسم الأول بما يدفع الهلاك عن الإنسان تحقيقا كالمأكل

---

(1) الإحياء، 181/3.

(2) المصدر نفسه، 227/4.

والملبس والمسكن، ويتعلق القسم الثاني بما يدفع الهلاك عـن الإنسان تقـديرا مثـل حاجـة الإنسان إلى الأثاث ووسائل الركوب وأدوات الحرفة[1].

وهـذا يؤكد أن الحاجـة الضـرورية مقررة ومقـدرة شرعـا لكـل فـرد مـن أفـراد المجتمع الإسلامي، حيث تتمكن الدولة وفق هذا المبدأ من التدخل في مجالات الحياة المعيشية مـن أجل ضمان الحد الأدنى المسموح به لكل فرد ، وعلى أساس ذلك يعتبر وعاء الضروريات عاملا مهما مـن عوامل توزيع الثروات بـين شرائح المجتمع المختلفة، ممـا يعنـي أن الإسلام قـد تفـرد في منهجه وموقفه من ضمان الضروريات عن الأنظمة الأخرى لأنه يعتبر ضمان هذه الضروريات حقـا أصيلا من شأنه أن يدفع الهلاك والحرج عـن كـل فـرد مـن أفـراد المجتمـع ، وذلك خلافا للطروحـات الرأسمالية والاشتراكية.

ففي النظام الرأسمالي لا تعتبر الضروريات الأساسية حقا أصيلا لكل فرد وإنما تقدم للأفراد مـن قبيـل الصـدقات الطوعيـة لحـالات الفقـر المـدقع، وتنحصر ـ في فئـة العـاملين في القطاعـات الاقتصادية العامة إذ تعتمد الدولة في مصادر التمويل لضمان هذه الضروريات على الاقتطاعـات المدخرة من جميع العاملين، ويؤكد "فريدمان" على عـدم مصداقية هـذا الضمان لأن مـا تقدمـه الدولة في ظل النظام الرأسمالي مـن دعم للضروريات الأساسية مثل المشاريع الإسكانية يأخذ وجهين:

أولاهما: وجه ظاهر يهدف إلى دعم الأسر الفقيرة من خلال الاقتطاعات المدخرة.

والثاني: وجه باطن لا يسهم برفع المستويات المعيشية للفقراء وإنما يشكل عبئا إضافيا على أسرهـم، وأن هذا العبء يظهر بفرض ضرائب الدولة المتراكمة على أصحاب الدخول المنخفضة المستفيدة من المشاريع الإسكانية لتوازن بهذه الضرائب مـع مـا تتحملـه مـن تكـاليف اجتماعية تقدمها في صورة خدمات[2].

وأما في النظام الاشتراكي فإن ضمان الضروريات الأساسية كحق أصيل ليس

---

(1) محمد أمين ابن عابدين، حاشية رد المحتار على الدر المختار، دار إحياء التراث العربي ، د. ت 6/2.

(2) فريدمان، الرأسمالية والحرية، ص163-165.

له أي وجود وإنما تقوم آلية النظام على محاولة المساواة التامة بين الأفراد، ودون النظر إلى قيمة العمل المبذول من قبل الأفراد بهدف حل إشكالية التناقض بين قوى الإنتاج وعلاقات التوزيع كرد فعل للفلسفة الرأسمالية، مما نتج عنه وقوع المجتمع الشيوعي في مصيدة الفقر والتخلف، فقامت على أثرها الدولة بالإصلاحات الاقتصادية والسياسية (البروستوريكا) على ما يشهده العصر الراهن[1].

وفي المقابل فإن الإسلام بتشريعاته وقوانينه لم يتبن سياسة علاجية قاصرة لتأمين الفرد بالضروريات المعاشية ولم يخص أفرادا دون آخرين كما في الأنظمة الأخرى وإنما كانت الضرورة حقا أصيلا في أسسه ومبادئه التي يقوم عليها[2].

المطلب الثاني

مفهوم ووعاء الكفاية

أولا: مفهوم الكفاية

يدخل مفهوم الكفاية في نطاق المستوى المعيشي- المعني بتوفير أسباب اليسر- والسهولة للأفراد، وذلك خلافا لمفهوم الكفاف المعني بدفع الحرج والهلاك عن الإنسان، ولذا فإن مستوى الكفاية يدل على مستوى الحاجيات الذي يقع في مرتبة أعلى من مستوى الضروريات أو الكفاف.

وعلى أساس ذلك فإن هذا المفهوم ينقل حياة الفرد من معنى الفقر، أي المنطقة الواقعة بين الكفاف والكفاية إلى معنى الكفاية على أقل تقدير، ويدل في نفس الوقت على الدخل النقدي الذي يُمَكّن صاحبه من تحقيق قدر أعلى من الإشباع على العكس من دخل الكفاف الذي يعجز عن الوصول لمثل هذا الإشباع.

وأيضا، فإن مفهوم الكفاية يحتمل بعدا نسبيا لاتصاله بمعنى الحاجة المتفاوت في دلالاته كما تقدم، ونتيجة لذلك فإن مستوى دخل الكفاية اللازم لتحقيق الإشبع المناسب من السلع والخدمات يعتمد بشكل أساسي على عوامل ومتغيرات مختلفة،

---

(1) الحوراني، اقتصاديات الفقر، ص32.

(2) عبد الرحمن المالكي، السياسة الاقتصادية المثلى، 1963، ص158-164.

ويشير الغزالي إليها عند حديثه عن سلعة "الطعام" مما يؤيد إحاطته بهذا المفهوم، فيقول:
"فإن مقدار الحاجـة إلى الطعـام يختلـف بالسـن، والشخص، والعمـل الـذي يشـتغل بـه، وعـلى الجملة، فتقدير الطعام لا يمكن لأنه يختلف بالأحوال والأشخاص"[1]، وحكم الطعام ينسـحب إلى غيره من مدخلات وعاء الكفاية.

ثانيا: وعاء الكفاية

لا يختلف وعاء الكفاية مـن حيـث تضـمنه لوحـدات المنفعـة القابلـة للإشـباع عـن وعـاء الكفاف إلا بالقدر الذي يضمن أسباب العيش الكريم.

والواقع أن الدخل النقدي والقوة الشرائية المتعلقـة بالحاجـة الكفائيـة تسـهم في تغطيـة دائرة استهلاكية أوسع من دائرة الكفاف كميا ونوعيا وذلك انسـجاما مـع التغيـر الحاصـل في نمط الحياة من حالة الفقر إلى حالة الاكتفاء.

ومما يشهد للتغير النوعي والكمي لمستوى الكفاية أن الصحابة رضوان اللـه علـيهم كـانوا يقدرون حدود الاكتفاء الشخصي بما يملك الشخص مـن "الفـرس والسـلاح وثيـاب البـدن والخـادم والدار ونحو ذلك، ولو بلغت قيمة الحوائج عشرة آلاف درهم"[2].

ويروى كذلك أن عمر بن عبد العزيز كان يوصي عماله عـلى مراعـاة هـذا المبـدأ، فيقـول: "اقضوا عن الغارمين، فكتب إليه: أنا نجد الرجل له المسكن والخادم والفرس والأثاث فكتب عمـر: أنه لا بد للمرء المسلم من مسكن يسكنه أو خادم يكفيه مهنته، وفرس يجاهد عليـه عـدوه ومـن أن يكون له الأثاث في بيته، نعم، فاقضوا عنه، فإنه غارم"[3].

وكما تقدم، فإن مستوى الكفاية يعكس منطلقا أساسيا لفكرة الغـزالي حـول ترسـيخ مبـدأ التوازن المعيشي، وهو ما أيده موقفه الرافض لحالة الفقر وموقفه من

---

(1) الإحياء، 97/3.

(2) الكاساني، بدائع الصنائع، 48/2.

(3) الأموال، ص666.

الكسب القائم على أساس الكفاية، وفي هذا الجانب يقرر الحدود المعتبرة لمستوى الكفاية، ويرسم معالم هذا المستوى بوصفه حالة معيشية متوسطة بين مستوى الضرورة ومستوى التنعم، فيقول: **"وبين التنعم والضرورة درجة يعبر عنها بالحاجة، ولها طرفان وواسطة: طرف يقرب من حد الضرورة فلا يضر فإن الاقتصار على حد الضرورة غير ممكن، وطرف يزاحم جانب التنعم ويقرب منه، وينبغي أن يحذر منه، وبينهما وسائل متشابهة ومن حام حول الحمى يوشك أن يقع فيه"**[1].

فهذا النص يوضح الاتجاهات الإيجابية والسلبية للانتقال من حالة الوسط (الحاجة) إلى حالة التنعم وحال الضروريات، فالوضع الأمثل هو حالة الوسط لأنه يمثل حالة التوازن لمجموع الناس، ولكن الانتقال - كما في الشكل المجاور- من الحالة الوسطية إلى حالة التنعم يعكس اتجاها سلبيا إذ تعتبر المنطقة الواقعة بين الحاجة والتنعم أي منطقة (أ) غير مرغوب فيها لأنها مظنة للانغماس في مظاهر الدنيا والوقوع في المعاصي.

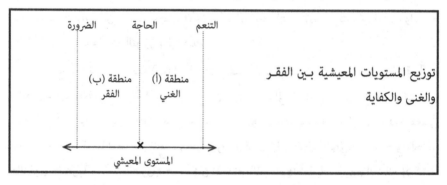

توزيع المستويات المعيشية بين الفقر والغنى والكفاية

ويحذر الغزالي من المنطقة (أ) معتبرا أنها تبرر **"كل ما فيه حظ عاجل ولا ثمرة له في الآخرة أصلا، كالتلذذ بالمعاصي كلها والتنعم بالمباحات الزائدة على قدر الحاجات، والضرورات الداخلة في جملة الرفاهية والرعونات كالتنعم بالقناطير المقنطرة من الذهب والفضة والخيل المسومة، والأنعام والحرث والغلمان والجواري**

---

(1) الإحياء، 236/3.

والخيول والمواشي والقصور والدور ورفيع الثياب ولذائذ الأطعمة، فحظ العبـد مـن هـذا كله هي الدنيا المذمومة"[1].

وأما الانتقال من الحالة الوسطية إلى حالة الضرورة فإنه يعكس اتجاهـا ايجابيا إذ تعتبر المنطقة الواقعة بين الحاجة والضرورة أي منطقة (ب) مقبولة بالقياس على مبدأ المخالفة للمنطقة الأولى.

وينبغي الإشارة هنا إلى أن المعنى المراد من الاتجـاه السـلبي والايجـابي المصـاحب لعمليـة الانتقال من حالة الوسط إلى المنطقة (أ) أو المنطقة (ب) لا يبرر موقف الغزالي العـام مـن حقيقـة الغنى أو الفقر، وإنما هو تمثيل لأهمية التوازن في الحيـاة المعيشية عـلى المسـتوى الكـلي لجميـع أفراد المجتمع.

وبعبارة أخرى فإن المنطقة (أ) الدالة على الغنى كونها تقع فوق مستوى الحاجـة لا يمكـن اعتبارها منهيا عنها ، أو القول بحرمتها لمجرد وصفها بالمنطقة السالبة أو غير المرغوب فيهـا، فقد تبين موقف الغزالي مـن حتميـة وجـود الأغنياء كحالـة اجتماعيـة لازمـة لانتظـام الحيـاة والقيـام بالواجبات الدينية وإعادة التوازن وغير ذلك.

وكذلك لا تعني المنطقة (ب) الدالة على الفقـر كونهـا تقـع تحـت مستوى الحاجـة بأنها الأفضل لمجرد وصفها بالمنطقة الموجبة، فقد تبين موقف الغزالي الـداعي إلى نبـذ الفقر والتخلص منه والقضاء عليه، ولا يزيد وصف هذه المنطقة بأنها موجبة ومرغوب فيها أكثر من حدود معنـى الحذر من فتنة الدنيا المصاحبة للغنى وهو الطرف المقابل، ولذا يقول الغزالي: **"والحـزم في الحـذر والتقوى والتقرب من حدّ الضرورة مـا أمكـن اقتـداء بالأنبيـاء والأوليـاء عليـهم السلام إذ كـانوا يردون أنفسهم إلى حد الضرورة"**[2].

فالانتقال من حالة الوسط إلى حالة الفقر لا يعدو كونه أكثر مـن إتقـان الـدنيا والتحـذير منها حذر الأنبياء وهم فئة خاصة الخاصة، وحذر الأولياء وهم من فئة

---

(1) الإحياء، 233/3.

(2) المصدر نفسه، 236/3.

الخاصة، مما يدل على أن هذا الانتقال وسيلة استثنائية غير مقصودة لذاتها وبالتالي لا تبنى عليها أية أحكام أو يقاس عليها أي مواقف ثابتة.

المطلب الثالث

تصنيف الحاجات وترتيبها

فقد تبين من استعراض وعاء الحاجات الضرورية والاكتفائية أنها تتضمن جميع الحاجات الأصلية أي أصول الحاجات مضافا إليها توابعها وما يلحق بها مما لا يستغنى عنه لضمان استمرارية الحياة الإنسانية وإمكان العيش فيها بسهولة ويسر.

ونتيجة للتفاوت الواضح في طبيعة هذه الحاجات ومدى استفادة الإنسان من اشتقاق المنفعة المتضمنة لها، فإن الغزالي يعرض هرما خاصا لتوزيع الحاجات تصنيفا وترتيبا، يشرح من خلاله أولوية مساهمتها في عمليات الإشباع، فيقسم ابتداء الحاجات إلى ثلاثة أصناف هي الحاجات النفسية والحاجات البدنية والحاجات الخارجة، فيقول: **"وهذه السعادة لا تنال إلا بثلاث وسائل في الدنيا وهي: الفضائل النفسية، كـالعلم وحسـن الخلـق، والفضـائل البدنيـة، كالصحة والسلامة، والفضائل الخارجة عن البدن: كالمال وسائر الأسباب"**[1].

فتدل هذه الأصناف على جميع الحاجات الأساسية الممكنة، فالحاجة النفسية تدل على كل رغبة ذاتية محلها الجوهر النفسي أو التفكير العقلي والوجداني، مثل طلب الإنسان للمعرفة واجتهاده في تحصيل التربية الروحية والترقي في العبادات وسائر ما يتعلق بتربية الباطن وتهذيب الأخلاق، والحاجة البدنية وإن كان التعبير عنها واضحا بالصحة والسلامة فلا يمنع من اشتمالها على أية وسيلة موصلة إلى ذلك وبخاصة الحاجة إلى الأمن فإنه مقصد مهم من مقاصد السلامة، والحاجة الخارجة عن البدن تتضمن المعنى المراد من الأموال وما يمكن الاستعانة به من خلالها للنهوض بالبدن، مثل الحاجة إلى القوت والمنكح والملبس ونحو ذلك.

وأما الترتيب الهرمي الذي يقترحه الغزالي لتوزيع الحاجات فينطلق من مبدأ

---

(1) الإحياء، 249/3.

العلاقة الوطيدة بين الحاجات وطبيعة الإشباع المشتق من كل منها للوصول إلى حقيقة السعادة الممثلة للغاية القصوى في الحياة.

فبعدما أشار إلى الحاجات الأساسية والتي أطلق عليها لفظ "الفضائل" للدلالة على جانبها الإيجابي دون السلبي، والمتضمن للمنفعة الموجبة المعتبرة شرعا، جاء ترتيبه لهذه الحاجات ترتيبا هرميا تنازليا، فقال: **"وأعلاها النفسية، ثم البدنية، ثم الخارجة"**[1].

وقد أوضح تبرير المصلحة المستفادة من جراء هذا الترتيب، فذكر أن **"الخارجة أخسها، والمال من جملة الخارجات، وأدناها الدراهم والدنانير، إذ النفس هي الجوهر النفيس المطلوب سعادتها، وأنها تخدم العلم والمعرفة ومكارم الأخلاق لتحصلها صفة في ذاتها، والبدن يخدم النفس بواسطة الحواس والأعضاء، والمطاعم والملابس تخدم البدن، وقد سبق أن المقصود من المطاعم إبقاء البدن، ومن المناكح إبقاء النسل، ومن البدن تكميل النفس وتزكيتها وتزيينها بالعلم والخلق"**[2].

وفي عبارة أخرى يؤكد أنه قد **"خلق الله الملابس والمطاعم خادمة للبدن وخلق البدن مركبا وخادما للنفس وجعل النفس خادما للعلم"**[3].

فالترتيب الهرمي لتسلسل الحاجات الثلاث وأهمية مشاركتها في حياة الإنسان يضع الحاجات النفسية في قمة الهرم، ويضع الحاجات الفسيولوجية البحتة في أدنى الهرم، بينما يضع حاجة الإنسان إلى الصحة والسلامة والأمن في مرتبة متوسطة بينهما.

ترتيب الحاجات بين الغزالي وماسلو:

يأتي تصور الغزالي لترتيب الحاجات هرميا مخالفا تماما لتصورات العالم ماسلو (Maslow) في نظريته حول الحاجات الإنسانية (Need Hierarchy) التي رتب فيها الحاجات بشكل هرمي مغاير لترتيب الغزالي، سواء من حيث التصنيف أو من حيث الأهمية النسبية لكل واحدة منها.

---

(1) الإحياء، 249/3.

(2) المصدر نفسه، نفس الصفحة.

(3) ميزان العمل، ص 109.

فقد صنف ماسلو حاجات الإنسان إلى خمسة أصناف حسب أهميتها وإلحاحها وذلك بترتيب هرمي على النحو التالي[1]:

أولا: الحاجات المادية والجسمية (Physiological Needs): كالحاجة إلى الطعام والملبس والمسكن.

ثانيا: حاجات الأمن (Safety Needs).

ثالثا: الحاجات الاجتماعية (Belongingness Needs): كالحاجة إلى الحب والصداقة والعلاقات.

رابعا: حاجات اعتبار الذات (Esteem Needs): كالحاجة إلى التقدير واحترام الآخرين واعتبار المكانة والوجاهة.

خامسا: الحاجات الذاتية النفسية والفكرية (Self- Fulfillment Needs): كالحاجة إلى الإنجاز وتحقيق الذات والنمو النفسي.

فبالمقارنة بين الترتيب الهرمي عند كل من الغزالي وماسلو يلاحظ الفروقات التالية:

أولا: يصنف الغزالي الحاجات إلى ثلاثة أقسام، هي: النفسية والبدنية والخارجة، بينما يصنف ماسلو الحاجات إلى خمسة أقسام، وهي: الجسمية والأمنية والاجتماعية واعتبار الذات والنفسية، فمجال التصنيف يختلف بين كل منهما.

ثانيا: يصنف الغزالي الحاجات النفسية في قمة الهرم والحاجات الخارجة (القوت والمسكن)، في أسفل الهرم، بينما على النقيض تماما يصنف ماسلو الحاجات الجسمية (القوت والمسكن) في قمة الهرم والحاجات النفسية في أسفل الهرم.

ثالثا: يقيس الغزالي أولوية الحاجات على أساس ترابطها مع بعضها البعض، وأيها خادم وأيها مخدوم، أي حسب الدور الوظيفي لكل منها، ولذا اعتبر الحاجة إلى تنمية الجوانب النفسية والفكرية مقياسا لكل شيء لأنها مخدومة، بينما اعتبر الحاجة إلى

---

1 See: Justin Longenecker and charles Pringle, Manangment, sixth Edition, Ohio, A Bell and Howell company, 1984,

P 416-417.

وانظر: محمد عقله الإبراهيم، حوافز العمل بين الإسلام والنظريات الوضعية، ط1 (عمان، مكتبة الرسالة، 1988)، ص 39 -40.

المال وما يتوصل إليه من المطاعم والملابس وغيرها مـن أغـراض البـدن، مسـخرة لغيرهـا وخادمة غير مخدومة، حتى أنه استقبح كل تصور لا يحيط بهذه الموازين ودقائقها، ورسـم صـورة شنيعة للتعبير عن وجه التناقض لأية علاقة أخرى، فقال: **"فإن مـن يطلب المـال وأغـراض الـدنيا بالعلم كمن نظف أسفل مداسه بوجهه ومحاسنه فجعل المخدوم خادمـا، فـالعلم مخـدوم لـيس بخادم والمال خادم ليس بمخدوم"**[1].

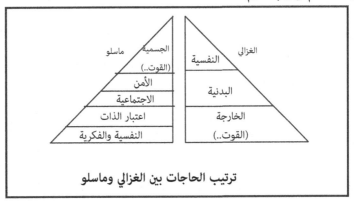

ترتيب الحاجات بين الغزالي وماسلو

غير أن ماسلو لم ينظر إلى العلاقة المتبادلة بين الحاجـات عـلى أسـاس هـذا الاعتبـار، وإنمـا اكتفى بترتيب الحاجات حسب ظهورهـا، وبالتـالي قابليتهـا للإشباع قبـل ظهـور غيرهـا معتبرا أن الإشباع الكافي للحاجة الأولى لازم لظهور الحاجة الثانية وهكذا[2].

رابعا: يدخل ترتيب الغزالي الهرمي للحاجات في إطار التحليل الاقتصادي والاجتماعي، بينما يدخل ترتيب ماسلو في مجال تحليل السلوك الإداري.

ويستفاد من التحليل الأول إظهار الجانب الحقيقي لمشكلة الفقر، فإن الفـرد قـد يفقـد قدرته على إشباع حاجته البدنية أو الخارجة عند حد الكفاية ولكنه قد

(1) ميزان العمل ص 109.

(2) منصور فهمي، الإنسان والإدارة، ط1 (القاهرة، دار النهضة العربية، 1982)، ص 327.

يترقى في إشباع رغبته في مجالات أخرى، مثل المجال المعرفي أو المجال الروحـي، أي إشـباع الحاجة النفسية والفكرية، فيتخطى بذلك معنى الفقر المتعلق بالمال ليصل إلى معنى الغنى الـذي يستغني به عن حاجة الآخرين.

وأما تحليل ماسلو فيسـتفاد منـه في إيجـاد قاعـدة للحـوافز الماديـة والمعنويـة مـن أجـل النهوض بالعامل في مجال العمل والمشاركة في اتخاذ القرارات[1].

خامسا: ومن جهة المنهج فإن ترتيب الغزالي يعكس حقيقة التصور الإسلامي الذي يرمي إلى تهذيب الجوانب الروحية والأخلاقية، والتي تشكل في مجملها محورا رئيسا لعموم مناقشاته حـول إصلاح النفس الإنسانية.

ولكن تحليل ماسلو يعكس الطرح الرأسمالي بطابعه المادي المجرد، والذي تـدور مفاهيمـه حول تعظيم الثروات وزيادة الدخول باعتبارها هدفا رئيسا في نشاط الفرد الاقتصادي كما نادى به آدم سميث في كتابه "ثروة الأمم".

_____

(1) محمد عقله، حوافز العمل، ص 37 وما بعدها.

الخاتمـــة

يخلص الباحث من خلال هذه الدراسة إلى النتائج والتوصيات التالية:

أولا: النتائج

تناول الغزالي كثيرا من المفاهيم والأفكار الاقتصادية في شتى الموضوعات والحقول التي طرحتها الدراسات المعاصرة، وكان رائدا وعلما بارزا في كل ما تناول من طروحات سواء أكان ذلك في مجال تأصيل الفلسفة الاقتصادية، أو في مجال التحليل الاقتصادي، مثل الكسب والعمل والنقود والسوق والدخل والإنتاج، وحتى في مجال التنمية مثل ظاهرة الفقر، وسنتناول أهم النتائج على وجه الإجمال في النقاط الآتية:

1- تفسر حركة الترجمة الواسعة التي امتدت إلى عشرين مصنفا من مصنفات الغزالي، ووصلت إلى (41) ترجمة وشملت (12) لغة من لغات العالم الرئيسة، بأن الفكر الذي تركه الغزالي يمثل تراثا عالميا يعزز من فرص استفادة الأوروبيين منه في المجال الاقتصادي علاوة على الاستفادة الحاصلة في المجالات الأخرى.

2- طرح الغزالي لأفكاره الاقتصادية على أساس إيماني وعقدي يحرره من تبعية الفلاسفة القدماء مثل أرسطو وأفلاطون فيما يتعلق بطروحاتهم الاقتصادية خلافا لغيره من الفلاسفة المسلمين، مثل الفارابي وابن رشد اللذين استلهما أفكار هؤلاء الفلاسفة وأخذا بها.

3- ترتبط النية الباعثة على ممارسة السلوك الاقتصاي للفرد بحقيقة المضمون الإيماني والتعبدي وذلك بوصفه وسيلة هامة لتأدية الوظيفة المنوطة بوجود الإنسان في الحياة.

4- تنسجم كمية الموارد الإنتاجية في محدوديتها أو إمكان نضوبها مع حقيقة الدنيا المتناهية مما يؤكد أن النشاطات الاقتصادية لا تعكس هدفا أصيلا وإنما هي وسيلة لتحصيل الثواب ومضاعفة الأجر في الحياة الأخروية اللامتناهية.

5- يعتمد السلوك الاقتصادي للفرد والجماعة على مجموعة من المتغيرات القيمية والأخلاقية، مثل الوازع الإيماني والالتزام بأخلاق الشكر والتوكل والزهد والقناعة.

6- تمثل العلوم الفقهية إطارا مرجعيا يقنن ويضبط الأشكال المختلفة للنشاط الاقتصادي وليست هي محلا بعينها لممارسة الاقتصاد.

7- يقوم الهدف الاقتصادي على تحقيق الرفاهية المتضمنة لمعنى السعادة القصوى التي يفوز بها الفرد بلقاء الله ومرضاته.

8- يعتبر المال محمودا ومذموما، فمن سعى لآخرته مستغلا ومستثمرا وكان باعثه العبادة صار المال في حقه محمودا، ومن صرفه ماله عن هذا الباعث كان المال بالنسبة إليه مذموما.

9- تعتمد علاقات الأفراد الاقتصادية على وجود دوافع تعاونية مبنية على أسس إيمانية وأخلاقية، تستمد وجودها من وظيفة الإنسان في الحياة واضطراره إلى الاستعانة والاجتماع فيها.

10- تسهم العلوم الفقهية في وضع قانون للاختصاص يحفظ حقوق الملكية لأصحابها، ويحمي المجتمع من شر الصراع الطبقي الناتج عن سوء استخدام الإنسان لحقه وليس بسبب إثبات هذا الحق.

11- تقسم السلع حسب قابليتها للتملك إلى خبائث وطيبات، وبالتالي فإن السلع المحرمة تنزل منزلة الخبائث ولا تعكس أية قيمة تبادلية في السوق ولا تعد سلعا اقتصادية، وذلك خلافا للسلع المباحة فإنها تنزل منزلة الطيبات وتعكس قيمة تبادلية في السوق وتعد سلعا اقتصادية.

12- كل مال لا يتضمن منفعة معتبرة فلا يعتد بماليته أو تملكه لانتفاء المنفعة المرجوة منه.

13- لا يطلق لفظ "الخلق" على أية عملية اقتصادية كالقول بخلق المنفعة أو القيمة أو غيرها لأن الخلق متعلق بالموجد أصلا وهو الله تعالى، ولذا سمي خالقا وليس للإنسان ذلك.

14- يختلف لفظ "العمل" عن لفظ "الكسب" بأن العمل يقصد به بذل الجهد لإيجاد المنفعة، أما الكسب فهو طلب الحصول على المنفعة، ولذا فإن عائد العمل هو الأجر بينما عائد الكسب هو الربح.

15- يتعلق حكم الوجوب بالكسب عند مستوى الكفاية لأن تركه ضرر ظاهر بهلاك النفس، وما بعد هذا المستوى لا يعد واجبا.

16- لا يصح السؤال أصلا ولكن يرخص به لضرورة ، وذلك لأن المسألة أو الكداية لا تقل عن معنى اللصوصية من جهة الاعتداء على جهد الغير، والأكل من سعي الآخرين وأخذ أموال الناس بالباطل، وهو في النهاية توزيع غير عادل للناتج بين الأفراد.

17- تختلف الأعمال عن بعضها البعض في درجة الأفضلية قياسا على عموم النفع أو طبيعة المحل، ولذا فهي تقسم إلى أعمال رئيسة (الأصول) وأعمال مكملة وأعمال متممة.

18- يقوم تحديد الأجر العادل على دعامتين اقتصاديتين هما قيمة العمل متمثلة بالجهد المبذول في انتاج السلعة و الخدمة ، والمنفعة المرجوة من بذل الجهد قياسا على الاعتبار الشرعي في الحل والحرمة.

19- تبرز كيفية نشوء الحاجة إلى استخدام النقود كمبرر أساسي لتجاوز عيوب المقايضة ، المتمثلة بعدم إمكانية التوافق المزدوج بين رغبات الأفراد وعدم وجود معيار مشترك ترد إليه قيم الأشياء والتباين في الأهمية النسبية للسلع.

20- تتضمن النقود قيمة ذاتية بوصفها مخزنا للقيمة ، ومستودعا لها، وتحتفظ بقوة شرائية استبدالية، ولا تتضمن منفعة ذاتية في نطاق عمليات التبادل ولذا فهي ليست سلعة ولا يجوز العائد عليها.

21- لا يجوز خلط المعادن لمجرد الاحتيال ولكن يصح للدولة أن تقوم بعملية الخلط مراعاة للمصلحة العامة مع علم الأفراد بهذا الإجراء، وهذا يبرر أسلوب التمثيل الورقي السائد والمتمثل بإعطاء الحق لمسؤول الخزينة أو صاحب الإصدار النقدي أن يغير في الغطاء المعدني للنقود.

22- تقوم مشروعية القرض العام على أساس المصلحة المعتبرة، أي المصلحة العامة والضرورية والقطعية التي يعود نفعها على سائر أفراد المجتمع دون الإخلال بإرادة الدولة وسيادتها.

23- يعطى العاملون في القطاع العام من مخصصات الإنفاق لبيت المال عند قدر الكفاية كحد أدنى بوصفه حقا أصيلا، وبعد ذلك يكون تبعا للمشقة والإنتاجية.

24- تصرف الإمام في تحديد مكونات الوعاء الضريبي مرهون بالاعتبارات الشرعية والمصلحة العامة القائمة على تثبيت دعائم الأمن ومكافحة الفقر، ويشترط لفرض الضرائب أن يكون الإمام مطاعا وأن تقوم حاجة عامة وأن يخلو بيت المال من المال وأن يؤخذ من الضرائب على قدر الكفاية.

25- تختلف طروحات الغزالي في مجال الضرائب عن الطروحات الوضعية من جميع الجوانب ، وذلك من حيث أولويتها التشريعية وجانبها التحصيلي ودورها الوظيفي والقيود المفروضة عليها.

26- يتخذ السوق عند علماء الاقتصاد دلالة أوسع منه عند علماء الاجتماع ، فالسوق من الناحية الاقتصادية يتضمن جميع عمليات التبادل بين البائعين والمشترين دون اشتراط المكان، أما في الحالة الثانية فإنه يشترط المكان.

27- ينعكس تأثير الربا على سوق السلع بزيادة تكاليف الإنتاج ومن ثم زيادة الأسعار، بينما ينعكس تأثيره على سوق العمل بخفض أجور العمال ، وبالتالي خفض القوة الشرائية، مما يؤدي في النهاية إلى تراجع قطاع الاستهلاك والإنتاج على السواء.

28- تعتمد آلية الإعلان التجاري ومصداقية المعلومات على أربعة شروط، تتمثل بعدم الثناء على السلع بما ليس فيها ، وضرورة إظهار عيوبها ، وعدم كتمان مقدار الكميات المعروضة منها ، والصدق في سعر الوقت.

29- تقوم آلية السوق الإسلامية على أساس المنافسة التعاونية بدلا من المنافسة المطلقة المتضمنة للمصالح الفردية البحتة ، علاوة على تضمنها لدوافع التباغض والتحاسد والتربص بالفرص.

30- تؤثر الزيادة السكانية سلبيا على عرض العمل عند حدوث الأزمات ، علاوة على التأثر الحاصل في جانب الطلب ، مما يمكن معه اعتبار النكاح لأغراض التكاثر والتناسل في هذه الحالة آفة من الآفات.

31- تعتمد المبادلات التجارية في إطارها العقدي والأخلاقي على مبدأ تحقيق هامش بسيط من الأرباح انطلاقا من توسيع قاعدة المشاركة الجماعية المتضمنة لفكرة الإحسان والمساهمة في مشروعات الخير العام.

32- يقوم الكسب التجاري على أساس قاعدة الكفاية، وهو إلى جانب وضوح دلالته بسلوك فئة الخاصة ، فإنه تلقائيا يتحقق بسلوك فئة العامة ، لأن الغني منوط به واجبات دينية تمارس بها آلية إعادة توزيع الأموال بين الناس عن طريق العبادات المالية ، مما يحقق أكبر قدر من التوازن المعيشي.

33- يسهم مبدأ الإقراض التجاري في كبح سيطرة رأس المال على اتجاهات التعامل الربوي في السوق، ويبرر عدم موضوعية التفسيرات المقننة لعدالة الزيادة النقدية المفروضة على استخدام رأس المال، إضافة إلى تدعيم قدرة الطرف المقترض على إعادة وجوده في السوق وحفز نشاطات الأفراد في السوق على الاستثمار والإنتاج ، وزيادة نسب التبادل وتوفير الضمان والرصيد الاحتياطي والثقة الأكيدة لأية مخاطر سوقية محتملة.

34- يعتمد مبدأ تدخل الدولة في السوق على مدى التزامها بتطبيق المنهج الشرعي وتحقيق فرص العدالة بين الأفراد، لأنها تستمد من هذا المصدر مشروعية وجودها وقوتها واستحقاقها لطاعة الرعية، وتظل وفق ذلك تحت طائلة المسؤولية لأجهزة الرقابة التمثيلية لمجموع الأمة من أهل الحل والعقد.

35- تنحصر قدرة الدولة على التدخل في السوق في ضوء مجموعة من الضوابط، تتمثل بحفظ المصلحة العامة ، والتقيد بالمقاصد الشرعية ، ومراعاة المبادىء الأخلاقية ، والاقتصار على سد الحاجة وتلبية الضرورة.

36- تتبنى الدولة سياسة دعم السلع الأساسية وتكتسب حق التدخل لضمان الحاجات المترتبة عليها، ولا سيما إذا تعرضت للضغوطات الاحتكارية ، لأنها تشكل مقومات ضرورية لحياة مجموع الناس دون التمييز بينهم.

37- يصح للدولة التدخل في السوق لتحديد مستوى سعري عادل ، ويصبح التدخل واجبا عند وقوع الظلم، وتمارس الدولة دورها في مراقبة الأسعار ورصد كافة العوامل غير الطبيعية المؤثرة على السوق ثم رسم سياسة سعرية عادلة لتصويب الأوضاع الاقتصادية الخاطئة.

38- تباشر الدولة مسؤوليتها في تطبيق المعايير الملائمة لأشكال الإعلان التجاري بما يتفق مع الأهداف الشرعية الرامية لتحقيق المصلحة الفردية والجماعية على السواء.

39- تسهم الدولة في دعم مشروعات البنية التحتية ، وتعتبر مسؤولة في إعادة نشاط الأفراد عند حدوث أية مخاطر محتملة.

40- إن اهتمام الفرد بالإنفاق على استهلاك الحاجات الأساسية لاشتقاق المنفعة ، أو تحقيق الإشباع فوق الحدود الطبيعية ، يعكس تبريرا غير منطقي في فهم حقائق الحياة ومقاصدها الفطرية.

41- يشكل الإنفاق على ما يسمى المروءة ووقاية العرض مجالا مهما من مجالات التحويلات الاجتماعية الخاصة، إذ يسهم في استقرار وحفظ التركيب الاجتماعي ، وصيانة الأنساب والأخلاط ، والإبقاء على نسيج الأرحام متماسكا دون التعريض به أو الاعتداء عليه.

42- يعتبر إنفاق الأفراد في مشاريع الخير العام من أهم التحويلات الاجتماعية العامة التي تسهم في تخفيف العب عن كاهل الدولة، وتشكل رديفا مساندا في تحمل مسؤوليات التكافل الاجتماعي.

43- تزيد قدرة الفرد على الإنفاق في الإطار الإسلامي عن قدرة الفرد على الإنفاق في ظل الفرضية الرأسمالية المتمثلة بتخصيص جزء مهم من دخل الفرد للإنفاق على الضرائب الحكومية.

44- يرتكز سلوك المستهلك على مبدأ تعظيم الجوع، وليس تعظيم الاستهلاك، بوصفه يمثل قاعدة عقدية تعنى بجانب تهذيب الأخلاق والنفس ، وتحض على التعاون، علاوة على كون هذا المبدأ ينسجم مع التصور الإيماني للأهداف المرجوة من عملية الاستهلاك ومقاصد الإنسان الفطرية من حقيقة الإشباع.

45- يرتبط مفهوم الإنتاج بمعنى الإصلاح وليس خلق المنفعة، وهذا يدل على ثلاثة مضامين جوهرية، هي أن المادة موجودة أصلا وليس للإنسان شأن في إيجادها ، أي خلقها، وأن المنفعة المقصودة من عملية الإنتاج تشتمل على الجانب الإيجابي أي تتعلق بالطيبات ولا تتعلق بالخبائث، وأنها تبرز حقيقة الدور الاجتماعي المقصود من عملية الإنتاج بالنسبة للمنتج والمستهلك على السواء.

46- تسهم الأهمية النسبية لقطاعات الإنتاج في ضبط استخدامات الموارد وتهيئتها لفرص إنتاجية أكثر نفعا في حياة الإنسان.

47- تبرز حتمية اجتماع الأفراد وتعاونهم وعدم استغنائهم عن مخالطة بعضهم لبعض من خلال مبدأ تقسيم الأعمال المنتجة بينهم للوصول إلى مقاصدهم وأغراضهم المعاشية.

48- يستفاد من المفهوم العقدي للفقر ، المتضمن لقصور البشر وحاجتهم المطلقة لله تعالى وفقرهم إليه ، بتصويب جميع الأشكال والعلاقات الخاطئة بينهم ، وردها إلى أساس التصور الإيماني الذي لا يتعرف بتقسيم الناس طبقيا إلى فقير محروم وغني مترف واستعلاء بعضهم على بعض.

49- يعرف الفقر بأنه المستوى المعاشي الذي يعجز فيه الفرد عن إشباع حاجاته الأساسية من السلع والخدمات حسب دلالة مؤشر الأسعار.

50- بالرغم من وجود ظاهرة الوفرة النسبية في الموارد - وليس الندرة النسبية- كأصل من أصول الخلق، فقد يظهر الفقر أو تظهر فجوة بين حاجات الإنسان والموارد المتاحة على مستوى جزئي محدود دون المستوى الكلي ، وذلك بسبب تأثيرات عوامل المكان ، وظلم الإنسان في تبديد الموارد ، واتباع الأساليب المتخلفة في عمليات الإنتاج.

51- يعد الاقتصار على سد الرمق شكلا من أشكال الموت الذي تنعدم بسببه فرص الحياة، مما يحفز الأفراد على إحياء قدراتهم الفردية وإطلاقها بممارسة النشاطات الاقتصادية للوصول إلى حد الكفاية كحد أدنى.

52- تعالج ظاهرة الفقر في حال عجز الأدوات الرئيسة عن الوفاء بحقوق الفقراء كالزكاة وغيرها عن طريق أخذ الفاضل من أموال الأغنياء وردها إلى الفقراء حتى يستوي المجموع عند حد الكفاية.

53- يتضمن وعاء الضروريات جميع المداخيل اللازمة لبناء الحياة الإنسانية الكريمة ، ومنها الحاجة إلى التعلم والصحة والأمن ، والاشتغال بالمكاسب علاوة على المطعم والملبس والمسكن والخادم وأدوات الركوب وغير ذلك.

54- تصنف الحاجات حسب أولوية مساهمتها في عمليات الإشباع إلى الحاجات النفسية كالعلم وحسن الخلق، ثم الحاجات البدنية كالصحة والسلامة، ثم الحاجات الخارجة عن البدن كالمال وسائر الأسباب.

55- تمتاز طروحات الغزالي الاقتصادية بأنها طروحات عميقة وسباقة في تاريخ الفكر الاقتصادي، سواء بالنسبة للفكر الإسلامي أو الفكر الوضعي، لأنها ابتدأت من النصف الثاني من القرن الحادي عشر بخلاف الفكر الوضعي الذي ابتدأ من القرن الثالث عشر- منذ عهد المدرسة الإكوينية المنسوبة إلى القديس توما الإكويني، وأيضا قبل الطروحات الاقتصادية لبعض الفقهاء المسلمين التي ظهرت بشكل واضح في عهد ابن تيمية أي في نفس القرن الثالث عشر- الميلادي.

56- وعلى أساس ذلك تعتبر طروحات الغزالي الاقتصادية النافذة الوحيدة التي تطل منها بدايات تاريخ الفكر الاقتصادي المعاصر الذي لا ينكر تأثره بإسهامات الغزالي لسببين هامين هما:

الأول: أن الغزالي يختلف عن فقهاء المسلمين الذين كانت لهم فيما بعد - أو حتى فيما قبل- إسهامات اقتصادية بأنه تمكن من قواعد علم الفلسفة والمنطق والجدل والكلام وغيره، مما حذا بالفلاسفة اللاهوتين الأوروبيين مثل الإكويني وأتباعه للوقوف على كتب الغزالي المترجمة إلى لغات متعددة، والاستفادة منها فيما تناولت من أفكار وقضايا معرفية، وبخاصة مجال الفكر الاقتصادي، وهذا يعكس بحد ذاته عدم صحة تحليلات "شومبيتر" التاريخية التي انطلق فيها من اهتمامات مدرسة

الإكويني الاقتصادية ، وأغفل الجانب المهم لتأثير الغزالي عليها. وقـد أشـارت الدراسـة إلى بعض الأمثلة المستخدمة في الاقتصاد المعاصر والمتطابقة مع أفكار الغزالي تماما، مثل الدلالـة على أهمية تقسيم العمل الإنتاجي من خلال إنتاج "رغيف الخبز" والدلالة على أهمية التخصص عند آدم سميث من خلال إنتاج "الدبوس" وكذلك خصائص النقود والمقايضة وتقسيمات الـدخل وغـير ذلك مما طرحته الدراسة.

الثاني: إن الفترة التاريخية التي عاشـها الغزالي في النصـف الثاني مـن القرن الحـادي عشرـ وبدايات القرن الثاني عشر الميلادي لم تسبق بإسهامات اقتصادية حقيقية يمكن الاستدلال على تأثر الفكر الاقتصادي المعاصر بها، وقد تبين أن القضايا الاقتصادية المطروحـة في أي مـن الفكرين، أي الفكر الإسلامي والوضعي جاءت لاحقة لهذه الفترة.

57- تؤكد النتائج المشار إليها صحة الفروض التي قامت عليها الدراسة والمتمثلة بنقطتين أساسيتين هما:

أ- إسهام الإمام الغزالي في وقت مبكر في عدد مـن القضايا الاقتصادية في الفكـر الإسـلامي وريادته فيها.

ب- فكر الإمام الغزالي الاقتصادي يعد مرتكزا أساسيا لبنـاء النظريـة الاقتصادية الإسلامية المعاصرة.

ثانيا: التوصيات

1- ضرورة الأخذ بأفكار الغزالي الاقتصادية كمنطلق أساسي لبناء نظرية إسلامية متكاملة في المجال الاقتصادي.

2- التأكيد على مراعاة الأساس العقدي والأخلاقي في صياغة أية فرضيات ومفاهيم اقتصادية، لأنها وحسب إيضاحات الغزالي وشروحاته تشكل منطلقا ايديولوجيا وفلسفيا لفهم المحتوى التطبيقي للأفكار الإسلامية في مجال الاقتصاد.

3- ولما كان طرح الغزالي للمسألة الاقتصاية متفاوتا بين الموضوعات الاجتماعيـة والأخلاقيـة والسياسية والنفسية وغيرها؛ فإنه يدل بوضوح على أن الاقتصاد الإسلامي فرع مـن فـروع المعرفة الإسلامية الشاملة، وأنه يرتبط بها ارتباطا وثيقا

لا يقبل أشكال المعالجة التجزيئية مما يؤكد حتما على أن نجاح التطبيق الاقتصادي يعتمد بشكل لا لبس فيه على تطبيق الإسلام كلا لا يتجزأ في جميع مناحي الحياة، وهذا من شأنه بالتالي أن يوفر بيئة عملية وواقعية تكفي للدلالة على صحة الفرضيات التي يقوم عليها الاقتصاد الإسلامي ولا سيما إمكانية فحص الأدوات المستخدمة في مجال البحوث التطبيقية الميدانية.

4- إن موسوعية فكر الغزالي وفهمه العميق للمعرفة الإسلامية المتصلة بالفقه وأصوله والعقيدة والأخلاق وغيره مما أثبت حجة وبراعة فيه ، يدل دلالة كافية على أن تجربة البحث الإسلامي في مجال الاقتصاد تلازم المعرفة بالعلوم الشرعية، ولذا فإنه ينبغي على الباحث أن تتوفر لديه القدرة على الإحاطة العميقة بالقضايا الفقهية والأصولية والعقدية وغيرها.

5- ضرورة إجراء البحوث والدراسات الاقتصادية المقارنة عند فقهاء المسلمين عامة للتمكن من إيجاد قاعدة معلومات ثابتة في الفكر الاقتصادي الإسلامي، وبلورة الحقائق الاقتصادية التاريخية التي تؤكد إسهامات المسلمين في هذا المجال.

6- التأكيد على إقامة مركز دراسات دولي للاقتصاد الإسلامي يعنى بتوجيه البحوث وتوظيفها لخدمة الإسلام، ووضع خطة شاملة للأبحاث وعمل الفهارس التحليلية اللازمة، وأن يكون قادرا على تمويلها وتوفير الدعم الكافي لنجاحها، وأن يضم كل ما كتب في الاقتصاد الإسلامي من أبحاث ودراسات للمساعدة في إيجاد تصور شمولي حول المشكلات القائمة ومجال حلولها وبحثها، وأن يعنى بجانب الترجمة للأبحاث المطروحة في هذا المجال ، ويكون الأداة المثلى للتنسيق بين جميع الأطراف ذات العلاقة ، إلى غير ذلك من تصورات وأفكار عملية.

وواضح أن الحاجة إلى قيام مؤسسة علمية معنية باستقصاء البحوث الإسلامية في المجال الاقتصادي على المستوى الدولي (مخزن معلومات دولي للاقتصاد الإسلامي) بات يشكل ضرورة قصوى وملحة لإعادة تشكيل المنهج البحثي المتكامل، وتوفير قاعدة بحوث عريضة يمكن بها تحقيق فرص أكبر للاستفادة من مادة الاقتصاد الإسلامي، وإعطاء تصور أشمل للأهمية النسبية للبحوث المطروحة واتصال بعضها ببعض ، وعدم تكرارها أو إعادة نسخها أو ما شابه ذلك.

الملخص

تناولت الدراسة فكر الغزالي الاقتصادي بأبعاده المختلفة، وأوضحت أنه لم ينحصر في موضوعات محددة ، وإنما جاء شاملا إلى حد ما لكافة القضايا الاقتصادية، شأنه في ذلك شأن معالجته الشاملة للمعرفة الإنسانية كوحدة واحدة غير قابلة للتجزئة.

ولذا فقد تعرضت الدراسة للعديد من المفاهيم والأفكار الاقتصادية ، والتي استوعبت سبعة فصول في بابين:

ففي الفصل الأول من الباب الأول المشتمل على فصلين، تمحور الحديث حول طبيعة البيئة التي عايشها الغزالي بجميع أبعادها الاقتصادية والاجتماعية والسياسية وغيرها، ومدى أثر ذلك على تشكل فكره واهتماماته الاقتصادية، وموقفه العام من سائر شؤون الحياة المعاشية ومتغيراتها، سواء كان ذلك في اشتغاله بطلب العلم ، أو في تفرغه للتعليم ، أو انقطاعه للعزلة ، أو انكبابه على وضع المصنفات وما شابه ذلك.

وأما الفصل الثاني، فقد اشتمل الحديث فيه على الأساس العقدي لفكر الغزالي الاقتصادي، وكيف جاءت صياغته الاقتصادية وفق أسس ومنطلقات عقائدية وأخلاقية تستمد وجودها من جوهرها النظام الإلهي لحياة البشر، وذلك بالإشارة إلى نشاطات الأفراد والجماعات وتحديد التزامها بالمعايير الإيمانية والقيمية ونشاطات الدولة وتقيدها بتطبيق المنهج الشرعي ، وتحقيق فرص العدالة بين الناس، إضافة إلى بيان الأسس الوظيفية لدور المال وتنمية علاقات التعاون بين مجموع الأفراد.

وأما الفصل الأول من الباب الثاني المشتمل على خمسة فصول؛ فقد تناول موقف الغزالي من ملكية المال ، وصورها المختلفة مثل كيفية الحاجة لنشوء التملك وأسبابه، والكسب ومشروعيته وضوابطه، والعمل وأهميته ومجالاته وأجره.

وأما الفصل الثاني، فقد اشتمل الحديث فيه على النقود ، وسياسة بيت المال في فكر الغزالي ، من خلال توضيح نشأة النقود واستخداماتها الوظيفية وخصائصها،

وكذلك بيت المال وإيراداته ونفقاته إلى جانب القاء الضوء على أبعاد السياسة الضريبية.

وأما الفصل الثالث؛ فقد اشتمل الحديث فيه على موقف الغزالي من السوق وسائر العمليات والنشاطات الاقتصادية الجارية فيه، وذلك من خلال معرفة فكرة السوق والإجراءات المنظمة له، والتركيز على جانب العرض والطلب وما يتعلق به من نشاطات تجارية وائتمانية ، إلى جانب معرفة طبيعة حق الدولة في التدخل في بعض المجالات السوقية ، وذلك في حدود قدر كافي من الضمانات الشرعية والضوابط التشريعية.

وأما الفصل الرابع؛ فقد اشتمل الحديث فيه على تصور الغزالي وآرائه في مجال الدخل الفردي وعمليات الإنتاج من خلال معرفة مكونات الدخل الفردي واستخداماتها الاقتصادية ممثلة بجانب الإنفاق وجانب الإدخار ، ومعرفة أهم المعالم الرئيسة لقطاع الإنتاج من حيث التركيز على أهميته وعناصره وتوزيعاته القطاعية وتقسيم العمل في جميع مراحله.

وأما الفصل الخامس؛ فقد اشتمل الحديث فيه على موقف الغزالي الاقتصادي من ظاهرة الفقر مبينا مفهوم الفقر بأبعاده المختلفة، وموقفه منه ممثلا بآرائه واجتهاداته المتعلقة بأفضلية حد الكفاية وحق الفقراء في الكفاية من أموال الأغنياء، وتصوره لمعنى الكفاف والكفاية ووعاء كل منهما، وطبيعة تصنيف الحاجات الإنسانية وترتيبها في ضوء مساهمتها في عمليات الإشباع.

وأما الخاتمة، فقد اشتملت على قسمين؛ تضمن القسم الأول تصورا إجماليا لأهم النتائج، بينما جاء القسم الثاني مجملا لبعض التوصيات.

Abstract

This research deals with the economic thoughts of Al-Chazali in relation to its different dimensions.

Nothing that it isn't limited to restricted issues, but it is comprehensive to some extent for all economic issues, similar to his comprehensive treatment for human knowledge as an indivisible single unit .

Consequently, the researcher mentions many of the economic concepts and thoughts which took him seven chapters in two parts.

In chapter one of part one which includes two sections, discussion focuses on the nature of the environment which Al- Gahzali has lived up with all its dimensions, political, social , economic and others, together with the impact of this on the shaping of his thoughts, economic concerns and general attitude of all aspects and its variables, being it in his involvement in scholarship on in his dedication for education his isolation or his devotion in compilination, ects.

Chapter 2 , discusses the diciplinary basis for all - Gahzali economic thought and how his economic formulation was in accordance with moral and diciplines based on the essence of a divine system for human beings. That was in reference to the activities of individuals and groups and   ascertaining its commetment to values and beliefs criteria and the activities of the states and its compliance with the implementation of the shariaa order and the realization of justice

opportunities among people in addition to explaining the functional bases for the mong role development of cooperation relations among individuals.

As for chapter 1 of part 2 which five sections, it discusses the position of Al- Ghazali as to money position and its different manifestations such as how the need for position ward developed, and the causes for that , earnings and its legality and its controls, work and its importance, Aspects and wages.

Chapter 2 discusses currency and the policies of the Islamic treasery in Al- Ghazali thoughts through explaining the origin of currency, its functional usages and its features, also the Islamic treasery, its revenues and expenditures besides throwing light on the taxation policy.

Chapter 3 discusses the position of Al - Ghazali relating to the market and the other economic operations and activities in it through the knowledge of the concepts of the market and its regularity procedures with emphasis the supply and demand aspect and all pertaining commercial and credit activities in addition to the nature of the right of the states to entervene in certain areas of the market within sufficient limits legislative controls and religious guarantees.

Chapter 4 discusses the conceptualization of Al - Chazali and his opinion in the areas of individual income and production a peration through the knowledge of the components of the individual income and its economic usage as represented by the areas of spending and saving and the knowledge of the important features of the production sector

relating to emphasis to its importance, its elements and its sectoral distribution and division labour in all its stages.

Chapter 5 discusses the economic position of Al- Ghazali as pertaining to poverty phenomenon explaining the concept of poverty with all its Aimensions and his own position relating to his opinions and discretion as related to the sufficiency level and the right of the poor to be satisfied money of the rich, and his concept for the meaning of sufficiency and the minimum level of livelyhood and the ressel of each and the nature of classifying human needs and their order in the light of their contribution to the satisfaction operations.

The conclusion consists of two sections , the first of which includes an over all picture of the important effects, whereas section 2 contains some of the recommendations in general.

المصادر والمراجع

-أ-

1- الإبراهيم، محمد عقله. **حوافز العمل بين الإسلام والنظريات الوضعية**. ط1. عمان. مكتبة الرسالة الحديثة. 1988.

2- بن آدم، يحي. **الخراج**. بيروت. دار المعرفة. 1979.

3- ابن تيمية، تقي الدين أحمد. **الحسبة في الإسلام**. تحقيق سيد بن أبي سعدة. ط1 . الكويت. دار الأرقم. 1983.

4- ابن الجوزي، أبو الفرج عبدالرحمن بن علي. **مناقب بغداد**. بغداد. مطبعة دار السلام. 1342هـ.

5- ---. **المنتظم في تاريخ الملوك والأمم**. تحقيق محمد عبدالقادر عطا وشقيقه. ط1 . بيروت. دار الكتب العلمية. 1992.

6- ابن حزم، علي بن أحمد. **المحلى**. تحقيق لجنة إحياء التراث العربي. بيروت. دار الآفاق الجديدة. د.ت.

7- ابن حنبل، أحمد. **المسند**. دار الفكر. د.ت.

8- ابن خلكان، شمس الدين أحمد بن محمد. **وفيات الأعيان وأنباء أبناء الزمان**. تحقيق إحسان عباس. بيروت. دار صادر. 1971.

9- ابن رجب الحنبلي، عبدالرحمن بن أحمد . **جامع العلوم والحكم**. دار الفكر.

10- ابن السبكي، تاج الدين أبو نصر عبدالوهاب. **طبقات الشافعية الكبرى**. ط2 . بيروت. دار المعرفة.د.ت.

11- ابن عابدين، محمد أمين. **حاشية رد المحتار على الدر المختار**. دار إحياء التراث العربي. د.ت.

12- ابن عساكر، علي بن الحسن. **تبيين كذب المفتري فيما نسب إلى الإمام أبي الحسن الأشعري**. بيروت. دار الكتاب العربي.د.ت.

13- ابن العماد الحنبلي، عبدالحي. **شذرات الذهب في أخبار من ذهب**. بيروت. المكتب التجاري. د.ت.

14- ابن فارس، أحمد. **معجم مقاييس اللغة**. تحقيق عبدالسلام هارون.ط1. القاهرة. دار إحياء الكتب العربية. 1366هـ

15- ابن قدامة، عبدالله بن أحمد بن محمد. **المغني**. ط1. بيروت. دار الفكر. 1985

16- ابن كثير، أبو الفداء إسماعيل. **البداية والنهاية**. ط6. بيروت. مكتبة المعارف. 1985

17- ----. **تفسير القرآن العظيم**. بيروت. دار المعرفة. 1969

18- ابن ماجة، محمد بن يزيد. **سنن ابن ماجه**. تحقيق محمد فؤاد عبدالباقي. بيروت. المكتبة العلمية. د.ت.

19- ابن منظور، جمال الدين محمد. **لسان العرب**. بيروت. دار صادر. د.ت.

20- ابن نجيم، زين الدين بن إبراهيم. **البحر الرائق شرح كنز الدقائق**. ط2. بيروت. دار المعرفة.د.ت.

21- أبو حبيب، سعدي. **القاموس الفقهي**. ط1. دمشق. دار الفكر. 1982

22- أبو السعود، محمود. **أثر تطبيق النظام الاقتصادي الإسلامي في المجتمع**. بحث مقدم إلى مؤتمر الفقه الإسلامي في جامعة الإمام محمد بن سعود الإسلامية بالرياض. 1396هـ

23- ----. **خطوط رئيسة في الاقتصاد الإسلامي**. ط2. الكويت. دار المنار الإسلامية. 1968

24- أبو طالب، صوفي. **بين الشريعة الإسلامية والقانون الروماني**.

25- أبو عبيد، القاسم بن سلام. **الأموال**. تحقيق محمد خليل هراس. بيروت. دار الفكر. 1988

26- أبو الفتوح، سعيد. **الحرية الاقتصادية في الإسلام وأثرها في التنمية**. ط1. المنصورة، دار الوفاء. 1988

27- أبو يوسف يعقوب بن إبراهيم. **الخراج**. بيروت. دار المعرفة. 1979

28- الألباني، محمد ناصر الدين. **سلسلة الأحاديث الضعيفة**. ط4 . بيروت. المكتب الإسلامي. 1398هـ.

29- ----. **صحيح الجامع الصغير وزيادته**. ط3 . بيروت. المكتب الإسلامي. 1988

30- ----. **صحيح سنن النسائي**. ط1 . بيروت. المكتب الإسلامي. 1988

31- ----. **ضعيف الجامع الصغير وزيادته**. ط2 . بيروت. المكتب الإسلامي. 1979

-ب-

32- بايك، لويس. **الفكر الاقتصادي عند فقهاء المسلمين الأصوليين**. ترجمة عبد الرحمن رضا الرافعي. ديوجين. العد 98 / 154

33- البخاري، محمد بن إسماعيل. **صحيح البخاري**. تحقيق مصطفى ذيب. البغا. ط3 . دمشق. دار ابن كثير. 1987

34- البدري، عبدالعزيز. **حكم الإسلام في الاشتراكية**. ط5 . المدينة المنورة. المكتبة العلمية. 1983

35- بدوي، عبدالرحمن. **مؤلفات الغزالي**. ط2 . الكويت. وكالة المطبوعات. 1977

36- بركة، عبدالفتاح. **الإمام الغزالي وتوجهه الاجتماعي**. الإمام الغزالي : الذكرى المئوية التاسعة لوفاته. قطر. جامعة قطر. 1986

37- البنا، حسن. **نظرات في السيرة**. ط1 . مكتبة الاعتصام. 1979

38- البيركلي، محمد بن بير. **المفاضلة بين الغني الشاكر والفقير الصابر**. تحقيق محمد خير يوسف. ط1 . بيروت، دار ابن حزم. 1994م.

-ت-

39- التركماني، عدنان. **السياسة النقدية والمصرفية في الشريعة الإسلامية**. بيروت. مؤسسة الرسالة. 1988م.

40- الترمذي، محمد بن عيسى. **سنن الترمذي**. تحقيق عبدالوهاب عبداللطيف. ط3. بيروت. دار الفكر. 1978م.

41- **تقرير البنك الدولي عن التنمية في العالم لسنة 1991م**.

-ج-

42- جبر، محمد سلامة. **أحكام النقود في الشريعة الإسلامية**. سلسلة الاقتصاد الإسلامي. رقم السلسلة (1). الكويت. شركة الشعاع للنشر. 1981م.

43- جحا، فريد. **"سيرة الغزالي"** الإمام أبو حامد الغزالي : في ذكرى مرور تسعمائة سنة على وفاته. المنظمة الإسلامية للتربية والعلوم والثقافة.

44- الجرجاني، علي بن محمد. **التعريفات**. ط3 . بيروت. دار الكتب العلمية. 1988م.

45- جلبي، مصطفى بن عبدالله كاتب. **كشف الظنون عن أسامي الكتب والفنون**. بغداد. مكتبة المثنى. د.ت.

46- الجمال، محمد عبدالمنعم. **موسوعة الاقتصاد الإسلامي**. ط1 . القاهرة. دار الكتاب المصري. 1980م.

47- الجمفسي. محمد دحلان. **سراج الطالبين على منهاج العابدين**. سروبايا. أندونيسيا. شركة مكتبة أحمد بن نبهان. د.ت.

48- الجندي، محمد الشحات. **قواعد التنمية الاقتصادية في القانون الدولي والفقه الإسلامي**. القاهرة. دار النهضة العربية. 1985م.

-ح-

49- حسن، حسن إبراهيم. **تاريخ الإسلام**. ط1 . بيروت، دار الأندلس. 1967م.

50- حشيش، عادل أحمد. **تاريخ الفكر الاقتصادي**. بيروت. در النهضة العربية. 1974م.

51- الحموي، شهاب الدين ياقوت بن عبدالله. **معجم البلدان**. بيروت. دار صادر. 1956م.

52- الحوراني، محمد هيثم. **اقتصاد العمل**. عمان. الجامعة الأردنية. 1987م.

53- الحوراني، ياسر عبدالكريم. **اقتصاديات الفقر في الشريعة الإسلامية**. أطروحة ماجستير. جامعة اليرموك. الأردن. 1994م.

54- الحيمي. الحسين بن أحمد. **الروض النضير شرح مجموع الفقه الكبير**. بيروت. دار الجليل. د.ت.

-خ-

55- خرابشة، عبدالحميد. **نظرة الإسلام للديون الخارجية وأثرها على الدول النامية.** بحوث مؤتمر الإسلام والتنمية. عمان. جمعية الدراسات والبحوث الإسلامية. 1992م.

56- الخضري، محمد. **إتمام الوفاء في تاريخ الخلفاء.**

57- الخطابي، حمد بن محمد بن إبراهيم. **معالم السنن.** بيروت. المكتبة العلمية. 1981م.

58- الخطيب البغدادي، أحمد بن علي. **تاريخ بغداد.** بيروت. دار الكتاب العربي. 1931م.

59- خلاف، عبدالوهاب. **علم أصول الفقه.** ط8 . الكويت. دار القلم. د.ت.

-د-

60- الدجيلي، خولة شاكر. **بيت المال.** بغداد. مطبعة وزارة الأوقاف. 1976م.

61- دنيا، شوقي أحمد. **الإسلام والتنمية الاقتصادية.** ط1 . دار الفكر العربي. 1979م.

62- ---. **من أعلام الاقتصاد الإسلامي : الإمام أبو حامد الغزالي.** بحث مقدم إلى ندوة الاقتصاد الإسلامي. عمان 9 - 11 / شباط 1983م.

63- الديب، عبدالعظيم. **الغزالي وأصول الفقه** . الإمام الغزالي : الذكرى المئوية التاسعة لوفاته. جامعة قطر. 1986م.

64- ديورانت. ول. **قصة الحضارة.** ترجمة زكي نجيب محمود. ط3 . القاهرة. مطبعة لجنة التأليف والترجمة والنشر. 1965م.

-ذ-

65- الذهبي، شمس الدين محمد بن أحمد. **سير أعلام النبلاء.** تحقيق شعيب الأرنؤوط. ط1 . بيروت. مؤسسة الرسالة. 1984م.

- ر -

66- رودينسون، مكسيم. **التاريخ الاقتصادي وتاريخ الطبقات في العالم الإسلامي.**

ترجمة شبيب بيضون. ط2 . بيروت. دار الفكر. 1981م.

-ز-

67- الزبيدي، أحمد عبداللطيف. **مختصر صحيح البخاري المسمى التجريد الصريح لأحاديث الجامع الصحيح**. تحقيق إبراهيم بركة. ط4 . بيروت. دار النفائس. 1990م.

68- الزحيلي، وهبة. الفقه الإسلامي وأدلته. ط3 . دمشق. دار الفكر. 1989م.

69- الزرقا، محمد أنس. **صياغة إسلامية لجوانب من دالة المصلحة الاجتماعية**. بحوث مختارة من المؤتمر العالمي الأول للاقتصاد الإسلامي. ط1 . جدة. المركز العالمي لأبحاث الاقتصاد الإسلامي. 1980م.

70- الزركلي، خير الدين. **الأعلام**. ط6 . بيروت. دار العلم للملايين. د.ت.

71- زكي، رمزي. **حوار حول الديون والاستقلال**. آفاق اقتصادية. ط1 . القاهرة. مطبعة مدبولي. 1986م.

72- زيدان، عبدالكريم. **المدخل لدراسة الشريعة الإسلامية**. ط9 . بيروت. مؤسسة الرسالة. 1986م.

73- الزيعلي، جمال الدين أبو محمد عبدالله بن يوسف. **نصب الراية في تخريج أحاديث الهداية**. ط1 . القاهرة. دار الحديث. د.ت.

-س-

74- السعيد، صادق مهدي. **العمل وتشغيل العمال والسكان والقوى العاملة**. بغداد. مؤسسة الثقافة العمالية.د.ت.

75- السلمي، محمد بن الحسين. **طبقات الصوفية**. تحقيق نور الدين شريبة. ط3 . القاهرة. مكتبة الخانجي. 1986م.

76- سليمان، فتحية. **المذهب التربوي عند الغزالي**. ط2 . القاهرة. مكتبة نهضة مصر. 1964م.

77- السمعاني، عبدالكريم بن محمد. **الأنساب**. ط2 . بيروت. شركة الفجر العربي. 1981م.

78- سول، جورج. **المذاهب الاقتصادية الكبرى**. ترجمة راشد البراوي. القاهرة. مكتبة النهضة المصرية.

79- سيجل، باري. **النقود والبنوك والاقتصاد**. ترجمة طه منصور ورفيقه. الرياض. دار المريخ. د.ت.

80- الشاطبي، أبو إسحاق إبراهيم بن موسى. **الموافقات**. بيروت. دار المعرفة. د.ت.

81- شحلان، أحمد. **الغزالي في منظومة الفكر اليهودي**. أبو حامد الغزالي : دراسات في فكره وعصره وتأثيره. الرباط. جامعة محمد الخامس. 1988م.

82- الشرباصي، أحمد. **الغزالي**. بيروت. دار الجليل. 1979م.

83- شقير، لبيب. **تاريخ الفكر الاقتصادي**. سلسلة في الاقتصاد والسياسة. مطبعة الرسالة. د.ت.

84- شلبي، محمود. **اشتراكية عمر**. ط2 . بيروت. دار الجليل. 1974م.

85- شمس الدين عبدالأمير. **الفكر التربوي عند الإمام الغزالي**. بيروت. دار اقرأ. 1985م.

86- شوقي، جلال. **الشعر في تراث الغزالي**. الإمام الغزالي : الذكرى المئوية التاسعة لوفاته.

87- الشيباني، محمد بن الحسن. **الكسب**. تحقيق سهيل زكار. ط1 . دمشق. عبدالهادي حرصوني. 1980م.

88- الشيزري، عبدالرحمن بن نصر. **نهاية الرتبة في طلب الحسبة**. تحقيق السيد الباز العريني. بيروت. دار الثقافة. د.ت.

-ص-

89- صحري، محمد. **نظرية التوزيع الوظيفي في الاقتصاد الإسلامي**. في الاقتصاد الإسلامي. سلسلة. ندوات ومناظرات رقم 15 . الرباط. كلية الآداب. جامعة محمد الخامس. 1989م.

90- الصدر، محمد باقر. **اقتصادنا**. بيروت. دار الكتاب اللبناني. 1977م.

91- الصفدي، صلاح الدين خليل بن أيبك. **الوافي بالوفيات**. ط2 . تيسبادن. فرانز

شتاينر. 1961م.

92- صقر، محمد أحمد. **الاقتصاد الإسلامي : مفاهيم ومرتكزات**. ط1 . القاهرة. دار النهضة العربية. 1978م.

93- صقر، محمد فتحي. **تدخل الدولة في النشاط الاقتصادي في إطار الاقتصاد الإسلامي**. مركز الاقتصاد الإسلامي. المصرف الإسلامي الدولي للاستثمار والتنمية. 1988م.

94- الصنعاني، محمد إسماعيل. **بدائع الصنائع في ترتيب الشرائع**. ط2 . بيروت. دار الكتاب العربي. 1982م.

95- ---. **سبل السلام**. تحقيق محمد خليل هراس. عمان. دار الفرقان. د.ت.

-ط-

96- طالب، محمد إحسان. **البعد غير الأخلاقي لأزمة الغذاء**. مجلة الأمة. العدد66 . السنة السادسة. 1985م.

-ع-

97- عابد، عبدالـله عبدالعزيز. **مفهوم الحاجات في الإسلام وأثره على النمو الاقتصادي**. بحوث مختارة من المؤتمر الدولي الثاني للاقتصاد الإسلامي.ط1 . جدة. المركز العالمي لأبحاث الاقتصاد الإسلامي. 1985م.

98- العبادي، عبدالسلام. **الملكية في الشريعة الإسلامية**. ط1 . عمان. مكتبة الأقصى. 1975م.

99- عبدالباقي، محمد فؤاد. **المعجم المفهرس لألفاظ القرآن الكريم**. بيروت. دار إحياء التراث العربي. د.ت.

100- عبدالمولى، سيد شوربجي. **الفكر الاقتصادي الإسلامي ومكافحة جرائم النمو الاقتصادي**. الرياض. دار النشر بالمركز العربي للدراسات الأمنية والتدريب. 1991م.

101- عبده، عيسى. **الاقتصاد الإسلامي : مدخل ومنهاج**. دار الاعتصام.د.ت.

102- ---. **العمل في الإسلام**. القاهرة. دار الاعتصام.د.ت.

103- عبدالواحد، مصطفى. **المجتمع الإسلامي**.ط2 . بيروت. دار الجيل. 1974م.

104- عبود، عبدالغني. **الفكر التربوي عند الغزالي كما يبدو من رسالته أيها الولد**. القاهرة. دار الفكر العربي. 1982م.

105- العجلوني، إسماعيل بن محمد. **كشف الخفاء ومزيل الإلباس عما اشتهر من الأحاديث على ألسنة الناس**. بيروت. مؤسسة المناهل العرفان.د.ت.

106- العراقي، أبو الفضل عبدالرحيم بن الحسين. **المغني عن حمل الأسفار في الأسفار في تخريج ما في الإحياء من الأخبار**. مطبوع على هامش الإحياء. بيروت. دار الكتب العلمية.د.ت.

107- العسقلاني، ابن حجر. **فتح الباري بشرح صحيح البخاري**. القاهرة. مكتبة البابي الحلبي. 1959م.

108- عطية الله، أحمد. **القاموس الإسلامي**. القاهرة. 1963م.

109- العقاد، عباس محمود. **عبقرية الصديق**. بيروت. المكتبة العصرية.

110- العيدروس، عبدالقادر بن شيخ بن عبدالله. **تعريف الإحياء بفضائل الإحياء**. بيروت. دار الكتب العلمية.د.ت.

111- عيسى، عبدالقادر. **حقائق عن التصوف**.ط4 . عمان. المطبعة الوطنية. 1981م.

-غ-

112- غانم، حسين. **ليس الاقتصاد علماً للندرة**. مجلة الاقتصاد الإسلامي. العدد8 . 1982م.

113- -----. **المشكلة الاقتصادية ودعوى الندرة**. مجلة الاقتصاد الإسلامي. العدد 103 . 1990م.

114- الغزالي، أبو حامد. **إحياء علوم الدين**. بيروت. دار الكتب العلمية. د.ت.

115- ---. **الأدب في الدين**. مجموعة رسائل الإمام الغزالي.ط1 . بيروت. دار الكتب العلمية. 1988م

116- ---. **الأربعين في أصول الدين**. بيروت. دار الجيل. 1988م.

117- ---. **الاقتصاد في الاعتقاد**. ط1 . بيروت. دار الكتب العلمية. 1983م.

118- ---. **الجام العوام عن علم الكلام**. تحقيق سميح دغيم.ط1 . بيروت. دار الفكر اللبناني. 1993م.

119- ---. **الإملاء في إشكالات الإحياء**. مطبوع على هامش الإحياء.

120- ---. **أيها الولد**. ط3 . بيروت. دار ابن حزم. 1993م.

121- ---. **التبر المسبوك في نصيحة الملوك**. ط1 . بيروت. دار الكتب العلمية. 1988م.

122- ---. **تهافت الفلاسفة**. تحقيق علي بو ملحم.ط1 . بيروت. دار ومكتبة الهلال. 1994م.

123- ---. **جواهر القرآن**. ط1 . بيروت. دار الفكر اللبناني. 1992م.

124- ---. **الحكمة في مخلوقات الله**. تحقيق محمد رشيد رضا قباني. ط2 . بيروت. دار إحياء العلوم. 1984م.

125- ---. **رسالة الوعظ والاعتقاد**. النصائح الغزالية. تحقيق بديع السيد اللحام.ط1 . دمشق، دار الإيمان. 1986م.

126- ---. **روضة الطالبين وعمدة السالكين**. مجموعة رسائل الإمام الغزالي. رقم السلسلة(2). بيروت. دار الكتب العلمية. 1986م.

127- ---. **سر العالمين وكشف ما في الدارين**. سلسلة رسائل الإمام الغزالي رقم السلسلة (6). بيروت. دار الكتب العلمية. 1988م.

128- ---. **شفاء الغليل**. تحقيق حمد الكبيسي.ط1 . بغداد. مطبعة الإرشاد. 1971م.

129- ---. **فضائح الباطنية وفضائل المستظهرية**. ط1 . عمان. دار البشير. 1993م.

130- ---. **فضائل الأنام**. ترجمة نور الدين آل علي. الدار التونسية. 1972م.

131- ---. **فيصل التفرقة بين الإسلام والزندقة**. تحقيق سميح دغيم. ط1 . بيروت. دار الفكر اللبناني. 1993م.

132- ---. **قانون التأويل**. سلسلة رسائل الإمام الغزالي. رقم السلسلة (7). ط1. بيروت. دار الكتب العلمية. 1988م.

133- ---. الكشف والتبيين في غرور الخلق أجمعين.ط1 . بيروت. 1986م.

134- ---. محك النظر. تحقيق رفيق العجم.ط1 . بيروت. دار الفكر اللبناني. 1994م.

135- ---. المستصفى في علم الأصول. تحقيق محمد عبدالسلام عبدالشافي. ط1 . بيروت. دار الكتب العلمية. 1993م.

136- ---. مشكاة الأنوار في توحيد الجبار. تحقيق سميح دغيم.ط1 . بيروت. دار الفكر اللبناني. 1994م.

137- ---. معارج القدس في مدارج معرفة النفس. تحقيق لجنة إحياء التراث العربي.ط5 . بيروت. دار الآفاق الجديدة. 1981م.

138- ---. معيار العلم في فن المنطق. تحقيق علي بو ملحم.ط1 . بيروت. دار ومكتبة الهلال. 1993م.

139- ---. المقصد الأسنى في شرح معاني أسماء الله الحسنى. تحقيق بسام عبدالوهاب الجابي.ط1 . قبرص. الجفان والجابي للطباعة والنشر. 1987م.

140- ---. مكاشفة القلوب المقرب إلى حضرة علام الغيوب.ط1 . بيروت. دار الكتب العلمية. 1982م.

141- ---. المنخول من تعليقات الأصول. تحقيق محمد حسن هيتو.ط2 . دمشق دار الفكر. 1980م.

142- ---. المنقذ من الضلال. تحقيق سميح دغيم.ط1 . بيروت. دار الفكر اللبناني. 1993م.

143- ---. منهاج العابدين. سروبايا. أندونسيا. شركة مكتبة أحمد بن نبهان.د.ت.

144- ---. ميزان العمل. بيروت. دار الكتاب العربي. 1983م.

145- ---. الوجيز. بيروت. دار المعرفة. 1979م.

146- غضنفر. علم الاقتصاد بين فلاسفة اللاهوت وفقهاء الإسلام. ديوجين. العدد 98 / 154 .

-ف-

147- فريدمان، ميلتون. **الرأسمالية والحرية**. ترجمة يوسف عليان. عمان. مركز الكتب الأردني. 1987م.

148- الفنجري، محمد شوقي. **الإسلام والمشكلة الاقتصادية**. ط2 . القاهرة. مكتبة السلام العالمية. 1981م.

149- فهمي، منصور. **الإنسان والإدارة**.ط1 . القاهرة. دار النهضة العربية. 1982م.

150- الفيومي، أحمد بن محمد. **المصباح المنير**. بيروت. المكتبة العلمية. د.ت.

-ق-

151- قحف، محمد. **الاقتصاد الإسلامي**.ط1 . الكويت. دار القلم. 1979م.

152- القرضاوي، يوسف. **الإمام الغزالي بين مادحيه وناقديه**.ط1 . المنصورة. دار الوفاء. 1988م.

153- ---. **مشكلة الفقر وكيف عالجها الإسلام**. بيروت. مؤسسة الرسالة. 1985م.

154- القرطبي، محمد بن أحمد. **الجامع لأحكام القرآن**. بيروت. دار إحياء التراث العربي. د.ت.

155- القسطلاني، أحمد محمد. **إرشاد الساري لشرح صحيح البخاري**. بيروت. دار صادر.د.ت.

156- القشيري، عبدالكريم بن هوازن. **الرسالة القشيرية**. بيروت. دار الكتاب العربي.د.ت.

157- قطب، سيد. **في ظلال القرآن**.ط8 . بيروت. دار الشروق. 1979م.

158- قلعة جي، محمد رواس. **معجم لغة الفقهاء**.ط2 . بيروت. دار النفائس. 1988م.

159- القنوجي، صديق حسن خان. **الروضة الندية شرح الدرر البهية**.ط1 . بيروت. دار الكتب العلمية. 1990م.

160- الكبيسي، حمدان عبدالمجيد. **أسواق بغداد**. بغداد. دار الحرية. 1979م.

161- كحالة، عمر رضا. **معجم قبائل العرب**.ط3 . بيروت. مؤسسة الرسالة. 1982م.

162- ---. **معجم المؤلفين**. بيروت. مكتبة المثنى. د.ت.

163- كركر، صالح. **نظرية القيمة**. تونس. مطبعة تونس. د.ت.

164- الكفراوي، عوف محمود. **الرقابة المالية في الإسلام**. الاسكندرية. مؤسسة شباب الجامعة. 1983م.

165- الكفراوي، أيوب بن موسى. **الكليات**. دمشق. وزارة الثقافة والإرشاد القومي. 1974م.

166- كولينز، جوزيف ورفيقه. **صناعة الجوع**. سلسلة عالم المعرفة. رقم السلسلة (63). الكويت. المجلس الوطني للثقافة والفنون والآداب. 1983م.

-ل-

167- اللبان، إبراهيم. **حق الفقراء في أموال الأغنياء**. المؤتمر الأول لمجمع البحوث الإسلامية. القاهرة. مجمع البحوث الإسلامية. 1964م.

168- لي، سوزان. **أبجدية علم الاقتصاد**. ترجمة خضر نصار. عمان. مركز الكتب الأردني. 1988م.

169- المالكي، عبدالرحمن. **السياسة الاقتصادية المثلى**. 1963م.

170- مانسفيلد، أدوين. **علم الاقتصاد**. ترجمة مركز الكتب الأردني. 1988م.

171- الماوردي الشافعي، علي بن محمد. **الأحكام السلطانية**. بيروت. دار الكتب العلمية. 1985م.

172- المبارك، محمد. **نظام الإسلام : الاقتصاد**. ط3 . بيروت. دار الفكر. د.ت.

173- المحجوب، رفعت. **النظم الاقتصادية المعاصرة**. القاهرة. المطبعة العالمية.

174- محفوظ، حسين علي. **الحسبة في المكتبة العربية**. بحث مقدم إلى ندوة الحسبة والمحتسب عند العرب بين 4- 5 / 10 / 1987 . بغداد. مركز إحياء التراث العلمي العربي.

175- محمصاني، صبحي. **فلسفة التشريع في الإسلام**. ط5 . بيروت. دار العلم للملايين. 1980م.

176- محيي الدين، عمرو. **التخطيط الاقتصادي**. بيروت. دار النهضة العربية. 1975م.

177- المرداوي، علي بن سليمان. **الإنصاف**. تحقيق محمد حامد الفقي.ط2 . دار إحياء التراث العربي. 1980م.

178- مرطان، سعيد سعد. **مدخل للفكر الاقتصادي في الإسلام**. ط1 . بيروت. مؤسسة الرسالة. 1986م.

179- مسلم، مسلم بن الحجاج. **الجامع الصغير المسمى صحيح مسلم**. بيروت. دار المعرفة. د.ت.

180- المصري، رفيق يونس. **أصول الاقتصاد الإسلامي**.ط1 . دمشق. دار القلم. 1989م.

181- المصري، عبدالسميع. **التجارة في الإسلام**.ط2 . القاهرة. مكتبة وهبة. 1986م.

182- ممدوح، محمود سعيد. **إسعاف الملحين بترتيب أحاديث علوم الدين**. بيروت. دار البشائر الإسلامية. 1986م.

183- المنذري، زكي الدين عبدالعظيم. **مختصر صحيح مسلم**. تحقيق محمد ناصر الدين الألباني. أسيوط. لجنة إحياء السنة.د.ت.

184- المنوني، محمد. **إحياء علوم الدين في منظور الغرب الإسلامي أيام المرابطين والموحدين**. أبو حامد الغزالي : دراسات في فكره وعصره وتأثيره. الرباط. جامعة محمد الخامس. 1988م.

185- المودودي، أبو الأعلى. **الإسلام في مواجهة التحديات المعاصرة**. ترجمة أحمد الحامدي. ط3 . الكويت. دار القلم. 1978م.

-ن-

186- النبهان، محمد فاروق. **أبحاث في الاقتصاد الإسلامي**. ط1 . بيروت. مؤسسة الرسالة. 1986م.

187- ---. **الاتجاه الجماعي في التشريع الاقتصادي الإسلامي**.ط2 . بيروت. مؤسسة الرسالة. 1984م.

188- النبهاني، يوسف. **حجة اللـه على العالمين في معجزات سيد المرسلين**. دار الفكر. د.ت.

189- الندوي، أبو الحسن علي الحسني. **رجال الفكر والدعوة في الإسلام**. ط8 . الكويت. دار القلم. 1989م.

190- النسفي، عبداللـه بن أحمد. **مدارك التنزيل وحقائق التأويل**. بيروت. دار الكتاب العربي. د.ت.

191- النووي، محيي الدين. **المجموع**. دار الفكر. د.ت.

-هـ-

192- هاجن، افيريت. **اقتصاديات التنمية**. ترجمة جورج خوري. عمان. مركز الكتب الأردني. 1988م.

193- هاشم، إسماعيل محمد. **الاقتصاد التحليلي**. الاسكندرية. دار الجامعات المصرية. 1982م.

194- هيكل، عبدالعزيز فهمي. **مدخل إلى الاقتصاد الإسلامي**. الاسكندرية. الدار الجامعية. 1988م.

-و-

195- الوليلي، إبراهيم. **من رواد الاقتصاد الإسلامي : أبو حامد الغزالي**. مجلة الاقتصاد الإسلامي. العدد 94 . رمضان/ 1409هـ

-ي-

197- اليعقوبي، أحمد بن أبي يعقوب بن وهب. **البلدان**. النجف. 1939م.

198- يوسف، يوسف إبراهيم. **المنهج الإسلامي في التنمية الاقتصادية**. مطابع الاتحاد الدولي للبنوك الإسلامية. 1401هـ

199- ---. **النفقات العامة في الإسلام**.ط2 . قطر. دار الثقافة. 1988م.

200- يو علا، علي. **الفكر الاقتصادي لدى علماء الإسلام**. في الاقتصاد الإسلامي. رقم السلسلة 15 . الرباط. جامعة محمد الخامس. 1989م.

المراجع الأجنبية

201 - Bradley, Micheal. **Micro Economics**, Second Edition U.S.A. Scott, Fores man and company, 1985.

202- Gahen Bayt Al- Mal **Encyclopaedia of Islam** V.1.

203 - Ghazanfar , S.M. and Islahi , A.Azim "**Economic Thought of An Arab Scholastic: Abu Hamid Al- Ghazali**". History of political Economy. Vol. 22, no.2. summer 1990.

204- Gordon, Robert J. **Macroeconomics**. Forth Edition. Boston. Little. Brown and company. 1986.

205- Longencker, Justion and Pringle, Charles. **Managment**. Sixth Edition. Ohio. Abell and Howell company. 1984.

206- Miller,Roger and Meiners, Roger. **Intermediate Micro Economic**. Third Edition. New York. Mcgraw Hill Book company. 1986.

207- Reynolds, Lioyd G. **Macro Economic**. Fifth Edition. Richard D. IRWIN. INC.

208- Salvatore, Dominick. **Theroy and problem of International Economics**. Schaum's out line series New Yourk. Mc Graw Hill Book company.

209- Schumpeter, Joseph. **History of Economic Analysis**, New York Oxford University. 1954.

210- Sharif M.M. **A History of Muslim philosophy**. 2 Vol. Otto Harrassowitz. wiesbaden. 1966.

211- Smith, Adam. **The wealth of Nations**. Chicago. The University of Chicago . 1976.

الكتب والأبحاث المحكمة

للدكتور ياسر عبدالكريم الحوراني

أولاً: الكتب المحكمة

- كتاب "في مصادر التراث الاقتصادي الإسلامي" منشورات المعهد العالمي للفكر الإسلامي/ أمريكا، طبعة ثانية 2001 (حائز على جائزة شرحبيل بن حسنة لعام 2001، بلدية إربد).

- كتاب **"الوقف والعمل الأهلي في المجتمع الإسلامي المعاصر- حالة الأردن"**، منشورات الأمانة العامة للأوقاف/ الكويت، طبعة أولى 2001 (حائز على الجائزة الثالثة في مسابقة الكويت الدولية لأبحاث الوقف لعام 1999).

- كتاب **"الوقف والتنمية في الأردن"** من إصدارات اللجنة الوطنية العليا لإعلان عمان عاصمة للثقافة العربية، عن دار مجدلاوي في عمان - الأردن، طبعة أولى 2002 (حائز على جائزة عمان عاصمة للثقافة العربية لعام 2002).

ثانياً: الأبحاث المحكمة

- **"تقييم بعض جوانب الاختلالات الوظيفية بين البنك المركزي والمصرف الإسلامي"**، مجلة إسلامية المعرفة (المعهد العالمي للفكر الإسلامي- أمريكا)، العدد 16، 1999

- **"الفكر الاقتصادي عند سيد قطب"** مجلة أبحاث اليرموك (جامعة اليرموك- إربد)، العدد1، 1999

- **"اقتصاديات الفقر في الشريعة الإسلامية"** مجلة أبحاث اليرموك (جامعة اليرموك- إربد)، العدد2، 1999

- **"دور العامل الاقتصادي في آلية الصراع بين المسلمين وكفار قريش في العهد المكي"** مجلة أبحاث اليرموك (جامعة اليرموك - إربد)، العدد3، 1999

- **"الأردن في التراث الاقتصادي الإسلامي"** مجلة الإسلام (جامعة بروناي)، العدد5، 1998

- **"في مصادر التراث الاقتصادي الإسلامي"** مجلة إسلامية المعرفة (المعهد العالمي للفكر الإسلامي- أمريكا)، العدد 20، 2000

- "آفاق التعاون المشترك بين مؤسسة الوقف والمنظمات الأهلية" مجلة أوقاف (الأمانة العامة للأوقاف- الكويت)، العدد1، 2001

- "المرأة وقوة العمل من منظور إسلامي" مجلة مؤتة للبحوث والدراسات (جامعة مؤتة- الكرك)، العدد 1، 2000

- "البناء المؤسسي- الإداري لنظام الوقف: الإشكاليات وتجارب الإصلاح - حالة بلدان الهلال الخصيب" مركز دراسات الوحدة العربية- بيروت 2001، منشور في كتاب أعمال ندوة "نظام الوقف والمجتمع المدني في الوطن العربي".

Printed in the United States
by Bookmasters

Printed in the United States
By Bookmasters

T0300945